Le tiers dans les voies d'exécution OHADA

Réflexion sur l'art.38 AUPSRVE

François de Paul IPANDA

Le tiers dans les voies d'exécution OHADA

Réflexion sur l'art.38 AUPSRVE

L'Harmattan
Cameroun

5-7, rue de l'Ecole-Polytechnique, 75005 Paris

http://www.editions-harmattan.fr

ISBN : 978-2-14-031071-3
EAN : 9782140310713

SOMMAIRE

PRINCIPALES ABRÉVIATIONS

A.J.D.A. :	Actualité juridique du droit administratif
Al., al. :	Alinéa
Arch. Ph. Dr. :	Archives de philosophie du droit
Art. :	Article
AUPSRVE :	Acte uniforme portant organisation des procédures simplifiées de recouvrement et des voies d'exécution.
Bull. :	Bulletin des arrêts de la Chambre civile de la Cour de cassation française
C.A. :	Cour d'Appel
Cass. :	Arrêt de la Cour de cassation française
CCJA :	Cour Commune de Justice et d'Arbitrage de l'Ohada
C.E. :	Conseil d'État (arrêt rendu par le)
CEMAC :	Communauté économique et monétaire des États de l'Afrique centrale
Ch. :	Chambre
Ch. Réun. :	Chambres réunies de la Cour de cassation française
Chr. :	Chronique
CIMA :	Conférence interafricaine des Marchés d'Assurances
Coll. :	Collection
Comp. :	compare, comparé
Concl. :	Conclusions
C. Pr. Civ. & Com. :	Code de procédure civile et commerciale

Nouv. C. Pr. Civ. :	Nouveau Code de Procédure civile français
C.S. :	Cour Suprême
C.S. bull. :	Bulletin des arrêts de la Cour Suprême du Cameroun
D. :	Recueil DALLOZ
D.A. :	Dalloz Analytique
D.C. :	Dalloz Critique
D. :	Décret
D. L. :	Décret- loi
Dir. :	Sous la direction de
D.S. :	Recueil DALLOZ –SIREY
Ed. :	Édition
ENAM :	École Nationale d'Administration et de la Magistrature
ERSUMA :	École Régionale Supérieure de la Magistrature
Fasc. :	Fascicule
F.CFA :	Franc de la Communauté financière d'Afrique
Gaz. Pal. :	Gazette du Palais
Ibid. :	Au même endroit
In :	Dans
Infra :	Ci-dessous
J. :	Jurisprudence
J.C.P. :	Jurisclasseur Périodique
JEX :	Juge de l'exécution
J.O :	Journal Officiel
N° :	Numéro
Nouv. Rép. Dalloz :	Nouveau Répertoire Dalloz
Op. cit. :	Passage ou ouvrage déjà cité
Obs. :	Observations

OHADA :	Organisation pour l'Harmonisation en Afrique du Droit des Affaires
Ord. :	Ordonnance
p. :	Page
P.U.A. :	Presses Universitaires d'Afrique
P.U.F. :	Presses Universitaires de France
Rappr. :	Rapprocher
Rec. :	Recueil de Jurisprudence
Rev. :	Revue
R.C.D.A ; :	Revue Camerounaise du Droit des affaires
R.T.D. civ. :	Revue trimestrielle du Droit civil
R.T.D.Com. :	Revue trimestrielle du Droit commercial
R.T.D.Comp. :	Revue trimestrielle du Droit comparé
S. :	Suivant
S. :	Édition SIREY
Somm. :	Sommaire
Supra :	Ci-dessus
T. :	Tome
T.C.S. :	Tribunal Criminel Spécial
TGI :	Tribunal de Grande Instance
Th. :	Thèse
T.P.I. :	Tribunal de Première Instance
U.E.M.O.A. :	Union économique et monétaire de l'Afrique de l'Ouest
V. :	Voir
Vol. :	Volume

INTRODUCTION GÉNÉRALE

Le recueil de jurisprudence de la Cour Commune de Justice et d'Arbitrage[1] de l'Ohada[2] publie à chacune de ses livraisons trimestrielles depuis 2001, un nombre impressionnant d'arrêts rendus au sujet des tiers[3] notamment, dans les procédures d'exécution mobilières individuelles[4].

Cette source d'information primaire ne donne du reste, qu'une idée très imparfaite de la réalité matérielle des poursuites, multiples et variées, engagées au quotidien contre les tiers ou en leur faveur, devant

---

[1] En abrégé C.C.J.A.

[2] Organisation pour Harmonisation en Afrique du Droit des Affaires

[3]Outre les ordonnances, les premiers d'arrêts de la CCJA ont été rendus le 11 octobre 2001 (Arrêt d'irrecevabilité n° 004/ 2001 du 11 octobre 2001. Le premier arrêt de rejet, rendu par la même Cour, mettait déjà en cause, un tiers saisi (aff. Bank of Africa Côte d'Ivoire (B.O.A) c/ Banque de l'Habitat de Côte d'Ivoire, arrêt n° 004/2002 du 10 janvier 2002, Bull. n° spécial janvier 2003 p. 19). De 2002 à 2008, trente-neuf (39) arrêts mettant en cause les tiers ont été rendus par la CCJA. Avant ohada, rares sont les arrêts visant les tiers rendus par la juridiction suprême locale. Le répertoire chronologique de la jurisprudence civile et commerciale de la Cour Suprême du Cameroun, une publication du premier président de ladite cour, pour la période de 1960 à 1980, ne renferme que trois décisions relatives à la saisie-arrêt et dont une seule vise le tiers saisi. (CS, arrêt n° 9 du 13 octobre 1970, Rép. susvisé, p. 176.

[4] À l'opposé des procédures collectives qui sont régies par l'Acte uniforme du 17 avril 1997 modifié et remplacé par l'Acte uniforme portant organisation des procédures collectives d'apurement du passif, publié le 10 septembre 2015.

Pour le cas spécial du tiers détenteur en matière de saisie immobilière, l'Acte uniforme n° 6 exige sous peine de nullité, la signification d'un commandement préalable au débiteur et le cas échéant au tiers détenteur (art. 254 al. 2 de l'AUPSRVE). Dans l'ensemble, voir POUGOUE (P.G.) et TEPPI KOLOKO (F), V° Saisie immobilière, spéc. n° 18 s. Présentation synoptique des Actes uniformes ; in POUGOUE (P.G.), *ENCYCLOPÉDIE DU DROIT OHADA* (sous la direction de

les juridictions nationales[5] des États-parties[6] ; aussi bien par voie d'actions principales que par celles dites *« périphériques »*[7].

Telle effervescence jurisprudentielle fournit un bon exemple de l'accueil très controversé[8] par les justiciables, de certaines dispositions du droit communautaire Ohada au premier rang desquelles se trouve l'article 38 de l'Acte uniforme du 10 avril 1998 portant organisation des procédures simplifiées de recouvrement et des voies d'exécution[9].

L'article 38 dispose :

« Les tiers ne peuvent faire obstacle aux procédures en vue de l'exécution ou de la « conservation des créances. Ils doivent y apporter leur concours lorsqu'ils en sont « légalement requis. Tout manquement par eux à ces obligations peut entraîner leur « condamnation à verser des dommages-intérêts.

« Le tiers entre les mains duquel est pratiquée une saisie peut également et sous les mêmes « conditions, être condamné aux causes de la saisie, sauf son recours contre le débiteur ».[10]

L'article 38 de l'A.U.P.S.R.V.E[11] pose ainsi sans équivoque aucune, l'obligation pour les tiers d'apporter, sous certaines conditions, leur

---

[5] Le contentieux relatif à l'application des Actes uniformes est réglé en première instance et en appel par les juridictions des États parties. Art. 13 du Traité. Il aurait été préférable de dire *« au premier et second degré »*. On va le comprendre après lecture du titre III de la seconde partie de cette recherche.

[6] En 2016, 17 États sont signataires du traité Ohada. Il s'agit de : le Bénin, le Burkina Faso, le Cameroun, la République Centrafricaine, les Comores, le Congo, la Côte d'Ivoire, le Gabon, la Guinée, la Guinée-Bissau, la Guinée Équatoriale, le Mali, le Niger, le Sénégal, le Tchad, le Togo, la République Démocratique du Congo.

[7] L'expression est de DERRIDA (F), la notion de parties dans les décisions relatives au redressement et à la liquidation judiciaires des entreprises, D. 1989 Chr. p.77 ; au rang des actions dites périphériques, on peut aligner naturellement les procédures en liquidation d'astreintes, ex. C.A. Centre, Ord. N° 268/Civ. du 4 juin 2010 aff. BOUBA NDENGUE Dieudonné c/ TCHOUNKEU MONTHE Marc, inédit.

[8] MELONE (S), « le Traité Ohada et spécificités camerounaises : antinomie ou complémentarité » p. 39 (analyse très critique de la réception du droit ohada par le droit national) in *Une justice pour le développement du secteur privé au Cameroun, perspectives offertes par le Traité Ohada*, in séminaire GICAM / Fondation Friedrich Ebert, Douala, les 14,15 et 16 mai 1996.

[9] En abrégé A.U.P.S.R.V.E.

[10] Voir Code vert, JURISCOPE

[11] Le texte est inspiré par la loi française n° 91 : 650 du 9 juillet 1991 dispose en son article 24 : *« Les tiers ne peuvent faire obstacle aux procédures engagées en vue de*

concours à l'exécution. Il consacre en même temps le principe de leur responsabilité[12].

Cette évolution de la législation au sujet des tiers et la place prépondérante que ces derniers occupent désormais dans l'exécution forcée ne manquent pas de surprendre[13].

On sait que dans le droit antérieur hérité de la colonisation, les tiers impliqués[14] à l'exécution étaient tous, des sujets passifs. Il est vrai que des obligations presque identiques à celles qu'édicte actuellement l'Acte uniforme n° 6 du 10 avril 1998[15] pesaient déjà dans leur principe sur ces personnages dans la saisie-arrêt[16]. Mais les textes anciens, passablement louables quant à leur forme, se révélaient artificiels quant au fond, notamment, à l'occasion de leur mise en œuvre. Dans le domaine des renseignements à donner aux créanciers saisissants par exemple, le tiers entre les mains duquel était pratiquée une saisie-arrêt était certes, légalement tenu de faire sa déclaration affirmative sous peine d'être condamné aux causes de la saisie. Il jouissait cependant

---

l'exécution ou de la conservation des créances. Ils doivent y apporter leur concours lorsqu'ils en sont légalement requis.

« Celui qui, sans motifs légitimes, se soustrait à ces obligations peut être contraint d'y apporter son concours, au besoin, à peine d'astreint, sans préjudice des dommages-intérêts.

« Dans les mêmes conditions, le tiers entre les mains duquel est pratiquée une saisie peut aussi être condamné au paiement des causes de la saisie, sauf recours contre le débiteur » ; adde NDIAW (D) et ASSI ESSO (A.M.), Recouvrement des créances, coll. Droit uniforme africain, Bruylant, Bruxelles, 2003, p. 254 ; MARTOR (B), PILKINGTON (N), SELLERS (D), THOUVENOT (T) Le droit uniforme africain des affaires issu de l'Ohada avec la participation de PASCAL ANCEL, BENOIT LE BARS et ROGER MASSAMBA, Lexis Nexis, LITEC, p. 231, AGBOYIBOR (P.K.), Chronique bibliographique et présentation de l'Acte uniforme relatif aux procédures simplifiées de recouvrement et les voies d'exécution, in Rev. Dr. Aff. Internationales n° 2 ; 1999 p. 228 ; ANOUKAHA (F) et TJOUEN (A.D.), *Les procédures simplifiées de recouvrement et les voies d'exécution en Ohada*, Presses Universitaires d'Afrique, coll. Droit uniforme, Yaoundé, 1999.

[12] C'est pour la première fois à notre connaissance que pareille responsabilité est expressément proclamée par un texte de procédure.

[13] L'Acte uniforme n° 6, n'avait été précédé d'aucune réflexion d'ensemble, à l'image de ce qu'on appelle le plus souvent techniquement travaux préparatoires.

[14] Ici, être impliqué à l'exécution c'est y jouer un rôle actif. Comp. GROUTEL (H), *L'implication du véhicule dans la loi du 5 juillet 1985*, D. 1987, Chr. p.1.

[15] Il s'agit de l'Acte uniforme du 10 avril 1998 suscité, qu'on cite aussi ainsi, par référence au numéro du Journal Ohada qui l'a publié.

[16] YOUSSOUFA NDIAYE, « Les voies d'exécution », Titre V, in *Encyclopédie juridique de l'Afrique*, Nouvelles éditions africaines, 1982, p. 227

d'une option quant au moment de l'exécution de cette obligation[17] : celle de réagir à l'interpellation de l'huissier instrumentaire dès réception de l'acte de saisie[18] ; ou alors, à l'occasion de l'instance en validité[19]. Ce droit d'option qui a transformé la sanction légale en une simple menace comminatoire a beaucoup joué contre l'éclat de cette procédure, considérée de tout temps en dépit du changement de terminologie intervenu [20], comme *« la pièce maîtresse »* [21] de l'exécution forcée.

Depuis l'entrée en vigueur de l'Acte uniforme du 10 avril 1998, les tiers sont devenus dans l'ensemble, des sujets actifs dans les voies d'exécution [22]. Beaucoup sont légalement tenus de participer effectivement et positivement à l'exécution[23] dans presque toutes les saisies organisées par l'ohada[24]. Comme leurs devanciers, ils ont l'obligation de répondre aux sommations et injonctions des officiers ministériels, non plus quand bon leur semble, mais dans des délais bien précis et très stricts, édictés par l'Acte uniforme n° 6[25]. Lorsque les

---

[17] Cette option ne s'applique pas en matière de saisie immobilière. Ici, la mise sous main de justice de l'immeuble est précédée d'un commandement signifié au débiteur ou, le cas échéant, au tiers détenteur de payer ou de délaisser. (art. 254 de l'AUPSRVE).

[18] En réalité, l'acte que le tiers reçoit, bien qu'il soit intitulé « Procès-verbal de saisie », est d'abord une sommation interpellative. Celle-ci constitue une articulation de l'acte dit de saisie et ne peut se confondre avec celui-ci. La saisie proprement dite est subordonnée à la réaction positive du même tiers ; YOUSSOUFA NDIAYE, op. cit., p. 227 et s.

[19] Art. 365 C. Pr. Civ. Sénégalais ; 713 et 719 C. Pr. Civ. Gabonais, 294 C. Pr. Civ. Ivoirien ; 277 C. Pr. Civ. Tchadien ; 297 et s. C. Pr. Civ. Camerounais.

[20] Remplacée par la saisie attribution des créances depuis le 10 avril 1998, date de la publication de l'Acte uniforme portant organisation des procédures simplifiées de recouvrement et des voies d'exécution, en abrégé l'AUPSRVE.

[21] DONNIER (M) et DONNIER (J.B.), Voies d'exécution et procédures de distribution, 6e éd., LITEC, 2002, p. 289, n° 884 et s.

[22] Cette qualité est perçue et qualifiée par certains auteurs, comme un dynamisme de la personnalité des tiers : voir not. BIBOUM BIKAY (F), *Les tiers dans le droit des voies d'exécution OHADA*, Th. Univ. de Douala, année acad. 2009-2010, p. 23 et s.

[23] La participation des tiers à l'exécution ne peut pas gommer la distinction entre tiers de droit commun et tiers impliqués à l'exécution.

[24] À l'exception de certaines procédures comme la saisie des récoltes sur pied (art. 147 et s.), la participation des tiers aux opérations d'exécution est désormais généralisée dans toutes les procédures édictées par l'ohada. Elle ne se limite plus à la saisie attribution des créances, comme c'était le cas dans les anciennes législations avec la saisie-arrêt.

[25] Art. 335 de l'AUPSRVE réglemente leur mode de computation.

mesures d'exécution forcée ou les saisies conservatoires se déroulent entre leurs mains, tout se passe en fait, comme si chacun d'eux avait *« lié son sort à celui du débiteur »*[26] saisi.

La volonté du législateur ohada de faire obligatoirement du tiers un véritable partenaire de l'exécution est déjà très bien ressentie et appréciée par les justiciables. L'article 38 et les dispositions qui l'accompagnent sont si redoutables, que leur seule mention dans un acte de saisie suffit à emmener le tiers qui se retrouve dans le processus de l'exécution, à accorder plus d'attention que par le passé aux opérations d'exécution. D'ailleurs, le tiers légalement tenu d'apporter son concours à l'exécution ne peut actuellement échapper à la sanction que s'il rapporte la preuve[27] de l'existence d'une cause étrangère ou d'un cas de force majeure, l'ayant empêché d'agir conformément au vœu de la loi[28]. Dans le cas contraire, c'est le patrimoine du tiers convaincu de négligence [29], de réticence [30] ou d'intelligence avec le débiteur poursuivi[31], qui va supporter la charge financière de l'exécution. Ce tiers sera alors tenu de réparer seul, son fait fautif ou négatif. À l'image

---

[26] GISSEROT (Fl.), « La confusion des patrimoines est-elle une source autonome d'extension de faillite ? », *RTDCom*, 1979, p. 49.

[27] En matière d'exécution forcée, il y a renversement de la charge de la preuve. Ce n'est plus au créancier saisissant de rapporter la preuve de ce que le débiteur poursuivi est en relation d'affaires avec le tiers qui reçoit l'acte de saisie. C'est à ce dernier d'établir qu'il n'est pas son débiteur. Mais quid de la preuve d'un fait négatif en droit. Voir not. LARGUIER (J), « La preuve d'un fait négatif », *R.T.D.Civ.*, 1953, p.1.

[28] CCJA, arrêt n° 13 du 29 juin 2006 aff. Agence d'exécution des travaux d'intérêt public dite AGETIPE— Mali c/ Sté SMEETS et ZONEN, Rec. CCJA n° 7 Janv. Juin 2006 p. 70 et s. CCJA, arrêt n° 031 : 2006 DU 28/ 12/ 2006 aff. COLINA Rec. CCJA n° 8 Juil. — Déc. 2006 p. 46. FOMETEU (J) et LEVOA AWONA (S-P), « Les obligations des tiers dans la saisie attribution des créances », in *Les grandes décisions de la CCJA*, POUGOUE (P.-G.) et KUATE TAMEGHE (S.-S.) (sous la direction de), L'Harmattan, p. 532 et s.

[29] BOYER (L) et ROLAND (H), *A propos du défaut de diligence*, *Mélanges dédiés à J. VINCENT*, Dalloz, 1981 p. 9.

[30] Sur la réticence, comp. Contrat V. art. 1641 à 1648 c. civ. relatifs à l'obligation de renseignement qui pèse sur le vendeur. La jurisprudence a souvent considéré que la simple réticence ne peut être constitutive de dol. Req. 17 Février 1894 S. 1874. 1. 248 ; Com. 1er avril 1952, D. 1952, 685, note COPPER ROYER (J). Dans l'ensemble, v. TERRE (F), SIMLER (Ph.) et LEQUETTE (Y), *Les obligations*, précis DALLOZ, 11e éd., 2013, p. 258, n° 233.

[31] GINOSSAR (S), *Liberté contractuelle et respect des droits des tiers, émergence du délit de fraude*, L.G.D.J., 1963.

d'une caution solidaire[32], il ne pourra ni faire valoir durant la procédure d'exécution un quelconque bénéfice de discussion,[33] encore moins celui de division[34].

La participation obligatoire des tiers au processus d'exécution constitue, sans aucun doute, l'une des innovations les plus intéressantes de la technique actuelle de l'exécution[35]. Elle va très certainement contribuer à l'assainissement des voies d'exécution en zone ohada, mises à mal pendant des décennies d'abord, par la vétusté des textes applicables hérités de la colonisation[36] ; mais aussi et surtout par le comportement très peu honorable de ses différents intervenants.

---

[32] CABRILLAC (M) et MOULY (C.), Droit des sûretés 3e éd. LITEC, 1993 p. 259 n° 327 ; LEGEAIS (D), *Le cautionnement*, coll. Dr. Poche, ECONOMICA, p.49, n° 1.3.

[33] Le bénéfice de discussion est le droit accordé à la caution poursuivie par le créancier, d'exiger que les biens du débiteur principal soient préalablement discutés, c'est-à-dire saisis et vendus avant toutes procédures sur les biens de la caution. art. 1666, 2298 et s. 2319, 2320, 2465, 2466 du Code civil, GUINCHARD (S) et DEBARD (Th), *Lexique des termes juridiques*, 23e éd., DALLOZ CAMPUS LMD, 2015-2016, p. 127 ;
CABRILLAC (M) et MOULY (C.), Droit des sûretés 3e éd. LITEC, p. 255 n° 322 ; MESTRE (J), PUTMAN (E) ET BILLIAU (M) ; Jacques GHESTIN, *Traité de droit civil* (sous la direction de), *Droit spécial des sûretés réelles*, LGDJ 1996, n° 559 p.14 ; LEGEAIS (D), *Le cautionnement*, ECONOMICA p.47 n° 1.2 et s.

[34] Le bénéfice de division est une exception de procédure par laquelle, en cas de cautionnements multiples, l'une des cautions poursuivies pour le tout exige du juge que l'action en paiement soit fractionnée entre toutes les cautions solvables au jour des poursuites. (v. Code civil, art. 2303, 2304) ; GUINCHARD (S) et DEBARD (Th), *Lexique des termes juridiques*, op. cit. Mais postérieurement au paiement ou à la réparation, la caution peut toujours s'il l'estime utile, se retourner par voie d'action récursoire, contre le débiteur principal dont il a payé la dette ; voir CABRILLAC (M) et MOULY (C.), *Droit des sûretés*, 3e éd., LITEC, op. cit. p. 257, n° 325.

[35] Dans les législations nationales antérieures issues de la colonisation, les tiers se bornaient à faire une déclaration dite déclaration affirmative et communiquer (théoriquement) les pièces justificatives. Ce qui signifie que l'obligation d'informer était très limitée et surtout dépourvue de contraintes.

[36] MENTOR (B), PILKINGTON (N), SELLERS (D), THOUVENOT (S), *Le droit uniforme africain des affaires issu de l'OHADA* ; avec la participation de Pascal ANCEL, Benoît BARS et Roger MASSAMBA, Lexis Nexis LITEC et la préface du Juge KEBA MBAYE, Président de l'UNIDA, p. 1 s. La plupart de ces législations sont des anciens textes français, antérieurs aux années 1960.

Curieusement, en dépit des multiples changements intervenus par rapport à l'ancienne législation[37], la réforme ne semble pas avoir déjà réellement fait son œuvre. Dans les procédures mobilières spécialement, des voix s'élèvent au quotidien pour dénoncer et critiquer sur le plan de la pratique, la paralysie quasi systématique de l'exécution dans l'espace ohada[38].

Plusieurs décisions des Cours et Tribunaux rendues depuis l'entrée en vigueur de l'Acte uniforme du 10 avril 1998[39] révèlent l'existence persistante dans le contentieux actuel de l'exécution, de nombreux cas d'agissements déplorables de certains tiers, identiques à ceux qui étaient décriés dans les procédures antérieures. On peut citer, entre autres, le refus d'informer[40], le recours systématique aux clauses de style du genre : « *la réponse suivra* »[41], des informations données au pif sans documents probatoires à l'appui[42]... Bref, un véritable catalogue de techniques capricieuses mises en place au fil du temps par les tiers pour faire échec à la procédure d'exécution, mais qui n'étaient sanctionnées jusque-là ni sur le plan légal ni sur celui de la jurisprudence.

La solution de l'article 38 de l'AUPSRVE arrive donc bien à propos. Mais elle ne doit cependant pas occulter les problèmes juridiques que soulève cette nouvelle disposition.

L'image d'un tiers responsable pour fait d'inexécution d'une quelconque obligation en rapport direct ou indirect avec un titre auquel il est totalement étranger choque[43].

---

[37] On peut citer entre autres, l'élimination du recours systématique au juge et de l'instance en validité. La déjudiciarisation est devenue le principe avec la mise en place de la procédure extrajudiciaire, se déroulant entièrement entre les mains du tiers saisi ou gardien.

[38] BATOUM (F. P.), *La saisie vente dans la législation ohada ou le sacre de l'insolvabilité*, in JURIDIS PÉRIODIQUE n° 74, Avril-Mai-Juin 2008, p. 71.

[39] Bien connu sous l'appellation Acte uniforme n° 6.

[40] CCJA, arrêt n° 006/2006 du 30 mars 2006, aff. INDUS-CHIMIE c/ dame MERMOZ et autres Rec. n° 7, p. 28.

[41] CCJA, 3e Ch., arrêt n° 025/2014 du 13 mars 2014 aff. Banque Internationale du Cameroun pour l'Épargne et le Crédit (BICEC) c/ Me. DEFFO, Code bleu, art. 156, p. 712.

[42] CCJA, 2e ch. arrêt n° 017/2015 du 2 avril 2015, aff. Sté SHELL Côte d'Ivoire c/ Sté Générale de banques en Côte d'Ivoire (SGBCI), Code bleu, p. 710.

[43] Voir requête aux fins de pourvoi d'ordre adressée le 11/7/2001 au Garde des Sceaux, par la STANDARD CHARTERED BANK. Cette banque, tiers saisi en

Et la rigueur des textes communautaires actuels, qui semblent faire très bon marché du principe de la relativité[44], et qu'aucune législation africaine n'avait consacrée auparavant [45], suscite de tous côtés, interrogations et désapprobations.

Ce sont d'abord les tiers ou ceux qui ont vocation à en avoir la qualité, qui ne semblent pas prêts à coopérer avec les créanciers saisissants, comme l'exige l'article 38 de l'AUPSRVE. Certains se comportent ainsi parce qu'ils ne veulent pas se mêler aux affaires d'autrui[46]. Mais pour d'autres, et ils sont majoritaires, l'objectif inavoué que dissimule leur comportement est de voler à tout prix au secours du débiteur saisi, afin de sauvegarder les rapports contractuels primaires[47] qui existaient avec ces derniers avant la saisie, et qui doivent se poursuivre, malgré la saisie[48]. On comprend alors pourquoi la plupart de ces tiers refusent souvent d'observer une attitude de neutralité, lorsqu'ils sont appelés à apporter leurs concours aux opérations d'exécution forcée initiées contre ce genre de débiteurs qu'ils considèrent avant tout, comme leurs clients[49].

---

l'espèce, accuse les juges de faire une interprétation erronée de l'article 38 et des textes subséquents sur les tiers et voit dans leur démarche, une volonté inavouée de faire porter par les banques tiers saisies, la charge des débiteurs insolvables et des fautes de leurs relations.

[44] GHESTIN(J), JAMIN (Chr) et BILIAU (M), *Traité de droit civil, Les effets du contrat*, 2e éd. LGDJ, 1994 p. 367 n° 319 Art. 1165 et 1351 du Code civil ; TERRE (F) SIMLER (Ph.) et LEQUETTE (Y), *Droit civil, les obligations*, Précis DALLOZ 11e éd. 2013 p. 543 n° 485 s.

[45] Le régime juridique qui a gouverné les tiers jusqu'en 1998 (date d'entrée en vigueur de l'Acte uniforme n° 6) est celui des tiers du Code civil.

[46] Voir requête STANDARD CHARTERED BANK aux fins de pourvoi d'ordre, op. cit., note n° 39.

[47]Avant d'être tiers saisi, le tiers est d'abord cocontractant ou dépositaire du débiteur saisi. Il ya donc une relation primaire, contractuelle ou légale, entre les deux qui ne peut laisser les premiers indifférents à ce qui arrive au second, surtout, lorsque l'opération se passe entre leurs mains.

[48] Voir composition du comité d'examen des cas de saisie attribution des créances de 2002 dont les véritables instigateurs sont les banques locales.

[49] Voir explication, note n° 40, supra.

Ce sont ensuite les organismes financiers nationaux [50] et internationaux[51] qui fulminent contre les dispositions de l'article 38 de l'AUPSRVE. Ceux-ci n'admettent pas non plus qu'une banque par exemple, mêlée par hasard à une saisie pratiquée entre ses mains par un créancier anonyme, sur les avoirs de son débiteur tout aussi anonyme, puisse subir en sa qualité de tiers saisi, les méfaits d'une exécution à des fins privées, comme si celle-ci était devenue *« une obligation nationale »*[52].

Ainsi, se rangeant du côté des banques locales et suivant *« le réflexe héréditaire »*[53] des institutions financières qui s'estiment être partout *« victimes de leur très grande solvabilité »*[54], la Banque Mondiale et le FMI[55] n'ont pas voulu se tenir à l'écart des opérations d'exécution ou de conservation entreprises entre les mains de ces tiers d'un type

---

[50] Toutes les banques et établissements financiers ont individuellement saisi la primature pour dénoncer les saisies attributions pratiquées entre leurs mains. Pour elles, et malgré l'existence de la loi, elles estiment que ce sont les magistrats qui donnent une interprétation erronée des textes.

[51] Banque mondiale et FMI notamment.

[52] ROSENNE (S) cité par ABDELHAMID EL OUALI, *Effets juridiques de la sentence internationale*, préface Paul REUTER, LGDJ, 1984, p.1 ; comp. BENOIT (R) pour qui *« la collectivité des citoyens tirant profit du fonctionnement des services publics,.... il est juste que la collectivité dans son ensemble supporte la charge du préjudice causé à un citoyen, de façon que l'égalité entre tous ne soit pas altérée »*, cité par DEBARD (Th.), *L'égalité des citoyens devant les charges publiques : fondement incertain de la responsabilité administrative*, D. 1987, Chr. p. 157.

[53] L'expression est de M COUTHEOUX, « Les secrets économiques », *Rev. Econ.* 1958, p. 547 ; cité par Christian GAVALDA in *Le secret des affaires*, *Mél. SAVATIER*, p. 293.

[54] L'expression est du Directeur général de la Société générale des Banques du Cameroun qui parle du délit de solvabilité, in Comité d'études des cas de saisies attributions ; V. aussi la jurisprudence des années 1976 en France condamnant systématiquement les banques à payer la totalité du passif du client dont le crédit avait été ruiné par suite du refus de la banque d'honorer les chèques approvisionnés Grenoble, 7 juillet 1976, D. 1976. 489 note DERRIDA (F) et sur pourvoi, Com. 08 Mai 1979 D. 1979 IR 535 obs. HONORAT (A.). Les banques se considèrent toujours comme victimes chaque fois que les débiteurs sont en difficulté, même dans les procédures collectives Trib. Com. Marseille 13/10/1976 D. 1977 I.R. 55 adde STOUFFLET (J.), Devoirs et responsabilités du banquier à l'occasion de la distribution du crédit, in responsabilité professionnelle du Banquier : contribution à la protection des clients de la banque, sous la direction de GAVALDA (Chr.) p. 22 et s. cité par DERRIDA (F), in « Le Crédit et le droit des procédures collectives », *Études offertes à René Rodière*, DALLOZ, 1981, p. 67 et s.

[55] Fonds Monétaire International.

particulier que sont les banques. Ils ont provoqué en 2002[56], l'ingérence du gouvernement camerounais dans les procédures d'exécution, avec mission d'y exercer un contrôle permanent et à priori[57].

Pour ces autorités monétaires, la condamnation des banques, tiers saisis, aux causes de la saisie, aux astreintes[58], et surtout aux frais de procédure que les huissiers évaluent parfois arbitrairement à coup de millions selon les affaires, est inacceptable. D'abord, parce que dans la majorité des cas, de telles réclamations ne se justifient pas au regard du contenu du titre mis en exécution[59]. Ensuite, parce que l'injonction faite dans la pratique aux débiteurs ou aux tiers saisis de payer certains frais qu'on ne retrouve pas dans le titre exécutoire, viole on ne peut trop manifestement, la lettre et l'esprit des dispositions légales en la matière[60].

Cette situation qui a beaucoup favorisé des saisies injustifiées et qui concerne au premier chef le Cameroun[61], a réellement fait croire à un moment donné qu'on était en présence, sinon de ce qu'un auteur appelle le *« racket légal »*[62] organisé contre les débiteurs saisis, du moins à ce qu'un autre considère comme un *« particularisme camerounais de l'exécution forcée »*[63].

---

[56] Comité d'étude des cas de saisies attributions du 21 février au 22 mars 2002 ; ministère de la justice, Cameroun.

[57] Création au ministère de la justice du Cameroun, d'un Comité ad hoc de suivi et d'évaluation de la mise en œuvre des recommandations du comité d'étude des cas de saisies attributions.

[58] Sur les dérives provoquées par la condamnation aux astreintes, voir not. IPANDA (F.P.), « L'astreinte judiciaire : peine privée ou dommages-intérêts ? », Obs. sous C.A. Littoral, arrêts n° 118/ Ref du 27/09/1999 (1re espèce) et n° 13 du 25 /10/1999, RCDA n° 3 p.67.

[59] En règle générale, le jugement qui condamne à payer les frais a l'obligation de les énumérer. L'évaluation ne peut être faite d'office par l'Huissier instrumentaire.

[59] Interprétation extensive de l'article 157 l'AUPSRVE

[60] Voir les faux tiers requis Titre 2 chap. 2 infra.

[61] Il est rapporté qu'en deux ans, (de 1998 à 2000), 57 saisies attributions des créances ont été pratiquées entre les mains de la BEAC par l'ensemble des pays de la zone CFA Afrique centrale. Sur les 57 saisies, les créanciers installés au Cameroun en ont pratiqué 55 pour une somme de 15 milliards. Somme exagérément gonflée par la liquidation arithmétique des astreintes et par les frais extrajudiciaires de procédures arbitrairement fixés par les huissiers de justice instrumentaires. (Source : atelier dit des cas de saisies attribution de 2002 MINJUSTICE, op. cit.).

[62] CEVAER (J.P.), *Le racket légal des Huissiers, leurs méthodes et comment y résister,* éd. ALBIN MICHEL, 1996.

[63] Contribution de la. SGBC au comité des cas de saisies attributions, inédite.

Le débat provoqué par cette intrusion singulière[64] des hautes autorités administratives et financières dans les procédures civiles[65] et commerciales[66] d'exécution a eu lieu sur le plan administratif. Un atelier dit « *des cas de saisie-attributions* » a été organisé en 2002 par le ministère camerounais de la Justice, sur instigation de la primature[67]. Elle a réuni autour du Garde des Sceaux[68], d'un côté, tous les corps des métiers du droit[69] ; et de l'autre, les représentants des banques locales, du FMI, de la Banque Mondiale et de l'Ohada. Elle a donné lieu à des travaux très houleux et très fouillés[70].

Au terme de cet atelier qui est ancien[71], mais qui fait encore polémique aujourd'hui[72], plusieurs recommandations et résolutions ont été prises. Des huissiers de justice incriminés pour la circonstance ont été interpellés[73]. Certains incarcérés[74] ou suspendus de leurs fonctions[75]. Quant aux juges de l'exécution, ils ont été discrètement

---

[64] Article 14 du Traité ohada, disposant que le contrôle de l'application et de l'interprétation des Actes uniformes relève de la compétence exclusive de la CCJA.

[65] Le droit français classe les voies d'exécution au rang des procédures civiles d'exécution. V Code de procédure civile DALLOZ, loi de 1991 et son décret d'application.

[66] Mais la matière n'applique pas uniquement les règles et principes de droit civil comme on va le voir infra.

[67] Comité des cas de saisies attributions, tenu au ministère de la justice à Yaoundé-Cameroun, du 21 février au 22 mars 2002.

[68] Représenté pour la circonstance par M. le Secrétaire général du ministère de la justice.

[69] Professeurs, magistrats, avocats, huissiers de justice.

[70] Documents Inédits

[71] 15 ans déjà.

[72] Sortie musclée des avocats de Maître EBODE Raphaël, Huissier de justice, contre la décision de suspension de leur client, prise par le Ministre de la Justice, sur proposition du comité de suivi des cas de saisies attributions des créances, in journal KALARA n° 076 du 08 décembre 2014. Le traité Ohada donne à la CCJA seule, compétence pour interpréter et veiller à la bonne application des Actes Uniformes (art. 14) ;

[73] Voir notamment, les cas de Maître TEKEU Victor et de Maître BALENG MAAH Célestin, Huissiers de justice à Douala. Pour les autres, voir dossier ministère de la Justice, mars 2002.

[74] Maître TEKEU Victor et de Maître BALENG MAAH Célestin, dossier du comité d'étude des saisies attributions op. cit.

[75] Ex. Maître BALENG MAAH Célestin, a été suspendu de ses fonctions d'huissier de justice par le Ministre de la Justice pour avoir pratiqué une saisie attribution des créances, dans la fameuse affaire S.G.B.C. c/ KINGUE ESSO et Sté SOCOM, au mépris des injonctions du Parquet général du Littoral, et des résolutions du comité des saisies attributions de 2002. Son recours aux fins de levée de cette sanction a été rejeté

invités à mettre fin pour l'avenir, à la condamnation des banques tiers saisies au paiement des sommes injustifiées, notamment aux astreintes[76] pour cause d'inexécution. Par ailleurs, à l'exception des frais de recouvrement que l'huissier instrumentaire est légalement autorisé à inclure dans le procès-verbal de saisie ou dans le commandement de payer [77] , il n'est plus possible actuellement d'introduire dans les actes d'exécution signifiés aux tiers, des frais de procédure imaginaires, c'est-à-dire ceux que le juge n'a pas expressément alloués au créancier saisissant et qu'on ne retrouve pas dans le titre mis en exécution[78].

Sur le plan de la réalité pratique, ces diverses interventions et prises de position administratives, quelle que soit leur valeur, produisent

---

par la Chambre Administrative de la Cour Suprême, par jugement n° 48/2011/CA/CS du 23 mars 2011. Le même huissier a passé plusieurs années de détention pour perception excessive des intérêts, frais et dépens, à l'occasion d'une saisie attribution de créances, dans l'affaire d'État du Cameroun (MINEFI) c/ Me. Lydienne YEN EYOUM ; il vient d'être acquitté par le Tribunal Criminel spécial, par arrêt du 25 septembre 2014 après près de trois ans de détention. Trois ans plus tard et toujours dans la même affaire, Maître EBODE Raphaël a été suspendu à son tour de ses fonctions pour une durée de deux ans, par arrêté ministériel du 08/10 2014 pour avoir pratiqué entre les mains de la BEAC., une saisie attribution en faveur de la société SOCOM contre la SGBC en 2011, pour un montant de 10 milliards, malgré les instructions contraires du parquet général.

[76] La condamnation aux astreintes et surtout, leur liquidation est admise dans son principe par la CCJA, 2e Ch., arrêt n° 062/2013 du 25 Juil. 2013 aff. Banque Internationale pour le Commerce et l'Industrie de la Côte d'Ivoire die BICICI c/ Sté Côte d'Ivoire Assistance médicale dite CI-AM : CCJA, Ass. Plén., arrêt n° 105/2014 du 4 Nov. 2014 aff. AES SONEL s.a. c/ Henri NGALLE MONONO et autres, BALENG MAAH Célestin ; CCJA, Ass. Plén., arrêt n° 060-2/2015 du 29 Avr. 2015 aff. SALEMATOU KOUROUMA c/ Cie SHELL de GUINÉE et Banque Internationale pour le Commerce et l'Industrie en Guinée dite BICIGUI ; au Cameroun, depuis que le procureur général a un droit de regard sur les saisies et toutes les procédures périphériques, la liquidation de l'astreinte n'a plus aujourd'hui, qu'une valeur conceptuelle. ; voir not. IPANDA (F.P.), « L'astreinte judiciaire : peine privée ou dommages-intérêts ? », Obs. sous C.A. Littoral, arrêts n° 118/ Ref du 27/09/1999 (1re espèce) et n° 13 du 25 /10/1999, *RCDA*, op. cit.

[77] CCJA, 3e Ch., arrêt n° 084/2012 du 04 Déc. 2012, aff. Ayants-droit de CHAIBOU MAIKANO c/ Compagnie Ivoirienne d'électricité, dite C.IE., Sté Ivoirienne de Banque, dite SIB ; Voir note Code Bleu, art. 157 de l'AUPSRVE

[78] Cette décision a été prise par les autorités judiciaires en réaction aux abus constatés, pour la fixation des frais visés par l'article 157 de l'AUPSRVE. ; CCJA, Ass. Plén., Arrêt n° 046/2014 du 23 avril 2014, aff. Banque Commerciale du Burkina dite BCB c/ et autres c/ La Sté AIT International Ltd.

inévitablement un effet négatif sur l'évolution du droit de l'exécution en zone ohada[79].

On le découvre à l'occasion de la mise en œuvre de certaines procédures impliquant les tiers. Il en est ainsi notamment en matière de saisie-attribution des créances. Aujourd'hui, quelle que soit la technique de calcul utilisée pour la fixation des frais visés par l'article 157 al.3 (3) de l'AUPSRVE par exemple, la procédure de saisie-attribution des créances ne peut plus être entreprise spontanément dans un pays comme le Cameroun, entre les mains de certains tiers[80], sans approbation administrative préalable[81].

Des résolutions de cette nature qui s'imposent aux huissiers de justice traditionnellement placés sous l'autorité du Parquet[82] peuvent conduire à croire, à tort ou à raison, que les sentiments ont déjà envahi les procédures d'exécution forcée[83]. Cela signifie en d'autres termes que l'exécution n'obéit plus uniquement aux considérations d'ordre

---

[79] Quelle que soit la valeur du prétexte qui a conduit les administrations ci-dessus visées à intervenir dans le domaine de l'exécution[79], l'objectif profond de ces autorités n'échappe à personne. Il s'agit tout simplement de chercher à imposer à la pratique, une interprétation administrative de certaines dispositions de l'Acte uniforme n° 6, pour en restreindre le domaine d'application. Cette manière de procéder est manifestement contraire aux dispositions de l'article 14 du Traité. Ce texte, qui est clair et précis, donne compétence exclusive à la CCJA, d'interpréter la législation ohada. Du fait de ce comité, le rythme et le nombre de saisies ont brutalement chuté, aucun huissier ne voulant être l'objet d'une procédure disciplinaire.

[80] Notamment à la BEAC.

[81] Circulaire de Monsieur le Garde des Sceaux n° 17/SG/MJ du 4 juin 2002 relative à la pratique des saisies attribution des créances, adressée aux Procureurs généraux près la Cour d'Appel des 10 régions du Cameroun, interdisant sous peine de sanctions tant disciplinaires que pénales, notamment pour concussion, abus de fonction, escroquerie, etc., toute saisie attribution des créances mise en œuvre sans l'accord préalable du Parquet ; en octobre 2014, l'Étude de Maître EBODE Raphaël, huissier de justice à Yaoundé en a fait des frais puisqu'il vient d'être suspendu de ses fonctions par le Garde des Sceaux pour avoir refusé de lever une importante saisie attribution des créances d'un montant de 10 milliards, pratiquée entre les mains de la B.E.A.C., en violation des instructions ministérielles adressées à tous les huissiers aff. COSOM c/ SGBC), inédite.

[82] Voir décret n° 79/448 du 5 Nov. 1989, mod. par les décrets n° 85/ 238 du 22 février 1985 et 98/ 170 du 22 août 1998 portant réglementation des fonctions et fixant le statut des huissiers.

[83] LAGARDE (G), « Le droit des affaires, droit sentimental ? », in *Mél. SAVATIER*, Dalloz, 1981 p. 491.

purement juridique. Elle devient politique[84] et donc sans aucun doute, hypothétique[85].

La discrimination ainsi introduite au sein des tiers appelés à apporter leurs concours aux procédures d'exécution dans une même zone économique manque totalement de fondement juridique. Elle présente aussi et surtout, le grand inconvénient de mettre en place, au profit de certains tiers privilégiés comme les banques centrales[86], une sorte d'immunité de saisie ; non de leurs propres biens qui ne sont pas concernés[87], mais des sommes que les banques locales déposent entre leurs mains. Or, aucune disposition de l'Acte uniforme n° 6, n'accorde à ce genre de dépôts, pareil privilège[88].

Une telle atteinte à la lettre et à l'esprit des dispositions de l'Acte uniforme du 10 avril 1998[89] est intolérable. Sa première conséquence est indubitablement la remise en cause de la conception légale de l'exécution forcée, hors les mains du débiteur lui-même[90]. Le second inconvénient réside essentiellement en ce que l'interdiction

---

[84] ROSENNE (S) cité par ABDELHAMID EL OUALI, in *Effets juridiques de la sentence internationale*, préface de Paul REUTER, LGDJ, 1984, p.1 ; pour Pierre HEBRAUD, le terme politique doit être compris ici dans un sens large, in « L'exécution des jugements civils », *Rev. Intern. Dr. Comp.* 1957, p. 170.

[85] Voir Circulaire du Garde des Sceaux, op. cit., n° 74.

[86] La BEAC principalement, pour mieux assurer la sauvegarde des avoirs des banques locales.

[87] La CCJA semble étendre le privilège de juridiction et d'exécution dont jouissent les banques centrales, aux biens dont ces banques détiennent pour le compte des banques commerciales tierces. Voir not. CCJA, 1re Ch., arrêt n° 149/2015, du 26 Nov. 2015, aff. BCEAO, Direction nationale du Niger c/ El Hadj RABIOU DJITAOU, représentant les ayants-droit de MAMANE DJITAOU.

[88] Les saisies pratiquées entre les mains de la BEAC ne portent pas sur ses avoirs propres qui seuls sont couverts d'une immunité d'exécution. V. not. CCJA, ass. Plén., arrêt n° 123/2014 du 11 Nov. 2014, aff. Hôpital général de référence nationale en abrégé HGRN c/ Sté TOTAL ELF FINE s.a. qui approuve la condamnation d'une entreprise publique au paiement des causes de la saisie malgré l'immunité d'exécution. Elles portent sur les dépôts que les autres banques ont au sein de cette institution régionale. Ce qui est différent. ; comp. rappr BILONG (S), Le déclin de l'État de droit au Cameroun : le développement des immunités juridictionnelles, in JURIDIS PÉRIODIQUE, n° 62, Avril-Mai-juin 2005, p. 52.

[89] Bien connu sous l'appellation Acte uniforme n° 6.

[90] L'article 28 de l'AUPRSVE ne fait aucune discrimination ni au niveau des tiers saisis ; ni sur le montant à saisir. Ce sont les autorités politiques et administratives qui introduisent de telles considérations dans les opérations de saisie, pour faire obstacle à certaines saisies.

administrative de saisies entre les mains de certains tiers risque d'être un obstacle pour cerner le vrai rôle et partant, la vraie définition qu'il convient de donner à l'ensemble des tiers impliqués à l'exécution.

Malgré l'entorse ainsi causée par les autorités administratives à l'article 38 de l'AUPSRVE, le recours aux tiers dans les voies d'exécution reste en constante évolution[91]. Il suffit d'observer les faits. Une agitation quasi permanente entoure régulièrement l'exécution entre les mains de ces personnages. Non seulement de telles saisies indirectes sont les plus volumineuses, mais elles deviennent aussi, malheureusement, les plus litigieuses. Cette situation ne peut passer inaperçue sur le plan juridique. Elle renforce la position de ceux qui soutiennent que la participation des tiers à l'exécution est devenue indispensable depuis 1998[92].

Les premiers commentateurs de l'Acte uniforme du 10 avril 1998 ne semblent curieusement pas avoir accordé un quelconque intérêt à ce phénomène juridique et sociologique[93]. Un premier courant doctrinal qui ne fait pas des tiers des voies d'exécution, sa préoccupation majeure, ne trouve même pas nécessaire lorsqu'il en parle d'aligner ces personnages au rang de ce que certains appellent, *« le personnel de l'exécution »*[94].

Quant aux auteurs qui ont effectivement entrepris les recherches sur la notion de tiers dans les voies d'exécution depuis l'entrée en vigueur de ce texte communautaire, la majorité continue d'affirmer à tort ou à raison que les tiers sont de simples dissidents qui font *« obstacle »* à l'exécution[95]. D'autres, qui n'ont pas une opinion véritablement contraire, les regardent comme des irréductibles qui ne peuvent

---

[91] Le domaine d'intervention des tiers dans l'exécution s'est substantiellement étendu. Il n'y a presque plus de saisies où n'interviennent les tiers.

[92] Date d'adoption de l'Acte uniforme portant organisation des procédures simplifiées de recouvrement et des voies d'exécution, J.O. Ohada, n° 6 du 01/06/1998, p.1 et s.

[93] ASSI ESSO (A. M.), Commentaire de l'Acte uniforme n° 6. comp. DONNIER (M) et DONNIER (J.B.), Voies d'exécution et procédures de distributions, 6e éd., LITEC, 2005, p.5, n° 15 s.

[94] KUATE TAMEGHE (S. S.), la protection des débiteurs dans les procédures individuelles d'exécution, thèse, L'HARMATTAN, 2004, préface de Jean Francis OVERSTAKE, p. 51 ;
DJOGBENOU (J), *L'exécution forcée. Droit Ohada*, 2e éd., CREDIJ, 2011, p. 48.

[95] DONNIER (M) et DONNIER (J.B.), op. cit. p.75 n° 226 ; YOUSSOUFA NDIAYE, « Les voies d'exécution », *Encyclopédie juridique de l'Afrique*, T. 4, Titre V, p. 264 s.

participer positivement à l'exécution d'un titre que sous la pression de la force[96].

De semblables points de vue ne rendent pas réellement compte de la véritable influence que les tiers exercent sur l'exécution. Ils découlent en fait d'une *« lecture un peu trop française »*[97], c'est-à-dire purement théorique, de l'Acte uniforme n° 6, sans rapport aucun avec la réalité matérielle de l'exécution.

Ces prises de position traduisent clairement le peu d'intérêt que les juristes africains ont pour la notion de tiers dans les voies d'exécution[98]. La doctrine spécialisée se concentre presque exclusivement aujourd'hui, à l'examen des problèmes liés notamment aux parties au rapport d'exécution[99], aux opérations de saisie[100] ou à l'incidence du droit ohada sur le droit interne[101].

---

[96] YOUSSOUFA NDIAYE, op. cit.

[97] L'expression est du Professeur MELONE (S.).

[98] Par exemple après les résolutions du comité des cas de saisie attributions, aucune réaction de la doctrine n'a été enregistrée. Ni sur le principe de cette ingérence administrative dans les voies d'exécution, ni sur le travail que son comité, installé au ministère de la Justice continue à faire, chaque fois qu'une saisie, présentant une certaine importance, est pratiquée entre les mains d'une banque.

[99] KUATE TAMEGHE (S. S.), *La protection des débiteurs…*, thèse, op. cit. ; PODIO épse TCHATCHOUA (M.D.) et FANDJIP (O), « Les voies d'exécution en droit Ohada à l'épreuve des droits de l'homme : le cas du débiteur », *JURIDIS PÉRIODIQUE*, n° 83, Juil-Août-Septembre 2010, p. 102

[100] POUGOUE (P.G.) et TEPPI KOLOKO, *La saisie attribution des créances en droit ohada*, P.U.A., 2005 ; DJOUGBENOU (J), *L'exécution forcée, droit Ohada*, CREDIJ (Centre de Recherche et d'Étude sur le Droit et les Institutions Judiciaires en Afrique), 2e éd. ; POUGOUE (P.G.) et NJEUFACK TEMGOUA, *Saisies et mesures conservatoires de droit OHADA*, P.U.A., Coll. Vade-mecum 2015 ; KERE KERE (G), *Les voies d'exécution en droit Ohada*, Presses de l'UCAC 2011, coll. « Apprendre » ;

[101] NEMEDEU (R), « Le juge camerounais du contentieux de l'exécution ou le clair-obscur entre la lettre et l'esprit de l'article 49 de l'AUPSRVE », *JURIDIS PÉRIODIQUE,* n° 83, Juil-Août-Septembre 2010, p. 91 ; FOMETEU (J), « Le juge de l'exécution au pluriel ou la parturition au Cameroun de l'art. 49 de l'AUPSRVE », *JURIDIS PÉRIODIQUE*, n° 83, Juil-Août-Septembre 2010, p. 91. ; ONANA ETOUNDI (F), *L'incidence du droit communautaire Ohada sur le droit Interne du recouvrement des créances et de l'exécution des décisions de justice dans les États-parties : le cas du Cameroun*, Thèse, Université de Yaoundé II, 2005 ; EYIKE-VIEUX, *L'application du droit Ohada par les juridictions camerounaises : le cas des juridictions de Douala*, P.U.A., 2017.

Beaucoup d'auteurs n'ont d'ailleurs pas manqué d'affirmer dans l'ambiance des travaux qui ont immédiatement suivi l'entrée en vigueur de ce texte communautaire que l'économie de la réforme des voies d'exécution réside essentiellement dans la revalorisation du titre exécutoire[102] et à l'instauration d'un Juge de l'exécution[103].

A prima facie, une telle approche de la matière ne peut être sérieusement remise en cause. Il suffit de voir les multiples innovations intervenues sur les points commentés par ces auteurs par rapport au droit antérieur, pour en être convaincu[104].

Mais au terme d'une étude de plus de quinze années de jurisprudence, on peut affirmer aujourd'hui, sans risque de se tromper, que le succès des voies d'exécution en zone ohada dépend presque exclusivement du comportement des tiers qui y sont impliqués.

Problématique et intérêt du sujet : Sur le plan pur du droit, les interventions et prises de position ci-dessus dénoncées traduisent la nécessité qu'il y a à engager un débat approfondi sur la notion de tiers, visée par l'article 38 de l'AUPSRVE. Car si la question est restée presque totalement dans l'ombre[105] depuis l'entrée en vigueur de l'Acte uniforme du 10 avril 1998[106], l'occasion est indiquée pour se demander

---

[102] ANOUKAHA (F) et TJOUEN (A.D.), *Les procédures simplifiées de recouvrement et les voies d'exécution en Ohada*, P.U.A, Yaoundé, 1999 ; DAGOT (M), *Les sûretés judiciaires provisoires, inscriptions d'hypothèques, nantissement sur fonds de commerce et autres*, LITEC, 1994, p.7, n° 20 et s ; DONNIER (M) et DONNIER (J.B.), LITEC, 2005 p.13, n° 34, DALLOZ, ACTION, p.5, n° 14.

[103] FOMETEU (J), Le juge de l'exécution au pluriel ou la parturition au Cameroun de l'art. 49 L'AUPSRVE, op. cit. ; DONNIER (M) et DONNIER (J.B.), op. cit., p.28 n° 68 Ces derniers auteurs considèrent le juge de l'exécution comme le *« personnage central de la réforme »* ; DONNIER & DONNIER, *Voies d'exécution et procédures de distribution*, v. Introduction générale, 6e éd., LITEC, 2005, pp.12 & 13.

[104] NEMEDEU (R), « Le juge camerounais du contentieux de l'exécution ou le clair-obscur entre la lettre et l'esprit de l'article 49 de l'AUPSRVE », *JURIDIS PÉRIODIQUE*, n° 70 avril-mai-juin 2007, p. 97

[105] Le professeur ASSI-ESSO (A. M.) n'en fait aucun cas, dans son commentaire réitéré de l'Acte Uniforme, ni dans la première édition du Code vert 1999 ; ni dans celles qui ont suivi ; adde BIBOUM BIKAY (F), *Les tiers dans le droit des voies d'exécution OHADA*, Th., Op. cit. Ce dernier auteur, tout en s'interrogeant sur la qualification du tiers dans l'exécution, opte cependant pour une analyse classique de la notion.

[106] Bien connu sous l'appellation Acte uniforme n° 6.

quel est ce personnage que *« le législateur gouvernemental »*[107] Ohada appelle *« tiers »*, mais qui paradoxalement est tenu d'apporter son concours à l'exécution sous peine de sanctions !

C'est dans le cadre de cette apparente contradiction, qui cache en fait une évolution, voire une révolution de l'exécution forcée en Afrique noire ohada[108], que se situe l'intérêt de la présente recherche.

L'impossible définition en l'état du tiers dans les voies d'exécution : Contrairement à certaines législations modernes qui donnent dans un préambule ou titre préliminaire, les définitions des principaux termes qu'elles emploient[109], le législateur Ohada ne définit pas le vocable tiers qu'on rencontre dans les dispositions de l'Acte uniforme du 10 avril 1998 et qui est au cœur du débat sur l'article 38 de l'AUPSRVE[110].

Le refus du législateur ohada d'imposer d'autorité à la pratique, une définition du « tiers » dans l'exécution n'est pas en soi blâmable. Certes, on peut bien admettre avec le doyen Gérard CORNU que la définition légale peut contribuer à « dissiper l'équivoque ou l'obscurité d'un terme »[111]. Mais la doctrine est unanime pour dire aussi que le rôle du législateur n'est pas de se substituer aux lexiques des termes juridiques ou aux solutions prétoriennes, lorsqu'il faut élucider certains

---

[107] L'expression est de RAYMOND MARTIN, in Le juge devant la prétention, D.S. 1987 Chr. p. 35 ; comp. JIVKO STALEV, Droit Uniforme et droit international privé, in Études offertes à René RODIERE, DALLOZ 1981 p. 311. Pour cet auteur, *« la convention internationale d'uniformisation du droit accomplirait la fonction d'un acte normatif, tandis que les États parties à la convention, joueraient le rôle d'un organe législatif collectif »*.

[108] Comp. WANDJI KAMGA (A — D), *Le droit à l'exécution forcée (réflexions à partir des systèmes juridiques camerounais et français*, Th. En codirection, 2009, p. 3.

[109] Loi n° 2014/006 du 23 avril 2014 régissant l'activité de l'affacturage au Cameroun, voir JURIDIS PÉRIODIQUE 98 Avril-Mai-juin 2014, IPANDA (F.), *L'affacturage au Cameroun*, Mémoire de Master recherche, septembre 2015, Université de Yaoundé II, 2015 ; Charte des Investissements de la CEMAC, loi n° 2002/004 du 19 avril 2002 portant Charte des investissements modifiée ; Code de procédure pénale camerounais ; Acte uniforme ohada portant organisation des procédures collectives d'apurement du passif, publié le 10/09/2015 (Art.1-3) ; CORNU (G), Les définitions dans la loi, in Mélanges J. VINCENT, éd. DALLOZ, 1981, p.77

[110] TCHOU - BAYO (J.P.), « Sur la notion de tiers », *Encyclopédie du droit Ohada* (sous la direction de Paul Gérard POUGOUE, éd. Lamy, 2012, n° 53

[111] CORNU (G), « Les définitions dans la loi », in *Mélanges J. VINCENT*, op. cit.

concepts « dont le sens appartient à la langue »[112] et dont l'emploi est parfois commun à plusieurs disciplines.

Cette prudence législative se révèle très intéressante sur le plan de la pratique. Elle se présente en fait, comme une véritable politique, appréciée et recommandée partout[113]. La finalité d'une telle méthode est de préserver la neutralité du législateur dans le débat juridique qui accompagne traditionnellement l'adoption d'un texte nouveau en droit, surtout lorsque celui-ci renferme des notions à contenu variable[114], flou[115] ou flexible[116], comme l'article 38 de l'AUPSRVE.

PORTALIS est le premier à approuver implicitement telle technique qui est de droit positif[117]. *« ... S'il est possible dans une institution nouvelle, déclare cet auteur, de calculer les avantages que la théorie nous offre, il ne l'est pas de connaître tous les inconvénients que la pratique seule peut découvrir... »*[118].

Mais c'est Jacques GHESTIN qui propose une lecture plus riche et plus complète de l'usage législatif des termes à sens multiples, ou à contenu variable. Cet auteur écrit : *« Le législateur emploie parfois des notions générales au contenu indéterminé qui, pratiquement, ne peuvent donner lieu à des définitions précises... C'est l'ensemble des applications faites par le législateur en utilisant la notion à contenu variable ou des solutions données par le juge, qui permettent*

---

112 CORNU (G), op. cit., p. 78, n° 2.

113 Voir not. L'intervention du Doyen CARBONNIER, à l'occasion de la Table ronde du colloque organisé en juin 1978, à l'initiative conjointe de l'association Famille et Droit et des Universités de Paris II et de Paris Sud, sur le thème : *Droit de la filiation et progrès scientifiques, aspects philosophiques, éthiques, psychosociologiques, politiques et juridiques*, sous la direction de Gérard CORNU et Catherine LABRUSSE, professeurs des facultés de droit, éd. ECONOMICA, p. 135.

114 PERELMAN (Ch.) et VANDER ELST R. (R.), *Les notions à contenu variable en droit, travaux du centre national de logique*, Bruxelles, Bruylant, 1984.

115 MOUTHIEU ép. NJANDEU (M.A.), *L'intérêt social en droit des sociétés*, préface de POUGOUE (P.G.), L'Harmattan, 2009, p. 27 et s.

116 Comp. SAINTOURENS, « La flexibilité du droit des sociétés », *R.T.D.Com*, 1987, p. 483.

117 BERGEL (J.-L.), *Théorie générale du droit*, coll. Méthodes du droit dirigé par Jean CARBONNIER, éd. DALLOZ, 1985, p. 261, n° 230.

118 PORTALIS, in FENET, *Recueil complet des travaux préparatoires du Code civil* ; cité par J. PREVAULT, « L'évolution du droit de l'exécution forcée depuis la codification napoléonienne » in *Mél. VINCENT*, p. 297 s. adde, PERCEROU (R), Préface thèse CONTIN (R), *Le contrôle de la gestion des sociétés anonymes*, LITEC, p. 8 et 9.

graduellement (ajoute l'éminent civiliste), d'élaborer une définition ou tout au moins, de délimiter positivement ou négativement la notion »[119].

Doctrine et jurisprudence ne semblent pas avoir suffisamment tiré profit de cette politique législative, malgré l'abondance des décisions judiciaires rendues au sujet des tiers.

Dans le perpétuel dialogue qu'elles entretiennent au fil du temps et très conscientes *« de leur mission traditionnelle qui est d'adapter les textes pour tenir compte de nouvelles exigences économiques et sociales »*[120], des échanges n'ont pas manqué d'être fructueux entre ces deux sources du droit[121]. Des travaux se sont multipliés çà et là depuis très longtemps pour tenter de donner un contenu précis au vocable tiers que l'on rencontre dans la plupart des textes législatifs ou réglementaires[122]. À chaque fois, ils se referment par un rapport général

[119] GHESTIN (J), « L'ordre public, notion à contenu variable en droit privé français », in *Les notions à contenu variable en droit* Études publiées par Chaïm PERELMAN et Raymond VANDER ELST, éd. Émile BRUYLANT, Bruxelles, 1984, p. 77 ; lui-même se référant à Ch. PERELMAN, logique juridique, nouvelle rhétorique, p. 35 n° 24 ; Marie Eve ROUJOU DE BOUBEE propose pour sa part, que pour mieux cerner la notion de réparation, il est nécessaire d'adopter un vocabulaire unique, par conséquent, d'établir un dictionnaire des mots-clés fondamentaux, in *Essai sur la notion de réparation*, th. Toulouse 1973, préface HEBRAUD (P), professeur à l'Université des sciences sociales de Toulouse, LGDJ, 1974, p.355.

[120] TROCHU (M.), JEANTIN (M.) et LANGE (D.), in *De quelques applications particulières du droit pénal des sociétés au phénomène économique des groupes de sociétés*, D. 1975, 2e cahier Chr. p.. 7 ; GHESTIN (J) et GOUBEAUX (G), in *Traité de droit civil*, introduction générale, LGDJ, 1983 p. 342 spéc. 347 n° 428 et s.

[121] S'il est unanimement admis que la jurisprudence est une source de droit, il n'en est pas de même de la doctrine. Pour GHESTIN (J) et GOUBEAUX (G), la doctrine n'est pas une source directe du droit. Elle exerce simplement une influence sur les tribunaux et le législateur, in *Traité de droit civil* (sous la direction de J. GHESTIN, Introduction générale, 2e éd. LGDJ, p. 187 n° 227 ; pour BREDIN (J.D.), le juge peut toujours ignorer la doctrine ou s'en moquer : il reste d'une certaine manière son enfant. Car ce qu'il a de culture juridique…, le peu de droit qu'il sait, il l'a d'abord appris dans les livres, les cours qui participent, bien ou mal de la doctrine, in « Remarques sur la doctrine », *Mél. HEBRAUD*, p. 111. Adde, BELLET (P.), in *l'association H. CAPITANT, La réaction de la doctrine à la création du droit par le juge*, XXXI, Rapport de synthèse, p. 5. ; MALAURIE (Ph), idem, p. 81.

[122]GHESTIN (J), JAMIN et BILLIAU op. cit., n° 720 p.780 ; TERRE (F) SIMLER (Ph.) et LEQUETTE (Y), *Traité de droit civil, les obligations*, Précis DALLOZ, 11e éd., 2013 p. 547, n° 490 s.

alarmant, qui traduit l'impossibilité pour la doctrine, de proposer une définition univoque de la notion de tiers, unanimement approuvée[123].

Il est vrai que le législateur communautaire ohada a cherché à distinguer les tiers des voies d'exécution des autres tiers. C'est d'ailleurs au sujet de ces derniers qu'il prescrit à la première phrase de l'article 38 de l'AUPSRVE, l'obligation de ne pas faire obstacle à l'exécution forcée. Mais il faut éviter de se méprendre sur la portée réelle de ce bout de phrase.

L'obligation de ne pas faire obstacle à l'exécution s'impose à tout le monde. Elle doit être observée par tous ceux qui sont ou non, étrangers au rapport obligatoire, qu'ils soient de simples particuliers ou des tiers impliqués à l'exécution. Elle est la traduction dans les voies d'exécution, de l'obligation passive universelle bien connue en droit civil[124]. Un auteur comme PLANIOL s'en est d'ailleurs fait le chantre et le défenseur [125]. Dans l'obligation passive universelle, il est formellement interdit à quiconque de violer impunément le droit du créancier à l'égard de son débiteur.

Le principe est général. Il découle tout d'abord de la morale. C'est celle-ci qui invite prioritairement chaque personne à respecter les droits subjectifs d'autrui[126]. Sur ce point, la loi ne fait aucune différence entre les simples particuliers et les tiers impliqués à l'exécution.

Mais l'économie de l'article 38 de l'AUPSRVE va au-delà de cette prescription négative. Elle permet de constater en outre que les tiers auxquels le texte communautaire s'intéresse réellement sont ceux qui sont tenus de poser des actes positifs dans l'exécution. C'est à leur sujet qu'il faut s'interroger lorsqu'on s'engage à rechercher une définition qui corresponde au rôle que le législateur leur confère.

---

[123] V. DECOTTIGNIES (R), Encyclopedia DALLOZ, CIVIL VI (RET –W) v° TIERS.

[124] Sur la controverse relative à la distinction : droits réels-droits personnels, v. GINOSSAR, Droit réel, propriété et créance, élaboration d'un système rationnel des droits patrimoniaux

[125] PLANIOL, dans son traité élémentaire, critique tout rapport juridique entre une personne et une chose, cité par GHESTIN (J) et GOUBEAUX (G), *Traité de droit civil* (sous la direction de J. GHESTIN), Introduction générale n° 217 et s. L'auteur, se référant à la définition du droit réel donnée par AUBRY et RAU, enseigne qu'il y a droit réel, lorsqu'une chose est entièrement soumise, au pouvoir d'une personne, en vertu d'un rapport immédiat, opposable à toute autre personne.

[126] GHESTIN (J), JAMIN (Ch.) et BILLIAU (M), op. cit., p. 379 et s. n° 328.

À la différence des tiers de droit commun qui sont des sujets passifs, comme nous venons de le relever[127], ceux des voies d'exécution, nouvelle version, sont des sujets actifs.

En dehors du personnel judiciaire stricto sensu, tous ceux qui sont appelés à poser des actes matériels ou juridiques dans la procédure d'exécution sont les tiers auxquels la présente réflexion s'intéresse. Et c'est le lieu de rappeler que c'est sur eux et sur eux seuls, que pèse l'obligation de concourir à l'exécution, sous peine de sanctions[128].

Les autres tiers, c'est-à-dire ceux qui sont hors du champ des opérations d'exécution et qui n'y jouent aucun rôle actif, sont des véritables tiers, au sens du droit commun. Des *penitus extranei,* pourrait-on dire en quelque sorte. Ils ne sont cependant pas libres d'agir comme bon leur semble en présence des droits et des obligations des parties au rapport d'exécution[129].

En réalité, les personnes qui méritent la qualification de tiers dans l'exécution présentent un double visage. Un visage interne et un visage externe, si l'on peut se permettre de se référer mutatis mutandi, à la distinction proposée par THALLER, à propos des personnes morales[130].

A priori, ces personnes se présentent en fait comme de simples particuliers. N'étant ni parties à la convention ; ni partie au rapport d'exécution, elles jouissent du régime de protection du droit commun, applicable à tout tiers *penitus extranei*. C'est celui que consacre le principe de la relativité des conventions de l'article 1165 du Code civil ou celui de la chose jugée, de l'article 1351 du même Code.

Mais dès qu'elles se mêlent à l'exécution, soit spontanément, soit sur réquisition, soit enfin parce qu'elles ont la qualité de tiers saisis, ces personnes cessent d'être des simples *penitus extranei*. Elles deviennent, pour la circonstance, des actrices de l'exécution forcée. Les concours

---

[127] Jacques GHESTIN (sous la direction de), *Traité de droit civil. Les effets du contrat*, op. cit., p. 382, n° 329 et s.

[128] Celles-ci sont de deux ordres : la condamnation aux causes de la saisie, d'une part ; et à celle des dommages-intérêts, d'autre part. Le juge peut les cumuler ou non. Il jouit ici d'une entière liberté d'appréciation.

[129] V. supra, p. 21, n° 139.

[130] THALLER ET PERCEROU, *Traité de droit commercial*, 8e éd. n° 315 et 501 cité par BASTIAN (D), in « Les sociétés avant leur immatriculation au registre de commerce », *Mél H. CABRILLAC*, p. 26 ; GORE (F), « La notion de capital social », *Mél. RODIERE*, DALLOZ, 1981, p. 85 n° 6.

que de telles personnes apportent dès cet instant à l'exécution, spécialement, les liens d'affaires qu'elles entretiennent avec au moins l'une des parties au rapport d'exécution ou avec le service public leur confèrent une autre qualité qu'on doit obligatoirement rechercher ici. Il faut donc se garder de faire l'amalgame entre ces deux visages qu'on retrouve chez une seule et même personne.

À côté de la personnalité externe des tiers qui préoccupe traditionnellement les juristes civilistes, il y a une personnalité interne des mêmes tiers, qui intéresse uniquement les économistes et les affairistes.

Le dédoublement des personnes physiques ou morales n'est pas une originalité en soi dans le droit de l'exécution ohada. Elle existe déjà chez les hommes politiques. Ceux-ci ont une vie privée à côté de leur vie publique[131]. On doit aussi avoir présent à l'esprit, les Saintes Écritures. Celles-ci rappellent sans relâche qu'à côté de la vie physique, l'être humain a aussi une vie spirituelle. Cette dernière est plus importante que la première[132].

Cette métamorphose des personnes n'a pas manqué d'influencer les juristes. La doctrine publiciste notamment, enseigne que les institutions, tout comme les personnes morales, ont à la fois une *« personnalité externe et une personnalité interne »*[133].

On peut s'inspirer de ces enseignements en s'attachant à la personnalité interne des tiers dans le droit des voies d'exécution. En termes plus précis, il faut tenir compte des multiples concours que la loi demande à ces personnages d'apporter à l'exécution. C'est de cette activité interne que doit être tirée, à notre sens, une définition fonctionnelle de la notion de tiers, visée par l'article 38 de l'AUPSRVE.

---

131 KAYSER (P), « Le secret de la vie privée et la jurisprudence civile », *Mél. SAVATIER*, Dalloz 1965.

132 La Sainte Bible, Version Louis Second, Évangile selon Jean Chapitre 4, verset 24, éd. Alliance Biblique Universelle

133 HAURIOU (M.), « Théorie de l'institution et de la fondation », 4è cahiers de la journée nouvelle, 1925, p.10 cité par Jean LACOMBE, in les réserves dans les sociétés par actions, p. 20 et s., ; adde COULOMBEL (P), *Le particularisme de la condition juridique des personnes morales de droit privé*, Th. Nancy, 1949, p. 39 ; GORE (F), « La notion de capital social », *Mél. RODIERE*, DALLOZ, 1981.

On ne peut donc pas dans ces conditions, se borner à mettre en relief comme le font certains, le caractère *dynamique* de l'activité du tiers dans les voies d'exécution[134] sans rechercher sa véritable qualification juridique[135]. C'est la raison pour laquelle l'étude de la notion de tiers reste encore grandement ouverte aujourd'hui en droit ohada et son champ d'investigation régulièrement fréquenté[136].

On doit cependant, sur le plan général, se garder d'entretenir l'amalgame entre le grand nombre de thèses et monographies de haute facture qui ont déjà vu le jour en droit civil des obligations sur les tiers[137] et cette même notion dans les voies d'exécution.

En zone ohada en réalité, très peu de travaux ont jusque-là été élaborés sur la notion de tiers en droit des affaires. On peut cependant citer quelques publications d'excellents juristes[138] au rang desquels se trouve une thèse de doctorat soutenue en 2010[139] et honorée d'une subvention du CODESRIA[140].

Mais les positions prises par les uns et les autres ne permettent pas toujours de distinguer clairement les tiers de l'article 38 de l'AUPSRVE et ceux du droit des obligations.

Face au flou qui règne encore autour de la notion de tiers dans l'exécution, il est impérieux de poursuivre l'effort de réflexion afin de

---

134 BIBOUM BIKAY (F), qui parle du dynamisme du tiers, Th. Université de Douala, année 2009- 2010.

135 BIBOUM BIKAY (F), ibid.

136 Voir les auteurs cités supra, n° 134

137 VASSEUR, « Essai sur la présence d'une personne à un acte juridique accompli par d'autres », *RTDCiv*, 1949, p. 173 ; AUSSEL (J.-M.), *Essai sur la notion de tiers en droit civil français*, th. Montpellier, 1953 ; LARROUMET (Cr.), Les opérations juridiques à trois personnes, th. Bordeaux 1968 ; GOUTAL (J.-L.), *Essai sur le principe de l'effet relatif du contrat*, th. Paris 2, L.G.D.J, 1981, Préface H. BATTIFOL ; DECOTTIGNIES (R), Encyclopédie Dalloz, civil, iv, p. V, Tiers ; adde Nouveau Répertoire DALLOZ, v° Contrats et conventions sect. 6 n° 115 et s. ; GHESTIN (J), JAMIN et BILLIAU op. cit. n° 720 p.780 ; TERRE (F) SIMLER (Ph.) et LEQUETTE (Y), Traité, op. cit. n° 359 s. p. 410 s.

138 NKOU MVONDO (P), Le tiers dans le droit ohada de l'exécution forcée, Annales de la Faculté des sciences juridiques et politiques de l'Univ. de DSCHANG, T. 17, 1999 ; qui met uniquement en relief, les obligations qui pèsent sur le tiers ; adde NGNINTEDEM NOBO (C.L), Les tiers dans les procédures civiles d'exécution, op.cit.

139 BIBOUM BIKAY (F), thèse précitée.

140 Conseil pour le développement de la recherche en sciences sociales en Afrique.

tenter de donner un contour précis à ce terme. Le texte communautaire qui nous préoccupe l'impose par ailleurs.

En faisant injonction aux tiers d'apporter leur concours à l'exécution et surtout, en réglementant leur responsabilité, l'article 38 de l'AUPSRVE ne dissimule pas l'intention du législateur ohada de se démarquer très nettement des textes du Code civil. On doit pouvoir l'admettre. Car à l'examen, aucune des obligations qui pèsent sur le tiers dans les voies d'exécution ne tire son fondement du droit civil classique. On a affaire ici, pour l'essentiel, aux obligations dérogatoires au droit commun[141] qui débordent largement les règles du droit privé. Ce sont les tiers soumis à ce genre d'obligations qui nous intéressent ici au premier chef. Il faut donc en faire l'analyse en suivant une méthode originale.

L'approche méthodologique de la démarche : Compte tenu de la présence dans l'article 38 de l'AUPSRVE des règles dérogatoires au droit commun, le juriste doit nécessairement aller au-delà d'une étude analytique du texte. Il ne peut pas, comme l'a relevé en d'autres circonstances Jean RIVERO, *« se borner à colliger les énoncés de la volonté législative ; il lui faut organiser la matière première qu'ils lui offrent, découvrir les parentés qui unissent règles et institutions, bref, transformer en un tout intelligible, l'apparent chaos avec lequel il est aux prises »*[142]. On ne peut échapper à cette démarche, si l'on veut aboutir à une juste qualification du tiers dans l'exécution. Ainsi, à l'analyse positiviste de la notion, il faudra nécessairement associer les solutions tirées du droit comparé, surtout interne[143].

C'est la raison pour laquelle on doit nécessairement rechercher dans un premier temps, une définition précise et autonome de la notion. Ce travail préalable est indispensable pour éviter d'entretenir l'amalgame

---

[141] RIVERO (J), qui déclare que *« les règles du droit administratif se caractérisent par les dérogations au droit commun qu'exige l'intérêt public, soit dans le sens d'une majoration au profit des personnes publiques, des droits reconnus aux particuliers dans leurs relations ; soit dans le sens d'une réduction de ces droits »*, cité par VALÉRIE DUFAU, Les sujétions exorbitantes du droit commun en droit administratif, l'administration sous contrainte, L'Harmattan, p. 31 s.

[142] RIVERO (J), Le régime des entreprises naturalisées et l'évolution du droit administratif, in La distinction du droit privé et du droit public et l'entreprise publique, Archives de philosophie du droit, nouvelle série, librairie DALLOZ, 1952, p. 152.

[143] CARBONNIER (J), qui approuve toute étude qui tente de réconcilier les règles du droit public et celles du droit privé, préface à la thèse publiée de Jean GUYENNOT, *La responsabilité des personnes morales publiques et privées*, Paris, L.G.D.J, 1959.

entre les tiers des voies d'exécution et ceux du droit classique des obligations. Une fois cette démarche effectuée, il conviendra, dans un second temps, d'admettre que le tiers dans les voies d'exécution est un personnage singulier. Il se situe au confluent du droit privé et du droit public et a vocation à exécuter, même ponctuellement, une mission de service public. Un tel constat va alors permettre de comprendre pourquoi on fait recours au tiers à l'occasion des opérations d'exécution, pour garantir obligatoirement le processus de l'exécution forcée.

C'est autour de cette double articulation que doivent être construites les deux parties de la présente recherche.

La conclusion sera essentiellement réservée à la définition que nous proposerons du tiers de l'article 38 de l'AUPSRVE. D'où le plan suivant :

Première partie : La recherche d'une définition du tiers dans les voies d'exécution

Deuxième partie : Le recours au tiers pour la garantie du processus de l'exécution

Dire le droit constitue la mission quotidienne du juge.
Mais choisir le droit constitue une réponse
parfois nécessaire aux problèmes de la société

Danielle MAYER & Paul CALE[144]

[144] D. 1987, p. 134

PREMIÈRE PARTIE

LA RECHERCHE D'UNE DÉFINITION DU TIERS DANS LES VOIES D'EXÉCUTION

Le mot tiers appartient à la catégorie des vocables qu'on classe généralement au rang des notions indéterminées du droit [145]. Son contenu est mouvant et sa définition fluctuante[146]. À l'image des cercles de Pascal *« dont le centre est partout et la circonférence nulle part »*, le terme tiers a une nature manifestement insaisissable. Son orthographe en est déjà une preuve en soi. L'emploi régulier, tantôt du singulier, tantôt du pluriel pour désigner ce personnage, apparaît d'ailleurs comme un signe invincible qui montre qu'on a affaire ici, à une notion à sens multiples[147] ; ou à un standard de droit[148]. Il s'agit en fait, de ce genre de termes que la doctrine considère à juste titre, comme des *« notions indéfinies, qui créent un malaise au sein de la science juridique »* [149] et *« qui se dérobent le plus souvent aux définitions tranchées »*, selon l'excellente expression du Doyen CARBONNIER[150].

Cette réalité indiscutable doit conduire l'interprète à reconnaître dans un premier temps que le terme tiers est un concept à visages multiples. Mais une fois son contour dégagé et ses origines précisés, on va découvrir que le rôle que joue ce personnage dans l'exécution conduit le lecteur à le placer nécessairement à la frontière du droit privé et du droit public. C'est dire qu'on s'intéressera en premier lieu aux divers visages du tiers (Titre 1) ; on prendra par la suite acte de

---

[145] BAUER-BERNET (H), Notions indéterminées et droit communautaire, in les Notions à contenu variable en droit, Études publiées par CHAIM PERELMAN et Raymond VANDER ELST, Bruxelles, 1984, p. 269.

[146]Comp. JESTAZ (Ph), in *L'urgence et les principes classiques du droit civil*, thèse, 1968, préface de P. RAYNAUD, LGDJ, 1968.

[147] BECQUART (J.), in *Les mots à sens multiples en droit civil français*, Th. Lille 1925, PUF p. 43 cité par JARROSSON (Ch.), in La notion d'arbitrage, op. cit., p. 4, n° 6…

[148] RIALS (S), Les standards, notions critiques du droit, in Les notions à contenu variable en droit, publié par CHAIM PERELMAN et Raymond VANDER ELST, Bruxelles 1984 p. 99.

[149] JESTAZ (Ph), in *L'urgence et les principes classiques du droit civil*, thèse, 1968, préface de P. RAYNAUD, LGDJ. L'auteur critique ce genre de notions en ces termes : *« De même que les postulats sont, suivant une formule fameuse, la grande honte des géomètres, de même les notions indéfinies créent un malaise au sein de la science juridique »*, p. 9.

[150] CARBONNIER (J), Les notions à contenu variable dans le droit français de la famille, exposé fait au CNRL le 06/11/1982, in les Notions à contenu variable en droit, publié par CHAIM PERELMAN et Raymond VANDER ELST, Bruylant, Bruxelles, 1984, p. 99.

l'émergence dans les voies d'exécution d'un personnage qui ne s'intègre pas au classement traditionnel des personnes que la théorie générale du droit classique nous offre. (Titre 2)

Titre 1 : Un personnage à visages multiples

Titre 2 : Un personnage à la frontière du droit privé et du droit public

TITRE PREMIER

LE TIERS : UN PERSONNAGE À VISAGES MULTIPLES

La définition du tiers appelé à apporter son concours à l'exécution présente un intérêt de premier ordre. Mais l'entreprise n'est pas du tout aisée. À cause du caractère polysémique du concept. C'est la raison pour laquelle on doit d'abord appréhender la notion sur un plan général (*Chapitre 1*), avant toute qualification du personnage sur le plan strict des voies d'exécution (*Chapitre 2*).

Chapitre 1 : Sur le plan général

Chapitre 2 : Sur le plan strict des voies d'exécution

CHAPITRE 1 :

SUR LE PLAN GÉNÉRAL

Pour être considéré comme une notion au sens strict du terme et devenir ensuite une catégorie juridique bien déterminée, [151]un terme doit être non seulement autonome, mais aussi, et surtout cohérent.[152] Le vocable tiers ne renferme aucune de ces qualités essentielles. Ses domaines d'application sont multiples (*section 1*) et ses définitions variées. L'étude du tiers visé par l'article 38 de l'AUPSRVE comme notion devient, dans ces conditions, extrêmement complexe. La doctrine unanime a parfaitement pris la mesure de la difficulté. C'est la raison pour laquelle elle s'abstient le plus souvent de donner une définition de portée générale au terme tiers, en dehors de tout contexte précis, compte tenu de la multiplicité de ses sens (*section 2*). Il convient donc d'exposer cette série de difficultés dans les deux sections qui vont suivre.

Section 1 : La multiplicité des domaines d'emploi du terme tiers

Les domaines dans lesquels le terme tiers est utilisé sont aussi bien juridiques (Paragraphe 2) que non juridiques (Paragraphe 1). Il convient, dans ces conditions, d'en faire une analyse détaillée.

Paragraphe 1 : Dans le domaine non juridique

On s'intéressera exclusivement ici à la littérature (II) et au langage courant (I).

---

[151] CABALLERO (F), *Essai sur la notion juridique de nuisance*, LGDJ préf. J. RIVERO, 1964, p. 13 s.
[152] GOY (R), *La notion de détournement de procédure, Études offertes à Ch. EINSENMANN*, éd. CUJAS, 1975 p.321.

I- Le langage courant

Le langage courant est le premier domaine qui utilise le terme tiers. Tous les dictionnaires de la langue française le confirment. Pour le *Robert illustré*, le tiers est une tierce personne ou plus précisément, une personne extérieure.[153] Il n'appartient à aucun groupe précis. C'est le cas par exemple d'une personne qui déclare avoir appris une nouvelle par un tiers. Dans ce cas, le tiers dont il est question ici ne peut être qu'un anonyme. Parfois encore, on parle du tiers pour faire référence à la fraction d'un tout divisé en trois parties égales. L'énumération n'est pas exhaustive. On peut le constater de même dans la littérature.

II- La littérature

En littérature comme dans le langage courant, le tiers est généralement considéré comme une personne étrangère à une affaire[154]. Certains auteurs, comme RABELAIS, l'utilisent pour désigner des romans sans grande importance. C'est ainsi qu'il parle du tiers livre[155]. L'emploi du terme est parfois une manière pour celui qui en fait usage, de traduire un dédain. Exemple : *« Se moquer du tiers comme du quart »*. C'est l'un des sens que lui donnent parfois les dictionnaires de la langue française[156]. Dans l'ensemble et indépendamment de pareilles expressions, le terme tiers garde partout, un sens très proche de la définition que lui donnent les lexiques des termes juridiques[157].

Paragraphe 2 : Dans le domaine juridique

Les sens du terme tiers varient selon qu'on se trouve en droit international public (V), en droit de l'arbitrage (IV), en droit civil général (III), dans le droit de la vente (II) ou en droit fiscal (I).

---

153 Le Robert illustré d'aujourd'hui en couleur, p. 1419

154 Le Petit Robert Illustré d'aujourd'hui en couleur, éd. Les dictionnaires le Robert, 1977.

155 RABELAIS, le tiers livre ; « se ficher du tiers comme du quart. i.e., se moquer des uns comme des autres »

156 Le Petit Robert Illustre, Larousse, 1905.

157 GUINCHARD (S) et DEBARD (Th.), (sous la direction de) Lexique des termes juridiques, DALLOZ, 23e éd. CAMPUS LMD, 2015-2016, p. 1017 ; CORNU (G), *Vocabulaire Juridique*, Association H. CAPITANT. P.U.F. 2009. 968 pages.

I- En droit fiscal

Le droit fiscal utilise aussi, selon les besoins et les circonstances, le terme tiers. C'est le cas essentiellement, lorsqu'il faut décider d'un acompte sur l'impôt lorsque le budget voté par l'assemblée n'est pas encore opérationnel [158]. On parle alors, dans ce cas, du tiers provisionnel. Selon les spécialistes en la matière, cet acompte correspond généralement au tiers de l'imposition de l'année précédente.

II- En droit civil général

Si l'on se limite exclusivement ici au phénomène de l'opposabilité du contrat, on se rend compte que la qualification du tiers diffère selon qu'on aborde la sanction de la simulation (B) ou celle de la fraude paulienne (A).

A- Dans la fraude paulienne

Ce n'est pas parce qu'une personne est débitrice qu'elle cesse d'être propriétaire de ses biens. Elle reste maîtresse de son patrimoine et jouit des prérogatives de tout propriétaire[159]. En principe, ses créanciers[160] ne peuvent l'empêcher de faire de ses biens, ce que bon lui semble. À moins qu'ils ne pratiquent une saisie sur certains d'entre eux, notamment ceux qui sont saisissables[161]. Il en est autrement lorsqu'il s'agit des créanciers inscrits [162]. Mis à part ces derniers, tous les créanciers chirographaires vont se contenter de ce qu'ils vont trouver dans le patrimoine du débiteur, au moment de l'exécution. C'est la règle des articles 2092 et 2093 du Code civil, bien connue des juristes civilistes. Elle enseigne depuis fort longtemps que le patrimoine du débiteur est le gage général de ses créanciers.

Cette permission légale qui consacre le principe de la liberté pour le débiteur de disposer de ses biens selon son bon vouloir, ne doit pas conduire celui-ci à user de la fraude pour distraire ses biens. Ainsi, lorsque le débiteur use d'artifices pour s'appauvrir volontairement dans

---

158 Ex. En attendant sa promulgation par le Président de la République.

159 Les prérogatives de tout propriétaire sur ses biens sont : l'usus, le fructus et l'abusus.

160 C'est exclusivement le cas des créanciers chirographaires. C'est surtout eux qui se contentent de ce qu'ils trouvent dans l'actif du patrimoine du débiteur.

161 La saisie rend les biens indisponibles en les mettant sous mains de justice ; voir KUATE TAMEGHE (S. S.), *La protection des débiteurs*…, th. op. cit., p. 33 s.

162 Ex. le créancier qui a un droit d'hypothèque sur l'immeuble du débiteur.

l'unique but de soustraire l'essentiel de ses biens du gage général de ses créanciers[163], il n'est plus dans la légalité. L'autorisation de principe que lui reconnaît la loi de disposer de ses biens à sa guise cesse alors de produire ses effets.

Une fois que la fraude entre en jeu, le gage général de ses créanciers encourt un grave danger. On comprend dès lors pourquoi le débiteur ne peut plus totalement jouir de la protection légale. Il s'est rendu coupable d'un comportement blâmable et très préjudiciable à autrui. Il mérite dans ces conditions d'être sanctionné. On est alors dans ce cas, en présence d'une fraude paulienne.

Ainsi en droit civil, il y a fraude paulienne lorsque le comportement négatif décrié plus haut est mis en œuvre par le débiteur, avec la complicité agissante d'un tiers pour nuire à autrui, notamment à ses créanciers[164]. L'opération a pour but de créer une insolvabilité de façade dans l'unique but de *« causer ou d'aggraver l'insuffisance de l'actif par rapport au passif »* du patrimoine du débiteur[165].

Sur le plan matériel, l'acte formel confectionné par le débiteur et un éventuel acquéreur d'un bien de son patrimoine est certes réel, mais sur le plan strictement juridique, il ne peut produire des effets à l'encontre des tiers puisqu'il est accompli en fraude à leurs droits. Il est attaquable par la voie de l'action paulienne édictée par l'article 1167 du Code civil. On a alors affaire ici à une action personnelle au créancier qui estime être victime de la fraude. Elle est dirigée contre le tiers complice[166].

Ainsi, dans la fraude paulienne, le tiers est considéré comme un complice[167].

B- Dans la simulation

C'est aussi l'idée de la fraude qui gouverne le mécanisme de la simulation. Ici aussi, on est en présence d'une situation créée de toute

---

163 Art. 2284 et 2285 du Code civil français correspondent aux art. 2092 et 2093.

164 Lexique des termes juridiques (sous la direction de GUINCHARD (S) et DEBARD (Th.), 23e éd. DALLOZ op. cit. p. 502.

165 GINOSSAR (S), Liberté contractuelle et respect des droits des tiers, LGDJ, 1963 p. 12 s. ; SINAY (H) ; Action paulienne et responsabilité délictuelle à la lumière de la jurisprudence récente. Rev. Trim. Dr. Civ. 1948 p. 184

166 GHESTHIN (J), *Traité de droit civil. Les effets du contrat*, 2e éd. Avec le concours de JAMIN (Chr.) et BILLIAU (M), LGDJ p. 505 n° 455 spéc. p. 458.

167 GHESTHIN (J), *Traité de droit civil. Les effets du contrat*, 2e éd. Avec le concours de JAMIN (Chr.) et BILLIAU (M).

pièce par deux personnes qui n'ont aucune envie réelle de s'engager dans un contrat et que DAGOT appelle, *« une apparence trompeuse »*[168].

Cette fausse apparence est mise en place par un débiteur qui veut tromper ses créanciers sur la consistance réelle de son patrimoine. Le débiteur prend alors, dans ce cas, la place du vendeur alors que le tiers qui s'associe à cette opération prend celle d'un acquéreur. En réalité, l'acte apparent ou *« contrat apparent »*[169] qui consacre la transaction intervenue, n'est qu'un simulacre d'acte dans la mesure où le bien objet de la transaction en cause, reste dans le patrimoine du débiteur. Le tiers, partie à l'acte frauduleux, n'acquiert absolument rien, contrairement aux apparences.

Pour ruiner ultérieurement cette apparence trompeuse, les parties à l'acte simulé prennent souvent soin de rédiger parallèlement un second acte qu'on appelle contre-lettre[170]. Celui-ci a pour économie de démentir tout ce qui a été affirmé par les parties dans l'acte de façade (art. 1321 du Code civil).

Ici, l'acte apparent est opposable aux parties. Il ne l'est par contre pas aux tiers ou aux créanciers, victimes de la simulation[171]. C'est pourquoi la loi met à la disposition de ces derniers, une action en déclaration de simulation[172].

Dans la simulation, le tiers qui a contribué à la mise en place de la fausse apparence est un *« tiers acquéreur frauduleux »*[173].

---

168 DAGOT (M), La simulation en droit privé, th. Toulouse 1967, préface P. HEBRAUD.

169 STARCK (B), ROLAND (H) et BOYER (L), *Les obligations*, 2. Contrat, 5e éd., LITEC, p. 404, n° 958.

170 TERRE (F), SIMLER (Ph.) et LEQUETTE (Y), Droit civil, Les obligations Précis DALLOZ, 11e éd. N° 537 p.590 ; STARCK (B), Obligations, T. 2 contrat 4e éd. 1993 par ROLAND (H) & BOYER (L) n° 978 p. 413 ; NAUT (P), *Effets des actes juridiques simulés*, th. Paris 1951 n° 54.

171 FLOUR (J) & AUBERT (J.-L.), *Les obligations, T.1, l'acte juridique*, 5e éd. 1991 n° 386 p. 320 s.

172 TERRE (F), SIMLER (Ph.) et LEQUETTE (Y), *Droit civil, Les obligations*, op. cit. n° 549 s., p.596.

173 CARBONNIER (J), Dr. Civ. T. 4, les obligations, 16e éd. PUF, 1992 par. 86, p. 172.

III- Dans le droit de la vente

Dans le droit de la vente, le tiers peut être considéré comme un arbitre. C'est le sens que lui donnent les articles 1591 et 1592 du Code civil. Ces textes disposent :

- article 1591 : *Le prix de la vente doit être déterminé et signé par les parties*
- article 1592 : *il peut cependant être laissé à l'arbitrage d'un tiers*[174]

La combinaison de ces deux articles permet de retenir qu'en l'absence d'un accord entre les parties dans le droit de la vente, ces dernières conviennent de faire intervenir un tiers qui fera office d'arbitre.

IV- En matière d'arbitrage

En matière d'arbitrage, le tiers joue souvent le rôle de juge. Il est alors désigné dans ce cas, comme tiers arbitre. Ce sont les arbitres choisis par les parties qui le désignent pour qu'il fasse prévaloir l'une des opinions émises par l'une ou l'autre partie, lorsqu'il y a des divergences. Dans ce cas, il jouit d'un pouvoir modérateur que certains auteurs assimilent à un pouvoir d'équité[175].

V- En relations internationales

En relations internationales, on utilise généralement le terme tiers pour désigner les pays économiquement et industriellement sans grande importance. C'est dans ce sens qu'il faut comprendre les expressions comme tiers État ou tiers-monde. Ce dernier mot a été utilisé pour la 1re fois, semble-t-il, en 1955, par Alfred SAUVY pour désigner les pays pauvres d'Afrique et d'Asie, c'est-à-dire des pays non développés. Le juge BEDJAOUI déclare qu'il s'agit d'*« un concept géopolitique fondé à la fois sur l'appartenance à une aire géographique : l'hémisphère*

---

174 Code civil camerounais, éd. MINOS, p. 279

175 CORNU (G), cité par Charles JARROSSON, in *La notion d'arbitrage*, Th. LGDJ, 1987, Préface de Bruno OPPETIT, p. 92, n° 165.

sud, à une période historique : la colonisation, et à une situation économique qu'est le sous-développement »[176].

Ces multiples acceptions ont donné lieu à de multiples approches de qualification, qu'il convient d'exposer dans les développements qui vont suivre.

Section 2 : La multiplicité d'approches de qualification

Les approches de qualification du tiers sont très diverses et variées. Elles diffèrent selon qu'on a affaire au droit moderne (*paragraphe 2*) ou au droit civil classique (*paragraphe 1*).

Paragraphe 1 : En droit civil classique

Il faut reconnaître au Doyen SAVATIER, le mérite d'avoir inauguré en droit civil, le véritable débat sur la notion de tiers dont l'emploi dans le langage juridique a d'abord été critiqué, ensuite dénoncé, avant d'être totalement remis en cause.

Dans une étude remarquée publiée à la Revue trimestrielle de droit civil en 1934, le Doyen SAVATIER critique et dénonce en même temps, « *le prétendu principe de l'effet relatif des contrats* » [177]. Contrairement à la tendance générale de l'époque, il refuse de regarder comme « *une vérité d'évidence* »[178], le principe de la relativité posé par l'article 1165 du Code civil. Le savant auteur démontre, en s'appuyant sur sept cas concrets[179], que l'effet du contrat peut s'étendre au-delà du

---

[176] In coll. Nouveaux défis en droit international cité par B. ZULETA, *Le tiers monde et la convention*, Colloque de Rouen, perspectives du droit de la mer, à l'issue de la 3e conférence des Nations Unies, éd. A PEDONE, p. 57.

[177] SAVATIER, « Le prétendu principe de l'effet relatif des contrats », *RTDCiv*, 1934, p. 525.

[178] BAUDRY, LACANTINERIE ET BARDE ; *Traité des obligations*, n° 580 cités par SAVATIER, op. cit., Obligations, n 87 édit. BUGNET T.2, p. 46 cité par A.COLIN et H. CAPITANT refondu par JULLIOT DE LA MORANDIERE 1959 P. 528 n° 947 et s.

[179] La vente (transfert de propriété opposable à tous), le louage des choses (en cas de vente de l'immeuble, le preneur peut opposer à l'acquéreur, le contrat de louage, art. 1743 c. civ.), le louage de services (application de l'article 1384 au patron, lorsque l'ouvrier cause un dommage à autrui), le mandat (l'acte passé en vertu d'un mandat produit des effets à l'égard des tiers), l'assurance (le contrat d'assurance d'un bien contre l'incendie profite aux créanciers hypothécaires et privilégiés), le transport (le tiers destinataire d'un colis expédié par quelque moyen de transport que ce soit a une

cercle contractuel, pour atteindre ceux qui sont faussement considérés comme des tiers[180].

La théorie des faux tiers[181] qui vient ainsi de voir le jour[182] va conduire ultérieurement la doctrine contemporaine à remettre en cause, la frontière artificiellement tracée par le droit classique, entre les parties et les tiers[183]. Elle va très certainement inspirer le débat fameux sur la distinction entre les parties et les tiers qui oppose actuellement les Professeurs GHESTIN, JAMIN et BILLIAU [184], d'une part, au Professeur Jean Luc AUBERT[185], d'autre part, sous le libre regard critique de Madame GELFUCCI THIBIERGE[186]. Au-delà de ce débat très riche, mais qui se limite au droit des obligations, le cadre de la réflexion a largement évolué en droit moderne.

Paragraphe 2 : En droit moderne

Plusieurs études, il convient de le signaler, avaient déjà été consacrées à la notion de tiers, bien avant ce débat savant. On a pris soin de rechercher la qualité des personnes présentes à un acte juridique

---

action contre le voiturier pour se le faire livrer) et la société (la personnalité civile d'une société est opposable à tous).

[180] SAVATIER, Le prétendu principe de l'effet relatif des contrats, op. cit. ; adde, GHESTIN (J), avec le concours de JAMIN (Ch.) et BILLIAU (M), LGDJ, p.382, n° 329 et s.

[181] SAVATIER, Le prétendu principe de l'effet relatif des contrats, op. cit. ; AKAM AKAM (A), in « Requiem pour les groupes de contrats : Vues sur le renouvellement avorté de la théorie de la relativité des conventions », in *Cahiers juridiques et politiques*, Revue de la Faculté des Sciences juridiques et politiques, Université de N'Gaoundéré, 2009. Cet auteur étudie les rapports entre les membres d'un groupe de contrats, en contemplation de l'article 1165 du Code civil. Il distingue les contractants directs des contractants extrêmes. Selon la thèse retenue, ces derniers sont tantôt considérés comme des parties (thèse extensive) ; ou comme des tiers (thèse restrictive). p. 3, spéc. p. 15.

[182] AKAM AKAM (A) in « Requiem pour les groupes de contrats », op. cit., p.3 ;

[183] BAUDRY, LACANTINERIE ET BARDE, op. cit. n° 580.

[184] *Traité de droit civil* (sous la direction de GHESTIN (J), *Les effets du contrat*, 2e éd. Par GHESTIN (J), avec le concours de JAMIN (Ch.) et BILLIAU (M), op.cit. p.382, n° 329 et s.

[185] AUBERT (J.-L.), *Rev. Trim. Dr. Civ.* 1993, cité par GHESTIN (J), avec le concours de JAMIN (Ch.) et BILLIAU (M), op. cit. p.392, n° 338 et s.

[186] GELFUCCI THIBIERGE, « De l'élargissement de la notion de partie au contrat… à l'élargissement de la portée du principe de l'effet relatif », *Rev. Trim. Dr. Civ.* 1994, p. 275.

accompli par d'autres[187]. On s'est aussi interrogé sur les effets des contrats[188] ou des jugements à l'égard des tiers[189]. D'abord, pour suggérer l'extension de leur portée[190]. Ensuite, pour ramener à sa juste proportion le principe de la relativité qui enseigne parfois imparfaitement que les contrats, tout comme les jugements et autres titres exécutoires, ne produisent d'effets qu'entre les parties à l'acte[191].

Un courant doctrinal qui mérite d'être entièrement approuvé n'a cependant pas hésité à dénoncer certaines de ces positions. Jean-Claude WOOG par exemple, impute aux jurisconsultes de l'époque napoléonienne, la responsabilité du désintérêt dont la doctrine fait preuve à l'égard des tiers ; car *« en enfermant les rapports entre les individus dans l'unique cercle contractuel et individualiste, par application de l'article 1165 du Code civil, remarque très judicieusement cet auteur... les rédacteurs du Code civil ont découragé la percée de l'imagination juridique dans les relations sociales »*[192].

Certaines études plus récentes et entièrement dégagées du poids des théories civilistes classiques n'ont pas manqué de retenir l'attention des juristes, au regard de leurs positions pragmatiques.

Dans une thèse particulièrement remarquée et soutenue en 1951, M. AUSSEL démontre qu'il n'est pas possible de ramener à l'unité les diverses conceptions du terme tiers, faute d'un dénominateur commun à la base[193].

M. CUNNY de son côté, poursuivant et approfondissant cette réflexion, affirme que le mot tiers n'a, en lui-même, aucune

---

[187] M. VASSEUR, « Essai sur la présence d'une personne à un acte juridique accompli par d'autres », *RTDCiv.*, 1949, p. 173.

[188] GHESTIN (J), « Les effets du contrat à l'égard des tiers, comparaisons franco-belges », sous la direction de M. FONTAINE et J. GHESTIN, LGDJ, 1992, « Introduction », p. 1

[189] BOYER, « Les effets des jugements à l'égard des tiers », *Rev. Trm. Dr. Civ.*, 1951, p. 163 et s.

[190] SAVATIER, « Le prétendu principe de l'effet relatif des contrats », *RTD Civ.*, 1934, p. 525

[191] SAVATIER, op. cit., p. 41

[192] WOOG (J.-Cl.), *La stratégie du créancier*, éd. DALLOZ, p. 223, n° 331.

[193] AUSSEL, *Essai sur la notion de tiers en droit privé*, Thèse, Montpellier, 1951, cité par COLIN (A.) et CAPITANT (H.), refondu par DE LA MORANDIERE (J) 1959, p. 528.

signification juridique. Il ne peut être défini qu'en fonction du texte qui l'emploie[194].

Ces deux derniers points de vue sont très largement partagés par un important courant doctrinal qui rejette presque entièrement, la conception traditionnelle des tiers, tirée des vieux codes.

Pour certains de ces auteurs, « le mot tiers, employé par l'article 1165, est par lui-même imprécis. Il n'a pas le même sens dans tous les articles du code où il figure. Ici, il n'a pas un sens absolument général et ne désigne pas tous ceux qui ne sont pas des contractants eux-mêmes...»[195].

Pour les auteurs modernes dont les travaux font également autorité en droit civil, la position est identique. Ils soutiennent de leur côté que la notion de tiers est l'une des *« moins bien fixées »* tant en doctrine qu'en jurisprudence[196].

Un troisième courant de pensée est plus radical encore. Pour AYNES, *« le mot tiers est l'un des plus ambigus qui soient »*[197]. Les exemples que ce dernier auteur donne à l'appui de cette affirmation montrent que le mot tiers a souvent un sens spécifique dans chaque domaine où il est employé : dans les conventions, le tiers apparaît comme un étranger[198]. Dans la simulation, il devient complice[199]. Dans la cession de créances, la formalité de l'article 1690 du Code civil rend opposable à son égard, l'acte de cession[200]. Enfin, dans la publicité

194CUNNY cité par DECOTTIGNIES (R), Encyclopédie DALLOZ, civil. VI p. V. Tiers ; adde Nouveau Répertoire DALLOZ, v° Contrats et conventions sect. 6 n° 115 et s.

195 Édition refondue du Traité de droit civil COLIN (A.) et CAPITANT (H.), Traité op.cit. p 528 n° 948

196 Selon R. DECOTTIGNIES.

197 AYNES, cité par JOBARD-BACHELIER (M. N.), in « Servitude et grandeur de la publicité foncière en droit français », D. 1988, n° 33 p.247

198 Ici, le tiers apparaît comme un étranger (Art. 1165 civ.).

199 Tiers, un complice (Art. 1321 civ.).

200 Civ. 1re, 4 Déc. 1985, Bull. civ. I, n° 336 ; *Rev. Trim.Dr. Civ.*, 1986, 750, obs. MESTRE. (Ne peuvent avoir la qualité de tiers, au sens du Code civil, not. de l'article 1690, que ceux qui, n'ayant pas été partie à l'acte de cession, ont intérêt à ce que le cédant soit encore créancier. Seule la signification exigée par l'article 1690 de ce Code rend l'acte de cession opposable à leur égard).

foncière, le tiers est celui qui jouit des droits sur l'immeuble tout comme le détenteur, mais qui a observé la formalité de la publicité[201].

Tous ces points de vue qui ont l'avantage de la logique, et qui consacrent la relativité de la notion de tiers tranchent avec l'amalgame des solutions du droit civil classique. Ils se présentent sans aucun doute, comme une invitation à l'abandon dans le droit de l'exécution forcée, de la conception traditionnelle des tiers au profit d'une définition beaucoup plus pragmatique et surtout évolutive de la notion.

Il faut donc, dans notre cas, approuvant ces avis autorisés, dépasser la thèse classique et rechercher une définition spécifique à donner aux tiers, visés par l'article 38 de l'AUPSRVE.

---

[201] Décret français du 4 janvier 1955, art. 30-1. Alors qu'en droit des obligations le tiers est celui qui n'est ni partie ni représenté à un acte ou à une procédure, dans les transactions immobilières, le tiers est celui qui a acquis sur le même immeuble des droits concurrents, sujets à publicité et qui les a effectivement publiés le premier. Il est donc tiers à l'acte, même antérieurement en date, mais qui n'a pas été publié avant le sien, v. AYNES, Observations sous Com. 6 juin 1987, Rép. Défrenois 1987, art. 34 004, p. 860 cité par JOBARD-BACHELIER (M. N.), in Servitude et grandeur de la publicité foncière en droit français D. 1988 n° 33 p.247 adde, DU PONTAVICE (E), « Fraude dans les transferts immobiliers et sécurité des tiers », in *RTDCiv.,* 1963, p. 649.

CHAPITRE 2 :

SUR LE PLAN STRICT DES VOIES D'EXÉCUTION

La distinction du tiers appelé à apporter son concours à l'exécution des autres tiers est une nécessité. Il faut se garder de tomber dans le piège de la facilité en faisant croire que tous les tiers appartiennent à la catégorie des tiers visés par l'article 38 de l'AUPSRVE. La confusion de genres ne peut être évitée que si l'on met clairement en évidence, ce qui fait l'originalité de chaque groupe de tiers. Pour la clarté de l'exposé, on opposera le tiers de l'article 38 du tiers du droit des obligations (*Sous-Chapitre 1*) ; on procèdera de même pour distinguer le premier cité d'autres tiers et intervenants dans l'exécution (*Sous-Chapitre 2*).

Sous-Chapitre 1 : Tiers des voies d'exécution et tiers du droit des obligations

Sous-Chapitre 2 : Tiers des voies d'exécution et autres tiers et intervenants dans l'exécution

SOUS-CHAPITRE 1 :

TIERS DES VOIES D'EXÉCUTION ET TIERS DU DROIT DES OBLIGATIONS

L'article 38 de l'AUPSRVE ne facilite pas la tâche à l'interprète qui veut opérer une distinction entre les tiers auxquels il fait référence, des tiers du droit des obligations. D'abord, parce qu'il utilise le vocable *« tiers »* dans son sens abstrait et général. Ensuite, parce que mécaniquement, tout le monde pense que la référence aux tiers dans l'exécution renvoie nécessairement aux dispositions du Code civil. C'est du reste la première interprétation que la doctrine et la jurisprudence donnent au terme *« tiers »* depuis l'entrée en vigueur de l'Acte uniforme portant organisation des procédures simplifiées de recouvrement et des voies d'exécution ohada[202].

Il faut bien le reconnaître. Sur le plan de la sémantique juridique, on a plutôt affaire ici à un terme caméléon. Il change selon les textes et le contexte. Le juriste privatiste, *« bien formé aux disciplines du droit civil marquées par la rigueur cartésienne du droit des obligations vanté par RIPERT »*,[203] a souvent tendance à privilégier la conception civiliste du terme tiers. Mais il lui faut, par moment, sortir de la plénitude du droit commun et prendre en compte la position d'autres disciplines de droit, afin de mieux cerner les différents sens qu'un même vocable peut admettre. Cette démarche est incontournable.

Après avoir présenté la notion de tiers visé par le droit des obligations et sa différence avec le tiers des voies d'exécution (*section 1*), on s'intéressera à l'intérêt d'une telle distinction (*section 2*).

---

202 V. not. OHADA, *Traité et actes uniformes commentés et annotés*, JURISCOPE, 2016, p. 1007

203 Cité par le professeur MERCADAL, in *L'exercice en groupe des professions libérales*, LITEC.

Section 1 : La distinction du tiers du droit des obligations de celui des voies d'exécution

On doit se garder de confondre le tiers du droit des obligations *(Paragraphe 1),* du faux tiers (*Paragraphe 2)* et du contractant extrême *(Paragraphe 3).*

Paragraphe 1 : Le tiers du droit des obligations

Le Code civil ne donne aucune définition de la notion de tiers dans le droit des obligations. Son article 1165 se borne à dire que *« les conventions n'ont d'effets qu'entre les parties contractantes ; elles ne nuisent point au tiers, et elles ne lui profitent que dans le cas prévu par l'article 1121 »*[204].

Ce texte est resté célèbre. Il consacre, depuis ses origines, le principe de l'effet relatif des contrats. Il se déduit lui-même du dogme de l'autonomie de la volonté[205].

Toute la doctrine civiliste rappelle ce principe. Elle considère que les tiers visés par le droit des obligations sont tous ceux qui ne sont pas des cocontractants. Les parties à une convention ne peuvent, ni les faire subir les conséquences d'un contrat, ni leur permettre d'en tirer profit[206].

Pour GHESTIN, JAMIN et BILLIAU, « la détermination du tiers ne peut se faire que par rapport à la notion de partie à un contrat ou à une convention »[207].

De même pour FLOUR et AUBERT, si les parties à un contrat ou à une convention sont souveraines, elles ne le sont que pour elles-mêmes[208].

Il découle de cet ensemble de points de vue que les tiers au sens strict du droit des obligations sont des personnes qui ne sont liées par aucune

---

[204] Complété par les articles 1119 à 1122.

[205] TERRE (F), SIMLER (Ph) et LEQUETTE (Y), *Droit civil, Les obligations*, précis Dalloz, 11e éd. 2013, p. 32 n° 20 et s.

[206] TERRE (F), SIMLER (Ph) et LEQUETTE (Y), *Droit civil, Les obligations*, 2013 op. cit. p. 34 n° 26 et s.

[207] GHESTIN (J), JAMIN (Chr.) et BILLIAU (M), Les effets du contrat, 2e éd. L.G.D.J. n° 325 ; STARCK (B), LAURENT (H) et BOYER (L), *Obligations, 2 : Contrats*, 5e éd. LITEC, p. 522 n° 1260, p. 297

[208] FLOUR (J) et AUBERT (J — L.), *Les obligations*, Vol. I, 5e éd. n° 419

clause d'un contrat qu'ils ignorent et qui les ignore aussi[209]. Parce qu'ils n'ont pas participé à sa négociation ou à sa conclusion, ni par voie d'intervention personnelle ; ni par voie de représentation.

En réalité, le tiers du droit des obligations n'a d'existence réelle que lorsqu'on s'intéresse au rayonnement d'un contrat[210]. En d'autres termes, lorsqu'on veut limiter ou étendre les effets de cette espèce de convention[211]. M. WAHL, l'un des farouches défenseurs de la théorie de la relativité a pu écrire à leur sujet, dans une note restée célèbre publiée au recueil Sirey 1903 ce qui suit : *« il est interdit de réclamer aux tiers l'exécution de l'une des obligations résultant du contrat comme il est interdit aux tiers de réclamer eux-mêmes cette exécution »*[212].

On est donc ici en présence des personnes étrangères à un contrat ou à une convention. Ce sont ces tiers qui sont appelés des *penitus extranei.*

Il faut cependant se garder de les confondre avec les contractants extrêmes ou avec les faux tiers.

Paragraphe 2 : Le tiers du droit des obligations et le faux tiers

Après la définition du faux tiers (I), on se posera la question de savoir si le faux tiers est une partie à la convention ou un tiers *penitus extranei* (II).

I- La définition du faux tiers

Le faux tiers est une personne qui n'a certes pas physiquement participé à la conclusion d'un contrat ou d'une convention. Il n'y a même pas été représenté.

Mais seulement, plusieurs dispositions du contrat lui sont opposables. Parce que certains contrats[213] permettent à certaines

---

209 C'est la conception des auteurs classiques, aujourd'hui critiquée : SAVATIER, *Le prétendu principe de l'effet relatif des contrats*, op. cit. ; GRIMALDI, Les contrats et les tiers, Mél. JEZTAZ, 2006 p. 161 ; MAZEAUD (D), Le contrat et les tiers, nouvelle leçon, nouvelle présentation, Mél. F. CHABAS, 2011 p. 605.

210 TERRE (F), SIMLER (Ph) et LEQUETTE (Y), *Les obligations*, précis DALLOZ, op.cit, voir Chap.3, Le rayonnement du lien contractuel, p. 541 et s

211 GHESTIN (J), JAMIN (Chr) et BILLIAU (M), *Traité de droit civil, Les effets du contrat.*

212 M. WAHL, note sous AMIENS, 7 Déc. 1902 et 27 mars 1903, S. 1903, 2, p. 258.

213 Sauf ceux conclus *intuitu personae.*

personnes d'acquérir ultérieurement la qualité de partie alors qu'elles ne l'avaient pas à l'origine. C'est le cas des ayants cause universels ou à titre universel[214]. On peut aussi citer, entre autres, le contrat de louage d'immeuble. Celui-ci ne prend pas fin à la mort du bailleur ou à celle du vendeur. Il produit obligatoirement des effets à l'égard des héritiers ou de l'acquéreur de l'immeuble (articles 1742 et 1743 du Code civil).

II- Les faux tiers sont-ils des parties ou des tiers ?

La plupart des personnes qu'on considère, à première vue comme des tiers, ne le sont pas en réalité. Parce que leur statut leur permet de se prévaloir de certaines conventions ou de tirer avantage de la plupart des clauses de celles-ci. Lorsqu'il en est ainsi, on est en présence, non d'un tiers *penitus extranei*, mais d'un faux tiers. On retrouve ces faux tiers dans certains contrats, spécialement dans le louage des choses, le louage de services, le mandat, l'assurance, le transport, et la société.

Le doyen SAVATIER a clairement mis en lumière leur existence, ainsi qu'il a été relevé dans les pages qui précèdent[215].

On exposera, très brièvement, l'économie de certains de ces contrats[216].

Dans le contrat de vente par exemple, il s'opère un transfert de propriété qui est opposable à tous. La propriété du nouvel acquéreur ne peut donc être ignorée par les tiers, surtout, lorsqu'elle a fait l'objet d'une publicité, comme en matière immobilière[217].

De même, lorsqu'un bien immobilier initialement donné à bail à une personne est postérieurement vendu, le bail qui existait avant cette vente est opposable à l'acquéreur de l'immeuble[218]. Celui-ci n'est donc pas un tiers par rapport au locataire.

D'autres exemples de tiers intéressés peuvent être donnés. On peut citer pêle-mêle, les ayants droit, les ayants cause, des créanciers

---

214 Article 1122 du Code civil.

215 SAVATIER (R), « Le prétendu principe de l'effet relatif des contrats », in *Rev. Trim. Dr. Civ.* 1934, p. 525.

216 SAVATIER (R), ibid.

217 Art. 254 de l'AUPSRVE

218 BLAISE (J. B), « Les rapports entre le fonds de commerce l'immeuble dans lequel il est exploité ». *RTD Com.* 1966.827 spéc. n° 19 et s.

hypothécaires[219], les ayants cause universels[220] ou à titre universel, les créanciers chirographaires[221].

Objectivement, tous ceux-ci méritent d'être informés des procédures d'exécution ou de conservation qui intéressent leurs auteurs, dès lors que celles-ci peuvent produire à leur endroit, soit des effets négatifs, soit des effets positifs. C'est le cas par exemple des héritiers d'une succession. Il en est de même du locataire ou du tiers détenteur. Ils jouissent d'un droit de préemption en cas de vente de l'immeuble qu'ils exploitent. Ils doivent donc être informés de la procédure de réalisation de l'hypothèque entreprise, afin de choisir de payer ou de délaisser. On doit alors dans ce cas se demander s'ils peuvent remettre en cause l'exécution forcée de la chose vendue qui peut en découler.

Malheureusement, et sauf en matière immobilière, ces personnes ne sont pas souvent visées dans les procédures d'exécution forcée. Or, en saine science juridique, elles ne sont pas considérées comme de tiers *penitus extranei*. Il n'est donc pas surprenant de constater parfois que ce genre de tiers puisse intervenir volontairement dans les procédures d'exécution forcée dès lors que l'intérêt qu'ils défendent est juridiquement protégé.

Dans l'ensemble, la majorité des conventions citées plus haut sont incompatibles avec l'effet relatif de l'article 1165 du Code civil.

En matière d'exécution, les faux tiers sont tous ceux qui ont un intérêt à défendre dans une convention ou dans une procédure sans être des parties à l'action. On est en quelque sorte, en présence des parties à l'état latent. C'est la raison pour laquelle ces derniers ne peuvent pas jouer en même temps, le rôle de tiers au sens retenu par l'article 38 de l'AUPSRVE et celui des *penitus extranei*. Le problème est plus complexe avec les contractants extrêmes.

---

219 Art. 1321 du Code civil

220 Art. 1122 du Code civil

221 Art. 1321 du Code civil.

Paragraphe 3 : Le tiers du droit des obligations et le contractant extrême

Il convient tout d'abord de donner la définition du contractant extrême (I) avant de prendre position sur sa qualité (II).

I- La définition du contractant extrême

Le contractant extrême est une personne qui fait partie d'un même groupe contractuel. Bien que la convention qui le concerne porte sur le même objet, ou concourt à un même but que le groupe de contrats en cause, il n'y a cependant pas eu un échange direct de consentements entre les membres des différents groupes ou sous-groupes[222]. On a affaire ici à un ensemble de contrats et de contractants qui sont certes distincts, mais qui ont été mis en place pour parvenir à une même fin. On cite généralement le cas du crédit-bail[223]. On peut aussi citer le cas de la construction d'un stade de football qui ne peut être livré que lorsque chacune des parties exécute son ouvrage conformément au cahier de charge.

II- Les contractants extrêmes sont-ils des parties ou des tiers ?

La question est posée depuis très longtemps [224]. Elle porte essentiellement sur la détermination de la nature du lien juridique entre ces contractants extrêmes et les parties. Les contractants extrêmes sont-ils des tiers les uns par rapport aux autres ou sont-ils tous, des parties contractantes ? La question est d'importance. C'est de sa réponse que doit être déterminée la nature de la responsabilité qui leur est applicable. Les positions de la doctrine majoritaire sont aujourd'hui bien connues.

Pour DURRY, *« il n'est pas satisfaisant de considérer les contractants extrêmes comme des tiers »*[225].

---

[222] TEYSSIE (B), *Les groupes de contrats*, Th. Montpellier, éd. 1975

[223] Ils sont différents des contrats complexes qui sont des combinaisons de plusieurs contrats spéciaux. En d'autres termes, c'est un ensemble de contrats distincts, soumis à un régime propre. Ex. Le crédit-bail ou leasing. Il constitue la juxtaposition d'un bail et d'une vente.

[224] TEYSSIE (B), *Les groupes de contrats*, Th. Montpellier, op.cit., p.50

[225] DURRY (G), note *RTD CIV*, 1969, op.cit., p. 776

TERRE, SIMLER et LEQUETTE, sont du même avis[226]. Pour eux, si le principe de l'effet relatif des contrats reste en place dans le Code civil, il a cependant perdu son caractère absolu. De même, toujours selon ces auteurs, ce n'est pas de la promesse du contrat que découle la force obligatoire de celui-ci, mais de la valeur que la loi attache à la promesse[227]. Ce qui signifie que le législateur ou la jurisprudence peuvent toujours aller au-delà de la convention des parties, pour faire produire au contrat, d'autres effets.

Ainsi, ce ne sont pas toutes les personnes qui signent une convention qui en sont les parties. C'est le cas du Notaire[228]. On se retrouve dans un cas identique en matière de cession de contrat[229].

Puisque l'autonomie de la volonté des parties n'a plus un caractère aussi absolu que par le passé, on doit pouvoir admettre que les contractants extrêmes ne sont pas des tiers. De même, les membres d'un groupe de contrats peuvent être considérés comme des contractants extrêmes. Ils appartiennent à un même ensemble contractuel, sans qu'il y ait un lien d'obligations entre eux. C'est le cas par exemple du maître de l'ouvrage et des sous-traitants. En cas de dommage, c'est la responsabilité contractuelle qui leur est applicable, lorsque la convention en cause est relative à un transfert de propriété. Dans les autres cas, il s'agit d'une responsabilité délictuelle. Cette solution, issue de la jurisprudence *BESSE*, est critiquable et critiquée[230]. La majorité des auteurs la considère comme *« irrationnelle »*[231].

En définitive, il n'existe pas une position définitivement arrêtée par la jurisprudence par rapport aux contractants extrêmes. Selon les courants doctrinaux, ils sont tantôt, assimilés aux parties contractantes ; tantôt, aux simples tiers.

---

[226] TERRE (F), SIMLER (Ph) et LEQUETTE (Y), Les obligations, 8è éd. Dalloz 2002 n° 503 et s. ;

[227] TERRE (F), SIMLER (Ph) et LEQUETTE (Y), Les obligations, op.cit., p. 51

[228] VASSEUR (M), Essai sur la présence d'une personne à un acte juridique accompli par d'autres. RTDciv. 1949, 1753.

[229] AYNES (L), « La cession de contrat » ; cité par TERRE (F), SIMLER (Ph) et LEQUETTE (Y), Les obligations, op.cit. n° 489 ; dans la cession de contrat, un tiers devient une partie au contrat.

[230] LISANTI–KALIZYNSKI, *L'action directe dans les chaines de contrats ? Plus de 10 ans après l'arrêt BESSE*, J.C.P., 2003, I. 102.

[231] ANCEL (P), « Les arrêts de 1988 sur l'action en responsabilité contractuelle dans les groupes de contrats, 15 ans après », *Mél. PONSARD*, 2003, p. 3.

Section 2 : L'intérêt de la distinction entre le tiers des voies d'exécution et le tiers du droit des obligations

Il est nécessaire, tant sur le plan théorique que pratique, d'opérer une distinction claire et précise entre les tiers du droit des obligations et les tiers de l'article 38 de l'AUPSRVE *(Paragraphe 1).* L'Acte uniforme du 10 avril 1998 lui-même semble imposer cette démarche *(Paragraphe 2).*

Paragraphe 1 : Une nécessité pratique

Les pages qui précèdent permettent d'affirmer que le terme tiers qu'on rencontre dans l'Acte uniforme du 10 avril 1998 est un terme générique. C'est un réceptacle dont le contenu doit toujours être déterminé, chaque fois qu'on veut en faire usage. C'est le seul moyen d'éviter l'amalgame. C'est aussi une nécessité pour mieux distinguer les tiers qui nous intéressent ici des autres.

En faisant recours à cette technique, on découvre que le tiers visé par le Code civil n'est rien d'autre que la personne qui entretient ou non des liens de droit avec les parties à un contrat ou une convention. Hors de ces actes juridiques, il n'a pas d'existence propre. Il apparaît donc dans cette discipline, comme la personne pour laquelle l'acte juridique ne produit en principe aucun effet.

Il en est autrement du tiers dans les voies d'exécution. Celui-ci est un acteur dans le processus d'exécution forcée. Il est déjà acquis qu'on a affaire ici à un personnage actif, qui apporte son concours à l'exécution. L'obligation de jouer un rôle actif et positif ainsi que la sanction dont elle est assortie sont des critères qui permettent de le séparer des tiers du droit des obligations. Ces derniers, faut-il le rappeler, sont des personnes qui n'ont rien à voir avec le contrat. Ce sont des étrangers auxquels on ne fait allusion que lorsqu'on s'intéresse aux effets du contrat[232].

On ne peut donc pas se référer aux dispositions de l'article 1165 du Code civil, lorsqu'on s'intéresse aux tiers des voies d'exécution.

---

[232] GHESTIN (J), JAMIN (Chr.) et BILLIAU (M), *Les effets du contrat*, 2e éd., L.G.D.J, 1994, n° 329, p. 382.

L'article 38 l'AUPSRVE lui-même n'a pas manqué d'opter pour cette discrimination.

Paragraphe 2 : Une nécessité imposée par l'article 38 de l'AUPSRVE lui-même

Que ce soit au niveau de la lettre ou de l'esprit de l'article 38 de l'AUPSRVE, on découvre nécessairement deux préoccupations du législateur communautaire.

D'abord, il invite tous ceux qui ne sont pas concernés par l'exécution, à s'abstenir de faire obstacle aux procédures en vue de l'exécution ou de la conservation des créances. Cette prescription négative n'est en réalité que la traduction de l'obligation passive universelle, que nous avions pris soin d'exposer dans les pages qui précèdent[233].

Ensuite, à côté de cette obligation négative qui est impersonnelle, se trouve une autre, qui est positive. Celle faite au tiers d'apporter son concours à l'exécution. Elle intéresse trois catégories de tiers. Ceux qui sont légalement requis, d'une part ; ceux qui se retrouvent dans la procédure en qualité de tiers saisis, d'autre part.

Enfin, ceux dont l'intervention dans l'exécution est ratifiée ; soit expressément, soit tacitement.

Seules ces trois catégories de tiers sont considérées comme des tiers qui interviennent dans l'exécution forcée. Parce qu'ils sont actifs et qu'ils encourent de ce fait une responsabilité, ils sont très différents des tiers du droit des obligations.

Dès l'instant que l'article 38 lui-même prend l'initiative d'introduire, certes implicitement, mais nécessairement une telle discrimination, il est intolérable que la doctrine et la jurisprudence depuis 1998[234], continuent d'assimiler les tiers des voies d'exécution à ceux de l'article 1165 ou 1321 du Code civil.

Agir ainsi, c'est remettre gravement en cause l'esprit et la lettre du texte communautaire.

---

233 Voir supra, p. 29

234 Date de l'Acte uniforme sur les procédures simplifiées de recouvrement et les voies d'exécution

SOUS-CHAPITRE 2 :

TIERS DES VOIES D'EXÉCUTION ET AUTRES TIERS IMPLIQUÉS DANS L'EXÉCUTION

On ne doit pas s'arrêter à la seule distinction entre les tiers des voies d'exécution à ceux du droit des obligations. Il faut évoluer en évitant de confondre aussi le tiers objet de la présente étude et le faux tiers requis *(section 1).* C'est la même démarche qui s'impose lorsqu'on cherche à distinguer ce tiers du tiers saisi dans sa première phase *(section 2),* mais aussi du tiers détenteur *(section 3).* Enfin, on dira aussi quelques mots sur les autres tiers qui peuvent éventuellement et ponctuellement se retrouver dans le processus de l'exécution *(section 4).* Reprenons en détail, dans ces sections successives, tous ces différents cas de figure.

Section 1 : Tiers des voies d'exécution et faux tiers requis

Il convient de définir tout d'abord la notion de faux tiers requis *(Paragraphe 1),* avant de la distinguer du tiers des voies d'exécution *(Paragraphe 2).*

Paragraphe 1 : La notion de faux tiers requis

Les faux tiers requis sont ceux qui ont certes l'apparence des véritables tiers requis[235]. Mais qui ne le sont pas réellement. Parce qu'ils ne remplissent pas toutes les conditions pour réclamer le bénéfice de la réquisition. Concrètement, il s'agit de certains tiers qui ont accepté de s'impliquer dans une opération d'exécution alors que leur intervention et tous les actes qu'ils posent sont illégaux[236]. Cela signifie qu'ils ne peuvent en aucun cas réclamer ni la qualité de tiers dans l'exécution ni la protection réservée exclusivement à ces derniers. Ils ne sont pas couverts par la loi et par conséquent, celle-ci ne peut en aucun cas leur être secourable.

---

[235] Sur la notion de tiers requis, voir infra not. pp. 64 & 247

[236] Voir infra p. 110 et s.

Paragraphe 2 : L'intérêt de la distinction

Il est indispensable de distinguer les véritables tiers de l'article 38 de l'AUPSRVE, de tous ceux qui ne le sont pas, pour deux raisons fondamentales : d'une part, parce que le texte de l'article 38 de l'AUPSRVE l'exige expressément. Un tiers ne devient pas automatiquement tiers des voies d'exécution du seul fait d'être impliqué à une exécution. Il ne peut l'être que si son action est conforme à l'ordre qu'il reçoit de la loi ou d'une autorité publique. D'autre part, le tiers qui n'agit pas dans les procédures d'exécution conformément aux vœux de la loi ne peut pas jouir de la couverture légale, en cas de responsabilité découlant de son fait fautif. C'est le cas des tiers mis en cause dans l'application de l'article 157 de l'AUPSRVE, comme il a été démontré dans les développements qui vont suivre[237].

Section 2 : Tiers de l'article 38 de l'AUPSRVE et tiers saisi dans sa première phase

Il convient de définir tout d'abord le tiers saisi (Paragraphe 1). Bien qu'il soit cité par l'article 38 de l'AUPSRVE, il ne devient acteur de l'exécution qu'après l'accomplissement de certaines formalités légales (Paragraphe 2).

Paragraphe 1 : La notion de tiers saisi

Le tiers saisi[238] est la personne entre les mains desquelles un bien meuble, corporel ou incorporel, saisissable appartenant au débiteur poursuivi a été saisi pour le compte du créancier poursuivant. C'est en d'autres termes la personne qui admet expressément ou qui a été jugée être le débiteur du débiteur poursuivi par voie d'exécution forcée.

Cette subtilité juridique est depuis longtemps, le siège d'un débat nourri et de prises de positions parfois contradictoires, tant en doctrine (I) qu'en jurisprudence (II).

I- En doctrine

Alors qu'on croyait que les critères de sélection du tiers qui est tenu de faire diligence dans les voies d'exécution sont définitivement

---

237 Voir infra, p. 110 et s.

238 Ne pas confondre avec le tiers détenteur

fixés[239], on trouve encore aujourd'hui des analyses erronées qui font croire que celui qui est visé par un acte de saisie est automatiquement un tiers saisi[240].

Or, l'acte de saisie ne confère pas, du seul fait de sa signification au tiers qui en est le destinataire, la qualité de tiers saisi. Il faut d'abord interpeller celui-ci et consigner sa réponse dans l'acte de saisie. C'est la déclaration. Il faut ensuite qu'il s'agisse d'une déclaration librement obtenue. En cas de réticence ou de rébellion, seul le Juge de l'exécution peut déclarer une personne ayant reçu le procès-verbal de saisie comme étant tiers saisi.

De même, tout tiers ne devient pas automatiquement tiers saisi du seul fait d'avoir placé les biens d'autrui sous main de justice. Il ne peut le devenir que si la procédure d'exécution atteint la phase de l'information[241], mais aussi et surtout si celui-ci a légalement agi[242]. Enfin, il faut aussi que les biens en cause soient de la catégorie de ceux visés par l'acte de saisie et qu'il s'agisse enfin des biens saisissables. Toute discussion sur ce plan doit être soumise à l'appréciation du juge.

II- En jurisprudence

La CCJA a déjà fait un travail de vulgarisation qui mérite d'être salué[243]. Elle ne manque aucune occasion pour rappeler aux juges

---

239 Voir supra

240 Cette conception se rencontre surtout chez les praticiens intéressés à la procédure de saisie, notamment, lorsqu'ils sont du côté du créancier saisissant.

241 La phase de la dénonciation au débiteur poursuivi. L'absence de la dénonciation sous huitaine entraîne la caducité de la saisie (Art. 160 de l'AUPSRVE) ; CCJA, 2e Ch, arrêt n° 023/2008 du 30/04/2008 aff. Sté LOTENY TELECOM s.a. c/ Sté INSURANCES BROKER ASSOCIATION dite IBAS SARL.

242 CCJA, 2e Ch, arrêt n° 035/2009 du 30/06/2009 aff. Sté AES SONEL c/ NANKOUA Joseph.

243 CCJA, Arrêt n° 008 /2002 du 21 mars 2002, Sté PALMAFRIQUE c/ Etienne KONAN BALLY KOUAKOU Rec. N° spécial Janv. 2003 p. 145 ; CCJA, Arrêt n° 009/2005 du 27 Janv. 2005 Sté AFROCOM C. I. c/ CITIBANK Rec. N) 5 Janv.-Juin 2005, p. 56 ; C.A Centre (Cameroun), Arrêt n° 389/ Civ. Du 03 août 2011 NZEUSSE Léopold c/ YANG MANG DAISSALA, inédit. ; CCJA, arrêt n° 011/2003 DU 19 juin 2003 Murielle Corine Christel KOFFI et autre c/ Sté LOTENY TELECOM… Sté PALMAFRIQUE….. ; CCJA, arrêt n° 025/2005 du 07 avril 2005 SONAR c/ PAPME ; C.A. du CENTRE (Cameroun), Arrêt n° 137/Civ du 26 Mars 2010, Union Bank of Cameroon (UBC) s.a. CITIBANK CAMEROON s.a. ; CCEC c/ ESSINDI Jean Bosco (inédit) ; T.G.I. MFOUNDI Yaoundé, Jugement civil n° 305 du 14 février 2001, C.N.P.S. et autres c/ STANDARD CHARTERED BANK, inédit ;

communautaires nationaux que le tiers saisi, au sens de l'Acte uniforme, n'est pas nécessairement celui qui reçoit notification d'un acte de saisie[244]. Il n'est pas non plus celui qui a du *« mépris »* pour la justice ou *« qui défie »* celle-ci, comme l'a prétendu le créancier saisissant dans l'affaire KAMGANG Marcel & Hollywood Hôtel c/ SCB-CL, Standard Chartered Bank et la SGBC[245]. Il est exclusivement celui qui reconnaît être débiteur du débiteur ou qui en a été jugé comme tel. Une simple attitude négative d'un tiers qui reçoit un acte de saisie ne permet pas juridiquement de conclure qu'il s'agit d'un tiers saisi[246].

Ainsi, pour affirmer qu'on se trouve juridiquement en présence d'un tiers saisi, il faut engager une double démarche.

D'abord, on doit préalablement s'adresser au tiers qu'on croit être le débiteur du débiteur poursuivi par voie de sommation interpellative pour provoquer sa réaction. Ce préalable est indispensable pour obtenir les déclarations visées par le texte légal. Il s'agit d'abord des déclarations sur le tiers lui-même ; ensuite, sur le débiteur poursuivi. Dans la pratique, cette sommation est insérée dans l'acte, dit de saisie.

En outre, il faut exiger expressément de ce tiers, les informations sollicitées.

C'est lorsque la déclaration est affirmative qu'on peut dire qu'on est en présence d'un tiers saisi. Sans ce double préalable, on ne peut juridiquement parler de tiers saisi. À moins de s'adresser à la justice

---

C.A. du CENTRE (Cameroun), Arrêt n° 167/Civ du 18 avril 2008, BICEC c/ Maître DEFFO (inédit) ; C.A. du CENTRE (Cameroun), Ord. N° 45/Civ. du 1er février 2008 BAMELA ZAMBO Josué c/ AFRILAND FIRST BANK et autres ; C.A. du CENTRE (Cameroun), Arrêt n° 207/Civ. du 10 mars 2000 SCB— CL c/ MINREST (inédit) ; C.A. du CENTRE (Cameroun), Ord. N° 127/CED/08 du 12 septembre 2008, ATANGANA BELINGA Charles c/ CHE Emmanuel NKWAH.

[244] V. CCJA, Arrêt 2e Ch. n° 003/ 2014 du 30 Janv. 2014 aff. Sté Générale d'informatique et de Télécommunications, dite SOGITEL c/ Banque commerciale du Chari dite BCC.

[245] Conclusions entièrement approuvées par la Cour d'Appel du Littoral Douala sous les arrêts C.A. du Littoral, n° 118/ Ref du 27 Sept. 1999 (1re esp.) et n° 13/Ref du 25 Oct. 1999 (2è esp.) R.C.D.A., n° 3 avril-juin 2000.

[246] CCJA, arr. n° 003/2002 du janv. 2002 op.cit, contra Arrêt C.A. Abidjan n° 708 du 2 juin 2000, aff. La société ATOU et la Banque Ivoirienne pour le Commerce et l'industrie de Côte d'Ivoire dite BICICI c/ La société Ivoirienne d'emballage Métallique dite SIEM

pour que le juge d'exécution compétent tranche le litige sur ce point et déclare la personne à qui un acte de saisie a été signifié, tiers saisi.

Paragraphe 2 : Le tiers requis

Le tiers requis est une personne qui reçoit expressément l'ordre de prêter mainforte à une opération de service public. Cet ordre, quelle que soit sa forme, doit nécessairement être légal.

Le procédé est un mécanisme de droit public[247]. Il s'applique aussi bien aux personnes physiques ou morales qu'aux biens.

Son origine doit être recherchée dans des domaines classiques comme le service militaire ou les corvées. La puissance publique en fait recours lorsqu'elle se trouve devant un état de fait exceptionnel ou des circonstances anormales, justifiant l'abandon des principes de droit public. C'est le cas de l'exécution forcée des décisions de justice[248].

Le droit des voies d'exécution étant généralement considéré comme un droit en état de guerre[249] ne s'accommode pas toujours aux règles traditionnelles du droit applicable aux personnes et aux biens en temps normal. Lorsqu'il y a urgence ou état de nécessité à l'occasion d'une exécution, la loi reconnait souvent aux autorités se trouvant dans l'exercice de leurs fonctions, le droit de requérir les services des particuliers dont l'action est indispensable à la manifestation de la vérité.

L'Acte uniforme n° 6 du 10 avril 1998 sur les voies d'exécution ohada s'est inspiré entièrement de cette logique. Il fait premièrement du tiers saisi, c'est-à-dire de la personne entre les mains desquelles un bien appartenant au débiteur poursuivi est trouvé, un tiers requis. Ce dernier est légalement tenu de placer sous main de justice le bien retrouvé entre ses mains et correspondant à l'objet de la saisie. Dès cet instant, le bien saisi devient indisponible. Le tiers saisi ne peut ni en disposer ni déplacer celui-ci selon son bon vouloir, sous peine de sanctions pénales (art. 64 et s.). On est dans ce cas en présence d'un tiers saisi doublé d'un tiers requis.

---

[247] DORLY (J.P.), *Les réquisitions personnelles*, préface Robert VOUIN, LGDJ, 1965.
[248] V. l'analyse détaillée sur les critères, infra p. 109 et s.
[249] WOOG (J.Cl.), *La stratégie du créancier*, Dalloz, 1997, p. 165.

De même, lorsqu'il est fait injonction à un particulier, quel qu'il soit, de faire une diligence quelconque en faveur de l'une des parties au rapport d'exécution ou dans l'intérêt supérieur de l'exécution, on a aussi affaire ici à un tiers requis. C'est le cas par exemple d'un serrurier appelé à s'associer à une saisie. C'est également le cas du particulier qui doit comparaître devant le juge de l'exécution, lorsque les contestations sont élevées par le débiteur saisi[250].

La pratique montre que la jurisprudence ohada, ne tient pas toujours compte de la distinction légale. L'interprétation qu'elle donne de l'article 38 de l'AUPSRVE, laisse voir que les juges ne s'intéressent qu'au tiers saisi[251]. Il est rarement fait allusion au tiers requis. Au point qu'il n'est pas excessif de dire que la notion de tiers saisi a totalement éclipsé celle de tiers requis en jurisprudence. La CCJA va encore plus loin et c'est une déception, lorsqu'elle déclare plusieurs années après l'entrée en vigueur de l'Acte Uniforme du 10 avril 1998, que le tiers saisi ne joue aucun rôle actif en matière de saisie[252].

Ce manque d'intérêt pour la notion de tiers requis provoque une confusion regrettable, lorsqu'il faut prononcer les sanctions édictées par l'article 38 de l'AUPSRVE. La condamnation aux dommages-intérêts qui, par principe, doit être prononcée contre le tiers requis récalcitrant ou fautif est plutôt infligée au tiers saisi. C'est ce qu'on découvre à l'examen de l'arrêt n° 144/2015 rendu par la 3e Chambre CCJA le 19 novembre 2015[253].

Section 3 : Tiers saisi et tiers détenteur

Pour la bonne méthode, on recherchera le critère qui distingue le tiers détenteur du tiers saisi *(Paragraphe 2)* une fois que la définition du second aura été proposée *(Paragraphe 1).*

---

250 Ex. art.170 al. 2 de l'AUPSRVE.

251 Voir jurisprudence citée supra, note 619.

252 CCJA, 3e Ch. arrêt n° 061/2012 rendu le 07 juin 2012 Aff. Banque Internationale pour l'Afrique au TOGO (BIA) c/Nouvelle société commerciale du TOGO (NOSOCO).

253 CCJA, 3e Ch. arrêt n° 144/2015 rendu le19 novembre 2015 Aff. Financial Bank GABON devenue ORABANK c/ Sté PAMIKO MARITIME COMPANY et M. PANOURGIAS NARKELIS.

Paragraphe 1 : La notion de tiers détenteur

En matière immobilière par exemple, le tiers détenteur[254] est selon le lexique des termes juridiques[255], un *« acquéreur ou donataire d'un immeuble grevé d'une hypothèque ou d'un privilège. Il n'est pas personnellement obligé à la dette. Il sera tenu de payer le prix ou de délaisser l'immeuble ou alors, de procéder à la purge lorsqu'il veut mettre un terme aux poursuites des créanciers hypothécaires… »*

En matière mobilière par contre, le tiers détenteur est celui qui détient des deniers pour le compte du contribuable. Il *« a vocation à être tiers saisi à l'égard du Trésor »*[256]. Au rang de ces débiteurs, se trouvent principalement les banques qui détiennent des fonds pour le compte du contribuable. Le code général des impôts cite également les huissiers de Justice, les commissaires-priseurs, les notaires, les liquidateurs des successions, les séquestres, les dépositaires publics. On peut aussi citer l'employeur d'un contribuable ou des sociétés commerciales.

Le tiers, détenteur des deniers, est légalement tenu de reverser à l'administration fiscale les sommes que les contribuables lui doivent. Il suffit pour l'administration de signifier un avis à tiers détenteur pour que les sommes en cause deviennent indisponibles[257]. Le procédé est essentiellement utilisé par les détenteurs du privilège du trésor[258].

Pour la CCJA cependant, la validité d'une telle saisie est subordonnée au strict respect de la procédure édictée par l'Acte uniforme du 10 avril 1998[259].

Mais il y a aussi d'autres débiteurs qui ont vocation à être considérés comme de tiers détenteurs. C'est le cas des détenteurs des biens

---

[254] Sur la notion de tiers détenteur voir spéc. POUGOUE (P.G.) et TEPPI KOLLOKO (F), V° Saisie immobilière, spéc. n° 18 s., présentation synoptique des Actes uniformes in *ENCYCLOPÉDIE DU DROIT OHADA* (sous la direction de Paul Gérard POUGOUE).

[255] Lexique des termes juridiques, 23 éd. DALLOZ, p. 1019

[256] GATSI (J), « L'avis à tiers détenteur et le nouveau droit des affaires Ohada », in *L'effectivité du droit de l'ohada*, coll. Droit Uniforme, Yaoundé, P.U.A., 2006, p. 79 et s. ; COZIAN (M), « L'avis à tiers détenteur », *RTD com.* 1967 p. 61, n° 22 s.

[257] Cass. Com., 16 juin 1998, Bull. civ. IV n) 200 DALLOZ AFFAIRES, 1998, p. 1144.

[258] COZIAN (M), DALLOZ—ACTION 2002 (sous la direction de GUINCHARD (S) et TONNY MOUSSA), p. 755 n° 5450 s.

[259] CCJA, ass. Plén., arrêt n° 071/2014 aff. Banque Sahélo Sahélienne pour l'Investissement et le commerce c/ ASSOUMANE MAMANE.

meubles corporels[260] ou incorporels[261]. On doit aussi citer les personnes qui détiennent, en vertu d'un acte juridique, un immeuble hypothéqué. Il faut que le bien convoité soit la propriété exclusive et privative du débiteur de l'impôt[262].

En principe, tous les sous débiteurs sont des tiers détenteurs[263]. Et tous les tiers entre les mains desquels peut être pratiquée une saisie quelconque ont aussi la qualité de tiers détenteurs.

En principe, il faut que le tiers détenteur soit un débiteur actuel. S'il a cessé d'être débiteur ou ne l'est plus au moment où les poursuites fiscales sont engagées contre le débiteur, il ne peut plus être considéré comme tiers détenteur.

La liste de toutes les personnes qui ont vocation à avoir la qualité de tiers détenteur ne peut être qu'indicative, tant sur le plan du droit privé que sur celui du droit public.

Les détenteurs publics, selon le professeur COZIAN, sont de véritables détenteurs, parce qu'ils détiennent les fonds appartenant au contribuable[264].

Paragraphe 2 : Le critère distinctif

En principe, tous les tiers détenteurs publics sont tenus de prélever au profit de l'administration fiscale et de tous les bénéficiaires du privilège du trésor, la partie des sommes de leurs créanciers redevables aux impôts. L'obligation de prélever est générale, indépendamment de la signification d'un avis à tiers détenteur. Les tiers détenteurs sont donc de véritables tiers saisis, lorsqu'il s'agit du recouvrement des dettes fiscales.

Tel n'est pas le cas en matière de saisie de droit commun. Tant qu'aucune saisie n'est encore pratiquée entre les mains du tiers débiteur du débiteur, celui-ci reste un simple débiteur. Il n'a aucun lien d'obligations, ni avec le créancier saisissant ni avec le service public de l'exécution. Mais une fois que la saisie est pratiquée entre ses mains, le tiers débiteur du débiteur est tenu d'apporter son concours à l'exécution.

---

260 Art. 64 et s.

261 Art. 87 et s.

262 Civ. 2 Mars 1898 S. 1898.1.448 ; Trib. Civ. SEINE, Déc. 1954, D. 1955, som. 54

263 COZIAN (M), l'avis à tiers détenteur, op. cit..

264 COZIAN (M), l'avis à tiers détenteur, op. cit. ; REZEK, La pratique du contentieux de l'avis à tiers détenteur, LITEC, 2001,

Dès cet instant, il est alors tenu de toutes les obligations qui pèsent sur le tiers saisi. Par conséquent, ce n'est qu'à ce moment qu'il obtient la qualité de tiers requis visé par l'article 38 de l'AUPSRVE.

Section 4 : Tiers de l'article 38 de l'AUPSRVE et autres participants à l'exécution

Il faut distinguer le tiers de l'article 38 de l'AUPSRVE des agents d'exécution d'une part *(Paragraphe 1) ;* et de l'assureur, d'autre part *(Paragraphe. 2).*

Paragraphe 1 : Tiers de l'article 38 de l'AUPSRVE et agent de l'exécution

Comme pour les premiers cas visés, la définition de la notion d'agent d'exécution (I) doit précéder la recherche du critère distinctif (II).

I- La notion d'agent d'exécution

Les agents d'exécution sont des officiers ministériels. C'est l'autorité publique de chaque État souverain qui décide qui peut avoir cette qualité.

Au Cameroun, c'est le décret n° 79/448 modifié et complété par celui de n° 85/238 du 22 février 1985 qui désigne les personnes qui ont la qualité d'officiers ministériels. Ce texte désigne en premier lieu les huissiers de justice et les commissaires-priseurs. En second lieu et dans les localités où il n'y a point d'huissiers de justice nommés, l'exécution est faite par les agents d'exécution proprement dits[265].

II- Le critère distinctif

Les agents d'exécution ainsi définis et énumérés se distinguent des tiers de l'article 38 de l'AUPSRVE sur deux points.

En premier lieu, les premiers sont des auxiliaires de justice. Ils appartiennent à un corps organisé et connu sous le nom de Chambre nationale des huissiers de justice. Ils font partie du corps judiciaire de l'État.

---

[265] Quid du problème des porteurs de contraintes et des liquidateurs d'Études d'Huissier.

En second lieu, contrairement aux tiers de l'article 38 de l'AUPSRVE qui naissent et disparaissent selon les procédures dans lesquelles ils se retrouvent par un simple concours de circonstances, les agents d'exécution[266] appartiennent à une corporation réglementée. Ces derniers sont soumis à une discipline dont le strict respect est exigé et contrôlé par le procureur de la République.

Ainsi, l'agent d'exécution qui détient les biens pour le compte de son requérant peut avoir la qualité de tiers saisi dans la mesure où la personnalité de celui-ci ne peut se confondre avec celle du débiteur poursuivi. C'est le cas par exemple lorsque le fisc ou les créanciers anonymes saisissent entre les mains des huissiers instrumentaires et assimilés, les biens appartenant à leurs débiteurs, mais qui se retrouvent entre les mains des membres de ce personnel de l'exécution.

Paragraphe 2 : Tiers de l'article 38 de l'AUPSRVE et assureurs

On présentera successivement la définition de l'assureur (I) et le critère qui permet de distinguer celui-ci du tiers dans les voies d'exécution (II).

I- La définition de l'assureur

Selon la doctrine spécialisée, l'assureur est un professionnel de la garantie des risques. Il *« produit et vend de la sécurité »*[267]. En d'autres termes, l'assureur est le professionnel agréé. Il promet à l'assuré, une prestation en cas de réalisation d'un risque, moyennant le paiement préalable d'un prix dit *« prime ou cotisation »*[268]. C'est la définition juridique de l'assureur.

Sur un autre plan, l'assureur est le professionnel qui organise *« sous forme de mutualité, une multitude d'assurés exposés à la réalisation de certains risques et qui indemnise ceux d'entre eux qui subissent un*

---

[266] À savoir, les Huissiers de justice, les commissaires-priseurs et les agents d'exécution stricto sensu au sens du droit camerounais voir Décret n° 79/448 du 05/11/1979 et D. 61/84 du 06/6/1961 sur les fonctions de Commissaire-priseur. Dans l'ensemble, Voir dans l'ensemble, Ebenezer Paul MAH, *La profession d'Huissier de Justice au Cameroun Francophone*, L'Harmattan, 2014.

[267] LAMBERT FAIVRE (Y), le droit des assurances, précis Dalloz, 3e éd, 1979, p. 34, n° 14.

[268] LAMBERT FAIVRE (Y), op. cit., p. 65

sinistre grâce à la masse commune des primes collectées ». C'est la définition technique. Les assureurs jouent donc un grand rôle dans l'expansion du commerce de chaque pays.

II- Le critère distinctif

S'il est indiscutable que l'assureur est un commerçant, on doit reconnaître qu'il joue aussi un rôle social indéniable. Il apporte à l'assuré de la sécurité en lui offrant la possibilité d'être indemnisé en cas de survenance du risque assuré. Pour JACOB, l'on est en présence d'une *« certitude (c'est-à-dire), un facteur de la libération de l'homme à l'égard du risque »*[269]. L'idée de protéger les assureurs et leurs clients est une constante du droit de l'assurance[270]. C'est en cela qu'il entretient une certaine similitude avec les tiers requis.

Mais les deux personnages se séparent encore lorsqu'on constate que la relation entre l'assureur et les assurés tire sa source du contrat, alors que celle qui naît entre les particuliers et les parties à l'exécution n'existe que s'il y a saisie ou réquisition à la base.

Conclusion du titre I

La détermination du tiers dont il est question dans l'exécution est assez complexe. Parce que le vocable n'appartient pas en toute propriété au droit. On le retrouve dans beaucoup d'autres disciplines, aussi bien juridiques que non juridiques.

Et le tiers qu'on rencontre dans différents textes du Code civil ne peut être purement et simplement transposé dans les voies d'exécution.

Il est par conséquent indispensable de tenir compte du contexte dans lequel le vocable est utilisé avant sa qualification. Cette opération est indispensable si l'on veut distinguer les tiers visés par l'article 38 de l'AUPSRVE des autres catégories notamment, de ceux auxquels on fait référence dans le droit des obligations.

---

269 JACOB (N), *Les assurances*, précis Dalloz, 1974 p. 17 n° 24 ; FOURASTIE (J), *Les assurances au point de vue économique et social.* (Payot), 1940 ; LAMBERT FAIVRE (Y), op. cit, p.595, n° 524.

270 BERR (Cl ; J.) et GROUTEL (H), *Les grands arrêts du droit de l'assurance*, éd. Sirey, 1978, p. 4

TITRE II :

LE TIERS DANS LES VOIES D'EXÉCUTION, UN PERSONNAGE À LA FRONTIÈRE DU DROIT PRIVÉ ET DU DROIT PUBLIC

Comme simple anonyme, le tiers n'a en principe, aucun lien juridique direct avec le service public. Il ne peut en être autrement que s'il naît entre les deux entités, un fait ou un acte juridique. Pour comprendre pourquoi dans le cas des voies d'exécution, le tiers est parfois appelé à poser obligatoirement des actes dans une procédure qui ne le concerne pas personnellement, il faut rechercher nécessairement le critère qui le rattache à l'exécution, envisagée ici comme service public de la justice.

Le législateur ohada a partiellement fait ce travail. Car, en s'intéressant spécialement aux tiers qu'on rencontre dans l'exécution, l'article 38 de l'AUPSRVE a lui-même délimité le champ des investigations de l'interprète.

La recherche du critère qui rattache le tiers au service public de l'exécution parmi tant d'autres se révèle dès lors indispensable. Il faut d'abord en faire l'exposé (chapitre 1) avant de voir comment un tel critère qui vient du droit public est reçu par le droit privé (chapitre 2).

CHAPITRE 1 :

LE CRITÈRE DE RATTACHEMENT DU TIERS AU SERVICE PUBLIC DE L'EXÉCUTION

L'exposé des critères susceptibles de justifier l'intervention du tiers dans un service public, mérite d'être préalablement présenté *(section 1).* On examinera par la suite le critère qui mérite d'être proposé en matière d'exécution *(section 2).*

Section 1 : L'exposé des critères en présence

Avant d'exposer la situation du droit positif (Paragraphe 2), il convient d'abord de présenter ce qui peut être considéré comme le critère du droit processuel classique justifiant l'intervention d'un tiers dans l'exécution forcée (Paragraphe 1). On terminera par des observations critiques (Paragraphe 3).

Paragraphe 1 : Le critère du droit processuel classique

Ni la jurisprudence (II) ni la doctrine (I) ne se sont réellement préoccupées du critère qui permet au tiers d'intervenir dans l'exécution. L'état de chacune de ces deux sources de droit ne manque pas de surprendre.

I- L'état de la doctrine

Par *« critère »*, l'on entend le signe ou l'élément qui permet de distinguer une notion donnée de celles qui lui sont voisines. Tous les auteurs s'accordent sur ce point[271]. Au regard de cette définition qui est constante, on peut affirmer sans risque de se tromper que la doctrine classique ne s'est jamais préoccupée du critère qui rattache les tiers à l'exécution.

---

271 JARROSSON (Ch.), *La notion d'arbitrage*, th. Paris 1987, préface du professeur Bruno OPPETIT, L.G.D.J., p.144 s. n° 500 s. ; pour LE ROBERT ILLUSTRE d'aujourd'hui en couleur, le critère est le signe qui permet de distinguer une chose, une notion, p. 354

Dans la majorité des cas, les auteurs se bornent à définir le tiers saisi. Ils ne s'intéressent nullement aux autres tiers qu'on peut rencontrer dans l'exécution.

Pour GLASSON, TISSIER et MOREL, le tiers saisi est d'abord un tiers à l'égard du saisi. Il doit être une personne qui est débiteur du débiteur poursuivi. Il doit enfin détenir le bien objet de la saisie en vertu d'un pouvoir propre et indépendant. Le critère d'indépendance conduit à écarter des rangs des tiers saisis, les préposés du débiteur[272].

GARSONNET & CÉSAR BRU retiennent un critère identique. Ils précisent en outre que ceux qui ne remplissent pas ces critères ne peuvent être alignés au rang des tiers ayant vocation à être saisis. Il s'agit entre autres, des caissiers, des employés, des curateurs des successions vacantes, etc.[273]. En d'autres termes, ne peuvent pas non plus avoir la qualité de tiers saisis ceux qui ne jouissent pas d'une personnalité juridique indépendante de celle du véritable débiteur[274].

Dans l'ensemble, la doctrine classique retient trois critères complémentaires pour qu'un anonyme soit considéré comme tiers saisi. Il faut préalablement qu'il y ait une procédure d'exécution engagée. Il faut aussi que le tiers mis en cause soit débiteur du débiteur poursuivi. Il faut enfin que ce tiers ait une personnalité juridique indépendante de celle du débiteur.

Ces trois critères n'ont pas varié avant l'abandon par les pays membres de l'Ohada, des voies d'exécution classiques.

Le droit de l'exécution forcée en Afrique noire, notamment dans les pays d'expression française aujourd'hui membres de l'ohada, a conservé la même philosophie que les textes de procédure civile et commerciale reçus de la colonisation. Même certaines codifications nationales subséquentes élaborées en la matière par certains pays de la zone Ohada n'ont fait que reprendre ces solutions d'outre-mer, qu'ils ont pris soin de tropicaliser, à la faveur d'un acte de gouvernement[275].

---

272 GLASSON, TISSIER et MOREL, Précis de procédure T. 4 n° 1098 ; VINCENT (J) et PREVAULT (J), Voies d'exécution, 16e éd., n° 251 s. ; RAYNAUD (P), comm. in *RTD civ*, 1955, p. 716.

273 Trib. Marseille, 15 mars 1864 Journal des avoués T. 91 p. 82

274 GARSONNET par CESAR BRU, *Traité théorique et pratique de procédure civile*, T. IV par. 1466

275 Voir GONIDEC (F), in *Les droits africains*, T.I, 2e éd., LGDJ, 1976, p. 23 et s.

Mais le grand inconvénient que présente le droit processuel classique tient essentiellement en ce que tous les critères ci-dessus cités se limitent à la saisie-arrêt. La jurisprudence le démontre d'ailleurs très clairement.

II- La position de la jurisprudence

C'est exclusivement en matière de saisie-arrêt que le droit antérieur a commencé à s'intéresser aux critères qui permettent de séparer les véritables tiers saisis de ceux qui ne le sont pas juridiquement. La jurisprudence prend souvent soin de rappeler leur contenu (A). Même si leur mise en œuvre se révèle parfois difficile (B).

A- Le contenu des critères dégagés en jurisprudence

En jurisprudence, le contenu des critères d'identification des tiers saisis n'est pas différent de celui qui a été dégagé par la doctrine. Les arrêts n'hésitent pas à le rappeler. Dans tous les cas, le tiers saisi ne peut être qu'une personne qui détient pour le compte d'un débiteur, *propio nomine.* Concrètement, il doit s'agir soit d'un dépositaire ; soit d'un séquestre.

Cet ensemble de critères permet de distinguer soigneusement le tiers saisi des autres tiers qui ne peuvent être objectivement considérés comme tiers dans l'exécution. C'est le cas des préposés du débiteur saisi. C'est aussi le cas des caissiers, des employés de maison, des curateurs dans les successions, comme on vient de le dire.

B- La difficulté de la mise en œuvre des critères jurisprudentiels

S'il est vrai que depuis 1889[276], les critères de la saisie-arrêt sont restés inchangés, leur mise en œuvre a cependant connu une période non négligeable de flottement[277].

Dans un premier temps, la jurisprudence s'est retrouvée totalement dans l'embarras, lorsqu'il a fallu dire si oui ou non, une saisie-arrêt pouvait être pratiquée entre les mains d'un avocat, détenteur des fonds appartenant à son client. Les juges ont d'abord prétendu que tout mandataire, agissant au lieu et place de son mandant, ne peut être

---

[276] Jurisprudence constante, voir supra, p. 58, n° 245

[277] Trib. civil de St-Calais, 26 mai 1955, Rev. Trim. Dr. Com., 1955, p. 717 ; T.G.I Chartres, 14 Janvier 1960 Rev., op. cit., 1960, p. 543

considéré comme tiers. Par conséquent, selon eux, l'avocat ne pouvait avoir la qualité de tiers saisi[278].

Face aux multiples critiques et controverses doctrinales, la jurisprudence est revenue quelques années plus tard sur sa position initiale. Elle a opéré un véritable revirement lorsqu'elle décide que l'avocat, tout comme l'avoué, conserve vis-à-vis de leurs relations professionnelles, une personnalité juridique propre, distincte de celle de leurs clients. Par conséquent, elle conclut qu'il n'y a aucune incompatibilité entre leur qualité de mandataire et celle de tiers saisi[279].

Dans une espèce qui a pris les allures d'un arrêt de principe, le tribunal de la SEINE a cependant surpris. Sans remettre en cause les solutions jurisprudentielles acquises depuis 1964[280], cette juridiction a refusé de reconnaître à un créancier saisissant, le droit de pratiquer une saisie-arrêt entre les mains d'un Consul. Dans les motifs de son jugement, le Tribunal soutient que le Consul ne peut avoir la qualité de tiers saisi lorsqu'il administre les biens d'une succession. Son principal attendu est conçu ainsi qu'il suit : *« Attendu que le Consul ne joue pas de rôle de dépositaire ou de séquestre ; ... Qu'il est investi du simple pouvoir de prendre matériellement charge d'une universalité, mais qu'il a le devoir de se substituer pour ainsi dire à la personnalité juridique du de cujus, d'administrer l'hoirie et d'en conserver l'objet au profit de qui de droit... attendu dans ces conditions, qu'il devient un véritable continuateur de son patrimoine et qu'il ne saurait en aucun point être considéré comme un tiers... ; qu'une saisie - arrêt ne peut être pratiquée qu'entre les mains d'un tiers, débiteur de son débiteur »*[281].

Si le rappel de la règle de droit est parfait dans l'affaire ci-dessus rapportée, la solution retenue par le Tribunal emporte difficilement conviction. On peut même dire que l'influence de la diplomatie n'a pas été absente des préoccupations des juges. Car le prétexte lié à la continuation de la personne du *decujus* par le Consul n'empêche pas

---

278 Trib. Civil ST-CALAIS, 26 mai 1955, Rev. Trim. Dr.com. 1955 p.717 ; T.G.I. CHARTRES 14 janv. 1960, Rev. 1960 op. cit..

279 Trib. d'Inst. de CHAUNY, Jug. du 21 Juil. 1964, J.C.P. 1964 IV, éd. Avoués n° 4523, obs. J.A. ; Gaz. Pal. 24-27 Oct. 1964.

280 Voir note n° 221, supra.

281 Tribunal civil SEINE ; 17 mai 1911 Gaz. Pal. 11 oct. 1911.

que ce dernier garde une personnalité juridique propre, différente de celle qu'il est censé continuer.

Dans l'ensemble, les critères dégagés par le droit processuel classique sont intéressants. Ils correspondent à une époque où les tiers n'intervenaient que dans la saisie-arrêt.

Il convient donc d'interroger les auteurs modernes pour voir si la situation a évolué en droit positif.

Paragraphe 2 : La situation du droit positif

Le droit processuel positif n'a pas encore clairement pris la pleine mesure de la situation. Il garde un mutisme inquiétant sur le critère qui rattache la plupart des tiers à l'exécution. Dans la majorité des cas, il renvoie implicitement aux critères classiques élaborés exclusivement pour les tiers saisis. Il convient d'exposer cette situation (I), d'en rechercher les raisons profondes (II) avant d'en faire une critique d'ensemble (III).

I- L'exposé de la situation

Depuis l'entrée en vigueur de l'Acte uniforme n° 6 du 10 avril 1998, doctrine et jurisprudence ont déjà eu à disserter longuement sur le tiers dans les voies d'exécution.[282] Mais les deux sources de droit gardent un silence total et surprenant sur le critère qui distingue les tiers des voies d'exécution des autres tiers qui ne le sont pas.

Comment expliquer cette attitude ?

Est-ce à dire que pour le droit contemporain, la recherche du critère qui rattache le tiers à l'exécution n'est pas nécessaire ? On ne peut répondre par l'affirmative que si l'on estime que la notion de tiers est connue de tout le monde. Et surtout, si l'on assimile le tiers visé par l'article 38 de l'AUPSRVE au seul tiers de la saisie-arrêt. Ou enfin à celui du droit des obligations[283]. Cette attitude peut aussi s'expliquer

---

[282] BIBOUM BIKAY (F), Th., Op. cit., p. 26 ; NKOU MVONDO (P), art. Op. cit., p. 26

[283] ASSI-ESSO (A.M), Commentaire de l'Acte Uniforme du 10/04/1998, Code vert, op. cit., p. 18

par la croyance erronée, à l'instar de celle de la CCJA, selon laquelle le tiers est n'importe quel étranger à l'exécution[284].

Doit-on au contraire retenir que le droit positif renvoie, pour la détermination du tiers dans l'exécution, aux critères dégagés par le droit classique ? Tout porte à le croire.

La jurisprudence des cours et tribunaux communautaires et plus spécialement celle de la CCJA le confirme. L'ensemble des décisions rendues par ces juridictions laisse penser qu'il suffit de rappeler les critères du tiers saisi pour rendre compte de la définition des tiers de l'article 38 de l'AUPSRVE. Surtout, lorsqu'on veut les distinguer des autres tiers[285].

Cette façon de procéder surprend énormément. Pour mieux saisir le maintien par la pratique jurisprudentielle de l'ohada de la philosophie classique, il faut revisiter la position du droit civil au sujet des tiers.

II- Les raisons d'être du renvoi implicite aux critères classiques

Un examen attentif des manuels de droit privé permet de constater que le tiers n'a pas toujours été au centre des préoccupations des juristes civilistes.

---

[284] CCJA, 2e Ch., arrêt n° 006/2006 DU 09 mars 2006 Sté INDUS-CHIMIE c/ Dame MRP et autres, ohadata— J-13.

[285] CCJA, Arrêt n° 008 /2002 du 21 mars 2002, Sté PALMAFRIQUE c/ Etienne KONAN BALLY KOUAKOU Rec. n° spécial janvier 2003 p.49 ; CCJA, Arrêt n° 009/2005 du 27 Janv. 2005 Sté AFROCOM C. I. c/ CITIBANK Rec. N° 5 Janv.-Juin 2005 p. 56 ; C.A Centre (Cameroun), Arrêt n° 389/ Civ. Du 03 août 2011 NZEUSSE Léopold c/ YANG MANG DAISSALA, inédit. ; CCJA, arrêt n° 011/2003 DU 19 juin 2003 Murielle Corine Christel KOFFI et autre c/ Sté LOTENY TELECOM… Sté PALMAFRIQUE….. ; CCJA, arrêt n° 025/2005 du 07 avril 2005 SONAR c/ PAPME ; C.A. du CENTRE (Cameroun), Arrêt n° 137/Civ du 26 Mars 2010, Union Bank of Cameroon (UBC) s.a. CITIBANK CAMEROON s.a. ; CCEC c/ ESSINDI Jean Bosco (inédit) ; T.G.I. MFOUNDI Yaoundé, Jugement civil n° 305 du 14 février 2001, C.N.P.S. et autres c/ STANDARD CHARTERED BANK, inédit ; C.A. du CENTRE (Cameroun), Arrêt n° 167/Civ du 18 avril 2008, BICEC c/ Maître DEFFO (inédit) ; C.A. du CENTRE (Cameroun), Ord. N° 45/Civ. du 1er février 2008 BAMELA ZAMBO Josué c/ AFRILAND FIRST BANK et autres ; C.A. du CENTRE (Cameroun), Arrêt n° 207/Civ. du 10 mars 2000 SCB— CL c/ MINREST (inédit) ; C.A. du CENTRE (Cameroun), Ord. N° 127/CED/08. du 12 septembre 2008, ATANGANA BELINGA Charles c/ CHE Emmanuel NKWAH.

Les auteurs dans leur très grande majorité se bornent souvent à dire ce que les tiers ne sont pas en général[286]. Ils ne cherchent pas à savoir ce qu'ils sont ou ce qu'ils peuvent être appelés à devenir. D'où la définition négative et étriquée qu'on retrouve généralement dans presque tous les manuels de droit. Les tiers, selon les auteurs civilistes, ne sont pas les parties[287]. Une telle manière de voir signifie clairement que pour le droit classique, on ne peut imaginer une catégorie de personnes qu'on appelle tiers, sans faire référence aux parties à la base. Les parties à un acte, à une convention ou à une procédure sont donc ici, selon le droit classique, l'instrument de mesure et d'appréciation de l'existence des tiers.

La raison fondamentale qui explique l'absence d'intérêt de la doctrine pour cette notion est évidente, tant en procédure qu'en droit civil fondamental.

D'abord, le droit civil général ne connaît pas les tiers. Il s'intéresse exclusivement aux personnes[288] qu'il subdivise en deux catégories : les personnes physiques, d'une part ; les personnes morales, d'autre part[289].

Ensuite, le droit des obligations qui en fait référence, n'en parle que pour les écarter ou non du champ des contrats[290] et de celui des voies

---

286 TERRE (F), SIMLER (Ph) et LEQUETTE (Y), Droit civil, Les obligations, 11e éd. DALLOZ, 2013 p.547 n° 490 et s. ; GHESTIN (J) JAMIN et BILLIAU n° 730 ; STARCK (B), ROLAND (H) et BOYER (L), *Obligations 2. Contrat*, LITEC, 1995, n° 1257 et s., p. 520.

287 C'est l'application pure et simple du principe de la relativité du contrat TERRE (F), SIMLER (Ph) et LEQUETTE (Y), *Droit civil, Les obligations*, op. cit., p. 34, n° 26.

288 Voir ouvrages dr. Civil, not. COLIN et CAPITANT par JULLIOT DE LA MORANDIERE, Droit civil, T.I p. 44 n° 54 et s. n° 594 p. 353 ; MARTY (G) et RAYNAUD (P), Droit civil, 3e éd., Les personnes n° 1, CARBONNIER (J), Droit civil T. 1 les personnes, P.U.F. ; TCHAKOUA (J.M.), *Introduction générale au droit Camerounais*, coll. « Apprendre », Presses de l'UCAC, 2008, n° 206, p.180, not,. n° 355, p. 280.

289 MARTY (G) et RAYNAUD (P), Droit civil, 3e éd. Sirey. COLIN et CAPITANT par JULLIOT DE LA MORANDIERE, Droit civil, n° 594 p. 353. ; CONSTANS (L), *Le dualisme de la notion de personne morale administrative en droit français*, Th. Bordeaux 1964 Dalloz 1966 préface J.M. AUBY. TCHAKOUA (J.M.), Introduction générale au droit Camerounais, coll. « Apprendre ».

290 TERRE (F), SIMLER (Ph) et LEQUETTE (Y), Droit civil, *Les obligations*, GHESTIN (J) JAMIN et BILLIAU, op. cit. n° 319 ; STARCK (B), ROLAND (H) et BOYER (L), *Obligations 2. Contrat*, LITEC, 1995, p. 519 n° 1252 et s.

d'exécution.[291] Dans l'ensemble, le Code civil de 1804 est resté fidèle à la tradition romaniste[292] présentée par la doctrine comme *« le lieu des relations interindividuelles égalitaires construites autour de l'article 1134 »* [293] . C'est la raison pour laquelle la codification napoléonienne ne fait cas des tiers que dans deux hypothèses. Premièrement, lorsqu'il s'agit de leur reconnaître une protection passive édictée par l'article 1165 du Code civil. Secondement, lorsqu'il faut leur accorder des garanties contre les conséquences d'une convention à laquelle ils sont étrangers [294] . En réalité, les tiers n'intéressent réellement le droit civil classique que dans trois cas : d'abord, lorsqu'on s'intéresse au rayonnement du contrat ; ensuite, lorsqu'il est question, dans des cas cliniques, de sanctionner une collusion ; et enfin, lorsqu'il est question de priver d'effets, une fraude les impliquant[295].

Puisque les conventions légalement formées tiennent lieu de lois à ceux qui les ont faites, édicte l'article 1134 du Code civil, on conclut immédiatement que ceux qui n'ont participé ni aux pourparlers ni à la conclusion matérielle du contrat ou qui n'y ont pas été représentés sont des tiers[296].

On reconnaît ici la solution célèbre de l'article 1165 du Code civil traditionnellement exprimée par l'adage romain *res inter alios acta*[297].

---

[291] E. CONSTANTIN A. STEANOVIH et M. Eugène A. BARASH, « Chose jugée et état civil », *RTDCIV.*, 1934, p. 545 et s.

[292] GHESTIN (J) et GOUBEAUX(G), *Traité de droit civil, Introduction générale* (sous la direction de Jacques GHESTIN), p. 91, n° 131 et s.

[293] M. LAVIALLE (Chr.), *L'évolution de la conception de la décision exécutoire en droit administratif français,* préface Paul COUZINET, L.G.D.J., p. 20.

[294] C'est la règle de la relativité de l'article 1165 du Code civil.

[295] V. not. GINOSSAR (S), *Liberté contractuelle et respect des droits des tiers : Émergence du délit civil de fraude*, LGDJ, 1963, pp. 12 et 13 (fraude paulienne).

[296] Contra AKAM AKAM (A), in *Requiem pour les groupes de contrats : Vues sur le renouvellement avorté de la théorie de la relativité des conventions*, op. cit. p. 19. L'auteur assimile certains tiers aux contractants extrêmes ; Sur la notion de contractants extrêmes, voir not. TERRE (F), SIMLER (Ph) et LEQUETTE (Y), Droit civil, *Les obligations*, 11e éd., DALLOZ, 2013, p.562, n° 503 et s.
GHESTIN, avec le concours de JAMIN (Ch.) et BILLIAU (M), p.382, n° 329 et s. in *Traité de droit civil* (sous la direction de Jacques GHESTIN, *Les effets du contrat,* 2e éd.

[297] L'adage ne signifie pas que les conventions ne pourront pas exercer une influence sur les tiers. Il veut tout simplement dire que les conventions ne peuvent pas faire naître des droits ou des obligations à l'encontre ou au profit des tiers v. art. 1121 du C. Civ. encore faut-il s'entendre sur la notion de tiers ; voir sur ce point, AKAM

Le droit processuel civil ne fait que reprendre la même philosophie. *« La chose jugée, écrit PLANIOL, est soumise à une relativité analogue à celle déjà signalée à propos des contrats. Il s'en suit que l'exception de chose jugée au moyen de laquelle les particuliers font respecter l'autorité ou la présomption de vérité que la loi attache aux jugements, ne peut être utilisée qu'au profit d'une personne ayant été partie au procès, ou à celle qui est l'ayant-cause de l'une des parties, contre une partie ou un ayant cause d'une partie... »*[298]. C'est toute l'économie de l'article 1351 du Code civil qui consacre en procédure, la relativité de la chose jugée, et qui tire sa vitalité de l'adage romain *« res inter alios judicata »*[299].

En dehors des précisions qu'elle apporte utilement sur la définition du tiers saisi, le droit processuel classique ne cherche pas à savoir si la notion de tiers dont il est question dans les voies d'exécution ohada est plus large que celle du tiers saisi. C'est la raison pour laquelle ces thèses ne peuvent échapper à la critique.

Paragraphe 3 : Examen critique des critères en présence

Malgré l'immense richesse que recèlent les différents courants doctrinaux ci-dessus exposés sur le plan du droit civil, aucune n'est entièrement secourable pour la détermination du tiers dans les voies d'exécution.

D'abord, parce que la thèse classique en matière d'exécution ne connaît que le tiers saisi qu'elle distingue des *penitus extranei*. Elle ignore totalement le tiers requis et les autres tiers qui peuvent apporter spontanément et ponctuellement leurs concours à l'exécution. C'est pour cela qu'elle n'est pas satisfaisante et se révèle extrêmement limitée.

La thèse contemporaine de son côté, séduit à première lecture. Mais on se rend très rapidement compte qu'elle est aussi limitée que la première. Parce qu'elle porte exclusivement sur les tiers qu'on

---

AKAM (A), op. cit., p. 77 ; TERRE (F), SIMLER (Ph) et LEQUETTE (Y), *Droit civil, Les obligations*, op. cit., p. 10

298 PLANIOL, Traité élémentaire n° 54 et s. cité par E. CONSTANTIN A. STEANOVIH et M E. A. BARASH, *RTDCIV*, 1934, p. 545 et s.

299 Voir PLANIOL, Traité élémentaire T1 n° 445 ; JOSSERAND, Cours de droit civil français, T. 1 n° 1315 et s

rencontre dans les contrats et plus précisément sur les effets[300] ou l'opposabilité[301] du contrat. Par conséquent, elle ne peut être l'objet des principales préoccupations de la présente recherche.

L'unique avantage que cette seconde thèse offre, relativement au sujet qui nous intéresse, c'est qu'elle joue le rôle d'une transition, entre la thèse classique qui ne s'intéresse qu'aux critères applicables aux tiers saisis, et celle qui ouvre grandement les portes aux axes nouveaux de recherches.

Il faut donc, abandonnant les positions étriquées de ces deux courants, proposer un critère de rattachement qui va permettre de donner une définition globale et un contenu au terme tiers visé par l'article 38 de l'Acte uniforme du 10 avril 1998.

Section 2 : le critère proposé : *La collaboration occasionnelle*

Par nature et par définition, les personnes de droit privé ne font pas partie du personnel du service public. Elles peuvent néanmoins s'associer à une mission d'intérêt général s'il existe entre elles et le service public, un lien de droit. Ce lien peut naître d'un acte juridique. C'est l'exemple du contrat administratif[302]. La relation peut aussi découler d'un fait juridique. C'est le cas d'un particulier qui se mêle à l'exécution d'une activité de service public, soit spontanément ; soit lorsque la loi ou l'autorité publique le lui demande expressément. Dans tous ces cas, l'intervention des particuliers dans les affaires publiques

---

[300] V. GHESTIN (J) avec le concours de JAMIN (Chr) et BILLIAU (M), « Les effets du contrat », 2e éd. In *Traité de droit civil*, sous la direction de Jacques GHESTIN, L.G.D.J. 1994 ; TERRE, SIMLER et LEQUETTE, les obligations, DALLOZ, 5e éd. 1993 n° 565. G ; VINEY, *La responsabilité* : n° 209 et s. conditions, *Traité de droit civil*, sous la direction de J. GHESTIN, op. cit. GHESTIN (J) et GOUBEAUX (G), Introduction générale n° 219 qui critiquent la confusion souvent entretenue entre les notions d'obligation et d'opposabilité. ; J. FLOUR et J. AUBERT, Les obligations, vol ; 1 n° 16

[301] GHESTIN (J) et GOUBEAUX (G), Introduction générale, n° 219, Traité de droit civil, op.cit., 2è éd. LGDJ, 1983 ; FLOUR (J) et AUBERT (J.L.), les obligations, vol. 1, n° 16.

[302] CHAPUS (R), Droit administratif général, t. 1, 5e éd., MONTCHRESTIEN, n° 603 Le contrat a un caractère administratif, si une personne publique en est partie C.E., 18 Déc. 1936 Prade D. 1938.3.70 note P.L.J. Il en est autrement pour les contrats entre les services publics industriels et leurs usagers. Ces derniers sont toujours des contrats de droit privé, CHAPUS (R), op. cit. n° 605.

est subordonnée à l'existence d'une collaboration permanente ou occasionnelle.

La collaboration est donc le critère de rattachement des tiers ou plus précisément des particuliers à tout service public. L'exécution, service public de la justice par excellence, ne déroge pas à cette règle.

On doit nécessairement recourir au droit administratif, lorsqu'on recherche une définition du tiers qui intervient dans quelque service public que ce soit. Parce que le droit administratif est la discipline qui s'occupe à titre principal des relations qui naissent entre l'Administration et les particuliers, personnes de droit privé (*sous-section 1*). Mais compte tenu du caractère essentiellement éphémère de la relation qui s'installe entre ces particuliers et le service public dont relève l'activité, on doit pouvoir admettre aussi qu'il s'agit d'une relation de circonstance (*sous-section 2*). Parce qu'elle n'est pas faite pour durer. C'est le propre de toute collaboration occasionnelle.

Sous-section 1 : Le collaborateur occasionnel, une notion d'emprunt au droit Administratif

La notion de collaborateur occasionnel est totalement ignorée de la théorie générale du droit privé. Il faut recourir au droit administratif pour retrouver ce concept et sa définition [303] (Paragraphe 1). On s'intéressera par la suite à l'évolution jurisprudentielle relative à cette construction d'origine prétorienne (Paragraphe 2).

Paragraphe 1 : La définition du collaborateur occasionnel en droit administratif

Le collaborateur occasionnel du service public est traditionnellement défini comme *« une personne qui exerce exceptionnellement et ponctuellement les compétences du service public sans en avoir la qualité »*[304]. Il ne fait partie ni du personnel de l'administration (titulaire

---

[303] Les voies d'exécution, on l'a déjà souligné, sont une matière pluridisciplinaire V. op. cit. ; adde RIVERO (J), qui reconnaît que *« la pluridisciplinarité a depuis 1968, une place officielle dans les statuts des universités... »*, Préface Th. Francis CABALERO, *Essai sur la notion juridique de nuisance*, L.G.D.J., 1981.

[304] AMSELEK (P), la détermination des personnes morales responsables, in Études de droit public sous la direction de Jean RIVERO, éd. CUJAS, 1964, p. 289 et s.

ou non)[305] ni de l'assistance technique extérieure à laquelle l'État a souvent recours[306]. Ce sont pour la plupart, déclare le professeur Marc DEBENE, de simples *« citoyens qui participent à l'exécution du service public à titre temporaire »*[307].

Même s'ils sont assimilés aux agents publics (I), cette assimilation a été bien circonscrite par la jurisprudence administrative (II).

I- Une assimilation aux agents publics

L'assimilation des collaborateurs occasionnels aux agents du service public a commencé en droit français avant d'être transposée dans le droit des pays africains issu de la colonisation. Il convient de distinguer les deux courants jurisprudentiels.

A- En droit français

L'assimilation des simples particuliers aux agents du service public, aussi éphémère soit-elle, n'a pas été décidée d'un trait de plume. Deux raisons expliquent cette situation. D'abord, parce que la notion de collaborateur occasionnel ou bénévole a eu de la peine à se faire une place en droit positif administratif. Ensuite, parce que la relation entre les particuliers et le service public est apparue comme une simple situation de fait[308], inconnue du droit à l'origine. Après avoir exposé les difficultés liées à l'émergence de cette notion (1), on s'intéressera à la faible influence du droit privé sur cette assimilation (2).

1- Les difficultés d'une émergence

En France, la notion de collaborateur occasionnel est d'abord apparue comme une situation de fait, très embarrassante pour le droit. Elle n'a été consacrée par la jurisprudence administrative qu'après une longue période d'hésitation (a). Ce qui signifie en clair que son accouchement a été lent et laborieux. À ce niveau, la doctrine publiciste a joué un rôle déterminant (b).

---

[305] CHAPUS (R), *Droit administratif général*, T. 2, 8e édition, Montchrestien, 1995, n° 12, p. 16.

[306] Voir, droit des relations internationales.

[307] DEBENE (M), « Introduction au droit de la fonction publique », *Encyclopédie juridique de l'Afrique*, Tome 8 Les nouvelles éditions africaines, 1982, p. 374 et s.

[308] Sur les situations de fait, voir not. NOIREL (J), in « Le droit civil contemporain et les situations de fait », *RTDciv.*, 1959, p. 456 ;

a- Les hésitations des tribunaux administratifs à accepter l'existence de collaborateurs occasionnels dans les services publics

Pendant toute la première moitié du XXe siècle, les tiers n'ont pas eu la possibilité de faire réparer par l'État, les dommages dont ils étaient victimes, à l'occasion de leur participation ponctuelle ou spontanée à une œuvre de service public, pour deux raisons au moins.

D'abord, la recevabilité des actions de ces particuliers a été âprement discutée devant le juge administratif.

Les techniques de recrutement du personnel de la fonction publique étant très différentes de celles qui gouvernent l'embauche dans le secteur privé[309], il n'était pas possible de se prévaloir des mécanismes de droit privé, pour avoir le statut de collaborateur du service public[310].

Cette réalité indiscutable, renforcée par une interprétation exégétique des textes de la fonction publique, a conduit la doctrine et la jurisprudence classiques, à refuser d'admettre que les particuliers, sans lien aucun avec l'administration à l'origine, pouvaient du simple fait de leur participation à une activité d'intérêt général réclamer à leur profit le bénéfice du régime de la réparation élaboré exclusivement pour les agents publics.

Ainsi, avant 1924, l'irrecevabilité des recours en responsabilité engagés par les tiers contre l'administration du fait de leur participation à une activité d'intérêt général est totale. La solution contraire ne pouvait être admise que lorsqu'il y a à la base de l'intervention, une sollicitation expresse ou un mandat[311]. La doctrine de l'époque a largement approuvé cette position de la jurisprudence.

b- Les avis tranchés d'une partie de la doctrine

Un courant doctrinal particulièrement bien avisé a indirectement approuvé l'irrecevabilité devant les juridictions administratives des actions en réparation formées par les particuliers, sans aucun rapport avec l'administration.

---

309 SAINT- JOURS (Y), « La pénétration du droit du travail dans la fonction publique », in *Études offertes à G.H. CARMELYNCK*, DALLOZ, 1978, p. 231s.

310 LYON CAEN (G), PELLISSIER (J), SUPIOT (A), *Droit du travail*, précis DALLOZ, 18e éd., p. 216.

311 AMSELEK (P), La détermination des personnes morales responsables, op. cit., p. 289.

Pour Bernard GENY qui a consacré sa thèse de doctorat aux relations entre l'État et les particuliers, le droit public est un droit des personnes inégales. L'État en tant que puissance publique ordonne ; le particulier *« obéit à un commandement et se plie à une discipline qui lui impose, dans l'intérêt de tous, des sacrifices »*[312]. Cette situation explique donc, selon cet auteur, l'impossibilité d'une collaboration entre l'État, institution qui revêt tous les attributs de commandement et le particulier.[313] Elle ne favorise pas la prise en compte par l'État, des dommages subis par les particuliers participants de leur propre chef à une œuvre d'intérêt général.

Intervenant dans ce débat d'une très grande sensibilité, le professeur LAVROFF [314], sans méconnaître l'intérêt social de l'action des particuliers, affirme que juridiquement, le collaborateur bénévole n'est rien d'autre qu'*« un curieux voire un gêneur qui s'immisce sans titre dans la fonction publique »*[315].

Une telle position qui ne favorise pas la prise en charge par l'État du préjudice subi par les tiers collaborateurs occasionnels ou bénévoles a été contestée par le professeur DEBENE.[316]

Dans un premier temps cependant, le mépris affiché contre les collaborateurs bénévoles a beaucoup influencé la conduite des juges qui tenaient pour illicite toute immixtion de ces particuliers dans le service public. Il a contribué à la radicalisation de la jurisprudence administrative jusqu'en 1942[317].

2- La faible influence du droit privé sur la pratique du droit administratif

Le souci d'originalité du droit public par rapport au droit privé a conduit le Conseil d'État à refuser de s'inspirer des procédés du droit privé, pour trancher les litiges impliquant les tiers qui participent spontanément à une activité d'intérêt général.

---

[312] GENY (B.), *La collaboration des particuliers avec l'administration*, Th. Nancy, 1930 p. 2.

[313] GENY (B.), op. cit., p. 83

[314] LAVROFF (D.G.), le collaborateur bénévole de l'administration, *AJDA*, 1959,. I. 121

[315] LAVROFF (D.G.), op. cit., p. 83

[316] DEBENE (M), Introduction au droit de la fonction publique, *Encyclopédie juridique de l'Afrique*, 1982, Tome 8, p. 374 et s

[317] Voir infra, note n° 488.

On sait qu'en droit privé le recours à la technique de la gestion d'affaires peut être secourable pour trancher les difficultés liées à l'absence d'un lien juridique préalable entre deux personnes étrangères dont l'une s'occupe des affaires de l'autre, sans qu'il y ait un accord préalable à la base. Ce procédé juridique qui est défini comme « le fait pour une personne appelée gérant, d'accomplir les actes d'administration dans l'intérêt d'un tiers, le gère sans que ce dernier l'en ait chargé et en dehors de tout pouvoir légal ou judiciaire » fait naître entre le gérant et le maître de l'affaire, des rapports juridiques comparables à ceux du mandat. Ceux-ci se révèlent parfois plus larges[318]. Tout se passe en fait, comme s'il avait existé entre ces personnes qui s'ignorent, une convention à la base[319]. Il est d'ailleurs unanimement acquis depuis très longtemps, tant en doctrine qu'en jurisprudence, que la gestion d'affaires est parfaite, même si le maître de l'affaire n'est pas préalablement au courant de l'intervention du tiers, pourvu que l'action de ce dernier soit initiée au profit du premier[320]. Ainsi, aux termes de l'article 1375 du Code civil, *« le maître de l'affaire doit remplir les engagements que le gérant a contactés en son nom, l'indemniser de tous les engagements personnels qu'il a pris et lui rembourser toutes les dépenses utiles ou nécessaires qu'il a faites »*[321].

Cette solution du droit privé qui permet de résoudre les problèmes liés aux débours et aux responsabilités qui peuvent découler de l'action du gérant d'affaires n'a pas été consacrée par la jurisprudence administrative française en général, encore moins par celle des droits africains.

---

318 GUINCHARD (S) et DEBARD (Th.), *Lexique des termes juridiques* (sous la direction de), op.cit. p. 515. V. aussi, les articles 1372 al.2 C. Civ. ;

319 RIOU, L'acte de dévouement, RTD Civ. 1957.245. ; TERRE (F), SIMLER (Ph.) et LEQUETTE (Y), Droit civil, Les obligations, précis DALLOZ op. cit. p. 848 n° 801 et s.

320 R. BOUT, la gestion d'affaires en droit français contemporain, Th. Aix Marseille, LGDJ 1972 préface KAYSER ; GORE (F), Le fondement de la gestion d'affaires source autonome et générale d'obligation, D. 1953 Chr. 39 et s, RIOU, l'acte de dévouement, RTDr.civ., op. cit., p. 245 et s.

321 TERRE (F), SIMLER (Ph.) et LEQUETTE (Y), *Droit civil, Les obligations*, précis Dalloz, 11e éd. 2013 p. 1089 n° 1031 et s. GORE (F), « Le fondement de la gestion d'affaires, source autonome et générale » d'obligations D. 1953 Chr. p. 39. DE LACOUR, La gestion d'affaires en droit administratif, D. 1999 Chr. p. 295 ; PICARD, « La gestion d'affaires dans la jurisprudence contemporaine », *RTD civ.*, 1922, p. 25 ; R. BOUT, *La gestion d'affaires en droit français contemporain*, Thèse, Aix, 1972.

B- En droit administratif africain

On ne peut pas dire avec exactitude, à quel moment la notion de collaborateur occasionnel est apparue dans la littérature juridique africaine[322]. Les textes adoptés par les jeunes États africains au moment de la mise en place d'une fonction publique autonome, détachée de celle de la puissance colonisatrice, sont muets sur ce point.

La jurisprudence africaine sur la collaboration occasionnelle, si elle existe, est inédite. On a parfois l'impression que la référence à cette notion renvoie à une catégorie particulière de participants au service public : les assistants techniques étrangers. Or, ce genre d'assistance qui est le fruit d'une coopération interétatique[323] est étranger au débat qui nous préoccupe. Il n'entretient aucun lien de parenté avec la grande masse des individus qui se mêlent ponctuellement ou bénévolement à une activité d'intérêt général.

Sur le plan matériel cependant, il est curieux de constater que les administrations africaines n'hésitent pas à faire appel aux particuliers pour l'exécution d'innombrables tâches d'utilité publique[324]. Il suffit de penser aux journées nationales, instituées par l'administration dans beaucoup de pays africains. Généralement, à des fins de salubrité publique[325].

Rares sont d'ailleurs les législations qui ont conscience que tout préjudice subi par ces personnes anonymes qui s'associent spontanément ou sur réquisition à une œuvre d'intérêt général, peuvent revendiquer le statut qui leur permet, d'être assimilés, ne fut-ce que provisoirement, aux agents publics[326].

On peut donc comprendre pourquoi il était difficile, dans un premier temps, d'opérer un rapprochement, entre les tiers des voies d'exécution en Afrique et ceux du droit administratif. Même YOUSSOUFA

---

322 ONDOA (M), qui enseigne aussi qu'en Afrique la notion de collaborateur occasionnel a une source prétorienne, in « Le droit de la responsabilité publique dans les États en développement », op. cit., p. 551.

323 Renvoi aux disciplines de sciences politiques.

324 DEBENE (M), introduction au droit de la fonction publique, Encyclopédie juridique de l'Afrique, op. cit., Tome 8 P. 374 et s. ; dans le même sens, on doit se souvenir que dans nos arrondissements, du moins en ce qui concerne le Cameroun, les autorités publiques ont toujours organisé des journées, dites de *« l'investissement humain »*.

325 Ex. GABON. (Réseaux sociaux).

326Comp. ONDOA (M), op.cit., p. 550 et s.

NDIAYE qui est l'un des rares auteurs africains à avoir apporté une contribution décisive à la vulgarisation des voies d'exécution africaine n'a pas cru devoir donner une définition générale du tiers en cette matière. Dans l'importante recherche qu'il fait pour le compte de l'encyclopédie juridique de l'Afrique, il ne s'intéresse qu'aux conditions d'existence du tiers saisi[327].

Devant cette vérité matérielle, il ne faut pas s'attendre à rencontrer une définition spécifique du tiers, collaborateur occasionnel du service public dans les droits africains, avant 1998[328].

Une telle affirmation n'est-elle pas quelque peu exagérée ? On peut le penser.

Le droit applicable dans les pays africains n'est pas né avec les indépendances.[329]À côté du droit traditionnel, un système juridique dit du droit écrit a été mis en place dans les différentes législations africaines, dès la pénétration occidentale en Afrique[330]. Il continue de produire ses effets, en l'absence d'une rupture totale et brutale avec le système colonial. Cette réalité a souvent été rappelée.

Tous les pays africains, spécialement ceux anciennement colonisés par la France ou la Belgique, ont opté pour la continuité avec le droit étranger. *« Sans méconnaître que la colonisation a revêtu le caractère d'une pénétration douloureuse, voire d'un viol, déclare le professeur GONIDEC[331], certains Africains pensent aussi qu'elle a apporté des valeurs, qu'il serait regrettable de rejeter dans le néant. »*[332]. Ainsi, optant pour la continuité, les pays africains ont abondamment fait usage de ce que le professeur RENÉ DAVID appelle, *« la loi d'imitation »*[333]. Il n'est donc pas excessif de reconnaître que *« nulle part (en Afrique),*

---

327 YOUSSOUFA NDIAYE, la saisie-arrêt ou opposition, in Encyclopédie juridique de l'Afrique, op. cit., T.4 p. 263.

328 Date de l'entrée en vigueur de l'Acte uniforme sur les procédures simplifiées de recouvrement et des voies d'exécution.

329 TIMSIT (G.), « Éléments pour une analyse des systèmes d'administration publique : le cas de l'administration de développement », in *Recueil d'Études en hommage à Charles. EINSENMANN*, éd. CUJAS, 1975 p. 157.

330 GONIDEC (P. F), in les droits africains, LGDJ, 2e éd., 1976, p. 34

331 GONIDEC (P. F), in les droits africains, op. cit., p. 87

332 GONIDEC (P. F), in les droits africains, op. cit., p. 34.

333 RENÉ DAVID, cité par RODIERE (R), *Introduction au droit comparé*, précis DALLOZ, 1979 p. 11, lui-même inspiré par Gabriel TARDE, *Les lois de l'imitation*, 1890.

les droits européens n'ont été purement et simplement abrogés d'un trait de plume »[334]. Les constitutions de la plupart des jeunes États africains n'ont pas manqué de rappeler cette réalité historique[335].

Au Gabon, par exemple, une haute juridiction a solennellement déclaré en 1963, que : *« l'indépendance du Gabon n'a pas pour conséquence, de remettre en cause les textes promulgués lors de la souveraineté française, mais de les nationaliser au sens gabonais du terme »*[336].

C'est la raison pour laquelle certains auteurs, comme le professeur Gérard TIMSIT, refusent d'admettre que le droit africain est un droit nouveau. Si les états africains, affirme ce dernier, sont *« des États jeunes sur le plan politique, ils ne sont cependant pas des États neufs »* sur le plan juridique[337].

Par conséquent, on doit pouvoir reconnaître que l'essentiel du droit colonial a été intégré officiellement ou implicitement, par la volonté des législateurs africains, dans beaucoup de systèmes juridiques africains.

L'application de cet ensemble de solutions doit conduire à dire, en ce qui concerne le point qui nous intéresse, que tout ce qui a été écrit sur les collaborateurs occasionnels dans le contexte français de l'époque est censé avoir aussi été écrit pour les pays africains, encore sous domination française ou belge[338].

Roger DECOTTIGNIES exprime clairement cette réalité incontournable. Il est d'ailleurs parmi ceux qui, les premiers, ont découvert cette volonté d'assimilation par les Africains, des systèmes juridiques d'outre-mer[339]. Sollicité pour son expertise à rédiger le code des obligations sénégalais, cet auteur découvre que c'est à travers les droits européens que les États africains trouvent leur inspiration. Il écrit alors, non sans ironie : *« Le plan du code (sénégalais) emprunté aux manuels les plus répandus (du droit français) permet de trouver*

---

[334] GONIDEC (P. F), in les droits africains, LGDJ, 2e éd., 1976, p. 36.

[335] Certaines ont même officiellement introduit dans la loi fondamentale, une clause qui maintenait en vigueur, les lois et règlements antérieurement applicables aux territoires.

[336] C.A. du Gabon, 8 janvier 1963, Recueil PENANT, 1963, p. 548.

[337] TIMSIT (G.), éléments pour une analyse des systèmes d'administration publique : le cas de l'administration de développement, op. cit., p. 157.

[338] GONIDEC (P. F), in les droits africains, LGDJ, 2e éd., 1976, p. 41.

[339] RODIERE (R), Introduction au droit comparé, précis DALLOZ 1979, p. 12, n° 6.

aisément la disposition qui intéresse le lecteur, en même temps que les références de la doctrine (française), susceptibles d'éclairer le sens du texte »[340].

Au vrai, c'est d'une véritable invasion du droit africain par les droits étrangers qu'il s'agit[341]. La technique a été maintes fois constatée et même critiquée. Elle continue curieusement à produire ses effets négatifs jusqu'à ce jour. Elle consiste à opérer en quelques secondes, une simple transposition dans nos droits des notions patiemment élaborées pendant des siècles par ces droits étrangers.

De même, dans des pages restées célèbres qu'il consacre à la réception par les pays africains du droit colonial, le Professeur Joseph-Marie BIPOUN WOUM fait une constatation semblable. Pour cet auteur, la plupart des pays africains, notamment ceux d'expression française ou belge, *« se sont résignés à évoluer sur le plan juridique, dans le sillage de la législation et de la pratique judiciaire des puissances coloniales, en vigueur avant les indépendances »*[342]. Ce point de vue a inspiré tous ceux qui à sa suite, sont aussi convaincus que les droits africains n'ont aucune originalité propre.

P.-F. GONIDEC va encore plus loin. Il relève pour sa part qu'il n'existe pas techniquement parlant des droits purement africains. Essentiellement, parce qu'on n'est plus en présence des droits, *« créés uniquement par les Africains et pour les Africains, évoluant selon les nécessités purement africaines »*[343].

---

[340] DECOTTIGNIES (R), Réflexions sur le projet du code sénégalais des obligations, AA 1962 I, p. 178, cité par GONIDEC (P. F), in les droits africains, LGDJ, 2e éd., 1976, p. 41

[341] RODIERE (R), Introduction au droit comparé, précis Dalloz 1979, p. 12, n° 7. Cet auteur se référant lui-même à G.HARDY a clairement mis en relief, à la page 13 de son ouvrage, que la plus grande « caractéristique du colonialisme français (c'est d'avoir) tenté de faire pénétrer notre droit (le droit français) dans le système juridique des droits africains. *« souvent, déclare l'auteur, un compromis s'est établi : le statut des personnes est resté celui des peuples autochtones ; pour le droit réel, le droit de la terre, les Français ont eu tendance à introduire leur propre conception »*.

[342] BIPOUM WOUM (J.-M.), Recherches sur les aspects actuels de la réception du droit administratif dans les États d'Afrique noire d'expression française : le cas du Cameroun, RJPIC, 1973 ; 3 Juil.-Sept., p. 366, cité par De GAUDUSSON (J. de B.), in les Cours suprêmes en Afrique III la jurisprudence administrative sous la direction de Gérard CONAC et Jean du Bois de GAUDUSSON, ÉCONOMICA, p. 2.

[343] GONIDEC (P. F), in les droits africains, évolution et sources, op.cit., p. 17 et s.

Au regard de tous ces points de vue que nous approuvons entièrement, il faut se garder, lorsqu'on parle du droit comparé africain, de viser le droit français ou belge avant les indépendances. Dans la majorité des cas, celui-ci fait partie intégrante des systèmes juridiques et judiciaires africains. Ayant donc été librement adopté, il ne saurait être considéré comme un droit étranger. D'où l'intérêt de revisiter les solutions françaises avant les indépendances africaines, lorsqu'on veut être fixé sur certaines définitions, comme celle du collaborateur occasionnel.

II- Une assimilation patiemment élaborée par la jurisprudence française

Avant d'examiner les contours de l'assimilation tracés par les arrêts Cames (1), Faure et Commune-de-st-priest-la-plaine (B), il faut d'abord s'intéresser à l'évolution réaliste de la jurisprudence du Conseil d'État (A).

A- L'évolution réaliste de la jurisprudence du Conseil d'État

Deux périodes ont marqué l'évolution de la jurisprudence du Conseil d'État et des tribunaux administratifs. Elles se situent avant (1) et après (2) l'année 1942.

1- Avant 1942 : exigence obligatoire d'une réquisition expresse

Sous le poids des actions des particuliers qui ne cessent de se multiplier à l'époque, le Conseil d'État commence petit à petit à fléchir sa position. Non certes en se référant à la technique civiliste de la gestion d'affaires, mais selon ses moyens propres.

Dans un premier temps, la haute juridiction administrative admet très timidement la recevabilité du recours des tiers, dès lors qu'il est établi qu'il y a eu à la base de l'intervention en cause, une réquisition des pouvoirs publics[344].

2- Depuis 1942

C'est en 1942 que le juge administratif admet expressément pour la première fois que les conséquences d'un accident causé par un

344 C.E. Sect. 5 mars 1943 CHAVAT, Rec.62 cité par G.A.J.A., p. 382.

particulier requis pour transporter un gendarme doivent être mises à la charge de l'administration[345].

Plusieurs autres décisions, allant toujours dans le sens de l'assouplissement de la rigueur des juges en faveur des particuliers ou des ordres professionnels, vont suivre[346].

C'est en 1945 et 1946, à l'occasion de deux arrêts rendus successivement dans un temps très court, que l'évolution de cette jurisprudence s'achève par une clarification de la position du Conseil d'État sur la responsabilité de l'administration en faveur des collaborateurs occasionnels ou bénévoles. Cette évolution mérite une attention particulière.

On examinera d'abord la solution de l'arrêt Cames (1). Mais la grande précision viendra des arrêts Faure et Commune–de-st-priest-la-plaine (2).

B- La solution de l'arrêt CAMES

Dans un arrêt intervenu en 1895[347], bien connu sous le nom de l'arrêt CAMES, le Conseil d'État consacre pour la première fois la théorie du risque qui oblige l'État à réparer le préjudice subi par des ouvriers d'un établissement sinistré, alors qu'aucune faute n'est reprochée à l'Administration[348].

---

[345] T.C. 24 oct. 1942 HUOT, Rec. 1943 p. 317 ; C.E. 07 Fév. 1925 dame veuve ESPITALIER S. 1927. III. 105 note HAURIOU (M) et plusieurs arrêts postérieurs cités par EMERI (Cl.), op. cit. p. 8, C.E. 15 mai 1935 ; MALATERRE, p. 550 ; équipe des barreurs participant à une fête municipale.

[346] C.E. 26 Janv. 1938, Hospices civils de Strasbourg p. 91, accident causé par une élève infirmière d'un hôpital ; C.E. 9 Nov 1954, dame veuve CHABRIE, p. 889, poursuite d'un malfaiteur par un particulier ; C.E. 22 mars 1957, compagnie d'assurances l'Urbaine et la Seine, p. 200, participation au service de lutte contre l'incendie ; C.E., 14 Janv. 1955, p.1038 dame de BOISHAMONT prisonniers de guerre allemands mis à la disposition d'une commune pour l'exécution des travaux et qui commettent des vols chez les particuliers) adde BOUGUEN C.E. 2/4/1943, Rec. 86. V. M. LONG, WEIL (P), BRAIBANT (G), DELVOLVE (P), GENEVOIS (B), *Les grands arrêts de la jurisprudence administrative*, 18e éd. DALLOZ 2011, p. 338, n° 53.

[347] C.E. 21 Juin 1895, CAMES, Rec. ; 509 concl. ROMIEU ; M. LONG, WEIL (P), BRAIBANT (G), DELVOLVE (P), GENEVOIS (B), op. cit., p. 39 n° 6.

[348] Sur l'exploitation par les différents pays africains de la théorie du risque, voir l'ouvrage fondamental de Monsieur le Doyen ONDOA (M), intitulé : *Le droit de la responsabilité publique dans les États en développement, contribution à l'étude de l'originalité des droits africains postcoloniaux*, éd. L'HARMATTAN, pp. 541 et s.

La haute juridiction administrative fait sienne, en l'espèce, la thèse développée dans ses conclusions par le Commissaire du Gouvernement ROMIEU dans cette affaire. Ce magistrat innove véritablement lorsqu'il invite solennellement les juges à dépasser les considérations liées à la sanction d'une faute en matière de responsabilité administrative pour explorer le terrain de la réparation pour risque professionnel[349].

Le haut magistrat, s'appuyant sur l'idée d'équité et de la responsabilité sociale, déclare ce qui suit : *« Nous estimons quant à nous qu'en l'absence d'un texte qui s'y oppose, la justice veut que l'État soit responsable vis-à-vis de l'ouvrier, des dangers que lui fait courir la coopération au service public »* [350], l'éminent juriste invite expressément le juge à faire œuvre d'originalité, lorsqu'il écrit encore : *« Il appartient au juge administratif d'examiner directement, d'après ses propres lumières, d'après sa conscience et conformément au principe d'équité, quels sont les droits et les obligations réciproques de l'État et de ses ouvriers dans l'exécution des services publics, et notamment si l'État doit garantir ses ouvriers des risques des travaux qu'il leur fait exécuter… Si un accident se produit dans le travail et s'il n'y a pas faute de l'ouvrier, poursuit-il, le service public est responsable et doit indemniser la victime »*[351].

Le doyen VEDEL adopte un point de vue identique. Pour lui aussi, le juge administratif ne peut pas continuer à rechercher la faute, lorsqu'un particulier mêlé à une activité d'intérêt général réclame à l'Administration la réparation d'un préjudice subi. Ce dernier s'expose au risque provoqué par l'activité administrative. Il convient donc d'en tenir compte. À propos de la théorie du risque, il écrit ce qui suit : *« celui qui, à l'occasion d'une activité dont il tire profit, crée un risque de dommages, doit si ce risque se réalise, répondre du dommage causé, car il ne saurait retirer les profits de son activité sans en assumer les*

---

[349] AMSELEK (P), « La responsabilité sans faute des personnes publiques d'après la jurisprudence administrative », in *Recueil d'études en hommage à Charles EINSENMANN*, éd. CUJAS, op. cit., p. 233.
[350] C.E., 21 juin 1895, Rec. 509, Concl. ROMIEU ; COTTERET (J.-M.), « Le régime de la responsabilité pour risques en droit administratif », in *Études de droit public*, sous la direction du Professeur Jean RIVERO, éd. CUJAS, 1964, p. 377
[351] C.E., 21 juin 1895, Rec. 509, Concl. ROMIEU

charges »[352]. On reconnaît ici, la théorie du risque-profit qui correspond à la règle traditionnelle *Ubi emolumentum, ibi et onus esse debet*, qu'on retrouve en droit civil des obligations.

Les auteurs de droit civil ont été grandement influencés par ces enseignements. Exploitant à fond cette théorie du risque à la suite des positions prises par ces éminents publicistes, BORIS STARCK déclare dans sa thèse de doctorat qui a fait sensation, que la théorie du risque profit *« a été imaginée en vue d'une situation spéciale : la responsabilité du patron en cas d'accident du travail dont ses ouvriers ont été victimes... aussi, ajoute l'auteur, il est juste que celui qui a le bénéfice d'une entreprise indemnise ceux qui, sans pouvoir espérer les mêmes profits, sont victimes d'accidents »*[353].

J.P. GILLI de son côté, relève qu'il y a dans l'obligation pour l'État de réparer une responsabilité fondée uniquement sur l'équité.[354] Pour cet auteur, la recherche de la faute du tiers est inutile.

En d'autres termes, et comme l'écrit aussi Paul AMSELEK, *« l'administration doit réparer les dommages subis par tous ceux qui agissent à son service, c'est-à-dire qui exercent ses compétences, sous la seule réserve que cet exercice soit légitime et ne corresponde pas à une immixtion injustifiée ni a fortiori, à une usurpation »*.[355]

Dans l'ensemble, l'administration ne peut refuser de prendre en charge le dommage subi par le tiers participant à une activité d'intérêt général, sans rompre injustement le principe de l'égalité de tous devant les charges publiques, bien fixé en droit administratif[356].

---

[352] VEDEL, Droit adm. p. 258 cité par COTTERET (J.-M.), « Le régime de la responsabilité pour risques en droit administratif », en *Études de droit public*, 1964, op. cit., p. 93

[353] STARCK (B), *Essai d'une théorie générale de la responsabilité civile considérée en sa double fonction de garantie et de peine privée*, thèse, Paris, 1945.

[354] GILLI (J.P), La responsabilité d'équité de la puissance publique, D. 1981 Chr. p. 125.

[355] AMSELEK (P), « La responsabilité sans faute des personnes publiques d'après la jurisprudence administrative », in *Recueil d'études en hommage à Charles EINSENMANN*, éd. CUJAS, op.cit., p. 236.

[356] DEBARD (TH), l'égalité des citoyens devant les charges publiques : fondement incertain de la responsabilité administrative D.S. 1987 Chr. 157 ; RIVERO (J), Dr. Adm. P. 237 cité par COTTERET (J.-M.), le régime de la responsabilité pour risques en droit administratif, op.cit., p. 93

La jurisprudence africaine n'a pas uniformément accueilli le principe de la réparation fondée sur le risque.

Dans son monumental ouvrage sur *« le droit de la responsabilité publique dans les États en développement »*, le Professeur Magloire ONDOA passe en revue les différents systèmes juridiques africains. Si certains pays africains n'hésitent pas à transposer les solutions françaises en matière de responsabilité pour risque, d'autres par contre, -et ce sont les plus nombreux, en limitent le champ d'application. Ce dernier groupe de pays *« aménage au profit de la puissance publique, des espaces de tranquillité et de liberté »*[357]. Dans l'ensemble, l'État en Afrique n'a pas consacré la théorie du risque comme elle a été élaborée en France, en cas de dommage subi par les collaborateurs occasionnels ou bénévoles.

C- Les précisions des arrêts Faure[358] et Commune-de-st-priest-la-plaine[359]

Rendues spécialement au sujet des collaborateurs occasionnels[360] ou bénévoles[361], ces deux décisions sont venues compléter et achever l'évolution jurisprudentielle, commencée avec l'arrêt CAMES. Elles présentent l'avantage de préciser le régime juridique de cette sorte de collaboration afin que cette catégorie particulière de participants à une œuvre d'intérêt général cesse d'apparaître comme des laissés pour compte du droit administratif.

Paragraphe 2 : L'état actuel de la jurisprudence administrative

Après la longue et importante période de réflexion à laquelle les tribunaux administratifs se sont livrés, on est aujourd'hui arrivé à une conclusion satisfaisante. Celle-ci consiste, pour l'essentiel, à dire que les agents de service sont exclus de la collaboration occasionnelle. Seuls les simples particuliers peuvent en réclamer le bénéfice.

Ce rappel de l'évolution de la jurisprudence administrative doit nous conduire à dire que dans l'exécution forcée, les membres du corps judiciaire, notamment, les magistrats et les huissiers de justice ne

---

[357] ONDOA (M.), op. cit., p. 572.
[358] C.E. Ass. 30/11/1945 FAURE, Rec. 245. S. 1946.3.37, note BENOIT
[359] C.E. Ass. 22/11/1946 Commune de St-Priest-La-Plaine, Rec. 279 S. 1947.3.105, note F.D.B ; D. 1 947 375, note BLAEVOET.
[360] Arrêt Faure, op. cit., p. 93
[361] Arrêt Commune-De-St-Priest-La-Plaine, op. cit., p. 93

peuvent en aucun cas, réclamer le statut de collaborateurs occasionnels, du moins, lorsqu'ils interviennent dans les procédures d'exécution forcée à ce titre. Ils appartiennent à la catégorie de personnes exclues (II). Il reste donc à déterminer les véritables personnes qui ont vocation à réclamer cette qualité (I).

I- Les personnes qui ont vocation à avoir la qualité de collaborateurs occasionnels dans les voies d'exécution

En principe, tout le monde a vocation à devenir collaborateur occasionnel d'un service public. Mais pour que le bénéfice de la qualification ne soit pas réclamé par tous ceux qui participent à la réalisation d'une œuvre d'intérêt général sous divers titres, la jurisprudence administrative a pris soin de limiter la portée de l'assimilation. Elle désigne expressément d'un côté, les personnes physiques (A) qui peuvent réclamer la qualité de collaborateurs occasionnels, sans oublier de l'autre, les personnes morales (B).

A- Les personnes physiques

Il s'agit en principe d'une simple transposition dans l'exécution, des solutions élaborées par le droit administratif en la matière. Les collaborateurs occasionnels sont d'abord des simples particuliers (1). Ils doivent être par définition, sans rapport avec le service (2)

1- Les simples particuliers

Dans le sens où nous l'utilisons ici, l'expression « simples particuliers » recouvre aussi bien les individus, personnes physiques que les personnes morales de droit privé. Ils peuvent se trouver mêlés à une activité de service public sans entretenir au préalable, un quelconque rapport juridique avec le service en cause[362].

Dans le cas qui nous intéresse, on peut trouver dans leur rang, les simples tiers saisis ou requis.

---

[362] C.E. 22 mars 1957 Compagnie d'assurances l'Urbaine et la Seine p. 200 qui lutte contre un incendie même si les juges, après avoir jugé qu'elle a qualité pour exercer une compétence publique, a refusé d'engager la responsabilité de la puissance publique. Décision critiquée par AMSELEK (P), op. cit., p. 310.

2- Les particuliers sans rapport préalable avec le service public en cause

Les particuliers qui sont sans rapport avec un service public sont ceux qui n'exercent aucune activité pour le compte du service public. En principe, il s'agit des personnes qui ne sont pas régies par le statut de la fonction publique.

Il convient de leur adjoindre toutes celles qui ne sont liées à l'administration par aucun contrat. Mais, il y a aussi les personnes morales de droit privé. C'est le cas, des sociétés commerciales, des banques et toutes les autres structures de droit privé.

B- Les personnes morales

Toutes les personnes morales aussi bien de droit privé ou de droit public ont vocation à être des collaborateurs occasionnels du service public de l'exécution.

Il convient dans ce cas d'éviter l'amalgame entre les biens personnels des personnes morales de droit public qui bénéficient d'une immunité d'exécution (art. 30 de l'AUPSRVE) et ceux qu'elles détiennent pour le compte d'autrui.

II- Les personnes exclues de la collaboration occasionnelle

La jurisprudence administrative ne se borne pas à exclure uniquement les agents de service (A). Elle refuse aussi d'admettre qu'un bénéficiaire du service public concerné peut prétendre arborer aussi la qualité de collaborateur occasionnel (B).

A- Exclusion des agents du service

On s'intéressera tout d'abord à la notion d'agent de service (1) avant de voir concrètement quels sont les agents qui sont réellement concernés par cette exclusion (2)

1- La notion d'agent du service

On désigne traditionnellement sous le générique d'agent du service public, toute personne qui consacre son activité principale à l'administration en cause. En principe, l'agent public est recruté par l'administration qui l'emploie. Il agit entièrement au nom et pour le compte des pouvoirs publics[363].

---

[363] CHAPUS (R), Dr. Adm. Gén. T. 2 op. cit. p. 19 n° 15 et s.

Au premier rang de ces agents publics se trouvent naturellement, comme il a déjà été signalé[364], les fonctionnaires qui font carrière dans l'Administration en vertu d'un statut spécial de la fonction publique. Ils sont nommés à des emplois publics par l'autorité administrative dont ils dépendent [365]; leurs modalités de recrutement, leur traitement et leurs missions sont dans la plupart des cas, fixés par les textes qui régissent la fonction publique.

Il peut aussi s'agir, dans un second plan, des personnes qui sont liées à l'État par un contrat, pour occuper un emploi rémunéré. Contrairement aux agents titulaires, les agents contractuels sont régis par les règles du droit du travail[366]. Mais dans leurs relations avec l'extérieur, cette catégorie particulière d'agents est aussi assimilée aux agents publics[367].

Le lien juridique qui unit ces différents agents à l'Administration leur fait perdre automatiquement la qualité de tiers par rapport à l'administration[368]. Par voie de conséquence, ils sont exclus du régime de protection de circonstance, mis en place uniquement pour les particuliers qui exercent une compétence publique de façon ponctuelle, sans en avoir légalement la qualité[369].

La raison fondamentale de l'exclusion des agents publics des rangs des collaborateurs occasionnels est bien connue. Elle est liée à l'idée de noblesse qui doit caractériser tout État bien organisé[370]. En fait, la fonction publique est généralement considérée comme une fonction noble, *« d'essence supérieure »*. Elle impose à ses agents, un comportement et un style[371]. L'obligation d'assurer la pérennité de la noblesse de la fonction, associée à celle d'entretenir une haute idée de soi-même, explique pourquoi il n'est pas permis à un agent public de solliciter de l'État, autre chose que sa rétribution primaire, ainsi que les avantages de toute nature, liés à sa fonction. Pour Pierre BOURDIEU,

---

364 Ibid, p. 97

365 C.E. 3 Janv. 1958. Levrat, p. 2. C.E. 17 juin 1964, Dame Maftéiu-Mamet, p. 342.

366 CHAPUS (R), Dr. Adm. Gén. Op. cit. p. 8 n° 4 et s.

367 Voir not. SAINT-JOURS (Y), l'applicabilité du droit du travail dans le secteur public D. 1976 Chr. p. 183 ; du même auteur, Les relations du travail dans le secteur public, L.G.D.J., 1976

368 DUFAU (V), op. cit. p. 236

369 AMSELEK (P), la détermination des personnes publiques responsables, op.cit., p. 95

370 BOURDIEU (P), La noblesse d'État, éd. De minuit, 1989, p. 157.

371 op. cit., p. 93

« les œuvres des fonctionnaires doivent refléter les ambitions les plus hautes et être orientées vers les entreprises les plus prestigieuses »[372].

Le fonctionnaire ou l'agent assimilé ne peut, sans froisser gravement l'honneur qui caractérise sa fonction, prétendre même provisoirement cumuler les avantages liés à son confortable statut d'agent public avec ceux d'un tiers participant dont le statut du reste au rabais ne sera reconnu qu'après un procès. Pour Valérie DUFAU, le service pour lequel l'agent public s'est engagé auprès de l'administration est indivisible[373]. Il en fait une carrière pendant toute sa vie active. Il n'est donc pas question pour lui, de rechercher dans la même administration, d'autres avantages que ceux prévus par la loi ou le statut[374].

Le refus du cumul d'avantages implique nécessairement le refus du cumul de qualité. L'État ne peut objectivement accepter que le fonctionnaire qui s'est engagé en connaissance de cause à se soumettre aux servitudes liées au régime de la fonction publique puisse en même temps, lorsque la situation l'arrange et alors qu'il jouit des privilèges de sa fonction, revendiquer parallèlement les avantages découlant du statut peu enviable de collaborateur occasionnel.

Cette philosophie qui gouverne la fonction publique dans les différents pays membres de l'Ohada est à l'origine de la réglementation de multiples incompatibilités[375], et des sanctions sévères de tous ceux qui sont tenus par l'obligation de loyalisme[376] et de probité[377].

C'est la même philosophie que consacrent les solutions du droit civil qui refusent d'accorder le statut de tiers au sens des voies d'exécution, aux salariés du débiteur ou à ceux du tiers saisi[378].

La jurisprudence pour sa part, fait entièrement siennes ces solutions légales lorsqu'elle exige que le particulier qui s'associe à une activité

---

[372] op. cit., p. 93

[373] DUFAU (V), op.cit., p.197.

[374] DUFAU (V), op.cit. p.198.

[375] DUFAU (V), op.cit. p. 208.

[376] CHAPUS (R) op. cit. p. 215, n° 256 ; DUFAU (V), op.cit. p. 211.

[377] Ex. la prise d'intérêts dans un acte, l'atteinte à la probité, le trafic d'influence, la corruption, la concussion, détournement des deniers publics v. not. DUFAU (V), op.cit., p.209.

[378] Voir infra

de service public, ne puisse en être ni l'agent, ni le bénéficiaire du service[379].

Les mêmes solutions méritent d'être transposées dans les voies d'exécution ohada

2- Les agents du service réellement concernés par l'exclusion

La notion d'agent du service est une notion spéciale. Elle vise sans aucun doute les agents dont le service a un rapport direct avec le dommage causé. En d'autres termes, l'agent affecté à un service ou à une administration précise qui, *« dans l'exercice ou à l'occasion de l'exercice de ses fonctions »*, pose un acte préjudiciable qui relève de la compétence du service qui l'emploie et qui entraîne pour lui ou pour autrui des conséquences dommageables, est mal fondé à réclamer le statut de collaborateur occasionnel. Il jouit du régime légal de la réparation des accidents de travail édicté par la loi[380].

La notion d'agent public est, à notre sens, plus large que celle d'agent du service.[381] La première fait référence à toute personne qui fait carrière dans l'administration. Si une telle personne a vocation à exercer les compétences publiques[382], elle ne peut être considérée comme agent du service que s'il est expressément affecté au service public en cause. L'agent du service est donc, en quelque sorte, une espèce d'un genre constitué de l'ensemble des agents publics.

L'emploi de la particule *« du »* n'est pas un simple détail linguistique. Il a aussi une valeur juridique. Il conduit à dire que l'agent public qui n'agit pas dans l'exercice de ses fonctions, mais qui est victime ou auteur d'un dommage du fait de sa participation à une activité d'intérêt général peut se voir reconnaître la qualité de tiers au service et par conséquent, réclamer le bénéfice de la qualité de collaborateur occasionnel.

De même en matière d'exécution forcée, un huissier de justice qui n'est pas instrumentaire dans une procédure donnée peut bien réclamer les avantages liés à la collaboration occasionnelle, s'il subit un préjudice ou en cause à l'occasion d'une saisie, à laquelle il a

---

379 C.E 29 Avr. 1983 Narcy et autre D. 1984 IR 346 obs. MODERNE ET BON.

380 La solution de l'arrêt CAMES ne s'applique plus aux agents de l'État permanent.

381 Comp. ONDOA (M), op.cit. p. 573.

382 Comp. AMSELEK (P), la détermination des personnes publiques responsables, in Études de droit public, op. cit., p. 303.

spontanément voulu donner un coup de main. C'est aussi le cas du fonctionnaire qui blesse un passant alors qu'il participe à la recherche d'un voleur dans son quartier de résidence de nuit. Ce peut être aussi le cas d'un fonctionnaire qui cause un dommage à autrui en utilisant sa voiture personnelle pour porter secours à un accidenté, en dehors de ses heures de service. Dans tous les cas, aucun de ces intervenants ne peut être considéré comme agent du service ou assimilé. Par conséquent, ils peuvent à notre avis, réclamer en leur faveur, le bénéfice du régime de la collaboration occasionnelle pour éviter de porter seuls, la charge de la réparation du préjudice subi. Ils ont participé à des opérations qui sont traditionnellement exécutées par la police ou par les pompiers, agents du service. Les dommages qu'ils subissent ou qu'ils causent méritent d'être pris en charge par le service public.

Cette situation renvoie en droit administratif, premièrement, à la distinction traditionnelle en matière de responsabilité de la puissance publique, entre faute de service et faute personnelle de l'agent[383] ; mais aussi, et subsidiairement au problème de la réparation du préjudice subi par les collaborateurs occasionnels du service public[384].

L'arrêt Pelletier[385] est la décision de base qui consacre cette distinction. Pour le Conseil d'État, la faute de service est celle que commet un agent, mais qui reste intimement liée au service. Son appréciation implique automatiquement une appréciation sur le fonctionnement du service en cause. Par contre, il y a faute personnelle de l'agent, lorsque le fait qui est reproché à ce dernier se détache complètement du service[386]. Le juge judiciaire peut en connaître, sans porter pour autant une appréciation sur la marche même de l'administration[387].

---

[383] C.E. 12 mars 1975, POTHIER, Rec.190 (utilisation d'armes à feu par les militaires, policiers ou douaniers en dehors de toute mission), v. LONG (M), WEIL (P), BRAIBANT (G), DELVOLVE (P) et GENEVOIS (B), op. cit. p. 11 n° 2.

[384] V. supra.

[385] T.C. 30 Juil. 1873, Rec. 1er supplt, concl. DAVID, D.1874.3.5 concl. DAVID ; LONG (M), WEIL (P), BRAIBANT (G), DELVOLVE (P) et GENEVOIS (B), *Les grands arrêts de la jurisprudence administrative*, 18e éd. DALLOZ, 2011, p. 8, n° 2.

[386] C.E. veuve LITZER, 23 juin 1954 Rec. 376 ; LONG (M), WEIL (P), BRAIBANT (G), DELVOLVE (P) et GENEVOIS (B), op.cit, p. 196, n° 32. 7.

[387] C.E. 30 Juil. 1873 Pelletier concl. DAVID, *Les grands arrêts de la jurisprudence administrative* par LONG (M), WEIL (P), BRAIBANT (G), DELVOLVE (P) et GENEVOIS (B), 9e éd., Sirey, p. 22 et s.

Mais tous les systèmes juridiques ne sont pas aussi rigoureux. L'État camerounais par exemple prend en charge, les dommages causés par un agent public même dans le cadre de sa vie privée et use de l'action récursoire pour en obtenir le remboursement[388].

Le doyen ONDOA parle dans cette hypothèse, *« d'un endossement automatique »* par l'État, des réparations pécuniaires provoquées par la faute personnelle et donc détachable de l'agent. Il s'agit d'une option, *« quitte à (l'État) d'obtenir le remboursement par la mise en œuvre du procédé de l'ordre de recette »*[389].

D'autres systèmes admettent que la faute détachable de l'agent public qui n'agit pas dans le cadre du service, reste à la charge de celui-ci.[390] Dans ce cas, ne doit-on pas admettre inversement qu'un tel agent perd pour la circonstance sa qualité d'agent du service et par conséquent, peut réclamer la qualité de collaborateur occasionnel ?

La réponse à cette question n'est pas aussi évidente.

Les considérations d'équité et le souci de l'administration de ne pas entraver la bonne marche de ses services ont conduit la jurisprudence à explorer plusieurs voies pour mettre les agents publics à l'abri des poursuites personnelles.

Dans un premier temps, le principe de l'irresponsabilité des agents publics a conduit à soustraire ces derniers de toute action devant les juridictions de l'ordre judiciaire pour les faits liés au service.

De multiples critiques ont été émises contre le principe d'irresponsabilité. Certains voient en cette solution un encouragement des agents publics au laxisme[391]. D'autres redoutent que la distinction faute de service et faute personnelle conduise à mettre injustement sur la tête de l'agent, le poids des décisions mal prises par l'administration[392]. Une voie médiane a été recherchée. On l'a trouvée dans deux obligations complémentaires qui pèsent sur l'administration :

---

388 ONDOA (M), *Le droit de la responsabilité publique dans les Etats en développement, contribution à l'étude de l'originalité des droits africains postcoloniaux*, Ed. L'HARMATTAN, 2010, p. 840

389 Ibid.

390 Voir pour la bibliographie, ONDOA (M), op. cit., p. 99

391 C.E. 28 Juil. 1951, LARUELLE G.A.J.A n° 2 obs. PELLETIER, p.14 (7 B).

392 Voir obs. LONG (M), WEIL (P), BRAIBANT (G), DELVOLVE (P) et GENEVOIS (B), 9e éd., SIREY n° 2, p. 14 et s.

l'obligation de garantie administrative, d'une part ; celle dite du cumul, d'autre part.

Par l'obligation de garantie, l'Administration est tenue de répondre des fautes personnelles des agents qu'elle emploie[393]. Elle s'abstient de rechercher au préalable, si le fait dommageable découle d'une faute personnelle de l'agent ou d'une faute de service. Elle peut cependant, après avoir indemnisé la victime, se retourner contre son agent par voie d'action récursoire, *« pour ne pas laisser à celui-ci, une immunité complète »*[394]. Pour l'administration, il s'agit d'une obligation de fond.

Mais l'administration tient compte d'une autre obligation qui est de pure forme. C'est celle de la jurisprudence dite du « *cumul des responsabilités* »[395]. Selon cette théorie, la portée pratique de la faute personnelle de l'agent doit être réduite au maximum.

Cela signifie que la mise en jeu de la responsabilité des pouvoirs publics est obligatoire et préalable, même en cas de faute personnelle de l'agent [396] . Pour des considérations d'équité, la législation révolutionnaire a mis à la charge de l'administration, l'obligation de garantir ses agents des conséquences dommageables des fautes personnelles qu'ils peuvent causer aux tiers[397].

Cette solution qui découle de la logique doit également profiter aux tiers, personnes de droit privé lorsqu'ils subissent un dommage ou en causent un aux parties ou aux tiers, à l'occasion de l'exécution forcée. Essentiellement, lorsqu'il est établi qu'ils ont effectivement apporté leur concours à une exécution forcée, comme l'exige l'article 38 de l'AUPSRVE.

Les droits africains postcoloniaux portant sur la responsabilité de la puissance publique du fait des fautes de ses agents n'ont pas consacré

---

[393] ONDOA (M), Le droit de la responsabilité publique dans les États en développement, op.cit., p.39

[394] GUYENOT (J), Responsabilité des personnes morales publiques et privées, considérations sur la nature et le fondement de la responsabilité du fait d'autrui, thèse 1959, préface de Jean CARBONNIER, p. 132 et s..

[395] C.E, 3 Févr. 1911, ANGUET, Rec. 146 S. 1911.3.137 note HAURIOU, G.A.J.A. n° 26 ; C.E, 26/07/1918, LEMONNIER, Rec.761, concl. BLUM, S. 1918.3.41 concl. BLUM, note HAURIOU. D. 1918.3.9, concl. BLUM, G.A.J.A., n° 36

[396] Quitte à exercer l'action récursoire contre eux : Arrêt dame MIMEUR, Arrêt époux LEMONIER.

[397] GUYENOT (J), Responsabilité des personnes morales publiques et privées, Th, Paris, LGDJ, 1959

cette solution française. Le doyen ONDOA qui a eu l'avantage de faire une étude approfondie de ces problèmes montre que la plupart des pays africains rejettent la notion de cumul[398].

Cet ensemble de solutions semble opérer un rapprochement très intéressant, entre les techniques du droit de la responsabilité civile sur les préposés et les commettants[399] et celle de la responsabilité de l'administration du fait de leurs agents.

En retenant globalement que les personnes qui entretiennent un lien de droit avec les pouvoirs publics ne peuvent pas être considérées comme des tiers, la jurisprudence exclut automatiquement aussi de la catégorie des collaborateurs occasionnels, les bénéficiaires ou des usagers du service.

B- Exclusion des usagers du service public

Les personnes qui exploitent ou qui sont des bénéficiaires d'un service public quelconque, en sont des usagers. Elles ne peuvent pas simultanément être considérées comme des collaborateurs du même service. Pour qu'il en soit autrement, il faut qu'il s'agisse d'un service, autre que celui auquel elles sont directement attachées. Le Conseil d'État a déjà eu à se prononcer sur la qualité d'usager du service, dans plusieurs espèces qui sont aujourd'hui, solidement assises en jurisprudence.

Ainsi, jouit de la qualité d'usager du service et non de collaborateur, l'élève qui se trouve dans un stade pour y subir les épreuves physiques du Baccalauréat et qui se blesse en ramassant, à la demande des examinateurs, les balles lancées par les autres candidats. C'est la solution de l'arrêt *Caisse primaire de sécurité sociale de Mulhouse et Kormann, C.E., 27 octobre 1961*[400].

C'est la même solution qui s'applique aux spectateurs qui assistent aux matchs ou à d'autres compétitions organisées par un service public. La jurisprudence refuse de leur reconnaître la qualité de collaborateurs

---

398 ONDOA (M), op. cit. p. 437.

399 Cass. Crim. 29 nov. 1956 D.1957 som. 22 ; Paris, 20 Nov. 1951 D. 1952 som. 32) soit contre le commettant et le préposé conjointement. Trib. Civ. Seine, 24 Déc. 1928, Gaz. Pal. 1929. I. 839.

400 LONG (M), WEIL (P), BRAIBANT (G), DELVOLVE (P) et GENEVOIS (B), Les grands arrêts de la jurisprudence administrative, 18e éd. DALLOZ 2011, obs. sous 22/11/1948 (St-Priest-La-Plaine) 371, n° 5.

du service public parce qu'ils en sont des bénéficiaires et donc des usagers.

Le créancier saisissant ou le débiteur saisi entrent dans la catégorie des usagers du service public de l'exécution. Ils ne peuvent donc en aucun cas réclamer la qualité de collaborateur du service public de l'exécution forcée.

Tel est l'état actuel de la jurisprudence administrative en matière de collaboration occasionnelle. Il convient maintenant d'examiner la réception de telles solutions par le droit privé. C'est l'objet du chapitre qui va suivre, après l'examen des critères de la collaboration occasionnelle.

Paragraphe 3 : les critères de la collaboration occasionnelle dans les voies d'exécution

Les dictionnaires de la langue française définissent le critère, comme le caractère ou le signe qui permet de distinguer une chose d'une autre ou alors, une notion d'une autre[401]. On est dans ces conditions ici, en présence d'une opération de qualification. Le professeur CORNU la considère comme une opération intellectuelle qui consiste à revêtir une donnée concrète de la qualité qui détermine son régime et ses conséquences juridiques en le rattachant par nature, à la catégorie abstraite dont il possède les critères[402].

Pour qu'il y ait collaboration occasionnelle au sens du droit administratif, il faut la réunion de plusieurs critères. Il convient de les énumérer (I), avant d'envisager leur mise en œuvre (II).

I- L'énumération des critères

On ne peut techniquement parler de la collaboration occasionnelle que lorsqu'on se trouve en présence de trois critères. D'abord, une réquisition, c'est la solution de principe (A) ; celle-ci admet une exception : la ratification de l'administration (B). Enfin, il faut la participation à une activité de service public (C). C'est la transposition

---

[401] Robert illustré, p. 238

[402] Vocabulaire juridique, Association Henri CAPITANT, par GORNU (G), p. 747 ; dans le même sens, ROUJOU DE BOUBEE (M.E), Essai sur la notion de réparation, LGDJ, 1974, p. 51

dans l'exécution forcée, des critères retenus depuis très longtemps par la jurisprudence administrative.

A- Le principe : la réquisition

La réquisition est une notion à sens multiples (1). Il faut dégager le sens qu'il convient de retenir en l'espèce (2) avant d'examiner les difficultés d'interprétation auxquelles il peut donner lieu dans la pratique (3).

1- La réquisition, notion à sens multiples.

En procédure, le mot s'écrit toujours au pluriel. Il s'agit des *« conclusions présentées par le ministère public devant toutes les catégories de juridictions de l'ordre judiciaire »*[403]. C'est à travers elles que ce représentant de l'État fait connaître son avis, aussi bien dans les procédures pénales ordinaires, en sa qualité de partie principale[404] ou partie jointe[405], que dans les causes communicables[406].

Comme procédé, la réquisition *« permet à l'administration, moyennant indemnisation, de contraindre les particuliers à lui accorder leurs services ou l'usage de leurs biens meubles ou immeubles »*[407].

La réquisition est aussi un procédé ou un ordre. Comme ordre, la réquisition est *« une injonction de l'État ou de la loi »*[408]. C'est ce dernier sens qui sera retenu.

---

403 MERLE (R) et VITU (A), Traité de droit criminel, éd. CUJAS Vol. 2. 3e éd. n° 1011 p.248 ; n° 1237, p. 504

404 STRICKLER (Y) Procédure civile, op. cit. p. 46 n° 56 et s

405 STRICKLER (Y) Procédure civile, op. cit. p. 48 n° 65 et s.

406 Toutes les affaires sensibles, celles qui mettent en cause, les entreprises d'État, l'état des personnes, les actions à de fins de subsides et celles que la loi juge communicables, ne peuvent être tranchées, sans les réquisitions préalables du M.P ; La jurisprudence est unanime pour dire qu'il s'agit là, d'une prescription d'ordre public. Voir, Cass., 1re, 17 octobre 2007, Bull. civ. I, n° 325.

407 GUINCHARD (S) et DEBARD (Th.), Lexique des termes juridiques (sous la direction de) éd. DALLOZ 2015-2016, p. 907.

408 L'État peut aussi adresser aux grévistes, une réquisition à l'effet de les obliger à reprendre le travail, afin de sauvegarder l'ordre public menacé. DORSNER DOLIVET (A) et BONNEAU (T), l'ordre public, les moyens d'ordre public en procédure civile, D. 1986 Chr. p. 65.

2- Le sens retenu : la réquisition, ordre légal

Nous référant à ce dernier sens qui seul, nous intéresse ici, on constate que les tiers ne doivent apporter leur concours à l'exécution, que s'ils sont légalement requis. C'est le principe. Il est parfois difficile d'apprécier la légalité de la réquisition.

3- La notion de tiers légalement requis dans la pratique

On doit pouvoir admettre *a contrario*, que l'article 38 de l'AUPSRVE ne reconnaît la qualité de collaborateur qu'au tiers qui est légalement requis. Cela signifie *a contrario* que le tiers qui s'associe à une exécution alors qu'il n'est pas légalement requis ne peut en principe, être considéré comme un collaborateur du service public de l'exécution. S'il estime être en présence d'un ordre illégal, il doit s'abstenir de coopérer.

Cette situation, qui fait de l'article 38 de l'AUPSRVE un texte libéral et très démocratique, est passée inaperçue depuis l'entrée en vigueur de l'Acte uniforme n° 6. Si le texte renferme d'un côté, une véritable injonction faite aux tiers d'apporter leurs concours à l'exécution, il subordonne aussi de l'autre côté, leur participation à l'existence d'un ordre légal.

Il n'est pas excessif de dire, dans ces conditions, qu'on est ici en présence d'une véritable invitation légale à la désobéissance, adressée aux tiers non légalement requis dans l'exécution. La jurisprudence issue de l'interprétation de l'article 157 al. 3 de l'AUPSRVE, en est une parfaite illustration[409].

Une analyse téléologique de l'article 38 permet de dire que le tiers lui-même participe à la définition de sa qualité. C'est en appréciant la légalité des saisies qui doivent être pratiquées entre ses mains ou les ordres que lui adressent les différentes autorités judiciaires ou extrajudiciaires, qu'il acquiert ou non, la qualité de tiers dans les voies d'exécution. S'il s'associe sans discernement à une exécution qui est ultérieurement déclarée arbitraire, il aura agi à ses risques et périls et devra supporter les conséquences de sa témérité. Il n'a pas tiré profit de la permission que lui donne l'Acte uniforme de refuser de s'associer à

---

[409] Voir supra, T.2 Chap. 2, Section 1 : la distinction entre collaborateurs occasionnels et faux tiers requis, p. 129

une exécution illégale. La couverture légale, dans ce cas, lui sera refusée.

Le texte de l'article 38 de l'AUPSRVE prend encore plus d'importance quand on découvre à l'analyse que le pouvoir d'appréciation de la légalité qu'il renferme est destiné, non aux simples particuliers, mais aux collaborateurs du service public de l'exécution qui sont dans la majorité des cas, des professionnels. Agissant en cette qualité, ils doivent se comporter exactement comme des agents publics. Ce qui signifie en clair qu'ils ne doivent se laisser influencer par personne et ne peuvent naïvement répondre à n'importe quelle sollicitation.

Mais on ne doit pas non plus oublier que l'article 38 de l'AUPSRVE est aussi un texte redoutable. Un feu aux multiples directions. Il peut dévorer sans ménagement, le tiers qui refuse de fournir des renseignements ou de communiquer les documents prescrits par le texte communautaire[410]. Il peut aussi produire le même effet dévastateur si postérieurement à la saisie, le refus du tiers de s'associer à l'exécution est jugé fautif par le juge d'exécution[411]. Dans tous les cas, le tiers mis en cause s'expose à une condamnation aux causes de la saisie ou aux dommages-intérêts. Une telle situation pouvait être évitée s'il ne s'était pas livré à une appréciation de l'ordre reçu. Le tiers se trouve donc ici, en présence d'un véritable dilemme.

Cette menace de sanctions qui met le tiers saisi ou requis dans une situation très inconfortable, ne lui permet pas toujours d'apprécier l'ordre reçu en connaissance de cause. Malgré son apparente clarté, l'article 38 de l'AUPSRVE se révèle donc être l'une des dispositions de l'Acte uniforme n° 6, la plus délicate à interpréter. Sa mise en œuvre par le tiers lui-même ne peut que s'avérer très périlleuse. Elle suppose que le tiers qui se trouve en présence d'une situation matérielle donnée soit techniquement en mesure de distinguer sans risque de se tromper, un ordre légal de celui qui ne l'est pas.

---

[410] Voir l'impératif catégorique de l'article 156 de l'AUPSRVE.

[411] Si le tiers, collaborateur occasionnel jouit légalement d'un pouvoir d'appréciation de la mesure ordonnée, c'est au JEX qu'il appartient en dernier lieu, d'apprécier sa valeur.

B- L'exception : La ratification

Par contre, le tiers peut se retrouver devant une situation où il ne peut attendre d'être sollicité. Il doit prendre rapidement la décision d'intervenir, s'il veut que son action soit utile à la société. C'est le cas par exemple, lorsqu'il y a péril en la demeure. On peut se retrouver dans une situation identique, même en matière d'exécution forcée.

Ainsi, dans tous les cas d'urgence et de détresse signalée, il n'est pas question d'attendre un éventuel accord express des pouvoirs publics avant d'intervenir. D'ailleurs, le refus de poser un acte positif dans ce cas, sous le prétexte fallacieux d'un défaut d'invitation expresse, expose le particulier à répondre devant les tribunaux, de l'infraction pénale du refus de porter secours[412].

Les exemples peuvent être trouvés dans les domaines les plus divers. Il suffit de lire les décisions de justice. On peut citer le cas des accidentés ou celui de l'incendie. Personne ne dira que le citoyen compatissant qui met son véhicule à la disposition des accidentés de la route pour les conduire au centre de santé le plus proche en l'absence d'ambulance publique aurait dû attendre un hypothétique accord de l'administration pour le faire. Personne ne va s'opposer aux vaillants citoyens qui règlent la circulation routière dans les carrefours de nos grands centres urbains à des heures de pointe, en l'absence des policiers. On ne peut pas non plus blâmer des anonymes qui luttent contre les flammes dans un quartier en cas d'incendie, en attendant l'arrivée (peu probable) des sapeurs-pompiers. Des exemples de cette nature sont légion. Bien que rarement recherchés, les offices de tous ceux qui apportent leur concours à une activité d'intérêt général sont souvent unanimement appréciés.

Mais pour produire des effets juridiques en faveur des particuliers qui s'immiscent à une œuvre d'intérêt général, il faut cependant que pareilles interventions soient ratifiées ultérieurement. La ratification qui s'analyse en droit comme une approbation de celui pour le compte duquel un acte non sollicité a été accompli[413] est donc la seconde condition qui est souvent opposée aux tiers, lorsqu'ils sollicitent leur prise en charge par l'État, en cas de demande de réparation.

---

412 Art. 283 du Code pénal camerounais.

413 Vocabulaire juridique, Association H. CAPITANT, par CORNU, PUF, p. 761.

La ratification n'a pas besoin d'être expresse. Il suffit que l'administration s'abstienne de remettre en cause l'intervention du tiers pour que celle-ci soit parfaite. Notamment, lorsque ce dernier réclame, par exemple, une prise en charge du préjudice qu'il a subi à l'occasion de son intervention. C'est la solution traditionnellement appliquée par la jurisprudence administrative et approuvée par la doctrine constante.

Ainsi, il est décidé depuis très longtemps qu'en cas d'urgence et même en l'absence de demande ou d'acceptation expresse de l'autorité publique, une personne qui porte spontanément secours à la victime d'une agression ou d'un accident, doit être considérée comme un collaborateur du service public[414].

Toutes ces conditions prescrites par le droit administratif pour qu'il y ait une collaboration occasionnelle méritent d'être consacrées par les voies d'exécution Ohada, pour deux raisons au moins. D'abord, parce que l'exécution est un service public par excellence. Ensuite, parce que l'activité des tiers qui y interviennent correspond point par point à celle de tout particulier qui s'associe à une activité d'intérêt général soit spontanément ; soit sur réquisition.

Dans les voies d'exécution, lorsque l'article 38 de l'AUPSRVE invite tous ceux qui sont légalement requis à apporter leurs concours à l'exécution, il n'exclut pas les tiers qui peuvent intervenir spontanément ou ponctuellement. Il suffit pour ces derniers qu'il y ait une ratification de leur intervention pour qu'ils soient considérés comme des collaborateurs occasionnels du service public de l'exécution.

II- La mise en œuvre des critères

Par la mise en œuvre, on cherche à savoir comment sont appliqués les différents critères retenus à l'occasion de l'élaboration de la définition du collaborateur occasionnel. La réponse peut varier, selon qu'on interroge la doctrine (A) ou la jurisprudence (B).

---

[414] C.E. 17 Avr. 1953, PINGUET, Rec. 177. S ; 1954.3.69 note ROBERT ; D. 1954. 7. note MORANGE (passant blessé par un malfaiteur à la poursuite duquel il s'était lancé)
LONG (M), WEIL (P), BRAIBANT (G), DELVOLVE (P) et GENEVOIS (B), Les grands arrêts, n° 57 C.E. Sect. 22/03/1957 Rec. 524, Commune de Grigny, (Médecin blessé par une explosion, alors qu'il portait secours, à la demande des voisins, aux victimes d'une intoxication par gaz.

A- La position de la doctrine

L'analyse de l'article 38 de l'AUPSRVE a permis de retenir trois critères pour qualifier le tiers, collaborateur du service public de l'exécution. Il faut d'abord qu'il s'agisse d'un particulier, c'est-à-dire d'un anonyme. Il faut ensuite que celui-ci s'associe à une activité de service public. Il faut enfin qu'un tel tiers soit requis ou saisi.

Ces trois critères ont été préalablement exposés. Il suffit de s'y reporter[415].

Il ne fait l'ombre d'aucun doute que c'est la combinaison de ces trois critères qui permet d'affirmer qu'on se trouve en présence d'un collaborateur du service public au sens du droit administratif. Dans le cas contraire, seule la jurisprudence peut en décider autrement.

B- Les solutions jurisprudentielles

Le juge, usant de son pouvoir d'appréciation souveraine, peut toujours trouver une collaboration occasionnelle, là où la doctrine ne voit aucun rapport entre le particulier, l'administration et le service.

Il peut par exemple, par application de la théorie de l'apparence, décider que les tiers qui ont souffert d'un préjudice donné, à l'occasion d'une réquisition à laquelle ils ont activement pris part sont des collaborateurs occasionnels. Une telle décision obligera l'administration à réparer.

C'est aussi le cas, lorsque le juge assimile le tiers frauduleux, au tiers de l'exécution, en le condamnant aussi bien aux causes de la saisie ou aux dommages-intérêts éventuellement.

Enfin, on peut avoir affaire à un collaborateur du service public de l'exécution, sans qu'il y ait de réquisition à la base. C'est le cas du tiers saisi. À l'origine, la saisie qui est pratiquée entre ses mains est faite dans un but d'intérêt privé. Sans cesser d'être tiers saisi, celui-ci reçoit également tous les attributs du tiers requis, une fois qu'il reconnaît être le débiteur du débiteur saisi. Dès cet instant, il est tenu de s'acquitter de l'obligation d'informer qui pèse sur tout tiers requis et qui le rend participant du service public de l'exécution.

Tout est donc sur le plan jurisprudentiel, question d'espèce et d'appréciation du juge.

---

415 Supra, p. 146 st s.

III- Exigence d'une collaboration à un service public

On ne peut parler de collaboration occasionnelle que lorsqu'on a affaire à un service public. L'exigence d'un service public est la première condition qui s'impose pour qu'il y ait juridiquement une collaboration. Qu'on soit dans les voies d'exécution ou en matière administrative, cette exigence est la même.

Il est alors très important de donner les contours à la notion de service public (A), avant d'examiner les conditions de la collaboration (B).

A- La notion de service public en droit administratif

Le service public est une notion qui admet plusieurs définitions. Sous son aspect fonctionnel, il est considéré comme *« une activité d'intérêt général prise en charge par l'Administration »*[416] . C'est l'activité de prestation[417].

La notion peut aussi être définie comme *« un mode d'action de l'administration »*. C'est l'activité de réglementation[418].

Il convient donc d'identifier avec précision les services publics concernés par la collaboration occasionnelle (2) de ceux qui ne le sont pas (1).

1- Les services publics exclus de la collaboration

Parmi les services dont les relations avec les particuliers ne peuvent pas donner lieu à la collaboration, il y a les services publics à caractère industriel et commercial.

Il est vrai que certains établissements publics à caractère industriel et commercial peuvent exercer une *« mission purement administrative »*[419]. Ceux-ci n'entrent pas dans la présente catégorie. En dehors de ces cas exceptionnels, les rapports qui naissent entre l'État

---

[416] CHAPUS (R), *Droit administratif général*, T.1 5e éd. MONTCHRESTIEN, p. 401 n° 626 et s. DUFAU (V), Les sujétions exorbitantes du droit commun en droit administratif. Ed. L'HARMATTAN, p. 68 et s. ; DECRETON (S), (ouvrage collectif sous la direction de), Service et lien social, Ed. L'HARMATTAN, 1999.

[417] DE CORAIL, *Le juge administratif et la qualification des interventions de l'État dans le domaine de l'économie, Études offertes à EISENMANN*, éd. CUJAS, 1977 p. 317.

[418] DE CORAIL, op. cit., pp. 112-113

[419] LAVIALLE (Chr), in l'évolution de la conception de la décision exécutoire en droit administratif français, op. cit. p. 195 (spéc. Les décisions exécutoires des personnes privées).

commerçant et les particuliers ne sont pas des rapports de droit public. Ils sont essentiellement régis par le droit privé en général ou par le droit du travail[420] en particulier. Parce que la gestion de cette catégorie particulière de services publics est faite conformément aux règles de droit privé[421]. Pour cette raison fondamentale, ces établissements sont exclus du champ de nos investigations.

2- Les services publics concernés

Les services publics qui nous intéressent ici sont ceux dont *« l'activité est prise en charge par l'Administration »*. Ou alors, par *« une collectivité publique en vue de l'exécution des tâches »* d'intérêt général[422].

Cette définition, qui est celle du lexique des termes juridiques[423], n'est pas très différente de celle que donnent traditionnellement les spécialistes du droit public ou les hommes politiques.

Pour René CHAPUS, le service public est la combinaison de deux éléments : *« une activité et un organisme ou une structure »*[424].

Cette définition qui est traditionnelle et qui donne une idée parfaite des éléments qui caractérisent la thèse fonctionnaliste correspond point par point aux conclusions des Commissaires de Gouvernements SEGELAT et LAGRANCHE prises respectivement dans l'affaire MONPEURT[425] et dans celle dite BOUGUEN[426]. C'est en tenant

---

420 Voir not. RIVERO (J) et SAVATIER (J), Droit du travail, THEMIS, PUF, 7e éd., 1978, p. 12.

421 Art. 1er Acte Uniforme Ohada du 30 Janv. 2014 relatif au droit des sociétés commerciales et du groupement d'intérêt économique, J.O. Ohada n° Spécial du 4 février 2014 p.1 entré en vigueur le 05 mai 2014.

422 CHAPUS (R), Droit administratif général, T.1 5e éd. Montchrestien, p. 401 n° 626 et s. DUFAU (V), Les sujétions exorbitantes du droit commun en droit administratif. éd. L'HARMATTAN p. 68 et s. DECRETON (S), (ouvrage collectif sous la direction de), Service et lien social, Ed. L'HARMATTAN, 1999.

423 GUINCHARD (S) ET DEBARD (Th), Lexique des termes juridiques (sous la direction de), p. 960.

424 CHAPUS (R), droit administratif général, T.1, 5e éd. MONTCHRESTIEN p. 400 n° 624 et s.

425 DEBBASCH (Ch.) et PINET (M), in les grands textes administratifs, Coll. Droit public dirigée par CASSIN (R) et WALINE (M), éd. SIREY p.500 n° 90 B Conclusions SEGELAT, sur 31/07/1942, MONPEURT.

426 C.E., Ass. 2 Avril 1943 BOUGUEN, Rec. 86 ; S. 1944.3.1, concl. LAGRANGE, note MESTRE, D. 1944. 52, concl. LAGRANGE, note DONNEDIEU DE VABRES (J) ; J.C.P. 1944.II. 2565, note CELIER ; GAJA. n° 63.

compte de ces éléments qu'on considère aussi que les comités d'organisation, qui sont *« des organismes d'un type nouveau »*, collaborent à l'exécution du service public. *Situés « à la frontière du droit public et du droit privé, ils reçoivent du premier les prérogatives de puissance publique et empruntent au second, ses modes de gestion... »*[427].

S'appuyant aussi sur la thèse fonctionnaliste, Christian LAVIALLE conclut après l'analyse de ces deux arrêts que *« la décision administrative est une mesure prise pour assurer une mission de service public, quel qu'en soit l'auteur »*[428]. Guillaume Joseph FOUDA qui regarde vers la même direction apporte aussi de son côté à la notion de service public des précisions heureuses. Il met en relief, trois indices qui permettent d'identifier ce service. D'abord, il faut qu'il y ait à la base, une mission d'intérêt général ; ensuite, que celui qui participe à sa réalisation use des prérogatives de puissance publique ; enfin, que la mission soit accomplie suivant les modalités d'exécution du service.

Si sur le plan des principes ces éléments s'intègrent pleinement dans la définition du service public, leur mise en œuvre dépend des décisions politiques de chaque pays.

C'est pour cela que certains auteurs n'hésitent pas à prendre en compte, l'influence du discours politique sur la définition du service public. On comprend pourquoi M. FOUDA affirme que *« le droit du service public trouve son sens en dehors du droit »*[429].

Ainsi, dans les pays européens et particulièrement en France, c'est l'idée de solidarité sociale qui permet de dire qu'on est ou non, en présence d'un service public. [430] François MITTERAND, alors président de la République française, avait clairement pris position sur ce point, à l'occasion d'un colloque organisé sur le thème : *« Service public et citoyenneté »*. Pour lui, le service public est un ensemble *« de réseaux et de personnes qui font le trait d'union entre l'État et les*

---

[427] Concl. SEGELAT sous MONPEURT, in Les grands textes administratifs par DEBBASCH (Ch.) et PINET (M), Sirey, 1970, p. 500, n° 90 B

[428] LAVIALLE (Ch.), *L'évolution de la conception de la décision exécutoire en droit administratif français*, Th. Pariş, 1974, préface P. COUZINET, LGDJ, p. 124 et s.

[429] FOUDA (G. J.), « Le juge administratif camerounais face au critère de la compétence fondée sur la notion de service public », in Mensuel d'informations juridiques et judiciaires, n° 26.

[430] DECRETON (S), (ouvrage collectif sous la direction de), Service et lien social, Ed. L'HARMATTAN, 1999.

citoyens ». Il explique que les fonctionnaires qui sont les animateurs du service public ont deux missions : la première a pour objet d'*« assurer la présence, la dignité et, quand cela est nécessaire, l'autorité de l'État »*. La deuxième mission est *« relationnelle »*[431]. Et lorsque l'une de ces missions fait défaut, on ne peut objectivement parler de service public. La définition du service public en Afrique semble différente.

B- La notion de service public au sens du droit africain

Le service public à la française est un modèle très spécifique. Il est l'un des plus appréciés et des plus copiés, parce qu'on voit ici, un *« État en action dans l'intérêt d'une société civile »*[432].

Cette conception du service public n'est pas toujours facile à imiter. Et les pays africains qui sont encore très jeunes politiquement et industriellement ne peuvent pas prétendre en faire une transposition pure et simple. C'est pour cela que des auteurs comme Franck MODERNE n'ont pas hésité à affirmer que le modèle français est *« de moins en moins contrôlable et de moins en moins exportable »*[433].

En Afrique, par exemple, l'État n'est plus partout omniprésent comme il l'était à l'époque des indépendances. Dans la plupart des pays africains subsahariens membres de l'ohada, les idées de solidarité, d'équité et de justice sociale ne sont plus caractéristiques du service public. Le désengagement progressif de l'État de plusieurs domaines d'activités, la privatisation de certaines entreprises qui relevaient jusque-là du domaine des activités de souveraineté (ex. la gestion de l'eau, de l'énergie, des transports publics, etc.) ont définitivement sapé dans les pays africains, l'idée d'un service public protecteur de l'intérêt et de la cohésion sociale.

Pour Y. Ben Achour[434], L'État n'est plus *« l'État des services publics, des affaires sociales et de la rationalité économique »*. Il cesse d'être omniprésent et ne peut plus continuer à entretenir *« une politique*

---

[431] Organisé par l'association des services publics v. FRAISSE (R), le service public, demain, Paris Économisa, cité par MARIANGELA ROSELLI, in Service public et lien social, op. cit., p. 235

[432] MARIANGELA ROSELLI, Le discours des syndicats sur le service public, in Service public et lien social p. 236

[433] MODERNE (F), *Les missions d'intérêt général en droit comparé*, in service public et lien social, ouvrage collectif, op. cit. p. 115 et s..

[434] Cité par AMEL AOULI-MIRAD et SOUAD MOUSSA, La réception du service public en droit Tunisien, op. cit., p. 180 et s.

de continuel interventionnisme » ni de prendre en charge tous les besoins sociaux.

Pour cette raison fondamentale, l'activité d'intérêt général à laquelle le particulier peut prétendre participer doit correspondre au contenu du service public tel que chaque État en cause l'a remodelé. Elle n'est plus le monopole des administrations publiques. Elle est régulièrement exercée par les organismes privés exerçant une mission de service public[435].

Sous-Section 2 : Le tiers collaborateur occasionnel, une notion de circonstance

Tout comme en droit administratif, la collaboration entre les tiers et le service public de l'exécution n'est pas illimitée. Elle est enfermée dans un temps bien déterminé. Cela suppose que son point de départ et son point d'arrivée sont bien connus.[436] Il faut donc rechercher le moment précis auquel un tiers impliqué à l'exécution acquiert la qualité de collaborateur occasionnel (Paragraphe 1), et celui auquel il la perd (Paragraphe 2).

Paragraphe 1 : Le moment de l'acquisition de la qualité de tiers collaborateur occasionnel

Tout anonyme acquiert la qualité de tiers collaborateur occasionnel du service public, au moment où il est légalement requis à s'associer à une mesure d'exécution conformément à celles prévues par l'Acte uniforme n° 6 du 10 avril 1998.

Comme en droit administratif, le texte communautaire sur les voies d'exécution fixe un temps pendant lequel se manifeste la collaboration. Mais il ne s'agit pas d'un délai de rigueur. Si le principe est posé par l'Acte uniforme du 10 avril 1998, il est possible de lui apporter des dérogations (II).

---

[435] LAVIALLE (Ch.), op. cit. p.124 et s. ; C.E. Ass. 13 Mai 1938, CAISSE PRIMAIRE AIDE ET PROTECTION Rec. 417 D. 1939 Concl. R. LATOURNERIE, note PEPY ; M. LONG, P. WEIL, G BRAIBANT, P. DELVOLVE, B. GENEVOIS, Les grands arrêts de la jurisprudence administrative n° 51 p. 320

[436] BRIMO (A), Réflexions sur le temps dans la théorie générale du droit et de l'état, in Mél. HEBRAUD, p. 145 ; DAGOT, le temps et la publicité foncière, in Mél. HEBRAUD, p. 219.

I- Le principe : Le temps d'assimilation selon l'Acte uniforme

L'article 38 de l'AUPSRVE est particulièrement clair sur ce point. Les tiers ne peuvent être tenus d'apporter leur concours à l'exécution, que s'ils sont légalement requis.

La détermination du moment auquel le tiers estime être légalement requis est délicate. Son point de départ peut être celui de la réception de l'acte de procédure, l'invitant à faire ou à ne pas faire une prestation quelconque. Il peut aussi être différé, voire subordonné à une réaction positive ou négative du tiers en cause. L'élément qui permet de fixer le point de départ de la collaboration est donc un élément purement matériel dont l'existence mérite d'être laissée à l'appréciation du juge[437].

Le tiers qui intervient activement dans les procédures d'exécution n'est assimilé à un agent public que pendant le temps que va durer la procédure mise en œuvre par le créancier saisissant.

En principe, il s'agit d'un temps très court. Tous les articles de l'Acte uniforme le suggèrent. Dans presque toutes les saisies mobilières, il est en principe d'un mois[438]. Il peut même être plus court, s'agissant des formalités de dénonciation, lorsque la saisie est pratiquée entre les mains d'un tiers[439].

De même, lorsqu'il y a saisie conservatoire, l'auteur de la saisie a l'obligation d'introduire dans le mois qui suit la mesure, une procédure ou d'accomplir les formalités nécessaires à l'obtention d'un titre exécutoire (art. 61 de l'AUPSRVE). Faute pour le créancier saisissant de rapporter la preuve d'une telle diligence, la saisie est frappée de caducité[440]. Toute chose qui, corrélativement, décharge le tiers saisi de toutes les obligations légales qui pesaient sur lui. Il en est de même si la saisie pratiquée entre les mains d'un tiers n'est pas dénoncée au débiteur saisi sous huitaine[441].

C'est la même philosophie qu'on retrouve dans presque toutes les saisies à fins exécutoires. Dans la saisie vente par exemple, le

---

[437] Sur l'appréciation souveraine des juges du fond, voir not. BORE (J), La cassation en matière civile, SIREY 1980 365 n° 1036 et s.

[438] Art. 62, 69 79, 83, 156 de l'AUPSRVE

[439] Art. 61 al. 1 et 2 de l'AUPSRVE.

[440] Art. 61 al.1 de l'AUPSRVE.

[441] Art. 61 al.2 de l'AUPSRVE.

commandement doit à peine de nullité être signifié au débiteur au moins huit jours avant la saisie[442]. L'organisation d'une vente à l'amiable éventuelle n'est pas laissée à l'appréciation souveraine du débiteur. Celle-ci doit intervenir dans le délai d'un mois à compter de la notification du procès-verbal de saisie[443]. Et si le débiteur saisi ne parvient pas à vendre à l'amiable, la vente forcée qui va alors lui être substituée doit intervenir à l'expiration du délai d'un mois imparti au débiteur pour vendre lui-même les biens saisis. Ce délai est augmenté de 15 jours[444].

En matière de saisie attribution des créances, les délais sont encore plus courts. Lorsque la saisie est pratiquée entre les mains d'un établissement bancaire, les délais vont de 15 jours pour la seconde déclaration après vérification des opérations en cours, à un mois pour la contre-passation des effets remis à l'escompte et non payés à leur présentation ou à leur échéance[445].

Dans l'ensemble, l'essentiel de ces délais correspond au temps que doit durer l'assimilation du tiers qui participe à l'exécution à un agent public. Les saisies de toute nature ne doivent donc durer qu'un laps de temps. Mais dans la pratique, il n'en est pas toujours ainsi. Exceptionnellement, il arrive trop souvent que le délai d'assimilation soit prorogé.

II- L'exception : La prorogation du temps d'assimilation

Dans la mesure où l'Acte uniforme du 10 avril 1998 a largement admis les recours dans les procédures d'exécution ou de conservation, il faut s'attendre naturellement à une prorogation du temps pendant lequel, le tiers saisi ou requis, demeure un collaborateur du service public.

Il ne pourra retrouver son statut primaire qu'après expiration des délais de recours ordinaires et même parfois extraordinaires, sans oublier les délais pour les exercer[446].

---

442 Art. 92 de l'AUPSRVE

443 Art. 116 de l'AUPSRVE.

444 Art. 117 de l'AUPSRVE.

445 Art. 161 al. 2 et 3 de l'AUPSRVE.

446 Art. 172 de l'AUPSRVE contra dispositions loi camerounaise n° 2007/001 du 19 avril 2007 instituant le juge du contentieux de l'exécution et fixant les conditions

L'assimilation du tiers à un agent public couvre le domaine de la réparation et de la responsabilité pour risqu [447] Pour qu'elle soit effective, le tiers en cause, doit avoir réellement participé à l'exécution.

Cette exigence d'une collaboration effective et directe pose le problème de la participation des membres d'un organisme auquel le service a été confié. Il faut renvoyer, sur ce point, aux critères de la collaboration occasionnelle[448].

Paragraphe 2 : La perte de la qualité de tiers collaborateur occasionnel

La perte de la qualité de collaborateur intervient soit du fait de la loi (I) ; soit de la volonté des parties au rapport d'exécution (II).

I- La perte de la qualité de collaborateur du fait des circonstances prévues par l'Acte uniforme

Toute collaboration occasionnelle est par définition une collaboration de circonstance. Elle ne peut survivre à l'évènement qui a provoqué sa mise en place ou alors à son existence.

La solution est très claire en droit administratif. Ainsi, des anonymes qui acceptent de tirer un feu d'artifice à la demande d'un maire ne gardent la qualité de collaborateurs bénévoles que le temps de la cérémonie à l'occasion de laquelle ce feu est tiré. S'ils sont victimes d'un accident, ils n'obtiendront la condamnation de la commune que s'il est établi que le dommage a été causé à l'occasion de *« l'exécution du service public dans l'intérêt de la collectivité locale et conformément à la mission qui leur a été confiée… »*[449].

Les voies d'exécution ne dérogent pas à cette solution d'origine prétorienne. Le tiers ne conserve la qualité de collaborateur occasionnel que le temps d'une procédure et la réparation que celui-ci peut réclamer au service public en cas de dommage, tient nécessairement compte de la durée et de l'étendue de la mission.

---

de l'exécution au Cameroun, des décisions judiciaires et actes publics étrangers ainsi que les sentences arbitrales étrangères art. 3 (4), (5).

[447] C.E Ass. 22 Nov. 1946, Commune de St-Priest-La-Plaine, GAJA 18e éd. n° 57

[448] Infra

[449] C.E. Ass. 22 Nov. 1946, Commune de St-Priest-LA-PLAINE, Rec. 279 ; G.A.J.A., n° 68, p. 381.

Dans l'esprit du législateur administratif ohada comme il a été rappelé, l'économie du temps est très précieuse dans les procédures d'exécution forcée. Les textes relatifs à chaque saisie le prouvent. En matière de saisie conservatoire par exemple, lorsque la mesure est pratiquée sur autorisation du juge, la procédure en vue de l'obtention du titre exécutoire doit être engagée, dans un délai maximum d'un mois, à peine de caducité de l'autorisation[450]. De même, toute autorisation judiciaire de saisie devient caduque, si elle n'est pas exécutée dans les trois mois de sa date[451]. Dans les saisies exécutoires qui nécessitent la signification d'un commandement préalable, seuls huit jours séparent cette signification de la saisie proprement dite[452]. Dans l'ensemble, une fois que la saisie exécutoire est pratiquée, les contestations doivent être élevées dans un délai maximum d'un mois, à peine d'irrecevabilité.

Ces brefs délais et la sanction qui les gouverne, associés au caractère urgent de la procédure, traduisent clairement la volonté du législateur d'écourter au maximum le temps que doit durer une instance engagée en matière d'exécution forcée.

Malheureusement, le temps de l'exécution doit nécessairement tenir compte non seulement des délais de recours, mais aussi, et surtout, l'exercice concret des recours. La mission du tiers saisi ou requis va donc durer, du fait des recours, jusqu'à l'obtention par l'une des parties, d'une décision passée en force de chose jugée.

Ainsi jugé, que doit être condamné au paiement des causes d'une saisie attribution des créances, tout tiers qui se libère au profit du débiteur saisi, des fonds saisis et mis sous main de justice, avant l'aboutissement de la procédure[453]. De même, il a été jugé à bon droit que, viole les dispositions légales, spécialement l'article 154 de l'AUPSRVE, le tiers saisi qui procède au reversement entre les mains du créancier saisissant, des sommes saisies, suite à une décision de suspension d'exécution[454]. Une sanction particulière mérite d'être infligée au tiers saisi ou séquestre qui tire un chèque certifié au profit du titulaire d'un titre exécutoire, au vu du seul arrêt de condamnation, alors que les voies d'exécution forcée

[450] Art. 61 de l'AUPSRVE

[451] Art. 60 de l'AUPSRVE

[452] Art. 92 al. 2 de l'AUPSRVE.

[453] CCJA, 2e Ch. Arrêt n° 023/2008 du 30 avril 2008 aff. Sté LOTENY TELECOM, s.a. c/ Sté INSURANCES BROKER ASOCIATION dite IBAS, sarl.

[454] C.A Littoral, (DOUALA CAMEROUN), arrêt n° 125/Ref., du 26 juin 2006 Sté générale des Banques du Cameroun c/ SORID s.a. SCI)

ne sont même pas encore mises en œuvre[455]. De telles prises de position par le tiers saisi ou séquestre montrent clairement que certains de ces personnages n'ont pas encore bien mesuré l'importance du rôle que la loi leur confie dans la procédure. Il n'est pas possible que le tiers saisi ou requis devienne juge alors qu'il n'a pas encore perdu dans la même procédure, sa qualité de tiers.

II- La perte de la qualité de collaborateur du fait de la volonté de l'une des parties au rapport d'exécution.

La perte de la qualité de collaborateur peut aussi dépendre de la décision prise unilatéralement ou conjointement par les parties au rapport d'exécution, de mettre un terme à la procédure.

Malgré les irrégularités que peut renfermer une saisie pratiquée sur ses biens, le débiteur saisi n'est pas tenu d'entreprendre une bataille judiciaire ou d'aller jusqu'au bout d'une procédure engagée. Conscient de son engagement envers le créancier saisissant, il peut toujours, par un acte de volonté unilatérale, mettre un terme à la procédure en demandant expressément au tiers saisi de payer. C'est la solution que donne l'alinéa 2 de l'article 164 de l'AUPSRVE. Ce texte dispose : *« le paiement peut également avoir lieu avant l'expiration du délai de contestation si le débiteur a déclaré par écrit ne pas contester la saisie »*. Du fait de ce paiement expressément demandé par le débiteur, la saisie va prendre fin et libérer, par voie de conséquence, le tiers impliqué à l'exécution.

Le créancier saisissant de son côté, peut décharger le tiers de son obligation de concours en mettant fin, de son propre chef à la procédure. De même, il peut demander unilatéralement à l'huissier instrumentaire de mettre fin aux poursuites. Trois voies lui sont juridiquement ouvertes : la mainlevée donnée pour fait de transaction par exemple, le désistement, ou la renonciation pure et simple au recouvrement forcé. On insistera uniquement sur ces deux derniers cas de figure.

---

[455] IPANDA c/ BICEC JEX T.PI. Ydé Centre adm. Ord. n° 432/ du 25/8/ 2009 confirmée par a C.A. du Centre, Arrêt n° 345/CIV. du 23 /07/ 2010. Déchéance prononcée par la Cour suprême du Cameroun par arrêt n° 05/CIV du 07/ 01/ 2016 ; Pourvoi postérieur devant la CCJA n° 107/2010 du 19/11/2010. Dans l'ignorance de l'existence d'un premier pourvoi non encore vidé, la CCJA a, par arrêt n° 099/2013 du 22/11/2013 cassé l'arrêt de la C.A. du Centre, Arrêt n° 345/CIV du 23 /07/ 2010. Procédure en révision en cours ;

La première hypothèse sur laquelle il convient de s'arrêter en premier lieu est celle de la renonciation du créancier saisissant à recouvrer sa créance. Il ne s'agit pas d'un cas d'école. Et ce n'est pas le fait d'avoir fait pratiquer la saisie qui peut empêcher d'opter pour cette solution. Étant maître de ses droits subjectifs, le créancier saisissant peut bien faire volte-face et prendre la décision de faire grâce de sa créance au débiteur. Il suffit pour cela qu'il n'y ait ni atteinte à la loi ni aux bonnes mœurs. Il faut ensuite qu'une telle décision qui est souvent unilatérale et souveraine n'ait aucune incidence directe ou indirecte sur les droits d'autrui[456]. Et comme la renonciation ne se présume pas[457], il suffit d'un écrit signé du créancier qui renonce. Sur le plan procédural, la renonciation correspond à un désistement d'action. Elle est tout entière, bénéfique pour le défendeur et n'a pas besoin d'être acceptée.

Le cas le plus fréquent est celui de la mainlevée. Elle peut intervenir par décision unilatérale du créancier saisissant. Celui-ci peut agir ainsi, soit parce qu'il entend abandonner son droit, soit parce qu'il a l'intention de corriger certains actes de procédure afin de recommencer ultérieurement la saisie[458]. Sur le plan procédural, ce second cas de figure correspond à un désistement d'instance. Dans la plupart des cas que l'on rencontre en jurisprudence, il peut s'avérer que le désistement d'instance soit en réalité un désistement de complaisance[459].

La question qui se pose dès lors est celle de savoir, si une mainlevée donnée extrajudiciairement par le créancier saisissant peut produire un effet immédiat de droit envers le débiteur saisi ?

La réponse doit en principe dépendre du moment auquel la mainlevée intervient. En d'autres termes, il faut examiner selon que la mainlevée est donnée avant ou après la dénonciation de la saisie intervenue.

Lorsque la mainlevée intervient avant l'expiration du délai de 08 jours édicté par la plupart des textes pour dénoncer la saisie au débiteur[460], le créancier qui choisit la voie de l'exécution forcée peut

---

[456] GRAMMATIKAS (G), *Théorie générale de la renonciation en droit civil*, Th. 1971, préface Jean CARBONNIER, LGDJ, p. 3 ; TERRE (F), SIMLER (Ph) et LEQUETTE (Y), *Les obligations*, 11e éd., Dalloz p. 941 n° 884 et s.

[457] TERRE (F), SIMLER (Ph ;) et LEQUETTE (Y), Les obligations, op. cit., p. 10

[458] CCJA, Arrêt n° 099/2013 du 22/11/2013.

[459] Ord. n° 432/ du 25/8/ 2009, T.P.I. Ydé (C. Adm.).

[460] Pour la saisie-attribution des créances, voir art. 160 de l'AUPSRVE.

encore changer d'avis et faire volte-face en donnant mainlevée de la saisie. Quelle que soit la cause d'un tel revirement procédural, il lui suffira de porter sa décision d'abandon de la procédure à la connaissance du tiers saisi, par acte extrajudiciaire. À ce moment, le débiteur n'étant au courant de rien, les choses reviennent au statu quo ante, comme s'il ne s'était rien passé.

Mais une fois que la dénonciation est opérée, la saisie est opposable au débiteur saisi. Le sort de la procédure qui va suivre échappe désormais au créancier saisissant ; car ce n'est pas à ce dernier que la loi offre le droit d'option, c'est plutôt au débiteur saisi qu'il appartient, soit de payer ; soit d'élever des contestations devant le juge de l'exécution.

Si volontairement ou par négligence[461], le délai de recours expire sans qu'aucune contestation n'ait été élevée, la saisie devient définitive. Elle produit alors son plein et entier effet.

Mais si usant de la permission légale, le débiteur saisi élève des contestations en saisissant le JEX, tout doit désormais se dérouler devant ce juge qui est tenu de tout examiner à l'occasion d'une procédure contradictoire, démocratique et publique [462], avant de trancher la contestation.

Une question se pose cependant : au cas où le créancier saisissant persisterait dans sa volonté de renoncer à la saisie malgré l'action en contestation. Doit-il requérir l'acceptation du débiteur saisi ?

La réponse est donnée par le droit commun processuel. Doctrine et jurisprudence sont d'accord pour dire unanimement que l'acceptation du défendeur à l'action est une condition de validité du désistement d'instance[463]. Comme le relèvent à bon droit VINCENT et GUINCHARD, *« le défendeur peut avoir intérêt à ne pas accepter le désistement, quand ce ne serait que pour ne pas rester sous la menace perpétuelle d'une action*

---

[461] BOYER (L) et ROLAND (H), A propos du défaut de diligence, in Mél. VINCENT, Dalloz, 1981, p. 9

[462]La procédure de contestation doit revêtir tous les caractères d'un procès équitable. Sur ce point, voir MOTULSKY (H), Le droit naturel dans la pratique jurisprudentielle : le respect des droits de la défense en procédure civile, *Mél. ROUBIER*, t.2, p. 175 ; LEVY (L), Oralité et contradiction en procédure écrite, JCP 1960.I. 3459 ; CORNU (G), Les principes directeurs du procès civil par eux-mêmes (fragments d'un état des questions), in Études BELLET, LITEC, 1991, p. 83.

[463]Civ. 15 Juin 1955 D. 1955 somm. 38 ; Civ. 2e 9 mai 1979, JCP 1979 IV 227.

que le demandeur peut renouveler contre lui... ou simplement lorsqu'il veut se porter aussi demandeur reconventionnel »[464].

Cette solution qui est traditionnelle ne semble pas avoir convaincu la CCJA[465]. La haute juridiction communautaire se borne à constater l'existence d'une mainlevée suivie d'une nouvelle saisie[466]. Elle ne s'intéresse ni au sort de l'action en contestation engagée ni à la position du débiteur qui ne doit pas, du fait de la ruse du créancier saisissant, être conduit à former contestation sur contestation pour la même saisie.

En réalité, tout se passe devant la CCJA comme si l'Acte uniforme sur les voies d'exécution se suffisait à lui-même. La pratique démontre cependant que ce texte communautaire ne peut se passer du secours du droit commun de la procédure. C'est le cas par exemple de la notion de mainlevée. L'Acte uniforme du 10 avril 1998 est muet sur son régime juridique. Pour en avoir une idée, il faut se tourner vers le droit commun processuel qui réglemente le désistement en procédure[467].

Or, en saines sciences juridiques, le débiteur qui a élevé des contestations à la suite d'une première saisie, ne peut plus subir du fait du même créancier saisissant et sur le même bien, une nouvelle saisie sous prétexte que ce dernier aurait donné mainlevée de la première saisie, sans même en informer le juge saisi de la contestation. Les raisons sont multiples :

D'abord, parce que l'acte extrajudiciaire qui donne mainlevée entre les mains d'un tiers ne peut juridiquement dessaisir le juge saisi de la contestation. Celui-ci n'est dessaisi que lorsqu'il aura rendu la décision tranchant la contestation ou alors, lorsqu'il aura donné acte, toujours par voie judiciaire, de la mainlevée intervenue et portée à sa connaissance.

En principe, une nouvelle saisie par le même créancier sur les mêmes biens devrait être déclarée sans objet, puisque les biens que celui-ci prétend saisir de nouveau avant l'issue de la procédure de contestation en cours sont déjà sous main de justice et sont donc devenus indisponibles.

---

464 VINCENT (J) et GUINCHARD (S), Procédure civile, 24e éd. DALLOZ 1996 p. 722 n° 1180 et s.

465 CCJA, Arrêt n° 069/2013 du 22/11/2013 aff. Maître x C : BICEC

466 CCJA, Arrêt n° 069/2013 du 22/11/2013 aff. Maître x C : BICEC

467 STRICKLER (Y), Procédure civile, op. cit., p. 173, n° 303.

En l'absence d'une décision définitive tranchant la contestation ou donnant acte de la mainlevée opérée unilatéralement, le tiers saisi ou requis reste collaborateur du service public de l'exécution et ne peut prendre une décision contraire qu'à ses risques et périls[468].

468 Voir IPANDA (F.P.), « Arrêt KARNIB, Une révolution ? Question d'interprétation », in *RCDA*, 2001, n° 10 spéc. p. 52, Commentaire arrêt CCJA, 11 Oct. 2001 et la jurisprudence citée ; JURISCOPE, 2001.

CHAPITRE 2 :

LA RÉCEPTION DE LA NOTION DE COLLABORATEUR OCCASIONNEL EN DROIT PRIVÉ

Le degré de réception de la notion de collaborateur occasionnel en droit privé varie selon qu'on se trouve en droit communautaire ohada (Section 2) ou en droit privé interne (Section 1).

Section 1 : En droit privé interne

On ne trouve chez les juristes privatistes, à notre connaissance, aucune étude d'ensemble de la notion de collaborateur occasionnel. La plupart des disciplines qui en font référence se contentent parfois de l'évoquer simplement, sans en faire une analyse approfondie. C'est le cas du droit civil substantiel (Paragraphe 1). D'autres disciplines, comme le droit civil processuel, n'hésitent pas à réclamer l'application des solutions du droit administratif au procès civil, lorsqu'il faut trancher les litiges concernant les techniciens qui participent à une œuvre d'intérêt général (Paragraphe 2). Reprenons en détail, ces deux attitudes.

Paragraphe 1 : Une notion simplement évoquée en droit civil substantiel

Les auteurs de droit privé substantiel accordent plus ou moins d'intérêt à la notion de collaborateur en général et de collaborateur occasionnel en particulier. Il convient de mettre en relief ce désintérêt, en tenant compte de la discipline en cause (I). On examinera ensuite les raisons profondes qui ont conduit la doctrine privatiste à se désintéresser de cette notion. (II).

I- Le constat du désintérêt

Le constat du désintérêt est premièrement apparu en droit civil (A). Le droit commercial et des sociétés n'ont accordé à la notion de collaboration, aucune importance significative (B). Il en est de même du droit du travail (C).

A- En droit civil

On se limitera ici à deux groupes d'auteurs : d'une part, le constat fait par les frères Mazeaud (1) et la position de M. RIOU (2) d'autre part.

1- Le constat des MAZEAUD

C'est à l'occasion de la classification traditionnelle des personnes, en personnes morales de droit public et en personnes morales de droit privé que H. & L. MAZEAUD ET J. MAZEAUD se sont livrés à un examen certes schématique, mais très profond des relations qui se nouent entre la première catégorie de personnes citées et les sujets de droit privé[469]. Après avoir constaté qu'il y a des personnes morales de droit privé qui exécutent des missions d'utilité publique, ils concluent qu'il existe une catégorie sui generis de personnes privées dont on tient rarement compte, mais qu'il convient de placer *« à la frontière du droit public »* à cause de leur *« activité semi-publique »*[470].

On n'a pas besoin de lumières particulières pour découvrir l'idée de collaboration qui se profile derrière cette réflexion. Pour ces auteurs, les particuliers qui participent à une activité d'intérêt général doivent être intégrés dans une catégorie qui n'appartient entièrement ni au droit privé ni au droit public[471].

Les tiers dans les voies d'exécution appartiennent à cette catégorie intermédiaire. Ils apportent leur concours à l'exécution, activité de service public alors qu'ils ne sont pas les agents de l'administration au sens primaire du terme. Ils se trouvent sans aucun doute, sur la ligne médiane qui sépare les deux grandes catégories de personnes. À savoir, les personnes de droit privé et celles du droit public. Dans ces conditions, on ne peut éviter de leur reconnaître un statut original, afin de pouvoir objectivement les distinguer des tiers du droit des obligations.

---

[469]. MAZEAUD ET J. MAZEAUD, (H., L & J) Leçons de droit civil, p. 607 n° 603 et s.,
[470] MAZEAUD ET J. MAZEAUD, (H., L & J), Leçons de droit civil, op. cit., SAVATIER (R), Droit privé et droit public D. 1946 Chr. p. 25 qui affirme que l'État ne peut réussir ses missions économiques qu'en s'appuyant sur *« les particuliers qui se voient chargés d'un service public »*.
[471] MAZEAUD ET J. MAZEAUD, (H., L & J), op. cit. p. 607 n° 603 et s.

Ainsi, le simple fait pour ces auteurs d'avoir attiré l'attention de la doctrine sur l'existence de cette catégorie particulière de personnes, à mi-chemin entre le droit privé et le droit public, est suffisant pour provoquer de multiples réflexions à leur sujet.

Les études entreprises par la suite, surtout par les auteurs de droit public, confirment cette analyse. Elles montrent clairement que la division des personnes, en personnes morales de droit public, d'une part ; et en personnes morales de droit privé, d'autre part, qu'on présente généralement comme la *summa divisio* du droit des personnes n'est pas étanche. Il faut y inclure une troisième catégorie, celle qui intéresse les tiers à statut particulier que sont les collaborateurs du service public. Cette prise en compte est indispensable à une époque où l'on découvre un important attrait des particuliers pour des structures administratives et où la collaboration secteur public-secteur privé est à la mode. L'article 38 de l'AUPSRVE se situe sur cette voie.

Cette tendance à l'envahissement du secteur public par les personnes de droit privé, mais aussi, et inversement la gestion des activités économiques des personnes morales publiques par des procédés de droit privé[472] renforce cette idée de collaboration.

Aujourd'hui, même les auteurs qui plaident farouchement pour l'autonomie de chaque catégorie de personnes, publiques ou privées, doivent se sentir un peu obligés de réviser leur position[473].

2- La position de M. RIOU

M. RIOU voit dans l'action d'un tiers qui agit en faveur d'autrui sans qu'il y ait à la base un intérêt personnel à protéger, un acte de dévouement[474]. Par définition, *« l'acte de dévouement est l'acte d'un individu qui, en l'absence de toute obligation juridique, accepte délibérément de sacrifier spontanément sa vie (ou ses biens), en portant secours à autrui »*[475].

---

472 DE CORAIL (J.L.), « Le juge administratif et la qualification des interventions de l'État dans le domaine de l'économie », in *Études Ch. EISENMANN*, éd. CUJAS, p. 299.

473 GARSONNET et CESAR BRU, T.3 n° 574 P. 198, PERROT, Cours de droit judiciaire privé, Paris 1963-1964, in *Les Cours du Droit*, p. 604, cités par J. NORMAND, op. cit., p. 93 et s.

474 RIOU (M), « L'acte de dévouement », in *Rev. Trim. Dr. Civ.*, 1976. 221

475 Ibid.

L'acte de dévouement est très proche de la collaboration que le législateur impose d'autorité dans les voies d'exécution ohada. Il peut même lui en être assimilé. Dans les deux cas, il s'agit des actes que ceux qui n'ont aucun intérêt personnel à défendre dans une cause posent dans un cadre donné, afin de voler au secours d'autrui, par pure générosité [476] ou obligation légale.

Pour mieux les appréhender, il faut les distinguer aussi bien des actes d'assistance[477], mais aussi des actes de complaisance[478].

Il n'est pas aisé de faire le départ entre l'acte de dévouement qui est une sorte de collaboration, et celui de complaisance. Le premier est volontaire, spontané et gratuit. Le second renferme un accord de volonté qui n'oblige juridiquement aucune des parties. C'est le cas ici, du transport bénévole[479]. La jurisprudence refuse traditionnellement de voir, dans un tel accord, un contrat de transport. La responsabilité du transporteur ne peut être engagée que sur le fondement des articles 1382 et 1383 du Code civil[480], ou alors, depuis l'arrêt de la Chambre mixte de la Cour de cassation de 1968, sur celui de l'article 1384 al. 1er du même code[481].

L'acte d'assistance ressemble fort étrangement aussi à l'acte de dévouement et à l'acte de collaboration des voies d'exécution, lorsqu'il est gratuit. La doctrine s'est beaucoup interrogée sur la nature juridique de l'acte d'assistance. Pour R. BOUT, on a affaire ici à un contrat de service gratuit [482]. Il ne s'en diffère qu'en cas d'existence d'une

---

476 ROY-LOUSTAUNAU (C), Du dommage éprouvé en prêtant assistance bénévole à autrui, préface P. BONASSIES, P.U. d'Aix-Marseille, 1980.

477 BOUT (R), La convention dite d'assistance, in Mél. KAYSER, 1979 p.157 (la jurisprudence applique parfois des solutions de la responsabilité civile délictuelle ou de la gestion d'affaires, pour réparer le préjudice subi par celui qui porte secours, même sans connaître d'avance, le bénéficiaire).

478 TERRE (F), SIMLER (Ph) et LEQUETTE (Y), *Droit civil, Les obligations*, précis DALLOZ, 11e éd., 2013 p. 73 n° 55.

479 RODIERE (R) et MERCADAL (B), Droits des transports terrestres et aériens, 4e éd. N° 350 p. 408.

480 Civ. 27 Mars 1928 Grands Arrêts de la jurisprudence civile T.2 n° 209 ; VINEY (G), Traité de droit civil, (sous la direction de Jacques GHESTIN), Les obligations, la responsabilité, conditions, LGDJ 1982, p. 397 n° 327 et s.

481 Civ. Ch. Mixte 20 déc. 1968 Grands Arrêts de la jurisprudence civile T.2, n° 210.

482 BOUT (C), La convention dite d'assistance, Mél. KAYSER, 1979, p. 157.

convention d'assistance. Pour Géneviève VINEY, « *celui qui agit dans un but altruiste ne doit pas être victime de sa générosité* »[483].

Cette distinction étant faite, il est important de retenir ici que l'acte de dévouement est un acte gratuit exempt de *« toute idée d'obligation légale ou de contrainte morale »*[484].

Doctrine et jurisprudence ont toujours été très sensibles à la protection de tous ceux qui se livrent aux actes de dévouement et de bravoure. Pour RIOU, *« il est nécessaire d'accorder un traitement de faveur à celui qui ne se contente pas d'être le témoin passif d'un drame »*[485].

Malheureusement, les textes qui reconnaissent le bien-fondé de la collaboration spontanée des tiers dans l'intérêt d'autrui ne prévoient aucun mode de réparation du préjudice subi par ces particuliers.

La doctrine pense que sur le plan général, on peut suppléer à ce vide juridique en faisant recours aux techniques de droit civil, comme la gestion d'affaires[486] ou à la responsabilité civile délictuelle[487].

Mais en matière d'exécution spécialement, il est plus intéressant de recourir aux techniques de droit public pour résoudre les problèmes de responsabilité découlant de l'activité d'un collaborateur occasionnel du service public.

B- En droit commercial et des sociétés

Les spécialistes du droit commercial ont vu, depuis très longtemps, une relation de collaboration entre les organes de gestion et les associés non-gérants[488]. On exposera très succinctement, entre autres, les points de vue de Mme MOUTHIEU Epse NJANDEU (3), du Doyen HAMEL (2) et de M. AMIAUD (1).

---

483 VINEY (G), Traité de droit civil, (sous la direction de Jacques GHESTIN), Les obligations, la responsabilité, conditions, LGDJ 1982, p. 763 n° 641 et s.

484 RIOU (M), « L'acte de dévouement », in *Rev. Trim. Dr. Civ.*, 1976.

485 Ibid.

486 TERRE (F), SIMLER (Ph) et LEQUETTE (Y), Droit civil, Les obligations, précis DALLOZ, 11e éd., 2013, p. 1093, n° 1040.

487 VINEY (G), Traité de droit civil, (sous la direction de Jacques GHESTIN, Les obligations, la responsabilité, conditions, LGDJ, 1982, p. 763, n° 641 et s.

488 CHOUKROUN (Ch.), Les droits des associés non-gérants dans les sociétés à responsabilité limitée, préface du professeur ANDRE AMIAUD, LGDJ, 1957.

1- Le point de vue de M. AMIAUD

Pour M. AMIAUD, les associés non-gérants ne se bornent pas seulement à attendre les bénéfices que peuvent leur procurer leurs actions. Ils veulent aussi participer à travers le droit de communication temporaire ou permanent auquel ils ont droit[489], à une *« collaboration volontaire, active, intéressée et égalitaire »*[490] au profit de la société.

Il s'agit là de la manifestation du second aspect de l'affectio societatis qui est souvent oublié et dont le professeur AMIAUD recommande la prise en compte[491]. À côté de leur droit à partage des bénéfices et des pertes, l'accent doit aussi être mis sur l'activité économique que les associés exercent en commun. D'où la conclusion objective à laquelle il aboutit, lorsqu'il affirme que les associés non-gérants sont avant tout *« des collaborateurs »*[492]. Mis à part l'aspect rémunération, la participation des associés non-gérants ressemble fort bien à celle des tiers actifs dans les voies d'exécution ohada. La thèse du doyen HAMEL va le confirmer.

2- Le doyen HAMEL

Pour le doyen HAMEL, l'affectio societatis est la traduction d'une collaboration. Elle naît de la volonté d'union ou la convergence d'intérêts qui animent les associés[493]. Ils doivent tous participer à la bonne marche de la société et ne pas avoir d'intérêts opposés, comme c'est le cas de contractants ordinaires[494]. C'est pour cela que la *« fraternité »* qui doit régner dans la vie sociale ne doit pas se limiter aux seuls associés[495]. Elle doit aussi imprégner les rapports entre ces derniers et les dirigeants, afin que l'idée de collaboration prônée par A. AMIAUD soit effective.

---

[489] Lire Ch. CHOUKROUN.

[490] PIC, L'élément intentionnel dans le contrat de société, in Annales de droit commercial, 1906, p. 153 cité par CHOUKROUN, thèse, op. cit., p. 110.

[491] Travaux de la Commission de réforme du Code de commerce et du droit des sociétés T. 2 p. 393 cité par CHOUKROUN, thèse, op. cit. p. 110 et s., adde, même auteur, in Mélanges SIMONIUS, 1955 p. 1.

[492] AMIAUD, Travaux de la Commission de réforme du Code de commerce et du droit des sociétés T. 2 p. 112 cité par CHOUKROUN, thèse, op. cit., p. 110 et s.

[493] HAMEL, LAGARDE et JAUFFRET, Droit commercial, 2e éd., T. 1, vol. 2, n° 409.

[494] Ex. vente, les parties au contrat ont chacune un intérêt propre à protéger, opposé à celui de son cocontractant.

[495] GUYON (Y), la fraternité dans le droit des sociétés, *Rev. Soc.*, 1989, p. 439.

C'est à cette même convergence d'intérêts que doivent se soumettre les tiers collaborateurs du service public de l'exécution. Ils doivent défendre uniquement les intérêts supérieurs du service public de l'exécution et non les intérêts égoïstes de chaque partie au rapport d'exécution.

3- Madame MOUTHIEU épouse NJANDEU

Dans sa thèse sur l'intérêt social en droit des sociétés, Mme MOUTHIEU épouse NJANDEU [496] revisitant [497] la *« vieille notion neuve »* de l'intérêt social en droit des sociétés, expose que l'affectio societatis est « la volonté des associés de collaborer… au succès de l'entreprise commune ». Cette conception, qui est aussi celle du professeur GUYON [498], est très proche de la doctrine de la collaboration occasionnelle en droit public. La démonstration de Mme MOUTHIEU, approuvée par l'un des plus grands techniciens du droit ohada [499], présente un double intérêt : elle a l'avantage de reprendre en les harmonisant, les controverses développées en doctrine autour de cette notion[500]. Elle prend clairement position pour dire que l'affectio societatis n'est pas, comme l'affirme Paul DIDIER, une notion inutile *« qui ne veut pas dire grand-chose… »* en droit des sociétés[501]. C'est au contraire, *« une notion à finalité protectrice »*[502]. Poursuivant sa réflexion, Mme MOUTHIEU démontre, à la suite de T. HASSLER [503], que l'intérêt commun est le fondement de toute collaboration entre les différents membres d'une société commerciale. La collaboration permet de *« lever les barrières de la méfiance réciproque… »*. Elle est une finalité *« pour assurer le succès de l'entreprise commune… »*[504]. D'où la critique sévère qu'elle formule à

---

[496] MOUTHIEU épouse NJANDEU, *L'intérêt social en droit des sociétés*, préface du professeur Paul Gérard POUGOUE, thèse d'État, L'HARMATTAN, Études africaines, 2009, p. 199.

[497] SERLOOTEN (P.), *L'affectio societatis, une notion à revisiter, Mélanges offerts à GUYON (Y)*, DALLOZ 2000. p. 1007.

[498] GUYON (Y), op. cit. n° 124.

[499] POUGOUE (P.G.), préface à la thèse de Mme MOUTHIEU épouse NJANDEU p.13.

[500] Telle semble être l'objet des développements de la première partie de son travail.

[501] DIDIER (P), Droit commercial, T. 1 p. 331 d'où selon lui, l'utilisation d'une expression latine.

[502] Voir deuxième partie de la thèse.

[503] HASSLER (T.), « L'intérêt commun », *RTD Com*, 1984, p. 581 et s.

[504] MOUTHIEU épouse NJANDEU, thèse op. cit. p. 200 et s. spéc. P. 204 ; HASSLER (T.), l'intérêt commun, in RTD Com.1984 p. 584 et s.

l'endroit de l'article 125 de l'AUSCG [505]. En fait, ce texte communautaire se borne à déclarer que *« ... tout associé a le droit de participer aux décisions collectives »*. Mais, il oublie d'insister aussi bien sur l'indispensable collaboration qui doit exister entre les différents associés ; que sur l'intention de s'associer, mise en lumière par le doyen Hamel[506].

Cette conception de l'affectio societatis dont l'économie est d'*« assurer le succès de l'entreprise commune »* peut bien expliquer pourquoi le législateur communautaire ohada fait recours aux tiers dans les voies d'exécution. Ainsi, le particulier qui prend part à une procédure d'exécution forcée participe à une activité d'intérêt général. Il a l'obligation légale de concourir au succès de celle-ci. Il doit chercher à atteindre un résultat positif, dans l'unique intérêt de l'exécution, sans se préoccuper des intérêts égoïstes et partisans des protagonistes à l'exécution.

Pour atteindre une pareille finalité, le tiers doit partager le même sentiment de réussite que le service public de l'exécution dont il s'associe à l'activité. C'est exactement ainsi que se comportent, en principe, les associés non gérants, dans les sociétés commerciales[507].

C- En droit du travail

Le droit du travail est traditionnellement défini comme un corps de règles dont la fonction est de régir les relations professionnelles entre employeurs et salariés du secteur privé.[508] C'est pour cela que la matière est présentée comme discipline de droit privé.

Plusieurs auteurs cependant, après avoir posé ce principe, reconnaissent immédiatement que le droit du travail est rebelle à toute classification et ne s'accommode pas toujours des frontières qui lui sont artificiellement assignées par les programmes académiques[509].

---

[505] L'Acte Uniforme Ohada du 17 avril 1997 modifié, relatif au droit des sociétés commerciales et du groupement d'intérêt économique modifié, publié le 30 janvier 2014.

[506] HAMEL, LAGARDE et JAUFFRET, Droit commercial, 2e éd., T. 1 vol. 2 n° 409 ; GUYON (Y), Droit des affaires T. 1 Droit commercial général et sociétés, 12e éd. ÉCONOMICA n° 124

[507] CHOUKROUN (Ch.), Les droits des associés non-gérants dans les sociétés à responsabilité limitée, op. cit.

[508] Contra RIVERO (J) et SAVATIER (J), Droit du travail, op. cit.. p. 9 et s.

[509] RIVERO (J) et SAVATIER (J), op. cit. p. 12

La matière entretient une collaboration poussée et indiscutable avec les autres disciplines juridiques. Le contrat de travail, par exemple, reçoit sa définition des articles 1779 et 1780 du Code civil. Ces textes considèrent un tel contrat, comme une convention de louage de services[510]. Le droit du travail reçoit aussi un précieux concours du droit pénal afin de pouvoir assurer l'ordre au sein de l'entreprise. On le constate à travers la sanction du délit d'entrave et de l'irrespect des règlements sur la sécurité du travail[511]. Mais le droit du travail ne se borne pas à recevoir le concours des autres disciplines. Il offre aussi ses services, non seulement au droit professionnel, son domaine naturel, mais aussi au droit public[512]. Cette collaboration réciproque ne passe pas inaperçue.

Le professeur Yves SAINT-JOURS a mis en relief le pouvoir de « *pénétration du droit du travail* » dans les autres disciplines juridiques[513]. Dans une étude très fouillée et très savante offerte au professeur G.H. CARMELYNK, il démontre le rôle joué par le droit du travail dans la fonction publique. C'est le droit du travail qui assure l'unification du régime des salariés, tant du secteur privé que ceux du secteur public lorsqu'il s'agit du personnel non régi par le statut de la fonction publique[514]. Au-delà de cette unification de règles, le droit public a souvent eu recours au droit du travail pour assurer la protection des agents non titulaires de l'État[515].

Pour G.H. CARMELYNK et LYON CAEN, *« il existe un véritable droit du travail du secteur public, identique à celui du secteur privé »*[516].

Cette collaboration entre le droit du travail et les autres branches du droit, montre bien combien il est difficile à une discipline juridique d'évoluer in solo, dans un système juridique qui se veut cohérent[517]. Ainsi, la collaboration ne se limite pas uniquement entre personnes

---

510 Art. 1779 et 1780 du Code civil.
511 SEILLAN (H), l'obligation de sécurité du chef d'entreprise, DALLOZ 1981 p.129
512 SAINT-JOURS (Y), La pénétration du droit du travail dans la fonction publique, in Études offertes à CARMELYNK (G.H.), DALLOZ 1978 p. 231, CHAPUS (R), Droit adm. général, T.1 op. cit ; p. 8, n° 4.
513 SAINT-JOURS (Y), op. cit., p. 135
514 POUGOUE (P.G), Droit du travail et de la Prévoyance sociale au Cameroun, P.U.C., T.1, 1988, p. 24, n° 42.
515 SAINT-JOURS (Y), op. cit., p. 135
516 CARMELINCK (G.H.) et LYON CAEN, Droit du travail, 9e éd., p. 2 et s.
517 CARMELINCK (G.H.) et LYON CAEN, Dr. du Travail, Précis Dalloz, 1978.

publiques et personnes privées comme on le voit en matière d'exécution. Elle peut s'étendre aux autres disciplines juridiques.

Ces enseignements méritent d'être pris en compte par les spécialistes du droit privé en général et du droit judiciaire privé en particulier. Malheureusement, on observe aujourd'hui, un désintérêt poussé des civilistes à exploiter à fond, les bienfaits de la collaboration, tel qu'elle est élaborée par les solutions du droit public. Il faut en rechercher les raisons, pour mieux comprendre ces positions.

II- Les raisons du désintérêt.

Les raisons qui expliquent le peu d'intérêt que la doctrine privatiste accorde à la notion de collaboration occasionnelle sont multiples. Elles vont des simples considérations d'une prétendue suprématie du droit privé sur le droit public (A), à l'indifférence du droit privé aux situations de fait (B).

A- La prétendue suprématie du droit privé sur le droit public

L'idée d'une prétendue suprématie du droit privé sur le droit public[518], traditionnellement entretenue dans les milieux universitaires[519], a conduit les juristes privatistes à prêter très peu d'attention à la notion de collaboration, surtout occasionnelle ou bénévole, patiemment élaborée par les tribunaux de l'ordre administratif. [520]

---

518 RIVERO (J.). Le régime des entreprises naturalisées et l'évolution du droit administratif in La distinction du droit privé et du droit public et l'entreprise publique, Archives de philosophie du droit, nouvelle série, librairie Dalloz, 1952 p.144. Cet auteur n'a pas manqué de constater que la querelle a été fameuse dans les rapports entre droit public et droit privé. Il opte pour le ni, ni : « ni publicisation du droit privé », ni maintien des deux disciplines dans leur empire traditionnel, mais étroit interpénétration de l'une et de l'autre dans des domaines qui jadis, fussent ressortis soit à l'une, soit à l'autre » v. spéc. P. 149 n° 7.

519 CHEVRIER (G), Remarques sur l'introduction et les vicissitudes de la distinction *« jus privatum »* et du *« jus publicum »* dans l'œuvre des anciens juristes français, in La distinction du droit privé et du droit public et l'entreprise publique, Archives de philosophie du droit, nouvelle série, librairie Dalloz, 1952, p.77 ; cet auteur expose que les anciens juristes français se gardaient d'exagérer l'opposition entre les deux branches du droit… ils se refusèrent à exalter la valeur dogmatique de notre division comme à la dénigrer pour la réduire au rang de simple artifice pédagogique., adde, DONNEDIEU DE VABRES (J), note D.C. 1944, J. 54

520 LONG (M), WEILL (P), BRAIBANT (G), DELVOLVE (P) et GENEVOIS (B), observations sous l'arrêt C.E. Ass. 22/11/1946, Commune de St-Priest— La –Plaine G.A.JA, n° 57.

Pour beaucoup d'auteurs, le droit privé est une discipline complète qui se suffit à elle-même. Pour montrer que le droit privé peut se passer des apports des autres branches du droit, le professeur Gérard FARJAT n'a pas hésité à déclarer qu'il est possible d'imaginer un code civil limité à deux chapitres et à trois articles : le chapitre 1er réduit à l'article 1134. [521] Le 2e chapitre qui comprendrait exclusivement l'article 1382. Un dernier article devra consacrer le principe jurisprudentiel selon lequel, *« nul ne doit s'enrichir sans cause aux dépens d'autrui »*[522].

À travers ce code qu'il qualifie lui-même d'imaginaire[523], l'auteur a voulu tout simplement rappeler que le droit privé est le droit des droits[524]. C'est lui qui inspire les autres branches du droit. C'est le droit des rapports prédéterminés, soit entre particuliers ; soit dans les relations juridiques entre l'Administration et les particuliers, lorsque celles-ci ne sont pas, selon GUINCHARD et DEBARD, *« exorbitantes du droit commun »*[525]. C'est en quelque sorte le droit des figures imposées[526]. Pour cet auteur, toutes les relations dans une société organisée tournent autour d'un fondement contractuel : le contrat social[527].

Cette attitude d'autosuffisance n'a cependant pas empêché aux règles de droit public de s'infiltrer toujours plus profondément dans le

---

[521] FARJAT (G), Le droit privé de l'économie T. 2 Théorie des obligations THEMIS p. 6. Pour cet auteur, *« tous les rapports sociaux pourraient faire l'objet de conventions et ceux qui les auraient souscrites, devraient les respecter ».*

[522] FARJAT (G), Le droit privé de l'économie, op. cit. p. 6 ; MBOUYOM (F.X.), L'enrichissement injuste, discours de rentrée judiciaire de la Cour Suprême du Cameroun, 1978 Cam. Trib. N° 1334 du 28 mars 1978. ; TERRE (F), SIMLER (Ph.) et LEQUETTE (Y), Droit civil, les obligations, Précis DALLOZ, 11e éd. 2013 p. 1111 ; CHEVALLIER (J), Observations sur la répétition des enrichissements non causés ; GORE (F), L'enrichissement aux dépens d'autrui, source autonome et générale d'obligations en droit privé français, Th. Paris, 1945.

[523] FARJAT (G), Le droit privé de l'économie op. cit p. 6.

[524] SAVATIER, op. cit., p. 6

[525] GUINCHARD (S) et DEBARD (Th.), Lexique des termes juridiques, op. cit. p. 403

[526] FARJAT, op. cit. p. 6

[527] Comp, LARROUMET (Chr), Droit civil, T.1, Introduction à l'étude du droit privé, 1984, éd. ECONOMICA, p.42. Cet auteur expose que, jusqu'à la révolution française de 1789, *« le droit était conçu comme étant uniquement ou, en tout cas essentiellement, le droit privé ».*

terrain mouvant du droit privé[528]. Lorsque les privatistes se sont rendu compte de la réalité de *« l'invasion »* du droit privé par le droit public[529], ils n'ont pu que dresser *« des procès-verbaux de constats »*[530] d'impuissance.

Cette situation indiscutable a conduit la majorité des privatistes à se retrancher derrière des positions particulièrement inconfortables.

Certains se sont résignés à constater que *« le droit public pénètre le droit privé »*, ou que *« le droit public envahit[531] ou submerge[532] le droit privé »*. D'autres ont continué à *« crier au déluge »*[533]. Même ceux qui ont spontanément et précipitamment organisé une défense en faveur du droit privé[534] se sont rendu finalement compte, comme Sisyphe, que leurs efforts étaient vains et qu'ils ne pouvaient empêcher au droit public de poursuivre son œuvre de conquête.

« Rongé de toutes parts, le droit civil en tant que droit commun, voit son domaine se rétrécir chaque jour »[535], du fait de l'envahissement de

---

[528] COLIN (A) et CAPITANT(H), Traité de droit civil, T. II, Les obligations, théorie générale, droits réels principaux, refondu par JULLIOT DE LA MORANDIERE (L), DALLOZ 1959, p. 527 n° 945 et s.

RIVERO (J). Le régime des entreprises naturalisées et l'évolution du droit administratif in La distinction du droit privé et du droit public et l'entreprise publique, Archives de philosophie du droit, nouvelle série, librairie DALLOZ, 1952, p.144.

[529] RIPERT (G), Les forces créatrices du droit, LGDJ 2e éd., 1955 l'auteur constate que, entre le droit public et le droit privé, la distinction s'efface et c'est le droit public qui refoule l'application du droit privé v. not. P. 377 n° 156.

[530] L'expression est de Jacques PREVAULT, in *L'évolution du droit de l'exécution forcée depuis la codification napoléonienne, Mél. VINCENT*, p. 298.

[531] MAZEAUD et MAZEAUD, (H., L & J) Leçons de droit civil, Introduction à l'étude du droit privé, op. cit. LARROUMET (Chr.*), Introduction à l'étude du droit privé*, T.1, 1984, ECONOMICA, p. 42, n° 73

[532] SAVATIER (R), Du droit civil au droit public, 1945 ; GUILLIEN, Droit public et droit privé, Mél. BERTHE DE LA GRESSAYE, p. 311.

[533] MAZEAUD (H), Défense du droit privé, D. 1946 Chr. p. 17

[534] MAZEAUD (H), op. cit. ; MORIN (G), la révolte du droit contre le code, p. 23 et s. L'auteur rejette les expressions, « contrat dirigé » ou « publicisé » employées par JOSSERAND. Il préfère celle de « soumission volontaire à un statut ou à un règlement établi ».

[535] RIPERT et BOULANGER, *Traité de droit civil*, T. I. 1956, n° 131 ; COLIN, CAPITANT et JULLIOT DE LA MORANDIERE, *Traité de droit civil*, T.I. 1957, n° 823.

ses disciplines par les règles et constructions du droit public[536]. On assiste de plus en plus irrésistiblement à ce que la doctrine appelle *« la publicisation du droit privé »*[537].

Cette infiltration du droit public dans le droit privé est aujourd'hui très poussée dans les voies d'exécution. Alors que la matière est traditionnellement classée au rang des disciplines de droit privé, on découvre à l'examen qu'elle devient de plus en plus tributaire des règles de droit public[538]. Les voies d'exécution, bien que rangées parmi les disciplines de droit des affaires, sont entièrement placées sous l'autorité *« des pouvoirs publics de l'État »* [539]. La définition des tiers doit nécessairement en tenir compte. Celle-ci se révèle techniquement impossible, sans l'apport des solutions du droit public.

Parallèlement à cette expansion inéluctable du droit public vers le droit privé, un mouvement inverse apparaît dans les faits. De nombreuses fonctions, naguère exclusivement réservées aux autorités publiques, sont de plus en plus exécutées par des personnes de droit privé.[540] Cette nouvelle constatation a conduit une partie de la doctrine

---

[536] SAVATIER (J), « Contribution à une étude juridique de la profession », in *Dix ans de conférences d'agrégation, Études de droit commercial offertes à Joseph HAMEL*, Dalloz, 1961 p. 3, spéc. P.4 n° 3).

[537] LARROUMET (Chr.), op. cit. p.48 n° 80 ; KOVAR (R), La distinction « gestion publique— gestion privée et le régime des conventions de droit international, in Recueil d'études en hommage à Charles EISENMANN, éd. CUJAS, p. 423 ; RIVERO (J), Droit public et droit privé : conquête ou statu quo ? D. 1947 Chr. p.65 qui utilise les expressions de guerre du genre : conquête ou annexion du droit privé, protectorat c'est-à-dire une extension du droit public et enfin, l'encerclement ou l'asphyxie, lorsque le droit public contrôle la formation des rapports juridiques entre particuliers. V. du même auteur, Le régime des entreprises naturalisées et l'évolution du droit administratif in La distinction du droit privé et du droit public et l'entreprise publique, Archives de philosophie du droit, nouvelle série, librairie DALLOZ, 1952, p.144.

[538] Sur la pénétration du droit public dans le droit privé, voir l'analyse de MADIOT p. 3 et l'importante bibliographie citée par cet auteur, in « Aux frontières du contrat et de l'acte administratif unilatéral : recherches sur la notion d'acte mixte en droit public français, LGDJ, 1971, p. 3, n° 6.

[539] DONNIER (M) et DONNIER (J.B.), Voies d'exécution et procédures de distribution, 6e éd.

[540] COULOMBEL (P.), introduction à l'étude du droit privé 1969, avant-propos D. TALLON, cité par GHESTIN (J.) & GOUBEAUX (G.), Traité de droit civil Introduction générale LGDJ 2e éd. 1983 P. 66 et s.

à parler à son tour, tantôt, d'une *« privatisation du droit public »*[541], tantôt d'une *« conquête » de larges pans du droit public par le droit privé »*[542].

De ce double mouvement à l'image d'un balancier d'horloge, naissent spontanément des situations de fait non prévues par le droit. Un tel mouvement est la traduction du refus catégorique de l'économie, de consacrer les divisions académiques traditionnelles : droit public-droit privé [543]. L'inévitable collaboration entre ces disciplines est aujourd'hui clairement mise en relief par les auteurs de droit public[544].

B- L'indifférence du droit privé face aux situations de fait

L'indifférence du droit privé quant à l'incidence des situations de fait sur l'évolution du droit est une réalité. Elle a été mise en évidence depuis très longtemps par une partie de la doctrine privatiste[545]. Ainsi,

---

541 KOVAR (R), La distinction « gestion publique-gestion privée et le régime des conventions de droit international, in Recueil d'études en hommage à Charles EISENMANN, éd. CUJAS, p. 423

542 ONDOA (M), *Le droit de la responsabilité publique dans les États en développement, contribution à l'étude de l'originalité des droits africains postcoloniaux*, éd. L'HARMATTAN, not. p. 427. L'auteur démontre que la matière de la responsabilité est l'un des domaines où les emprunts au droit privé sont énormes.

543 CHEVRIER (G), Remarques sur l'introduction et les vicissitudes de la distinction « jus privatum » et du « jus publicum » dans l'œuvre des anciens juristes français, in La distinction du droit privé et du droit public et l'entreprise publique, Archives de philosophie du droit, nouvelle série, librairie Dalloz, 1952, p. 5 ;
HOUIN (R), la gestion des entreprises publiques et les méthodes du droit commercial, La distinction du droit privé et du droit public et l'entreprise publique, Archives de philosophie du droit, nouvelle série, librairie Dalloz, 1952 p.5 ;
FLOUR (J), De l'influence du droit public sur le droit privé en France, dans Travaux de l'Association H. CAPITANT, T. II, Paris, 1947, p. 191

544 ONDOA (M), Le droit de la responsabilité publique dans les États en développement, op.cit.. p. 427.
KOVAR (R), La distinction « gestion publique— gestion privée et le régime des conventions de droit international, in Recueil d'études en hommage à Charles EISENMANN, éd. CUJAS, p. 423.
RIVERO (J), « Le régime des entreprises naturalisées et l'évolution du droit administratif in La distinction du droit privé et du droit public et l'entreprise publique », *Archives de philosophie du droit*, nouvelle série, librairie DALLOZ, 1952, p.144.

545 SAVATIER (R), Réalisme et idéalisme en droit civil d'aujourd'hui. Structures matérielles et structures juridiques, in Mélanges RIPERT, 1950 T.I, p. 75 ; LEVENEUR (L), situations de fait et droit privé, LGDJ 1990 ; HOUIN (R), les situations de fait et le droit, in Association H. CAPITANT, Journées de LILLE, 1957

des auteurs comme NOIREL proposent au droit privé français de s'inspirer des législations étrangères qui accordent une grande place aux situations de fait, pour enrichir la théorie générale du droit[546].

Malheureusement, l'indifférence dénoncée plus haut n'a pas permis au droit privé de s'intéresser à la notion de collaborateur occasionnel. Il est vrai qu'une telle indifférence n'est pas totale[547]. Mais l'absence d'enthousiasme de la doctrine privatiste pour les situations de fait n'est pas passée inaperçue. Elle provient surtout de ce que le droit privé, comme on vient de le souligner, se vante d'être un droit complet[548] qui n'a en principe, besoin d'aucun apport extérieur.

Or, les situations de fait s'imposent d'elles-mêmes. Elles ne sont soumises à aucune règle préétablie. Elles naissent spontanément des comportements des individus confrontés à la réalité sociale. De ce fait, elles échappent à l'emprise du contrat social au sens que lui donnent les philosophes du 17e siècle dont parle le professeur FARJAT[549].

Les situations de fait embarrassent même le droit. En leur présence, le droit se retrouve dans une situation très inconfortable. Il doit opérer un choix. Dans un premier temps, il peut décider d'en tenir compte. Dans ce cas, le droit n'a d'autres ressources que de les consolider[550]. Mais, il peut aussi, dans un second temps, choisir de les ignorer ou plus précisément, de les refouler. Les situations de fait vont alors produire dans ce dernier cas, *« des conséquences juridiques susceptibles de se retourner contre ceux qui les ont créées »*[551].

M. BIBOUM BIKAY François, analysant ce phénomène qui est d'actualité, montre le souci légitime de certaines matières de droit privé, comme le droit des sociétés commerciales ohada, de prendre en compte les situations de fait[552]. Cela n'a pas toujours été le cas par le passé.

(Mai-Juin) ; NOIREL (J), in « Le droit civil contemporain et les situations de fait », *RTDciv.*, 1959, p. 456.

546 NOIREL (J), « Le droit civil contemporain et les situations de fait », *RTDciv.*, 1959, p. 456 ; l'auteur prend ici, le droit Belge pour référence.

547 Voir infra

548 FARJAT (G), *Le droit privé de l'économie*, P.U.F., 2è éd., 1982

549 Ibid., p. 141

550 NOIREL (J), in « Le droit civil contemporain et les situations de fait », *RTDciv.*, 1959, p. 456.

551 Ibid, p. 456

552 BIBOUM BIKAY (F), les situations de fait en droit des sociétés ohada, Revue de droit des affaires Ohada, n° 2 p. 180. ; adde RIVES (G), Le sort des sociétés de fait

L'évolution des mentalités est donc certaine. L'époque n'est plus celle où les situations de fait étaient embarrassantes pour le droit. On sait que s'inspirant de la loi de 1867, la chambre criminelle de la Cour de cassation refusait d'admettre que l'auteur principal d'un délit puisse se dissimuler derrière les représentants légaux d'une société et agir comme un véritable dirigeant[553]. Mais la situation a radicalement changé depuis la loi du 24 juillet 1966 sur les sociétés. Ce texte est suffisamment clair sur les situations de fait. Son article 463 n'a pas manqué de reconnaître, l'existence des dirigeants de fait dans les sociétés par actions. Une autre disposition, l'article 431, s'intéresse aux dirigeants de fait dans les SARL. Il est évident que l'ohada qui a tiré son inspiration des textes français en la matière ne pouvait que consacrer dans sa législation la doctrine française sur les dirigeants de fait. On doit également signaler que bien avant Ohada, les commercialistes avaient déjà pris la juste mesure de l'importance des situations de fait[554]. Le droit administratif, tout comme le droit pénal, n'était pas du reste. Chacune de ces disciplines restait, comme actuellement, préoccupée par les situations de fait. C'est exactement le cas, lorsque le droit répressif s'intéresse au fonctionnaire de fait[555].

Mais M. J. NOIREL, se référant aux systèmes juridiques étrangers qui ont élaboré les travaux remarquables sur les situations de fait[556], met clairement en garde contre une possible confusion, entre la situation de fait et le fait juridique[557].

Pour cet auteur, le fait juridique est prévu par le droit.[558] Il produit des conséquences juridiques dès que l'évènement qui les concerne se

---

depuis la réforme des sociétés commerciales, *Rev. Trim. Dr. Com.*, TXXII, année 1969, p. 407.

[553] Cass. Crim. 17 janvier 1956, Bull. Crim. n° 68 p. 119. 13 Oct. 1960 Bull. Crim. n° 438 p. 873 ; TOUFFAIT (A), ROBIN (J), AUDUREAU (A) et LACOSTE (J), Délits et sanctions dans les sociétés, 2e éd., 1973, p. 272, n° 261.

[554] HEMARD (J), TERRE (F) et MABILAT (P), Sociétés commerciales, préface Jean FOYER, p. 142, n° 153 ; CHAMPAUD (Cl), Les groupements ou organisations sans personnalité juridique, Rapport aux Journées de l'Association H. CAPITANT, TRIESTE, 1969 ; RIVES (G), Le sort des sociétés de fait depuis la réforme des sociétés commerciales, Rev. Trim. Dr. Com., TXXII, année 1969, p. 407.

[555] Code pénal Camerounais, art. 89 (1)

[556] Notamment au droit Italien, voir NOIREL (J), in le droit civil contemporain et les situations de fait, RTDciv. 1959 p. 456.

[557] NOIREL (J), in le droit civil contemporain et les situations de fait, *RTDciv.*, 1959, p. 456.

[558] Op. cit., p. 139

réalise. C'est le cas par exemple de la responsabilité civile délictuelle.[559]

La situation de fait ne l'est pas. C'est *« une structure matérielle nue »*[560], qui est au départ, ignorée par le droit[561]. Il faut donc se garder d'entretenir une confusion regrettable, entre les situations de fait et les faits juridiques. Le droit ne réglemente pas les premières. Il en est autrement des seconds qu'il connaît et sanctionne[562].

En réalité, le professeur NOIREL ne fait que suivre ici sur les pas du doyen SAVATIER. Ce dernier est le premier à avoir exprimé son inquiétude au milieu du 20e siècle, sur le recul significatif des constructions juridiques au profit des situations de fait[563].

Étudiant ce phénomène qui est singulier[564], le doyen SAVATIER constate que *« les structures matérielles nues tendent à accéder facilement à la vie juridique, aussi bien dans le domaine du droit privé que de celui du droit public »*[565]. Il le dit surtout à propos de l'activité de certains tiers qui sont parfois à cheval entre les deux branches du droit : public et privé. Pour lui *« Depuis DOMAT, un même mot revient*

---

559 C'est notamment le cas en matière de responsabilité, voir not. FLOUR, AUBERT et SAVAUX (A), Droit civil T I. L'acte juridique, T.II le fait juridique, éd. ARMAND COLIN

560 SAVATIER (R), Réalisme et idéalisme en droit civil d'aujourd'hui. Structures matérielles et structures juridiques, in Mélanges RIPERT, 1950 T.I, p. 75.

561 NOIREL (J), RTDciv. Op. cit. 1959 p. 456.

562 SAVATIER (R), Une direction de recherches pour l'enseignement du droit privé : rendre consciente les métamorphoses que cache la continuité des textes D.1957 doct. P. 175 ; SAVATIER (R), Réalisme et idéalisme en droit civil d'aujourd'hui, structures matérielles et structures juridiques, in Mélanges RIPERT, 1950 T. 1 p. 75 ; NOIREL (J), in le droit civil contemporain et les situations de fait, RTDciv. 1959 p. 456 ; LEVENEUR (L), Situations de fait et droit privé, LGDJ 1990. GHESTIN (J) et GOUBEAUX (G), Traité de droit civil, sous la direction de GHESTIN (J) T.I, Introduction Générale, 3e éd. LGDJ, 1983 p. 128 n° 175.

563 SAVATIER (R), Réalisme et idéalisme en droit civil d'aujourd'hui. Structures matérielles et structures juridiques, in Mélanges RIPERT, 1950 T.I, p. 75.

564 SAVATIER (R), Réalisme et idéalisme en droit civil d'aujourd'hui, structures matérielles et structures juridiques, in Mélanges RIPERT, 1950T. 1 p. 75 ; Du droit civil au droit public, à travers les personnes, les biens et la responsabilité civile, Paris 1945.

565 Cité par NOIREL (J), in le droit civil contemporain et les situations de fait, RTDciv. 1959, p. 456 qui cite entre autres, la théorie du gouvernement de fait, du fonctionnaire de fait, du comptable de fait, etc.

sans cesse et à travers les siècles (dans les définitions de la collaboration) : celui de particuliers »[566].

Par cette constatation, le savant maître voulait tout d'abord rendre compte de la réalité matérielle des mutations qui s'opèrent de plus en plus dans la vie juridique des individus au sein des sociétés organisées. En termes simples, il voulait dire, comme le font les MAZEAUD[567], que beaucoup d'anonymes ne restent pas toujours de simples particuliers, lorsqu'ils se mêlent parfois à l'exercice de certaines activités organisées par le droit. Cette intrusion dans un domaine où ils devaient en principe être considérés comme des étrangers, opère nécessairement en leur faveur, un changement de qualité. C'est le cas des personnes de droit privé, qui se livrent à une activité de service public sans en avoir été préalablement invitées[568]. Dans les relations de ces derniers avec l'administration par exemple, c'est une situation de fait qui leur permet de prétendre par la suite en cas d'accident, notamment au cas où une telle participation est ratifiée, à un statut spécifique qui leur aurait été refusé en temps normal. Ce statut original les place alors obligatoirement, *« à l'intercession du droit public et du droit privé »*[569].

Par cette réflexion, le doyen SAVATIER ne voulait pas s'arrêter exclusivement à une simple constatation matérielle d'une situation. Il voulait aussi, et surtout adresser implicitement aux juristes privatistes une invitation à s'intéresser plus que par le passé, aux situations de fait[570].

On ne peut pas dire, plus d'un demi-siècle après, que cet axe de recherche inauguré par le maître ait été réellement exploré par le droit privé. Même si dans cette indifférence généralisée, on rencontre des disciplines comme le droit privé processuel qui acceptent et

---

[566] Cité par MAZEAUD et MAZEAUD, (H., L. & J.) Leçons de droit civil, Introduction à l'étude du droit privé. Droits, preuves, personnes, familles, incapacités, éd. Montchrestien, 1959, p. 606, n° 603

[567] MAZEAUD et MAZEAUD, (H., L. & J.), ibid, p. 143

[568] Un exemple courant peut être cité : celui de vaillant citoyen qui dirige la circulation routière aux heures de pointe, en l'absence de la police.

[569] Cité par MAZEAUD et MAZEAUD, (H., L. & J.), *Leçons de droit civil, Introduction à l'étude du droit privé. Droits, preuves, personnes, familles, incapacités*, éd. Montchrestien, 1959.

[570] SAVATIER (R), Du droit civil au droit public, à travers les personnes, les biens et la responsabilité civile, Paris 1945 ; SAVATIER (R), les métamorphoses économiques et sociales du droit civil d'aujourd'hui, p. 1 à 18.

développent l'idée d'une collaboration occasionnelle entrent les particuliers et le service public de la justice.

Paragraphe 2 : Une notion largement acceptée par le droit privé processuel

Contrairement au droit civil substantiel qui s'accommode difficilement des situations de fait, le droit privé processuel accepte sans réserve, l'idée d'une collaboration occasionnelle entre la justice et les particuliers, sur le plan doctrinal (I). Il reste simplement à concilier la jurisprudence dont les solutions sont parfois contradictoires avec les positions doctrinales. (II).

I- Une collaboration acceptée sans réserve sur le plan des principes[571]

Même si le tiers qui concourt à l'administration de la justice est depuis longtemps, regardé comme un collaborateur, il convient cependant d'introduire une nuance selon que l'on se trouve en droit processuel pénal (B) ou en droit processuel civil (A).

A- En droit civil processuel

Pour la clarté de l'exposé, il convient de distinguer deux sortes de collaborateurs judiciaires : les témoins d'une part (2) ; les experts, d'autre part (1).

1- L'expert, collaborateur de circonstance de la justice

En droit processuel, Jacques NORMAND est le premier à notre sens à avoir vu dans la relation entre la justice et certains tiers, notamment les techniciens ou les experts agréés, une relation de collaboration.

Dans une importante étude qu'il a offerte au Doyen Jean VINCENT, Jacques NORMAND déclare que l'expert judiciaire n'est pas un simple particulier. C'est un collaborateur du service judiciaire, lorsqu'il intervient dans une procédure judiciaire[572]. L'expert est généralement commis par le juge *« pour l'éclairer par des constatations, par une*

---

[571] STRICKLER (Y), Procédure civile, 5e éd. 2014 p. 13 n° 3 qui enseigne aussi que la nouvelle dénomination *« droit processuel »* vise à dégager les principes communs aux divers contentieux, tant internes que comparés.

[572] NORMAND (J), Remarques sur l'expertise judiciaire au lendemain du nouveau code de procédure civile, in Mél. J. VINCENT Dalloz p. 255 ; adde GARREAU (D), l'expert judiciaire et le service public de la justice. D. 1988, chr. 97.

consultation ou par une expertise, sur une question de fait, qui requiert les lumières d'un technicien »[573].

a- Les cas dans lesquels l'expert est considéré comme collaborateur judiciaire

L'importance de la preuve scientifique n'est plus à démontrer[574]. Non seulement le recours à l'expertise y est très fréquent, mais la solution de certains litiges va dépendre, le plus souvent, des conclusions de l'expert[575]. C'est le cas, lorsque la personne physique même du justiciable est en cause[576]. Il en est ainsi, en matière d'évaluation du préjudice corporel[577]. Ici, doctrine et jurisprudence s'accordent pour suggérer au juge de reconnaître valeur obligatoire au rapport de l'expert[578].

L'expert joue également un rôle important dans plusieurs autres domaines. Notamment, en droit de la filiation[579]. Son influence est grande dans les actions en désaveu de paternité[580]. On aura ici recours, soit à l'analyse comparée des sangs, soit aux examens génétiques et aux expertises relatives à la durée de la grossesse[581]. Il s'agit, dans tous ces

---

573 NORMAND (J), op. cit., p. 255.

574 Droit de la filiation et progrès scientifiques, sous la direction de LABRUSSE(C) et CORNU, (G) éd ; ECONOMICA 1981, p. 51.

575 MASSIP (J), La preuve scientifique de la filiation et la pratique judiciaire, in Droit de la filiation et progrès scientifiques, sous la direction de LABRUSSE (C) et CORNU, (G) éd ; ECONOMICA 1981.

576 ROUJOU DE BOUBEE (M. E.), *Essai sur la notion de réparation*, op. cit., p. 358.

577 LEROY (M), l'évaluation du préjudice corporel, L.G.D.J.

578 ROUJOU DE BOUBEE (M. E.), op. cit., p. 358.

579Enfant conçu pendant la séparation de corps des époux

580 Examen de sang pour établir que le mari ne pouvait biologiquement être le père de l'enfant en cause ;

581 MASSIP (J), La preuve scientifique de la filiation et la pratique judiciaire, op. cit., p. 51.

cas, d'assurer le triomphe de la vérité biologique[582] sur la vérité juridique[583].

De même, en matière de contrôle des sociétés commerciales, le juge ne peut prononcer la responsabilité des dirigeants sociaux qu'au vu du rapport de l'expert-comptable[584].

Enfin, parmi les litiges dont la solution est subordonnée à l'apport d'un technicien commis par le juge, on peut citer ceux qui relèvent du domaine immobilier[585]. C'est le cas par exemple des procès relatifs à l'occupation des emprises ou des servitudes[586]. C'est aussi le cas de l'évaluation du coût des constructions lorsqu'un litige sur leur valeur réelle naît entre deux cocontractants[587]. Le domaine de l'intervention des experts commis par la justice est vaste et la présente énumération ne peut être qu'indicative.

Dans l'ensemble, il y a collaboration entre le technicien et le juge, chaque fois que ce dernier *« ne peut apprécier l'existence des faits contestés, sans faire appel à des connaissances qui dépassent nécessairement ses compétences personnelles »* sur le point discuté[588].

---

[582] HUET-WEILLER (D), vérité biologique et filiation, le droit français ; adde MME SALMON (D), la preuve scientifique de la paternité ; état de la science et déontologie, in Droit de la filiation et progrès scientifiques, sous la direction de LABRUSSE (C) et CORNU, (G) éd ; ECONOMICA 1981 ; RAYNAUD (P), le rôle de la volonté individuelle dans l'établissement de la filiation : état du droit positif français, in Droit de la filiation et progrès scientifiques, op. cit. p. 87 ; TERRE (F), Faut-il légiférer à nouveau en matière de filiation ?, Rapport de synthèse, Droit de la filiation et progrès scientifiques, sous la direction de LABRUSSE(C) et CORNU, (G) éd ; ECONOMICA 1981, p. 141.

[583] LOUIS LUCAS, Vérité juridique, vérité matérielle, Mél. SAVATIER, p. 583.

[584] Acte uniforme relatif au droit des sociétés commerciales et au GIE, publié le 30 janvier 2014, ex. Procédure d'alerte Titre IV, Partie II, Titre V, contrôle.

[585] REMERY (J.P.), le rôle du technicien commis par le juge dans la réalisation des travaux ordonnés ou autorisés en justice D. 1986, Chr. p. 285.

[586] GROSLIERE (J. Cl.), Glossaire pour la responsabilité en matière de construction, in Mélanges HEBRAUD, 1981, p. 393. ; TONY MOUSSA, Expertise : matière civile et pénale, DALLOZ 1983, p. 99

[587] ROQUEFORT (J), la pratique du référé expertise, cité par REMERY (J.P.), op. cit., qui suggère que le technicien désigné doit *« se borner à préciser si (les travaux sont conformes à ceux (que le juge) a préconises et aux règles de l'art ».*

[588] NORMAND (J), l'office du juge et la contestation Th. p. 420 et s. CHEVALLIER (J), Remarques sur l'utilisation par le Juge, de ses connaissances personnelles, *RTDciv*. 1962, p. 5.

La décision à intervenir sera donc plus ou moins dépendante des conclusions de ce technicien.

En matière de redressement et liquidation judiciaires[589], c'est le juge saisi de la procédure qui prend l'initiative de désigner, dès l'ouverture du règlement préventif, un expert dont la mission est de dresser un rapport sur la situation économique et financière de l'entreprise[590]. Après dépôt du rapport, le président de la juridiction compétente est de son côté, chargé de convoquer les personnes intéressées[591]. D'abord le débiteur et l'expert rapporteur ; ensuite tout créancier qu'il juge utile d'entendre[592].

Le juge peut pareillement, prendre l'initiative de la désignation, soit d'un expert, soit d'un témoin. La jurisprudence admet depuis très longtemps cette possibilité. Dans l'affaire WORMS, par exemple, la Cour de cassation déclare qu'il *« n'est pas interdit aux juges, lorsqu'ils s'estiment insuffisamment éclairés sur les faits invoqués pour justifier le refus de paiement d'une traite, d'ordonner une mesure d'instruction en vue de vérifier l'exactitude de ces faits »*[593]. Aujourd'hui, cette solution est expressément consacrée par l'article 10 du nouveau code de procédure civile français[594].

Cette forme *« d'instruction par personne interposée »* est considérée par la doctrine comme une *« délégation officielle et officieuse des pouvoirs d'information »*.[595] Elle est admise depuis très longtemps[596]. Elle trouve sa justification dans la volonté du législateur d'alléger le

---

[589] DERRIDA (F), La notion de parties dans les décisions relatives au redressement et à la liquidation judiciaire des entreprises. D. 1989, Chron. p. 85

[590] Art. 8 AUS.

[591] DERRIDA (F), La notion de parties dans les décisions relatives au redressement et à la liquidation des entreprises D. 1989 Chr. P.85

[592] Art. 14 AUS.

[593] Com, 26 juin 1956, cité par DAIGRE (J-J), « La preuve des exceptions opposables par le débiteur d'une traite », *Rev. trim. Dr. com.* ; 1977 p. 652.

[594] Art. 10 Décret du 9 sept. 1971 et 2 du décret du 17 Déc. 1973 (NCPC, art. 143 ne font aucune obligation au juge d'ordonner une mesure d'instruction. Ils lui laissent la charge d'en apprécier l'opportunité. Adde, MARTIN (R), Instruction du procès civil, *RTDciv.* 1971, p. 279 ; HEBRAUD (P), Vérité et office du juge, Ann. Univ. TOULOUSE 1978, T. 26, p. 379. GODE, le mensonge dans le procès, Mél. WEIL, 1982, p. 259.

[595] NORMAND (J), *L'office du juge et la contestation*, Thèse précitée.

[596] NORMAND (J), l'office du juge et la contestation Th. op. Cit., p.. 416 et s ; Travaux du colloque de l'Institut d'études judiciaires de Strasbourg, 26-27 avril 1963 cités par NORMAND (J), l'office du juge et la contestation op.cit. 416 et s.

travail des juges en faisant exécuter par d'autres personnes, selon leurs compétences, des missions que le juge ne peut exécuter lui-même[597].

Mais cela ne veut pas dire que les tribunaux ont l'obligation d'accueillir toutes les demandes d'expertise présentées par les parties au procès. Ils peuvent aussi, selon les circonstances, repousser toutes celles qui sont formulées à des fins dilatoires[598].

Ainsi, la Cour de cassation a désapprouvé en 1971, une cour d'appel qui avait ordonné une expertise à la demande du tiré, alors qu'une telle mesure dissimulait en fait, une demande de délai de grâce déguisé, interdit par l'article 182 du code de commerce[599]. Mais deux années plus tard, la haute juridiction va revenir à ses meilleurs sentiments. Elle opère un véritable revirement en jugeant qu'on ne peut assimiler une demande en justice à un moratoire[600]. Désormais, pour justifier son refus d'accorder une expertise sollicitée, les juges préfèrent opposer au demandeur, le caractère non pertinent[601] ou non indispensable de la mesure sollicitée[602].

On est ici en présence de ce que la science juridique appelle le pouvoir d'opportunité qui n'est qu'une variante du pouvoir souverain d'appréciation reconnu au juge[603] dans certains domaines. Il n'y a là aucune remise en cause du principe dispositif qui voudrait que le procès soit la chose des parties. Ce n'est qu'une exception qui confirme la règle. En fait, le procès civil, contrairement à ce qu'on croit, ne met pas uniquement en cause les intérêts privés.

D'autres intérêts, supérieurs à ceux des parties en litige, peuvent être en jeu. C'est le cas dans les litiges intéressant la famille, le divorce, les successions par exemple. C'est aussi le cas en matière de sociétés commerciales, et des procédures de redressement et de la liquidation judiciaire. L'ordre public peut être intéressé *« lorsque... les intérêts*

---

597 RAYNAUD (P), *RTD civ.*, 1 961 186

598 Paris, 1er juillet 1965, J.C.P. 1965. II . 17 310, obs. LESCOT

599 Com. 14 Juin 1971, J.C.P. 1973 ; II ; 17 310, note GROSLIÈRE

600 Com. 2 Déc.1974, Bull. Civ. 1974 ; IV ; n° 309 p. 256

601 Com. 26 Janv.1971.1974, Bull. Civ. 1971 ; IV ; n° 24 p. 25.

602 AIX, 19 juin 1968 J.C.P. 1969.II. 15 835, obs. LESCOT ; Com. 7 Oct.1975, Bull. Civ. 1975 ; IV ; n° 222 p. 183.

603 BOLARD (G), « Les juges et les droits de la défense », in *Études offertes à Pierre BELLET*, LITEC, p. 49.

privés ne sont pas seuls en cause »[604]. Il n'y a là aucune exception au principe dispositif avec son corollaire, celui de la neutralité du juge[605].

Ces règles qui sont d'origine jurisprudentielle dans nos pays se retrouvent dans beaucoup d'autres, en bonne place dans les codes[606].

À partir du moment où il s'agit d'une délégation de pouvoirs, l'expert désigné, soit d'office par le juge, soit à la demande des parties n'agit, ni pour son propre compte ni pour celui des justiciables dont il n'est pas le mandataire[607]. Les conclusions qu'il va être appelé à déposer seront certes favorables à l'une des parties au procès. Mais elles ne seront pas moins utiles pour permettre à la justice d'évoluer. Au-delà des intérêts égoïstes des parties dont la cause nécessite un éclairage technique, c'est dans l'intérêt supérieur de la justice que l'expert est commis.

Cette relation entre le juge et l'expert fait nécessairement de ce dernier un collaborateur occasionnel du service public de la justice[608]. Elle est identique à celle qu'on rencontre entre le service public de l'exécution et le tiers requis ou saisi. Cette sorte de collaboration est appelée à se développer encore davantage dans l'avenir. La tendance à

---

604 NORMAND (J), l'office du juge et la contestation LGDJ, p. 46 n° 48.

605 GARSONNET ET CÉSAR BRU, T.3 n° 574 P. 198, Perrot, Cours de droit judiciaire privé, Paris 1963-1964, in les Cours du Droit P. 604, cités par J. NORMAND, op. cit. P. 93 et s..

606 Décret français du 5 décembre 1975 instituant le nouveau code de procédure civile ; adde, MOTUSKY JCP 1996 ; T1 des Écrits p.130 et s. CORNU (G), les principes directeurs du procès civil par eux-mêmes (fragments d'un état de questions, in Études offertes à Pierre BELLET, LITEC, p. 83. En France par exemple, on a écrit que les principes directeurs du procès civil n'ont pas à être démontrés. Ils « parlent d'eux-mêmes » et s'imposent à tous. Aux parties d'abord. Elles ont l'entière disposition de l'instance et fixent librement les limites du procès par le contenu de leurs prétentions respectives. Elles ont la charge de l'allégation et de la preuve. À ce titre, elles peuvent solliciter la comparution de toute personne de leur choix, capable d'éclairer la justice. Elles peuvent aussi solliciter toutes sortes d'expertises, susceptibles de leur permettre d'appuyer efficacement les faits allégués. C'est pour ces raisons qu'on doit aisément admettre que les parties ont le droit de provoquer une collaboration, lorsqu'elles estiment que le résultat du procès en dépend. Le principe est constant. Il n'est nullement remis en cause par le pouvoir reconnu au juge, d'apprécier la recevabilité d'une demande.

607 HEBRAUD (P), Commentaire de la loi du 15 juillet 1944 D. 1945. L.51 cité par NORMAND (J), l'office du juge et la contestation, LGDJ, p. 401 n° 367. HERZOG et RETAIL, l'expertise devant les juridictions civiles…

608 GARREAU (D), l'expert judiciaire et le service public de la justice. D. 1988 Chr. p. 97.

la spécialisation des juridictions qu'on observe actuellement un peu partout le commande[609]. La complexité de plus en plus grande du contentieux des affaires sur le plan national et international[610], liée à l'apparition de nouvelles technologies d'information et de communication[611], l'influence de l'informatique sur le droit[612], notamment sur le droit pénal[613], oblige encore davantage le juge à faire appel aux experts. Mais cela ne signifie pas que la collaboration est indispensable dans tous les domaines. Il y a des cas dans lesquels le juge ne peut objectivement faire recours à un tiers, collaborateur.

b- Les cas où l'expert ne peut agir comme collaborateur

Même lorsqu'il est sollicité par le juge, le tiers ne peut pas toujours prétendre jouir de la qualité de collaborateur occasionnel. Ainsi, il n'y a pas collaboration au sens technique du terme, lorsqu'il n'est pas indispensable pour le juge de recourir aux services d'un tiers *« pour bien juger et vite juger »*[614]. Le critère de la collaboration se trouve donc, selon Jacques NORMAND, dans l'indispensable apport technique, physique ou matériel du tiers qui se mêle à l'exécution d'une mission de service public[615].

La collaboration entre le juge et le technicien trouve sa limite dans l'interdiction faite au juge de faire trancher par l'expert les points de droit. Ainsi, il a été jugé que manque aux obligations de son office le juge qui demande à un expert médical de dire si le contrat qui oppose les parties à l'instance a la nature d'un contrat de cession d'une partie d'un cabinet médical ou non[616]. De même, *« viole la règle d'ordre public qui interdit aux juges de former leur conviction par délégation à un expert, des obligations qui leur incombent et à l'aide d'autres*

---

[609] VELLAS (P), Expertise, amiable composition et non-droit dans le commerce international, Mél. HEBRAUD, p. 875.
[610] VELLAS (P), op. cit., p. 149
[611] TORTELLO (N) et LOINTIER (P), Internet pour les juristes. DALLOZ 1996 p. 1 : Pour ces auteurs, le juriste « plonge dans l'univers d'internet, comme autrefois, les marins s'embarquaient sur d'antiques gréements, dans l'inconnu des océans ».
[612] ANDRE LUCAS, Le droit de l'informatique, PUF
[613] GASSIN (R), Le droit pénal de l'informatique, D.S. 1986 Chr. p. 35. ; TOUBOL (F), Le logiciel, analyse juridique, Th. Paris, Avant propos de Pierre CATALA, Préface de LUCAS DE LEYSSAC (Cl), LGDJ, 1986 ;
[614] NORMAND (J), Remarques sur l'expertise judiciaire au lendemain du nouveau code de procédure civile, in Mél. J. VINCENT DALLOZ P. 255.
[615]NORMAND (J), op. cit., p. 225.
[616] Civ. 1re I 17 juillet 1961 D. som. 48.

moyens que ceux prévus par la loi »[617]. Il en est de même du juge qui ordonne à un expert de rechercher les responsabilités de chaque partie dans la remise en état d'un immeuble[618].

La collaboration entre le service public de l'exécution et le tiers requis ou saisi est identique à celle du juge et des experts. Elle est solidement fixée dans tous les services judiciaires qui requièrent l'avis ou la participation d'un technicien ou d'un tiers, participant à l'exécution comme simple témoin.

2- Les témoins, collaborateurs naturels de la justice

Il n'y a pas que les experts et autres techniciens qui peuvent avoir la qualité de collaborateur occasionnel. D'autres personnes auxquelles on n'accorde en principe aucun crédit peuvent efficacement participer à la bonne administration de la justice. Ainsi, dans tout procès, les témoins ont toujours été considérés comme des collaborateurs naturels de la justice en général et à ceux de l'exécution forcée, en particulier.

La question qui se pose ici est celle de savoir si les témoins conviés par les parties elles-mêmes peuvent prétendre avoir la qualité de collaborateurs du service public de l'exécution ?

Pour répondre à cette préoccupation, on doit d'abord poser un principe (a). On lui apportera, par la suite, une exception (b).

a- Le principe

En principe, il appartient à la partie qui forme une demande en justice de mettre à la disposition du juge, tous les éléments de fait indispensables à la manifestation de la vérité. Inversement, le défendeur qui présente à l'occasion d'un procès principal, une demande reconventionnelle, va se trouver tenu de rapporter à son tour, la preuve du fait allégué. Comme le demandeur à l'action, le demandeur reconventionnel est libre de faire comparaître toute personne dont l'audition lui paraît utile.

Dans tous les cas, chacune des parties à l'instance a, selon sa position dans le procès, l'entière liberté d'assurer la défense de ses intérêts. Elle peut choisir de le faire seule. Elle peut aussi choisir de recourir au témoignage voire à l'expertise pour appuyer ses propres prétentions,

---

[617] Paris, 25/10/1953 D.1953.688 (En matière d'accidents, le juge ne peut demander à l'expert de rechercher les responsabilités encourues).
[618] Com. 9 Juillet 1957 bull., p.185.

lorsqu'elle prend l'initiative de l'allégation. C'est l'application pure et simple de la règle *actor iincumbit probatio*, bien assise en droit processuel civil[619].

En outre, le droit reconnaît à la partie à laquelle incombe la charge de la preuve, de le faire par tous les moyens admis par le droit positif. Sous réserve du strict respect de l'ordre public et des bonnes mœurs[620].

En définitive, il s'agit de la mise en œuvre du principe dispositif dans sa pureté. Ce principe a pour corollaire la liberté du lien d'instance reconnue aux parties. En d'autres termes, il s'agit de l'application de ce que le nouveau code de procédure civile français appelle, le principe de l'impulsion[621].

Le code de procédure pénale va encore plus loin. Il admet que le prévenu qui l'accepte dépose à l'audience comme témoin[622].

Si sur le plan technique, on parle souvent, surtout en procédure pénale, des témoins de prévenu, de la partie civile ou du procureur, sur le plan des principes, tous ces témoins participent à la bonne marche du service public de la justice.

---

[619] LEVY –BRUHL (H), La preuve judiciaire, étude de sociologie juridique, libr. RIVIERE & Cie.

[620] En droit moderne, on n'admet plus aujourd'hui le duel judiciaire ; encore moins, la divination ou l'ordalie. Cette dernière était courante dans l'Ancien Testament. On admettait « le test du poison végétal en matière d'adultère. Selon le Livre des Nombres, chap. 5, 11-31, (trad. LOUIS SECOND) : lorsqu'une femme se détournait de son mari pour entretenir commerce avec un autre, en l'absence de témoins, on l'emmenait devant le sacrificateur qui lui faisait boire l'eau sainte mélangée à de la poussière. En cas de culpabilité, son ventre s'enflait au contact de l'eau qui apporte la malédiction et sa cuisse se desséchait.

[621] Ce que le nouveau de Procédure civile français appelle le principe d'impulsion (art. 1 et 2). Voir CORNU (G), les principes directeurs du procès civil par eux–mêmes (fragments d'un état des questions, in Études offertes à Pierre BELLET, LITEC op. cit. p. 86.

[622] En principe, les parties ne peuvent être témoins dans les causes qui les concernent. Ce principe admet des exceptions. En droit pénal, depuis l'entrée en vigueur du code de procédure pénale camerounais, le prévenu qui prête serment peut déposer dans sa propre cause comme témoin (article 366 C. Pr. Pén.). De même, la jurisprudence de la Cour européenne des droits de l'homme a admis, dans un arrêt rendu le 27 octobre 1993, qu'une partie au procès peut être entendue comme témoin, en vertu du principe de l'égalité des armes. Voir not. VINCENT (J) et GUINCHARD (S), Procédure civile 24e éd. DALLOZ, p. 400 n° 529 b et la jurisprudence citée.

Que les témoins interviennent dans le procès à la demande des parties ou à l'initiative du juge, ils participent tous à la manifestation de la vérité judiciaire. Ils doivent par conséquent, sauf exception expresse, être considérés comme des collaborateurs de la justice, malgré leurs origines diverses.

b- L'exception

S'il est acquis en droit positif que l'initiative de l'action dans un procès civil appartient aux parties dont les intérêts sont en jeu, on ne peut méconnaître le rôle actif que le juge joue pour sauvegarder l'intérêt supérieur de la justice dans les procédures engagées par les particuliers.

Ainsi, depuis très longtemps, doctrine et jurisprudence s'accordent pour dire que le principe dispositif n'est opposable au juge que lorsqu'il s'agit de la mise en œuvre de l'instance et de la détermination de la matière du procès[623]. Hormis ces deux cas, le juge saisi peut prendre toute initiative qu'il juge utile, pour la garantie d'une bonne administration de la justice.[624]

En réalité, que ce soit le juge judiciaire de droit commun ou le JEX, chacun d'eux peut ordonner des enquêtes, des transports judiciaires ou des expertises [625] . Dans tous les cas, l'adage *« actor iincumbit probatio »* qui fait reposer sur le demandeur, la charge de la preuve en matière civile, n'empêche pas le juge de rechercher lui-même, les éléments ou les personnes qui peuvent participer à la manifestation de la vérité. Il est d'ailleurs légalement tenu d'instruire le procès. Non

---

623 CORNU (G), op. cit. p. 86.

624 BOLARD (G), les principes directeurs du procès civil J.C.P. 1993.I. 3693 ; du même auteur, Les juges et les droits de la défense, in Études BELLET, p.. 49 ; NORMAND (J), 3 Le juge et le fondement du litige3, in *Mél. HEBRAUD*, 1981.595 ; MOTULSKY (H), la cause de la demande, D. 1964 Chr. p.235 ; MARTY (G), *La distinction du fait et du droit*, Th. 1929 ; MARTIN (R), *Le juge et la prétention,* D. 1987 Chr. 35 ; du même auteur, Retour sur la distinction du fait et du droit, D. 1987 Chr. p. 272 ; DORSNER DOLIVET (A) et BONNEAU (T), l'ordre public, les moyens d'ordre public en procédure civile, D. 1986 Chr. p. 65 ; MIGUET, Réflexions sur le pouvoir des parties de lier le juge par les qualifications et points de droit, in Mél. HEBRAUD 1981 p. 567 ; GODE, le mensonge dans le procès civil, Mél. WEIL, p. 259.

625 C.A. Littoral, Arrêt n° 324 du 07 mai 2001 inédit, aff.HOSPICAM c/ STANDARD CHARTERED BANK.

seulement dans l'intérêt des parties, mais aussi, et surtout dans celui de la justice[626].

Une fois que le témoin est admis par le juge, il devient un collaborateur du service public de la justice. La partie qui l'a invité au procès ne peut pas lui imposer une conduite à tenir. C'est dire qu'en dehors de l'impulsion qui incombe exclusivement aux parties, ces dernières n'ont plus le monopole de l'allégation, comme c'était le cas par le passé dans le procès civil. Et le juge lui-même ne garde plus la position passive d'un simple arbitre du combat que se livrent les deux gladiateurs. Il participe avec ces derniers, à la manifestation de la vérité. À côté des intérêts particuliers, il y a l'intérêt supérieur de la justice qui est en jeu et qui mérite d'être défendu dans tout procès, même civil[627].

Ainsi, le juge peut lui-même faire comparaître des témoins dont la déposition lui paraît indispensable[628]. Il a aussi le pouvoir d'apprécier la recevabilité d'une demande d'instruction. Il peut lui-même en ordonner d'office ou *« confier aux tiers le soin de s'enquérir des situations matérielles et des faits »*[629]. C'est cette forme d'instruction que Jacques NORMAND appelle, l'instruction par personne interposée[630].

Un courant jurisprudentiel approuvé par une large partie de la doctrine affirme que c'est dans l'intérêt d'une bonne administration de la justice qu'on reconnaît aux Cours et Tribunaux, le pouvoir de prescrire *« les mesures d'instruction jugées nécessaires »*[631].

L'obligation pour toute personne non intéressée à une procédure d'y intervenir, soit à la demande de la loi, soit à celle des parties ou du juge,

---

[626] MIGUET, Réflexions sur le pouvoir des parties de lier le juge par les qualifications et points de droit, in Mél. HEBRAUD 1981, p. 567 ;

[627] DORSNER DOLIVET (A) et BONNEAU (T), l'ordre public, les moyens d'ordre public en procédure civile, D. 1986 Chr. p. 65 ; NORMAND (J), Le juge et le fondement du litige, in Mél. HEBRAUD, 1981.595 ;

[628] VINCENT (J) et GUINCHARD (S), Procédure civile, 24e éd. Dalloz, p. 414.

[629] MARTIN (R), le juge a-t-il l'obligation de qualifier ou requalifier ? D. 1994 Chr. p. 308 ;
NORMAND (J), l'office du juge et la contestation, LGDJ, not. P.416.

[630] NORMAND (J), l'office du juge et la contestation, op. cit. p. 416.

[631] SOLUS (H) et PERROT (R), *Droit judiciaire privé,* T.3 Procédure de première Instance, SIREY, 1991, p. 816, n° 960 et s. ; TONY MOUSSA, Expertises (matières civiles et pénales) ; NORMAND (J), *Remarques sur l'expertise judiciaire au lendemain du nouveau code de procédure civile, Mél. VINCENT*, DALLOZ, p. 255 spéc., p. 262.

fait nécessairement d'un tel intervenant, un collaborateur du service public de la justice. Cette participation, obligatoire à la manifestation de la vérité, est encore plus visible en procédure pénale.

B- En droit processuel pénal : une collaboration bien assise sur le principe

La controverse qui a cours en procédure civile ne peut même pas être envisagée en procédure pénale. Dans le procès civil, le juge saisi statue, à première vue, sur les intérêts des particuliers. Il doit, pour cette raison, s'en tenir en principe aux éléments que lui apportent les parties au litige[632]. La situation est radicalement différente dans le procès pénal. Ici, on cherche préalablement à sauvegarder l'ordre public dans la société. Les intérêts des parties viennent ensuite. C'est pour cela que le procès pénal présente toujours un visage particulier[633].

Le code d'instruction criminelle de 1808 n'a pas réglementé la collaboration entre le juge pénal et l'expert. Lorsqu'une difficulté se présente dans le procès pénal, la tradition voudrait qu'on fasse recours à *« l'homme de l'art »*, non pour un rapport d'expertise, mais pour *« éclairer le juge sur la réalité et les circonstances d'un crime » par exemple*[634]*. Les choses ont profondément changé au fur et à mesure que s'opérait « l'évolution scientifique, l'évolution des idées et des conceptions »*[635]. Aujourd'hui, la conception moderne du crime et du criminel, l'importance des expertises médico-légales et psychiatriques, dont l'économie est de mieux saisir la personnalité du délinquant, ont changé la donne. On comprend pourquoi, depuis une date relativement récente, les meilleurs spécialistes du droit pénal ont multiplié des occasions pour s'interroger sur le rôle respectif du juge et de l'expert[636].

---

632 Sauf lorsque l'ordre public est en jeu, v. DORSNER DOLIVET (A) et BONNEAU (T), l'ordre public, les moyens d'ordre public en procédure civile, D. 1986 Chr. p. 65 ;

633 MERLE (R) et VITU (A), Traité de droit criminel, T.2 Procédure pénale, 3e éd. CUJAS, 215 n° 986 ; DOLL, De la responsabilité des experts judiciaires, D. 1966, Chr. p. 47. MARX (Y), Observations sur le problème de l'expertise, Mél. HUGUENEY 1964, p. 193

634 MARX (Y), Observations sur le problème de l'expertise pénale, in Problèmes contemporains de procédure pénale, Recueil d'études en hommage à M Louis HUGUENEY, préface de Léon JULLIOT DE LA MORANDIERE, Sirey 1964 p. 193.

635 MARX (Y), op. cit. p. 195.

636 Journées de défense sociale organisées à Rennes en 1963, in R.S.C. 1963, p....

Comme le relève très opportunément Yvonne MARX, *« l'homme de l'art est devenu l'homme de science »*[637]. Compte tenu de la complexité des affaires, le juge pénal est en droit de réclamer toutes sortes d'expertises, pour mieux trancher le litige dont il est saisi. Il suffit de respecter le principe de la loyauté dans la recherche des preuves[638].

Toutes ces formes de collaborations occasionnelles sont identiques à la collaboration qu'on rencontre dans l'exécution forcée. Seule la prise en charge des frais, notamment, lorsque la collaboration est rémunérée, reste encore discutée.

II- Une collaboration matériellement discutée en jurisprudence quant à la charge des honoraires

Contrairement à la collaboration occasionnelle entre les tiers et le service de l'exécution, les autres collaborateurs occasionnels exigent généralement des honoraires. Tout le monde reconnaît la nécessité de leur paiement.

Doctrine et jurisprudence restent cependant divisées, lorsqu'il faut déterminer la personne qui doit supporter la charge du paiement.

La pratique a révélé que les personnes de droit privé, généralement désignées par les tribunaux comme débiteurs d'honoraires réclamés, ne sont pas toujours en mesure de s'acquitter de cette obligation financière[639].

Devant cette insolvabilité supposée ou réelle, les particuliers qui s'associent à une activité de service public n'ont souvent d'autres ressources que de se retourner contre l'État dont ils exécutent les missions.

Ils réclament, sans détour ni réserve, la substitution pure et simple de l'État au débiteur insolvable désigné par le tribunal[640].

---

637 GRAVEN (J), Le rôle et les pouvoirs du juge pénal par rapport à l'expert médical en matière de responsabilité, in Mél. Oscar ADLF GERMANN, Berne Stamfli n. Cie 1959 p. 347 et s. cité par Yvonne MARX, op.cit., qui montre que même si le juge n'est pas tenu d'accepter les conclusions de l'expert, il en est autrement pour les problèmes purement scientifiques relevant de la seule compétence de l'expert.

638 BOUZAT (P), La loyauté dans la recherche des preuves, in Mél. HUGUENEY, p. 155.

639 TONNY MOUSSA, La substitution de l'État au débiteur insolvable de la rémunération de l'expert, D.1987 Chr. p. 25.

640 TONY MOUSSA, op. cit. D.S. 1987, Chr. p. 25.

Dans un premier temps, les juridictions de fond saisies n'ont trouvé aucun inconvénient à faire droit à pareilles demandes. Ainsi, en 1984, le tribunal de grande instance de Marseille, statuant sur une demande de substitution de débiteur, condamne le trésor public à payer à un expert désigné, les honoraires initialement mis à la charge d'un débiteur qui s'est révélé insolvable[641].

Mais dans toute une autre série de décisions rendues aussi bien en référé qu'au fond depuis 1985, les tribunaux opèrent un revirement en adoptant des solutions diamétralement opposées à celle de 1984. S'appuyant expressément sur l'article L. 781-1 du Code français de l'organisation judiciaire, ils rejettent toutes demandes des experts tendant à obtenir la substitution de l'État au débiteur initialement désigné pour régler les honoraires de l'expert. Pour les juges, une telle action ne peut aboutir que si l'expert fait la démonstration de l'existence d'une faute lourde ou d'un déni de justice commis par l'État[642].

Intervenant dans ce débat particulièrement important, la Cour de cassation à son tour, se rangeant derrière la position des tribunaux de Marseille, a décidé que le seul débiteur des honoraires de l'expert est la personne qui est désignée par le Tribunal. Autrement dit, la haute juridiction de l'ordre judiciaire décide aussi que *« l'expert judiciaire, qui n'a pas été réglé de ses honoraires et de ses frais par la partie désignée par le juge, ne peut en obtenir le paiement par l'État que si un texte particulier en décide ainsi ; que l'expert peut seulement, en cas de faute de service de la justice, demander réparation du préjudice qu'il a subi »*[643].

Par ce raisonnement, la haute juridiction judiciaire met l'État à l'abri de toute réclamation par l'expert des honoraires dont il n'a pas été judiciairement condamné. Elle semble en cela, être en parfait accord avec une doctrine minoritaire[644] qui soutient qu'en sa qualité de professionnel privé, l'expert ne peut être assimilé à un agent public et ne peut, tout comme l'avocat, l'avoué et l'huissier de justice, se retourner contre l'État en cas de défaillance de son débiteur. Pour

---

641 T.G.I. Marseille, 20 mars 1984, D. 1 984 553 note TONNY MOUSSA.

642 GRENOBLE, 27 juin 1985 ; Trib. d'Instance du 8eArrond. de Paris, 7 janvier 1986, Juge des référés de Paris, 30 avril 1986, toutes cités par TONY MOUSSA, in La substitution de l'État au débiteur insolvable de la rémunération de l'expert D.S. 1987 Chr. p. 25.

643 Civ. 1ere, 21 décembre 1987 cité par D. GARREAU, op. cit., p. 97

644 CARATINI, Gaz. Pal. 1. doctr, p, 158 et 21 623 sept. 1986.

M. CARATINI, l'un des partisans de cette doctrine minoritaire, *« la rémunération à laquelle l'expert a droit ne peut être garantie que par la consignation déposée au greffe par l'une des parties, à la demande du juge »*[645].

Cette position ne peut échapper à la critique.

Les tenants de la thèse de l'irrecevabilité de la demande de substitution ne vont curieusement pas jusqu'au bout de leur raisonnement. On ne peut manquer de noter que la Cour de cassation semble, même si elle ne l'affirme pas expressément, assimiler l'expert à un mandataire de l'une des parties au procès. Or, il n'existe aucune relation de mandat entre un expert et la partie qui a sollicité du juge la désignation d'un tel technicien. La haute juridiction judiciaire ne nie pas non plus qu'il faut une décision de justice pour que ce technicien intervienne dans les procédures judiciaires[646].

Or, s'il est constant qu'aucun expert ne peut intervenir dans une procédure judiciaire s'il n'est expressément désigné par le juge, comment peut-on renier à ce technicien le droit de s'adresser à l'État pour obtenir le règlement de ses honoraires ?

On comprend pourquoi la doctrine majoritaire fustige cette position de la Cour de cassation, manifestement contraire à la réalité[647].

Dans la mesure où il est unanimement admis que l'expert est *« tout naturellement un auxiliaire de justice, un homme de confiance du juge et non le mandataire des parties »* [648], il est difficilement soutenable que seules les parties au procès doivent supporter la charge de ses honoraires. En réalité, en désignant l'expert, le juge ne cherche pas seulement à éclairer la justice. Il engage aussi, et par conséquent, l'État à s'acquitter financièrement du paiement des sommes indispensables à la rémunération de ce collaborateur de circonstance.

En outre, il faut se garder d'entretenir l'amalgame entre la fonction traditionnelle de l'expert et sa qualité de collaborateur. L'expert garde son statut de professionnel privé dans sa relation avec les particuliers.

---

645 Ibid.

646 VOUIN (R), Le juge et son expert, D. 1955 Chr. p. 131.

647 D. GARREAU, op. cit., p. 97.

648 HEBRAUD, Commentaire de la loi du 15 juillet 1944 D. 1945. L.51 cité par NORMAND (J), l'office du juge et la contestation, LGDJ, p. 401 n° 367. HERZOG et RETAIL, l'expertise devant les juridictions civiles, cités par NORMAND (J), op. cit. p. 401 note 8.

Personne ne soutient le contraire. Mais il acquiert provisoirement un autre statut, toutes les fois qu'il entre en relation avec un service public. Ainsi, il devient collaborateur de ce service, pendant tout le temps que va durer la mission pour laquelle il est requis.

Nombreuses sont les décisions des juges du fond qui sont dans ce sens. Dans un jugement remarqué rendu en 1978, le Tribunal de Grande Instance de Quimper a très opportunément déclaré que l'expert judiciaire est *« un technicien concourant sous le contrôle du juge, au fonctionnement du service public de la justice »*[649]. Son rôle est de *« prolonger le savoir du juge, en l'aidant de ses lumières »*[650].

C'est pour avoir fait table rase de cette relation, lorsqu'il s'est agi de la rémunération de l'expert, que l'arrêt rendu par la Cour de cassation en date du 21 décembre 1987[651] a provoqué l'indignation justifiée, de la majorité de la doctrine de droit privé. Elle reproche à bon droit à la plus haute juridiction judiciaire, son manque d'objectivité et son refus incompréhensible de s'inspirer des solutions de droit public en la matière.

Pour TONY MOUSSA par exemple, *« l'expert judiciaire, qui exécute une mission à lui confiée par le juge, n'est évidemment pas un usager, mais un collaborateur de ce service, lequel s'adresse à lui et sollicite son concours »*[652].

M. Denis GARREAU va encore plus loin. Il voit dans les rapports entre l'expert et le service de la justice, une relation de collaboration que personne ne peut remettre en cause.[653] Il observe, avec indignation, le flottement qui règne dans la jurisprudence civile au sujet du statut juridique de l'expert judiciaire. Pour cet auteur, *« la Cour de cassation française a tort de n'avoir pas jusque-là intégré la notion de*

---

649 T.G.I. QUIMPER, 31 mars 1978 Gaz. Pal. 1978.1.312, obs. VIATTE

650 NORMAND (J), Remarques sur l'expertise judiciaire au lendemain du nouveau code de procédure civile, op. cit, spéc. p. 266.

651 Cité par GARREAU (D), in L'expert judiciaire et le service public de la justice, D. 1988 Chr. p. 97..

652 TONY MOUSSA, Expertise judiciaire D. 1983 note sous Cass. 1ère Ch. Civ. 21 Déc. 1987 D. 1988 n° 43 p. 518 ; La substitution de l'État au débiteur insolvable de la rémunération de l'expert D.S. 1987 Chr. P. 25 ; GARREAU (D), l'expert judiciaire et le service public de la justice. D 1988 Chr., p. 97.

653 Ibid.

collaboration dans la doctrine de ses arrêts,[654] *afin que l'expert judiciaire soit regardé devant toutes les juridictions, comme un collaborateur du juge »*[655]. M. GARREAU rappelle en outre à la haute juridiction de l'ordre judiciaire, de ne pas perdre de vue que depuis longtemps, « *les catégories et les qualifications élaborées par le Conseil d'État et le Tribunal des conflits ont souvent été préférées... chaque fois que le juge judiciaire est appelé à répondre à la question de savoir si un agent d'une autorité administrative est soumis au droit privé ou au droit public »*[656]. Ce n'est donc pas une nouveauté d'avoir aujourd'hui recours à la même technique, quand il faut trancher le problème du statut des personnes qui apportent leurs concours au service public de l'exécution.

Toutes ces positions découlent de la logique. La jurisprudence judiciaire peut très bien s'inspirer, des solutions de droit public patiemment élaborées par la doctrine des arrêts ARAGON[657], pour la détermination du statut des personnes privées qui s'associent à l'exécution, prise comme service public de la justice. Leur transposition dans l'exécution ne peut qu'être satisfaisante pour la bonne compréhension du droit des voies d'exécution Ohada.

Section 2 : En droit des voies d'exécution Ohada

Le droit communautaire de l'exécution Ohada ignore totalement la notion de collaborateur occasionnel. Rares sont les ouvrages qui en font référence. Pourtant, la collaboration qui existe entre certaines personnes

---

654 GARREAU (D), op. cit. ; Civ. 9 mars 1949 bull. Civ ; I, n° 87, p. 229 ; D. 1949. 331. S. 1950.1.13 ; Com. 5 févr. 1968, bull. CIV IV, n° 50, p. 43 ; D. 1968.IR..271 ; Civ. 1986, Bull. Civ. II. N° 146, p. 99 d ; 1986, Flash 35.

655 GARREAU (D), op. cit., p. 97.

656 Ex. : la qualification du contrat administratif, la faute de service et la faute détachable, les voies de fait ; si l'action dommageable des services de police judiciaire est ou non une faute lourde, etc. WEIL (P), à propos de l'application par les tribunaux judiciaires, des règles de droit public ou : les surprises de la jurisprudence GIRY ; in Mél. Charles EINSENMANN, Cujas, 1977 p. 379.. ; M. LONG, WEIL (P), BRAIBANT (G), DELVOLVE (P), GENEVOIS (B), Les grands arrêts de la jurisprudence administrative, 18e éd. DALLOZ, 2011.

657 C.E. sect. 26 Fév. 1971 ARAGON, Rec. 172 A.J. 1 971 156 ; M. LONG, WEIL (P), BRAIBANT (G), DELVOLVE (P), GENEVOIS (B), op. cit. n° 57 ; LABETOULLE et CABANNES : « L'expert judiciaire, qui, en cette qualité, a participé au fonctionnement du service public de la justice administrative » a droit, au titre de sa collaboration, à l'indemnisation par l'État du préjudice subi du fait de l'insolvabilité de la partie qui lui doit des honoraires.

et le service public de l'exécution est une réalité indiscutable. Elle reste cependant cachée derrière *« la paille du mot »* tiers, faute pour l'Acte uniforme du 10 avril 1998, d'avoir expressément fait usage de ce vocable.

Les différents auteurs qui ont eu l'avantage d'entreprendre l'étude des tiers sont vagues et parfois contradictoires sur la qualification à retenir. Leurs positions permettent d'affirmer que la notion de tiers, collaborateur occasionnel du service public de l'exécution, est largement ignorée par la doctrine communautaire ohada (Paragraphe 1). La jurisprudence de son côté n'en est pas plus secourable (Paragraphe 2). La notion mérite cependant d'y être rapidement consacrée (Paragraphe 3).

Paragraphe 1 : Une notion encore largement ignorée en doctrine

Dès les premières années d'application de l'acte uniforme du 10 avril 1998, la doctrine s'est révélée vague lorsqu'il a fallu qualifier les tiers dans les voies d'exécution. Plusieurs courants ont vu le jour. Il convient de les exposer (I), avant d'en faire une appréciation critique (II).

I- L'exposé des divers courants en concours

Deux courants doctrinaux se discutent ici les suffrages : le courant intermédiaire (B) et le courant classique ou celui de l'assimilation aux tiers du Code civil (A).

A- Le courant classique ou celui de l'assimilation aux tiers du Code civil

Le courant classique ou celui de l'assimilation est celui qui renvoie implicitement aux dispositions du Code civil quand il faut définir le tiers qu'on rencontre dans les voies d'exécution. Il jouit des faveurs des institutions et semble être celui *« du droit positif légal »*[658]. Il regroupe en son sein, la doctrine la plus autorisée dont le chef de file est Anne Marie ASSI ESSO[659].

---

[658] L'expression est de CADIET (L), in Interrogation sur le droit contemporain des contrats, op. cit. p. 25.

[659] Dans la mesure où il est soutenu par l'un des auteurs qui ont été triés sur le volet pour accompagner les Actes uniformes d'un commentaire scientifique.

Dans le commentaire que la professeure Anne Marie ASSI ESSO offre aux juristes à chacune des éditions du Code JURISCOPE dit code vert, cet auteur ne voit aucun intérêt à donner une définition particulière aux tiers visés par l'article 38 de l'AUPSRVE. Il renvoie certes implicitement, mais nécessairement aux dispositions du Code civil, aussi bien générales[660] que spéciales[661].

M. NDIAW DIOUF qui a pris la suite du commentaire de cet Acte uniforme dans les éditions postérieures de ce Code n'a pas une position contraire[662].

Or, les dispositions du Code civil ont été élaborées au sujet des tiers qu'on rencontre dans le droit des obligations classiques. Ce sont des personnes qui sont à l'abri du rayonnement des contrats. Ces dispositions légales sont par conséquent inaptes à expliquer pourquoi le tiers dans le droit mouvant de l'exécution est légalement tenu de poser certains actes dans la procédure engagée par les parties au rapport d'exécution. Elles ne peuvent non plus expliquer pourquoi le tiers dans les voies d'exécution encours une responsabilité. Il est donc impossible de croire que les obligations qui pèsent sur les tiers dans les voies d'exécution peuvent trouver leur source dans le droit des contrats.

C'est la même approche que l'on retrouve chez plusieurs autres auteurs qui abordent également l'étude des tiers dans les voies d'exécution dans une perspective purement analytique et classique[663].

De telles approches optent en réalité, pour un renvoi implicite au Code civil. Par cette technique, ces auteurs évitent de rechercher la définition d'une notion qu'on ne retrouve paradoxalement pas dans les ouvrages du droit civil[664].

---

[660] Art. 50, 58, 61 al. 2, 67, 69 dernier alinéa, 80, 81, 82, 85, 91, et s.105, 110, 112.

[661] 153 et s. 173 et s., 213 et s., 224 et s., 236 et s., 254 et s.

[662] NDIAW DIOUF, Commentaire de l'Acte uniforme n° 6 Code vert, 2016, p. 971 s.

[663] not. BIBOUM BIKAY (F), Les tiers dans le droit des voies d'exécution OHADA, Th. Op. cit.FOMETEU (J) & LEVOA AWONA (S.-P.), Commentaire sous les arrêts CCJA, Arrêt n° 009/2005 du 27 janvier 2005 Sté Afrocom c/ citibank et 010/2007 du 15 mars 2007 Sté Ecobank Côte d'Ivoire C/ Sté Dalina voyages Travel Agency, in *Les grandes décisions*, op. cit., p. 519 et s.) ;

[664] GHESTIN (J), JAMIN (Chr.) et BILLIAU (M), Traité de droit civil, Les effets du contrat, 2e éd. LGDJ, p. 382 n° 329 s. ; TERRE (F), SIMLER (Y) LEQUETTE (Y), Droit civil, les obligations, 11e éd. DALLOZ 2013, p.547, n° 490.

Pour ces auteurs en fait, il suffirait pour avoir une définition des tiers dans les voies d'exécution de se référer aux articles 1165 et 1351 du Code civil.

Par cette technique de renvoi implicite, on se trouve en présence d'une véritable négation de la collaboration, au sens retenu dans cette recherche.

B- Le courant intermédiaire

D'autres auteurs, un peu plus soucieux du contexte dans lequel évoluent les tiers dans le droit des voies d'exécution, ont adopté une position intermédiaire. Sans critiquer la technique de renvoi implicite aux dispositions du Code civil, le courant dit intermédiaire reconnaît qu'il existe entre les tiers et les parties au rapport d'exécution, une relation de collaboration[665].

Une telle position traduit déjà, une très grande avancée de la pensée juridique. Mais elle reste sans originalité. S'il est certain que chacun des commentateurs s'est bien rendu compte que la définition du tiers, tirée du Code civil, est inapte à expliquer toutes les obligations mises à la charge du tiers dans l'exécution, on se demande pourquoi ils assimilent dans ces conditions, ces tiers d'un genre particulier, à ceux de l'article 1165 du Code civil. D'où la critique.

II- Critique des thèses en présence

On doit pouvoir admettre, après avoir examiné les deux thèses en présence, qu'aucune d'elle n'est satisfaisante.

Si le régime juridique des tiers des voies d'exécution reste identique à celui des tiers de droit commun, à quoi bon entreprendre une réflexion sur le tiers de l'article 38 de l'AUPSRVE ?

La thèse classique est, certes, celle qui inspire actuellement tous les lecteurs du code vert. Mais elle pèche sur deux points essentiels. D'abord, elle a tort de continuer d'assimiler les tiers des voies

---

[665] FOMETEU (J) & LEVOA AWONA (S.-P.), parlent aussi de la collaboration. (In les grandes décisions de la CCJA éd. L'HARMATTAN p. 523 ; NKOU MVONDO (P), Le tiers dans le droit ohada de l'exécution forcée op. cit., p. 43.
GUINCHARD (S) et TONY MOUSSA (sous la direction de…), Droit et pratique des voies d'exécution, coll. Dalloz Action, 2001/2002 not. p. 142, dans une moindre mesure, BIBOUM BIKAY (F), *Les tiers dans le droit des voies d'exécution*, Th. op. cit., p. 26

d'exécution à ceux du droit civil. Ensuite, elle fait semblant d'ignorer que le droit des voies d'exécution ohada n'applique plus uniquement les règles du droit civil comme c'était le cas dans le droit classique. Parce qu'on a affaire ici à une matière située à l'intersection de plusieurs disciplines juridiques. Ainsi que nous l'avons déjà exposé[666], les tiers qu'on y rencontre ne peuvent être assimilés à ceux des articles 1165 et s. du Code civil. Ici, il est juridiquement impossible de se satisfaire d'un simple renvoi au droit classique. Agir ainsi c'est refuser d'accepter qu'*« on ne met pas du vin nouveau dans de vieilles outres »*[667].

La thèse dite intermédiaire, quant à elle, a l'avantage de voir une collaboration dans la relation entre les tiers et les voies d'exécution. Par rapport aux opinions jusque-là émises[668], une telle approche de l'étude de la notion de tiers mérite d'être approuvée. Elle est cependant loin d'être satisfaisante, à son tour. D'abord, par ce que l'analyse de M. Prosper NKOU MVONDO ainsi que celle de FOMETEU (J) et LEVOA AWONA (S.-P.) n'épuisent pas le débat.

On est quelque peu surpris de constater que pour l'étude d'une notion, certains auteurs évitent soigneusement de proposer une définition de celle-ci pour se concentrer exclusivement sur son régime juridique ; d'où l'impossibilité pour eux, de tirer toutes les conséquences de la relation de collaboration dont ils reconnaissent pourtant l'existence.

Mais le simple fait pour ces auteurs d'avoir fait référence à la notion de collaboration, à la suite de S. GUINCHARD et TONY MOUSSA dans leur monumental ouvrage intitulé *« Droit et Pratique des voies d'exécution »* [669], montre sans équivoque aucune que ce courant doctrinal est pleinement conscient du changement du statut intervenu chez les tiers qui interviennent dans les voies d'exécution modernes.

Paragraphe 2 : Une notion occultée par la jurisprudence ohada

L'analyse de la jurisprudence montre clairement que les juges ne se préoccupent pas de la définition du tiers de l'article 38 de l'AUPSRVE

---

666 Supra

667 La Sainte Bible : Évangile selon LUC, chap. 5 verset 37.

668 Voir ASSI ESSO, commentaire Acte Uniforme du 10/04/1998, op.cit. p.18

669 GUINCHARD (S) et TONY MOUSSA (sous la direction de…), Droit et pratique des voies d'exécution, op. cit., p. 142.

lorsqu'ils rendent leurs décisions. En dehors des précisions qu'elle apporte utilement sur la définition du tiers saisi,[670] la jurisprudence ne cherche pas à savoir si le tiers dont il est question dans les voies d'exécution ohada est un tiers de droit commun ou un tiers de type particulier. Encore moins quel est le droit qui lui est applicable. L'examen de la jurisprudence des cours et tribunaux intervenue avant 2001 (I) et les positions parfois contradictoires de la CCJA (II) le confirme.

I- Les décisions des cours et tribunaux avant 2001[671]

Il est intéressant de relever qu'avant de verser dans l'arbitraire (B), les juges communautaires nationaux se sont d'abord trouvés dans l'embarras total (A), lorsqu'il a fallu interpréter les dispositions de l'article 38 de l'AUPSRVE.

A- De l'embarras des juges...

Les décisions rendues par les Cours et Tribunaux des juridictions nationales avant 2002 [672]ne sont pas du tout secourables pour celui qui veut avoir une idée précise de la définition que la jurisprudence donne des tiers impliqués à l'exécution.

Le brusque changement des textes qui régissent la matière et l'absence des travaux préparatoires susceptibles d'assurer une

---

[670] CCJA, Arrêt n° 008 /2002 du 21 mars 2002, Sté PALMAFRIQUE c/ Etienne KONAN BALLY KOUAKOU Rec. n° spécial janvier 2003 p.49 ; CCJA, Arrêt n° 009/2005 du 27 Janv. 2005 Sté AFROCOM C. I. c/ CITIBANK Rec. N) 5 Janv.- Juin 2005 p. 56 ; C.A Centre (Cameroun), Arrêt n° 389/ Civ. Du 03 août 2011 NZEUSSE Léopold c/ YANG MANG DAISSALA, inédit. ; CCJA, arrêt n° 011/2003 DU 19 juin 2003 Murielle Corine Christel KOFFI et autre c/ Sté LOTENY TELECOM… Sté PALMAFRIQUE….. ; CCJA, arrêt n° 025/2005 du 07 avril 2005 SONAR c/ PAPME ; C.A. du CENTRE (Cameroun), Arrêt n° 137/Civ du 26 Mars 2010, Union Bank of Cameroon (UBC) s.a. CITIBANK CAMEROON s.a. ; CCEC c/ ESSINDI Jean Bosco (inédit) ; T.G.I. MFOUNDI Yaoundé, Jugement civil n° 305 du 14 février 2001, C.N.P.S. et autres c/ STANDARD CHARTERED BANK, inédit ; C.A. du CENTRE (Cameroun), Arrêt n° 167/Civ du 18 avril 2008, BICEC c/ Maître DEFFO (inédit) ; C.A. du CENTRE (Cameroun), Ord. N° 45/Civ. du 1er février 2008 BAMELA ZAMBO Josué c/ AFRILAND FIRST BANK et autres ; C.A. du CENTRE (Cameroun), Arrêt n° 207/Civ. du 10 mars 2000 SCB— CL c/ MINREST (inédit) ; C.A. du CENTRE (Cameroun), Ord. N° 127/CED/08. du 12 septembre 2008, ATANGANA BELINGA Charles c/ CHE Emmanuel NKWAH.

[671] Date à laquelle les premiers arrêts de la CCJA ont été rendus.

[672] Date des premiers arrêts de rejets et de cassation de la CCJA (voir not. Recueil de jurisprudence CCJA numéro spécial janvier 2003 p.19.

transition paisible entre les législations ont beaucoup joué au détriment d'une étude approfondie de la notion de tiers dans les voies d'exécution.

Les premières décisions rendues par les cours et tribunaux se sont bornées à donner une interprétation objective des dispositions de l'article 49 de l'AUPSRVE[673]. Il n'y a donc pas encore de place pour l'analyse détaillée des autres dispositions comme celle de l'article 38 de l'AUPSRVE.

La doctrine la plus autorisée ne s'intéresse que très peu au contenu des Actes uniformes issus du Traité. Elle choisit de porter exclusivement ses premières critiques à la technique d'intégration des textes ohada dans le corpus législatif national[674]. Le débat à l'ordre du jour dans les premières années d'application de l'Acte uniforme du 10 avril 1998 est alors celui provoqué par la controverse sur la validité constitutionnelle du traité ohada[675].

Face à cette situation inconfortable sur le plan des principes, les juridictions qui doivent *« gérer »* la période transitoire avec beaucoup de subtilités, ne se sont même pas encore approprié des règles de conflits de lois, entre les normes du droit international, celles du droit communautaire et du droit interne[676]. A fortiori, elles ne peuvent pas réaliser que le statut des tiers a changé et qu'il n'est plus question de recourir aux anciennes législations nationales pour expliquer le droit nouveau de l'exécution.

L'absence de repères pour les juges formés à l'école classique est certaine. On comprend dès lors leur embarras, lorsqu'ils doivent étudier et appliquer en même temps la nouvelle législation communautaire, au lieu et place des textes nationaux antérieurs correspondants. La

---

[673] V. not. NEMEDEU (R), le juge camerounais du contentieux de l'exécution ou le clair-obscur entre la lettre et l'esprit de l'article 49 L'AUPSRVE, op.cit., p. 19, note 101

[674] MELONE (S), qui estime que la législation ohada est une législation clandestine voir séminaire sur le Traité Ohada et droit national, in *Traité Ohada et spécificités camerounaises*, op.cit., p.196

[675] V. not. MELONE (S.), Traité Ohada et droit national.

[676] RONNY ABRAHAM, Droit international, droit communautaire et droit français, Hachette Supérieur, 1989 ; PESCATORE (P), Droit communautaire et droit national selon la jurisprudence de la Cour de Justice des Communautés Européennes, D. 1969 Chr. p. 179 ; RIDEAU (J), la juridiction administrative au regard du droit communautaire, Rép. DALLOZ, Contentieux administratif, 1984.

situation ne pouvait manquer de conduire dans un premier temps, sinon à des contradictions, du moins à des prises de position arbitraires.

B- … À l'arbitraire

L'arbitraire a consisté pour le juge à assimiler le tiers de l'article 38 de l'AUPSRVE au seul tiers saisi, laissant de côté les autres cas visés par ce texte communautaire (1). Cette façon d'appréhender la notion mérite d'être critiquée (2).

1- L'assimilation du tiers de l'article 38 au seul tiers saisi

À partir de 2000, c'est-à-dire bien avant les premiers arrêts de la CCJA, les Cours et Tribunaux communautaires nationaux, s'appuyant sur quelques rares travaux doctrinaux[677] et après avoir pris la pleine mesure de la compétence du juge de l'exécution, ont commencé progressivement à s'intéresser aux tiers.

Parmi les décisions les plus marquantes intervenues à l'époque, on peut citer au hasard des espèces, au moins deux qui retiennent l'attention.

La première est celle rendue par le juge des référés du Tribunal de première Instance de Yaoundé en 2000.

Par ordonnance du juge des référés rendue le 13 avril 2000 par le Tribunal de Première Instance de Yaoundé (Cameroun) dans une affaire dite *BUMMO Nestor c/ National Financial Credit comp* [678] le président du tribunal de cette juridiction, siégeant comme juge de l'exécution[679] condamne la National Financial Credit Company, en sa qualité de tiers saisi, au paiement d'une somme de 126 000 Frs CFA représentant les causes d'une saisie attribution, ainsi qu'à celle de 400 000 Frs à titre de dommages-intérêts pour défaut de déclaration affirmative.

Dans une seconde hypothèse tout à fait comparable, le juge des référés du Tribunal de Première Instance de Douala BONANJO condamne aussi de son côté, la *Standard Chartered Bank* tiers visé par l'acte de saisie, aux causes de la saisie pour déclaration tardive. Les faits de la cause étaient schématiquement les suivants : la *Standard*

---

677 IPANDA, « L'interdiction de préjudicier au principal a-t-elle encore un sens en matière de saisies mobilières ? » in *RCDA*, n° 3, p. 63 ;

678 T. P. I. Yaoundé Cameroun Ord. du. 13 Avril 2000 *BUMMO Nestor c/ National Financial Credit comp (inédite)*

679 Inédit.

Chartered Bank tiers poursuivi qui avait effectivement reçu un acte de saisie, prétendait avoir confié une lettre tenant lieu de déclaration affirmative à la société Mercure, société de distribution de courrier à Douala pour transmission à l'huissier instrumentaire. Cette société se serait malheureusement acquittée de sa mission avec retard et n'avait pu déposer la lettre litigieuse que le 3 juillet 2000, alors que le délai pour faire la déclaration et les communications expirait le 26 juin de la même année. Pour sa défense, la banque a vainement tenté de s'abriter derrière la faute du transporteur. Elle n'a pas été suivie par le juge saisi qui lui a répondu comme suit :

« Attendu qu'aux termes des dispositions de l'article 156 de l'Acte uniforme précité, le tiers saisi est tenu de déclarer au créancier l'étendue de ses obligations à l'égard du débiteur ainsi que les modalités qui pourraient les affecter et, s'il ya lieu, les cessions de créances, délégations ou saisies antérieures. Il doit communiquer des pièces justificatives.

«……………»

« Qu'en application du texte susvisé, il ya lieu de dire que la Standard Chartered Bank, est redevable envers la société HOSPICAM des causes de la saisie pratiquée le 20 juin 2000 ».[680]

La cour d'Appel du littoral a approuvé cette motivation par un arrêt confirmatif n° 324 rendu le 7 mai 2001.

Aucune de ces condamnations ne repose à l'examen, sur de bases solides. Elles ne peuvent, par conséquent, échapper à la critique.

2- Observations critiques

In abstracto, ces deux décisions présentent toutes les apparences de régularité. Les juges saisis ne semblent suivre que la lettre des dispositions combinées des articles 38[681] et 156[682] de l'AUPSRVE qui exigent de tout tiers saisi une déclaration dans un délai précis, ainsi que les pièces justificatives.

---

[680] Ord. Référé du 29 décembre 2000.

[681] Qui sanctionne le défaut de diligences de tout tiers saisi ou requis, voir code vert, JURISCOPE.

[682] Conditions spécifiques à la saisie attribution des créances. Voir code vert, JURISCOPE

Mais par voie d'appréciation *in concreto*[683], on découvre que l'interprétation que les juges donnent à ces textes est des plus choquantes voire des plus arbitraires.

Si l'on s'en tient uniquement aux motifs de chacune des décisions ci-dessus rapportées, on découvre à regret que les juges saisis se bornent à condamner, sans se préoccuper réellement de la qualification des tiers mis en cause. Ils ne cherchent même pas à savoir quels sont les critères exigés par la loi et la jurisprudence pour dire qu'une personne qui a reçu l'acte de saisie a réellement la qualité de tiers saisi. Or, le simple fait pour un particulier de recevoir signification d'un acte de saisie ne suffit pas à lui reconnaître la qualité de débiteur du débiteur poursuivi. Encore faut-il chercher à savoir si celui-ci détient à titre précaire pour le compte du débiteur poursuivi, le bien à saisir. Dès lors que ce critère fait défaut, on ne peut juridiquement considérer un tel tiers comme un tiers saisi. Point n'est besoin d'examiner les autres conditions supplémentaires.

Faute d'avoir fait de pareilles vérifications et constatations, on ne peut décider d'autorité qu'on est en présence d'un tiers saisi.

En réalité, les textes susvisés qui sont particulièrement clairs dans leur lettre comme dans leur esprit visent expressément le tiers saisi et non tout tiers qui reçoit un acte de saisie. Celui-ci ne devient pas automatiquement le tiers qui est tenu d'apporter son concours à l'exécution. Il faut l'existence des critères rappelés plus haut. La seule signification d'un exploit est inapte à conférer tel statut au tiers de l'article 38 de l'AUPSRVE[684].

Or, le simple fait pour un tiers de s'abstenir de faire la déclaration exigée par l'Acte uniforme ne le rend pas automatiquement débiteur du débiteur. Ou alors, et par voie de conséquence, *« débiteur pur et simple »*, comme l'a déclaré le juge dans l'affaire *BUMMO*[685].

De même, l'arrêt de la Cour d'Appel du Littoral qui confirme la seconde ordonnance rapportée ne semble bien motivé qu'en apparence.[686] Un examen approfondi de ses motifs montre qu'il pèche aussi à son tour, par son manque de rigueur scientifique. Si le rappel

---

[683] V. DEJEAN DE LA BATIE (N), *Appréciation in abstracto et appréciation in concreto en droit civil français*, Thèse, 1965, LGDJ, préface H. MAZEAUD.

[684] Voir jurisprudence CCJA, supra

[685] T. P. I. Yaoundé Cameroun Ord. du. 13 Avril 2000 BUMMO Nestor c/ National Financial Credit comp (inédite)

[686] C.A. Littoral, Arrêt n° 324 du 7 mai 2001, inédit.

des textes en vigueur est parfait en l'espèce et montre clairement que les magistrats sont *« la bouche de la loi »*[687], c'est-à-dire qu'ils veulent imposer aux tiers le respect de l'article 38 de l'AUPSRVE, l'arrêt analysé laisse cependant le lecteur sur sa faim.

Rien dans ses motifs ne montre que la Standard Chartered Bank s'intègre pour la circonstance, dans la catégorie des tiers visés par l'article 38. Rien ne permet non plus d'affirmer avec certitude que cette banque est débitrice envers le débiteur saisi, au moment où l'acte dit de saisie lui est signifié[688]. Le simple fait de présenter une feuille d'un chéquier est insuffisant pour affirmer qu'une banque a la qualité de tiers saisi. Comme en matière d'effets de commerce, c'est l'existence d'une provision au moment de la signature de l'effet qui permet de qualifier le tiré[689].

Faute pour les juges d'avoir poussé la réflexion plus loin, l'arrêt confirmatif ne permet pas de savoir si l'on est en présence d'un particulier sans rapport aucun avec la saisie ou de celui visé par l'article 38 de l'AUPSRVE. Le premier ne peut être condamné aux causes de la saisie, malgré son silence. Le second seul, l'est. L'absence de qualification par les juges, du tiers qui a reçu la signification de l'acte de saisie doit conduire à critiquer sévèrement les décisions intervenues.

On est donc passé de l'indifférence qui caractérise les premières décisions judiciaires, à une condamnation systématique des tiers devant les différentes juridictions communautaires du fond.

La réaction de la CCJA qui intervient quelques années plus tard apporte d'utiles précisions à la notion de tiers saisi. Mais elle reste inachevée.

---

687 ESMEIN (P), La jurisprudence et la loi, in *Rev. Trim.Dr.Civ* ; 1952. p. 17 ; MAURY, Observations sur la jurisprudence en tant que source de droit dans le droit privé français au milieu du XXe siècle, in Études offertes à Georges RIPERT, I, p. 28.

688 Il faut bien se garder de confondre dans la saisie attribution, la créance, cause de la saisie, de la créance, objet de la saisie. La première qui doit nécessairement résulter d'un titre exécutoire doit présenter le triple caractère de certitude, de liquidité et d'exigibilité. La créance, objet de la saisie quant à elle, doit tout simplement être une créance de sommes d'argent, à l'exclusion des créances portant sur d'autres biens corporels qui relèvent de saisies spécifiques. Celle-ci peut être une créance à terme, une créance conditionnelle, une créance non encore liquide, une créance éventuelle, une créance à exécution successive (art. 163 167 de l'AUPSRVE ; comp. Art. 13 loi française du 9 juillet 1991 et art. 69 st s. du décret français du 31 juillet 1992.

689 ROBLOT (R), Les effets de commerce, éd. SIREY, 1975.

II- La contribution inachevée de la CCJA

La CCJA, sauf méprise, n'a pas encore eu l'occasion de statuer spécialement sur la notion de tiers. Les pourvois[690] sur ce point n'ont pas encore été formés. Par ailleurs, les juridictions communautaires inférieures n'ont, jusqu'à ce jour, usé de la permission que leur reconnaît le Traité pour solliciter les avis consultatifs de la Haute juridiction sur le tiers[691]. Il devient donc, dans ces conditions, quasi impossible de connaître la définition que la CCJA donne du tiers de l'article 38 de l'AUPSRVE. Et alors surtout qu'en l'état, seule la définition du tiers saisi reste sa préoccupation majeure[692].

Il convient cependant de dire que la CCJA n'est pas tenue d'attendre uniquement les moyens proposés par les parties ou d'éventuelles consultations des juges pour régler un problème de droit. Certes, il est un principe bien connu des avocats de la Cour de cassation, que la haute juridiction ne statue que sur les moyens de droit qui lui sont déférés. Jusqu'à une certaine date, les cours suprêmes ne pouvaient faire que cela. Il leur était légalement interdit de connaître du fond de l'affaire[693]. Lorsqu'il y avait matière à cassation, elles se bornaient à censurer la décision déférée et à renvoyer la cause devant une juridiction de fond du même ordre et du même degré que celle dont la décision est cassée[694]. Cette sorte de spécialisation de la plus haute juridiction judiciaire a conduit Ernest FAYE à dire que la Cour de cassation *« juge les arrêts et non les procès »*[695].

Mais exceptionnellement, l'évolution des idées a conduit à modifier substantiellement ce domaine de compétence. Désormais, usant du pouvoir d'évocation que lui reconnaissent beaucoup de législations[696],

[690] Par voie de pourvoi (art. 14 Traité ohada.

[691] Par voie de consultation (art. 14 al. 2 Traité Ohada)

[692] Voir infra, note 620.

[693] PRIEUR (E), la substitution de motifs par la Cour de cassation, Thèse 1986 préface d'André JOLY, ÉCONOMICA.

[694] BORE (J), La cassation en matière civile, SIREY 1980 p.1038 n° 3505 et s.

[695] FAYE (E), La cour de cassation, 1903 p. 12.

[696] Ex. Loi n° 2006/016 du 29/12/ 2006 portant organisation et fonctionnement de la Cour Suprême : art. 67 (2).

la Cour suprême peut évoquer et statuer sur le fond du litige après cassation, comme le ferait le juge de renvoi[697].

Cette extension du domaine de compétence doit nécessairement conduire à dire que la CCJA est aujourd'hui, à la fois, juge des arrêts à titre principal et juge des procès à titre exceptionnel.

De même, la jurisprudence admet, depuis longtemps, la régularité des moyens soulevés d'office[698]. Elle peut même en substituer[699] lorsque *« le dispositif de la décision critiquée est conforme au droit, mais que la justification juridique que prétendent en donner les motifs est erronée »*[700]. Il est vrai qu'en aucun cas, elle ne peut dénaturer le débat pour le placer sur un terrain non discuté par les parties. La Cour de cassation française a eu à le rappeler aux juges du fond. Dans l'arrêt qu'elle a rendu le 27 octobre 1982[701], la Haute juridiction déclare : *« Attendu que pour déclarer M. CHABASSIER partiellement responsable, l'arrêt énonce que l'accident était dû aux fautes conjuguées de M. BERCUT et de M. CHABASSIER, faisant ainsi application de l'article 1382 du Code civil ; qu'en statuant ainsi, alors que dans leur assignation comme dans leurs conclusions d'appel, les consorts CHABASSIER avaient précisé qu'ils fondaient leur action exclusivement sur l'article 1384 alinéa 1er du Code civil, la Cour d'Appel a violé le texte susvisé*[702] *».*

« Le rôle de toute juridiction suprême, écrit Jacques BORÉ, est d'apprécier en partant des faits souverainement constatés par les juges du fond, la légalité des jugements et arrêts rendus en dernier ressort par les Cours et Tribunaux et de casser les décisions dont les dispositions sont entachées d'une violation de la règle de droit »[703].

---

697 TJOUEN (A), Note sous arrêt CCJA, 3/7/2008, Hassan Sahly c/ Sté nouvelle Sciérie d'Agnibilekro dite SVDA Sarl et Wahab Nouhad Rachid, Les grandes décisions de la CCJA, ouvrage collectif, op. cit. p.437.

698 PRIEUR (E), *La substitution des motifs par la Cour de Cassation*, préface d'André Joly, éd. Economica, 1986,

699 PRIEUR (E), ibid.

700 ANDRE JOLY, préface thèse EVELYNE PRIEUR, op. cit. p. II

701 Bull. civ. II n° 135 D. 1984 292 note RAYMOND MARTIN ; *RTDCiv.*, 1 983 378, obs. critiques J. NORMAND, adde même auteur, le Juge et le fondement du litige, Mél. HEBRAUD p. 596 ; RAYMOND MARTIN, Le juge devant la prétention D. 1987 Chr. p. 35

702 Ici, l'article 4 du nouveau Code de procédure civile.

703 BORE (J), La cassation en matière civile, Sirey, 1980, p. n° 1.

À partir de cet ensemble de données, la définition de la notion de tiers de l'article 38 de l'AUPSRVE ne peut plus attendre. La CCJA doit saisir toutes les opportunités qui se présentent à l'occasion des pourvois, pour fixer la jurisprudence sur le statut de ce personnage central de l'exécution.

La CCJA a manqué l'occasion de soulever en 2002, un moyen d'office pour donner une définition du tiers dans l'affaire ATOU c/ SIEM[704] qui s'interrogeait sur l'obligation qui incombe à la partie qui élève des contestations à appeler expressément sous peine de nullité de son exploit, le tiers à comparaître devant le juge de l'exécution saisi.

En attendant une réaction positive de la Haute juridiction communautaire, il n'est pas inutile de poursuivre la recherche de la définition du tiers dans la procédure d'exécution, en prenant en compte, les solutions proposées par d'autres branches du droit, notamment celles du droit public.

Paragraphe 3 : Une notion à consacrer par les voies d'exécution Ohada

En faisant jouer aux tiers un rôle actif dans l'exécution, le législateur ohada a fait œuvre novatrice. Il appartient maintenant à la doctrine et à la jurisprudence d'en tenir compte et de s'approprier du texte de l'article 38 de l'AUPSRVE.

Curieusement, depuis l'entrée en vigueur de l'Acte uniforme n° 6 du 10 avril 1998, la jurisprudence de l'ohada montre clairement que les cours et tribunaux restent attachés à la conception classique des tiers, tirée de l'article 1165 du Code civil. Ils ne vont au-delà que lorsqu'il s'agit de déterminer les critères du tiers saisi.

Or, il y a une nette différence entre la conception du tiers en général par le législateur communautaire ohada et celle du Code civil. Agir comme si rien ne s'était produit en législation relativement aux tiers, c'est violer sciemment l'article 38 de l'AUPSRVE. C'est aussi faire revivre les dispositions de l'ancienne saisie-arrêt, que le législateur Ohada n'a pas voulu reconduire dans l'Acte uniforme n° 6.

---

704 CCJA, Arrêt n° 003/2002 du 10 janvier 2002, aff. La société Ivoirienne d'emballage Métallique dite SIEM c/ La société ATOU.

Il est donc urgent de tenir compte de la qualification du tiers en cause dans chaque texte de loi, avant de trancher le problème de son régime juridique. Réfléchir dans ce sens, c'est envisager déjà la nécessité de distinguer le tiers des voies d'exécution des autres tiers, comme il a été fait dans les pages qui précèdent.

Conclusion du titre 2

La doctrine commercialiste est unanime pour reconnaître que le droit civil n'est plus aujourd'hui, la source première et le fondement des règles juridiques en droit économique.[705] La meilleure illustration de cette métamorphose, vient du législateur sous régional lui-même. En plaçant l'Acte uniforme du 10 avril 1998 portant organisation des procédures simplifiées de recouvrement et des voies d'exécution au rang des disciplines essentielles du droit des affaires et donc du droit économique, il donne une réponse officielle à ceux qui veulent observer les voies d'exécution sous l'unique prisme du droit civil.

Plus concrètement, ce texte invite à constater que le droit des voies d'exécution est une discipline hybride. Les pages qui précèdent l'ont déjà révélée[706].

Cette réalité indiscutable doit nécessairement conduire à se garder de croire que la définition des tiers des voies d'exécution doit nécessairement venir du droit civil[707].

En effet, le droit civil est par nature, la discipline juridique qui règle exclusivement les *« rapports des simples particuliers entre eux »*[708]. Il est inapte à gouverner les relations qui naissent entre les particuliers et

---

[705] JEANTET (F. Ch.), Aspects du droit économique, in dix ans de conférence d'agrégation, p. 35 et s.

[706] V. supra, p. 34.

[707] Dans ce sens, voir not. BIBOUM BIKAY (F), th. op. cit., p. 14.

[708] IMBERT (J), Histoire du droit privé, coll. Que sais-je ? P.U.F., p. 3. Le droit public par contre, concerne, soit la structure interne de l'État (droit constitutionnel) ; soit les rapports entre État et particuliers (droit administratif) ; soit les relations entre États (droit international public). Lexique des termes juridiques (sous la dir. de) GUINCHARD (S) et DEBARD (Th), 23e éd. Dalloz,
p. 391 ; EISENMANN (Ch), Droit public, droit privé, in Rev. Droit public, 1952, p. 963 et s. ; PIROVANO (A), Introduction critique au droit commercial contemporain, in *RTDCiv.*, 1985, p. 219

un service public, quel qu'il soit. C'est vers le droit économique qu'il faut se tourner, lorsqu'il faut qualifier ce genre de rapports.

Or, il y a très longtemps déjà que le droit économique s'est donné quelques libertés par rapport aux droits traditionnels. Tous les juristes d'affaires l'affirment[709]. *« Alors que les autres disciplines de droit ont pour objectif, la sauvegarde de la rigueur des principes, déclare François RANGEON, le droit économique recherche l'efficacité de sa politique »* [710]. C'est dire que pour le droit des affaires, c'est la résolution concrète des problèmes que l'on rencontre au quotidien qui compte. La règle de droit devient en quelque sorte secondaire. C'est cette dernière qui doit s'accommoder à la réalité matérielle. Tout se passe dès lors, selon l'expression du Professeur Alain SAYAG, *« comme si la vie des affaires confère un droit d'émancipation par rapport à la loi »*[711].

Cette émancipation du droit économique, dont le droit des affaires n'est qu'une articulation, doit nous conduire à définir le tiers de l'exécution forcée, en tenant compte non seulement des principes traditionnels du droit civil, mais aussi, et surtout, de l'apport des autres branches du droit.

Pour être satisfaisante et complète, une étude de la notion de tiers dans le droit de l'exécution doit nécessairement tenir compte de l'indispensable apport du droit public[712].

Cette approche pluridisciplinaire de la notion de tiers est inévitable[713]. En réalité, le droit de l'exécution est l'une des rares disciplines qui n'appartiennent entièrement ni au droit privé ni au droit public, ni même totalement au droit économique[714]. Il s'intègre dans le droit des affaires qui est présenté par le Doyen SAVATIER, comme

---

709 SAYAG (A), cité par RANGEON (F), op.cit. P.20 ; FARJAT (G.), Le droit économique, PUF 2e édit.1982 P. 740.

710 FARJAT (G.), op.cit., p.740. Il ne propose certes pas de bruler les codes (l'expression est de RANGEON (F), op. cit., p. 20

711 Cité par RANGEON (F), op.cit., p.20.

712 Comp. GHESTIN (J.) et GOUBEAUX (G.), Traité de droit civil, Introduction, p. 66, n° 92 et s.

713 RIVERO (J), préface th. Francis CABALLERO, Essai sur la notion juridique de nuisance.

714 Comp. Droit du Travail. RIVERO (J) et SAVATIER (J), Droit du Travail, 7e éd. P.U.F. présenté par les auteurs comme le fruit d'une collaboration d'un publiciste et d'un privatiste, pour mettre en relief, l'originalité de cette discipline.

« une diagonale fulgurante qui traverse le droit tout entier, sans en autoriser les divisions : droit public, droit privé »[715].

Une telle technique de recherche des éléments de la définition du concept qui nous intéresse ici comble les vœux du Doyen VINCENT qui a toujours souhaité que le droit processuel soit *« un espace de rapprochement où théories et méthodes doivent, en s'appuyant sur chacun des ordres de procédure civil, pénal, administratif, les transcender pour mieux les éclairer »*[716].

Il appartient maintenant au droit privé interne, comme au droit de l'exécution ohada, se référant aux solutions du droit administratif, de consacrer largement, dans leurs disciplines respectives, la notion de collaborateur occasionnel.

Conclusion de la première partie

Les pages qui précèdent ont permis de découvrir, la très grande flexibilité du concept *« tiers »*. Comme l'eau qui prend la forme du récipient,[717] le tiers s'accommode toujours du milieu dans lequel on l'introduit. Mais, contrairement à l'eau qui ne change pas de couleur, quel que soit le contenant, le tiers ne garde pas nécessairement son statut primaire. Il s'adapte à la discipline dans laquelle il évolue. Il faut donc le placer dans un contexte bien précis, pour pouvoir découvrir les richesses que renferme ce concept, afin d'en tirer les plus grands

---

715 SAVATIER (R.), L'enseignement du droit économique dans les pays non-socialistes, p. 89 cité par JACQUEMIN (A) et SCHRANS (G), op. cit., p. 89, adde, CHAMPAUD (Cl), Contribution à la définition du droit économique, D.1967, Chr. p.89.

716 VINCENT (J), cité par LEGEAIS (R.), Remarques sur la distinction des mineurs délinquants et des jeunes en danger, Mél. VINCENT. P. 203 et s ; VINCENT(J) et GUINCHARD (S), Procédure civile, 24 éd. Dalloz p. 44 n° 43 et s. cet auteur affirme qu'« on assiste à un nouveau brouillage du paysage procédural français par le croisement de divers contentieux » ; ESTOUP (P), *Déclin et renouveau de la procédure civile*, D.S. 1987 Chr. p. 105.

717 Sur la métaphore de l'eau voir NGUEKEU NDOGMO (P), qui cite MONGA (C), lui-même cité par MIAFFO (D), in Le destin de la chefferie traditionnelle en démocratie pluraliste : se compromettre ou disparaître, Annales de la faculté des sciences juridiques et politiques, Université de DSCHANG, T.3. 1999, P.U.A., p. 5

bénéfices. C'est toute l'économie de la thèse de doctorat de M. CUNNY[718].

La plupart des auteurs sont du même avis. Il n'existe pas une définition, mais plusieurs définitions du tiers en droit[719].

La définition du tiers tirée des dispositions du Code civil a la particularité d'avoir un domaine bien précis. Celui du contrat et des conventions. Ici, les relations entre les parties et les tiers sont dominées par le principe de la relativité. Celui-ci a actuellement une portée bien limitée. Parce que le droit des obligations est, en principe, le droit des rapports d'égalité et de la liberté[720]. Il ne peut être le fondement de la participation obligatoire des tiers, à l'exécution.

Il faut se référer au droit public, et plus spécialement au droit administratif, pour découvrir qu'en dehors de ses agents, statutaires ou contractuels, l'État peut entretenir les relations d'un autre type avec les particuliers. Lorsque celles-ci ne sont pas contractuelles, elles peuvent naître soit spontanément ; soit à la suite d'une réquisition des pouvoirs publics. On est donc en présence d'une relation de collaboration ponctuelle ou occasionnelle.

La notion de collaboration occasionnelle est donc au cœur des rapports qui se nouent, entre le service public de l'exécution et les tiers[721]. Elle seule permet de comprendre pourquoi les tiers sont légalement tenus, indépendamment de la saisie proprement dite, tantôt de coopérer avec l'exécution prise comme service public, tantôt encore, d'informer les usagers des voies d'exécution ; tantôt enfin, d'assurer la conservation et la protection des biens saisis et mis sous main de justice.

C'est aussi la notion de collaboration occasionnelle, au sens du droit administratif, qui oblige le tiers saisi ou requis, de rester au service de l'exécution, durant tout le temps que va durer la procédure dans laquelle il est impliqué. C'est cette analyse qui permet d'affirmer que les tiers actifs de l'article 38 de l'AUPSRVE doivent être assimilés aux agents publics de circonstance.

---

[718]CUNNY, op.cit., v. note n° 162, supra.

[719] EMERI (Cl), De la responsabilité de l'Administration à l'égard de ses collaborateurs, LGDJ, 1966 ;

[720] TERRE (F), SIMLER (Ph) et LEQUETTE (Y), Droit civil, les obligations, 11è éd., DALLOZ, 2013

[721] GUINCHARD (S) et TONNY MOUSSA, *Droit et pratique des voies d'exécution* (sous la direction de), Dalloz, 2002, p. 142, n° 903 et s.

« Le droit, s'il se veut une discipline scientifique, ne peut pas
se borner à colliger les énoncés de la volonté législative ;
il lui faut organiser la matière
première qu'ils lui offrent,
découvrir les parentés qui unissent règles et institutions,
bref, transformer en un tout intelligible, l'apparent chaos
« avec lequel il est aux
prises »

Jean RIVERO[722]

[722] RIVERO (J), « Le régime des entreprises naturalisées et l'évolution du droit administratif », in *La distinction du droit privé et du droit public et l'entreprise publique*, Archives de philosophie du droit, nouvelle série, librairie DALLOZ, 1952, p. 152.

DEUXIÈME PARTIE :

LE RECOURS AU TIERS POUR LA GARANTIE DU PROCESSUS DE L'EXÉCUTION

CHAPITRE PRÉLIMINAIRE :

LA NAISSANCE D'UNE CATÉGORIE SUI GENERIS DE TIERS GARANT DE L'EXÉCUTION

Dans le domaine des sciences physiques en général et juridiques en particulier, la venue à la vie juridique d'un être physique ou moral[723],

[723] CALAIS-AULOY (M.-T.), Appréciation critique de la loi du 11 juillet 1985 instituant L'E.U.R.L, D.S. 1986 Chr. p. 249 ; SERLOOTEN (P), l'entreprise unipersonnelle à responsabilité limitée D. 1985 Chr. P. 187. SAYAG (A), De nouvelles structures pour l'entreprise, la loi n° 85-697 du 11 juillet 1985, J.C.P. 1985. I. 3217 ; du même auteur, L'entreprise individuelle : faux débats et vraies questions, in Études offertes à RENÉ RODIERE, Dalloz, 1981, p. 289 ; IPANDA (F. P.), La société d'une seule personne dans l'espace Ohada, in JURISCOPE, Doctrine 2000 p. 3 ; RCDA, n° 2, 2000, p. 3

d'une loi [724] ou d'un simple principe de droit [725], passe rarement inaperçue. Elle suscite toujours un enthousiasme qui peut aller, soit dans le sens d'une approbation, soit dans celui d'un rejet[726], voire d'une curiosité[727].

Tel n'a pas été le cas avec l'apparition dans les voies d'exécution, des tiers de l'article 38 de l'AUPSRVE. Ce texte n'a jusqu'à présent

---

724 MELONE (S), Le traité Ohada et spécificités camerounaises : Antinomie ou complémentarité ? Communication délivrée à l'occasion du Séminaire GICAM/ FONDATION FRIEDRICH EBERT des 14,15 et 16 Mai 1996 à Douala Cameroun sur le thème : Une justice pour le développement du secteur privé au Cameroun (perspectives offertes par le Traité Ohada, p. 39 inédit ; M. YOUMSI, Comprendre l'Organisation pour l'Harmonisation du droit des affaires en Afrique, in Séminaire GICAM/ FONDATION FRIEDRICH EBERT des 14,15 et 16 Mai 1996 op. cit. p. 25 ; KOOH II (Ch.), Les innovations envisagées par le Traité Ohada en matière de commissariat aux comptes, in Séminaire GICAM/ FONDATION FRIEDRICH EBERT des 14,15 et 16 Mai 1996 op. cit. ; TIGER (Ph), le droit des affaires en Afrique, Que sais-je ? PUF 1999 ; ASSOCIATION HENRI CAPITANT, l'Organisation pour l'Harmonisation en Afrique du droit des affaires (OHADA), in Petites Affiches, La Loi n° 205 393e année 13 octobre 2004, numéro spécial avec les travaux de KEBA MBAYE, L'Histoire et les objectifs de l'Ohada, p. 4 LOHOUES-OBLE (J), innovations dans le droit commercial général p.8 ; PAILLUSSEAU (J), l'Acte uniforme sur le droit des sociétés, p. 19 ; GRIMALDI (M), L'Acte uniforme portant Organisation des sûretés p. 30 ; TIGER (PH), Les procédures collectives après cessation des paiements en droit harmonisé de l'ohada p.35 ; FOUCHARD (Ph), Le système d'arbitrage de l'Ohada, : le démarrage p. 52 ; OHADA, Traité et Actes uniformes commentés et annotés, sous la direction de : ISSA-SAYEGH (J), POUGOUE (P.G.), SAWADOGO (F.M.) avec la participation des professeurs ANOUKAHA (F), ASSI-ESSO (A-M), LOHOUES— OBLE (J), NGUEBOU (J), SANTOS (P), JURISCOPE 1999 ; DERRIDA (F) et SORTAIS (J.-P.), La réforme du droit des entreprises en difficulté (premier aperçu), D.S. 1994, Chr., p. 267

725 ATIAS (Chr.), Naissance d'un principe : les servitudes en copropriété immobilière, D. 1987 Chr. p. 285.

726 En jurisprudence, la solution de l'Arrêt KARNIB, prise par la CCJA a été remise en cause par la doctrine et les commentateurs : Voir notamment, IPANDA (F. P.), l'arrêt Époux KARNIB : une révolution ? Question d'interprétation, *RCDA*, n° 10, p. 41, Janv.- Mars 2002 ; ONANA ETOUNDI (F) De l'inapplicabilité des défenses à exécution provisoire des décisions rendues dans les matières de l'Ohada : brèves réflexions sur l'arrêt n° 002/2001/CCJA du 11 octobre 2001 in *RCDA*, n° 10, op. cit., p. 11 ; MINOU (S), Regard sur l'arrêt KARNIB, *RCDA*, n° 10, op. cit., p. 27

727 IPANDA (F. P.), La société d'une seule personne dans l'espace Ohada, *RCDA*, 2000, L'auteur rapproche cette société particulière à DOLLY, cette brebis mystérieuse issue du clonage d'un embryon v. Journal Express du 25 février 1999

curieusement provoqué que quelques réactions sporadiques[728]. Très peu d'auteurs en ont été intéressés[729]. La jurisprudence de son côté, continue d'appliquer aux tiers des voies d'exécution, comme par le passé, le régime juridique des tiers du droit commun des obligations[730]. Depuis l'entrée en vigueur de l'Acte uniforme du 10 avril 1998, tout se passe en fait, comme si aucune innovation n'avait été apportée à leur sujet. Ce manque d'intérêt pour la notion de tiers est lié à l'existence de deux circonstances complémentaires.

D'abord sur le plan matériel, on doit reconnaître que la gestation de cette catégorie particulière de tiers dans les voies d'exécution a eu lieu dans l'indifférence totale, faute de signes annonciateurs à la base. Ni le projet de texte élaboré par le Secrétariat permanent en concertation avec les différents gouvernements des États partit ni les délibérations du Conseil des ministres[731] n'ont accordé d'intérêt particulier aux tiers de l'article 38 de l'AUPSRVE[732]. Dans l'ensemble, on s'est borné à articuler les nouvelles obligations qu'on a mises à la charge des tiers dans les voies d'exécution, sans s'intéresser au tiers lui-même.

Ensuite, et c'est l'élément le plus important, parce qu'il n'y a aucune disposition de l'Acte uniforme n° 6 faisant expressément allusion au tiers garant. Le législateur uniforme s'est borné à demander aux tiers d'apporter leurs concours à l'exécution, sous peine de condamnation. Il n'a pas cherché à qualifier ce personnage lui-même. Or, en réglementant avec force détails les obligations qui pèsent sur le tiers impliqué à l'exécution, le texte légal ne s'est peut-être pas rendu compte qu'il se détachait radicalement des tiers des articles 1165 et 1351 du Code civil ; et que de ce fait, il donnait inévitablement naissance à une catégorie innommée de tiers, dérogatoire au droit commun[733]. Tout se passe ici un peu à la manière de monsieur JOURDAIN, ce personnage pittoresque de la fable, qui faisait de la prose sans le savoir[734].

---

[728] Des professionnels comme les banques n'acceptent pas l'interprétation que les juges donnent à l'article 38 de l'AUPSRVE. Ils dénoncent avec véhémence, une tentative de dénaturation de l'économie de ce texte.

[729] NKOU MVONDO (P), Le tiers dans le droit Ohada de l'exécution forcée, op. cit., p. 26 ; BIBOUM BIKAY (F), Th. op. cit., p. 162.

[730] Jurisprudence constante, à la fois des cours et tribunaux y compris la CCJA ;

[731] Par application de l'article 6 du Traité.

[732] Le texte légal n'est accompagné d'aucun commentaire, même administratif.

[733] Comp. Contrats innommés tirés du Code civil.

[734] LA FONTAINE, v° Fables.

De ce double constat, il est aisé de comprendre pourquoi doctrine et jurisprudence accordent très peu d'importance à la notion de tiers dans les voies d'exécution.

Pour bien appréhender l'extraordinaire richesse de l'article 38 de l'AUPSRVE qui fait du tiers un garant d'un type particulier, il faut d'abord identifier ses sources (*Section 1)* avant d'exposer la controverse qui a vu le jour dans certains pays de la zone ohada sur l'applicabilité du Traité et de ses Actes uniformes (*Section 2)*.

Section 1 : Les sources des concours ou garanties exigées du tiers dans les voies d'exécution

À côté des sources extrajuridiques (Paragraphe 2), il existe des sources juridiques ((Paragraphe 1) du tiers garant dans l'exécution. Il convient, pour la bonne manière, de les exposer séparément.

Paragraphe 1 : Les sources juridiques

Les garanties attendues des tiers impliqués à l'exécution tirent leur première source de la loi (I). Mais on doit aussi tenir compte de la jurisprudence, des avis et des résolutions purement administratives. Ces différentes ources qui complètent l'arsenal juridique se présentent généralement dans les voies d'exécution, comme des compléments indispensables du texte communautaire (II).

I- La loi

La loi doit être prise ici dans son sens large. Il peut s'agir d'abord de la loi stricto sensu votée par le Parlement. Mais le terme peut aussi désigner les conventions internationales ou communautaires. On peut aussi y inclure les règlements, les avis et les directives.

L'Acte uniforme du 10 avril 1998 a opéré un choix. La distinction entre la loi de fond et celle de la procédure ne l'a pas beaucoup intéressé lorsqu'il a fallu consacrer les obligations qui font du tiers dans l'exécution, un garant (A). Ce choix a totalement mis entre parenthèses les autres techniques possibles auxquelles le législateur aurait pu recourir. Il convient, pour la clarté du débat, de les rappeler aussi (B).

A- Le choix de l'Acte uniforme du 10 avril 1998

C'est à travers une disposition de l'Acte uniforme du 10 avril 1998, l'article 38 que le législateur communautaire ohada donne naissance aux tiers garants dans les voies d'exécution. Bien qu'il s'agisse d'un choix souverain, celui-ci ne peut manquer de paraître original. Parce qu'il déroge au droit commun.

Voyons en quoi consiste cette originalité (1) avant de nous intéresser aux conséquences d'un tel choix sur le plan pur du droit (2).

1- L'originalité du choix de l'Acte uniforme

Ce qui fait l'originalité du choix de l'Acte uniforme, c'est que le législateur ohada a choisi un texte de procédure pour donner vie à une catégorie de tiers garants que le droit commun n'avait jusque-là, jamais consacré. Le texte communautaire ne se borne pas à définir les obligations qui pèsent sur le tiers dans les voies d'exécution. Il ignore superbement que la création des normes relève dans la tradition juridique, du droit du fond. Tout se passe ici, comme si l'article 38 de l'AUPSRVE a sciemment voulu proclamer l'autonomie des tiers des voies d'exécution par rapport aux autres catégories existantes, pour mieux se démarquer des textes de droit commun qui en parlent aussi.[735]

La volonté du législateur ohada de s'écarter des solutions du Code civil qui régissent les tiers est manifeste. Elle est perceptible à un double niveau.

D'abord au niveau du style. L'impératif catégorique dont se sert le texte communautaire lorsqu'il ordonne aux tiers d'apporter leurs concours à l'exécution n'est pas gratuit. Il n'a d'égal que la législation pénale qui les oblige parallèlement à porter secours à ceux qui sont en danger[736]. Ce ton législatif impérial n'a aucun rapport avec le style protecteur du Code civil qui rappelle simplement aux parties à une convention ou à un acte d'éviter d'y mêler les tiers qui n'en tirent aucun profit[737].

Ensuite, par une formulation qu'on peut assimiler à un ordre de la loi, les dispositions de 38 de l'AUPSRVE obligent les tiers à apporter leur concours à l'exécution lorsqu'ils en sont requis ou saisis. Elles ne

---

735 LARGUIER (J), Le point de départ de la prescription en matière d'abus de biens sociaux, in *Mél. SECRETAN*, p. 159.

736 Code pénal camerounais art. 283.

737 Art. 1165 et 1121 du Code civil.

leur laissent aucune possibilité de choix. Il s'agit alors des charges spécifiques que le législateur uniforme fait peser sur tout tiers impliqué à l'exécution des titres des particuliers. Jamais, par le passé,[738] aucun texte d'exécution n'avait osé troubler aussi gravement la règle de la relativité qui est ancienne et qui est passée au rang des principes directeurs de droit[739]. Jamais un texte de pure procédure n'a osé braver les règles de compétence qui lui sont propres, pour aller marauder sur le terrain des droits de fond [740]. On n'est pas ici loin d'une réglementation qu'un auteur a appelée une législation de guerre, c'est-à-dire d'exception[741].

Mais, quelle que soit la réprobation que l'on éprouve sur ce choix, l'Acte uniforme n° 6 reste sans équivoque aucune, la première source qui proclame la naissance des tiers d'un autre genre dans les voies d'exécution. Un tel choix va nécessairement produire des conséquences sur le régime juridique applicable aux tiers des voies d'exécution.

2- Les conséquences du choix législatif

Le législateur « *gouvernemental* » ohada a choisi l'Acte uniforme du 10 avril 1998, texte de pure procédure pour élaborer les obligations de garantie qui pèsent sur les tiers impliqués à l'exécution. Bien que ce choix soit discuté et discutable[742], il ne demeure pas moins qu'il s'impose aujourd'hui à tous. Spécialement, du fait de son caractère supranational. Une telle législation produit cependant des conséquences au niveau de la théorie juridique qu'il est difficile d'éluder. On peut en relever deux au moins.

D'abord, le fait pour l'ohada de choisir un texte de procédure pour imposer des obligations substantielles aux tiers permet d'affirmer qu'il existe désormais deux catégories de législations sur les tiers. La législation civile qui s'occupe des tiers ayant un lien plus ou moins réel avec les contrats et les conventions, d'une part ; celle du droit communautaire ohada qui s'intéresse exclusivement aux tiers actifs dans la procédure des voies d'exécution, d'autre part. Cette volonté

---

[738] Sauf en droit pénal.

[739] CORNU (G), « Les principes directeurs du procès civil par eux-mêmes (fragments d'un état des questions) », in *Études offertes à Pierre BELLET*, LITEC, p. 83.

[740] ROBIN (C), *Droit judiciaire privé*, DYNA'SUP DROIT, 2005, p. 5 qui enseigne que le droit judiciaire privé ne prescrit pas les règles de conduite en société. N'indique pas à l'individu s'il est titulaire de droits ou quelle en est l'étendue ».

[741] WOOG (J.-Cl.), *La stratégie du créancier*, éd. DALLOZ, 1998, p. 165, n° 206 et s.

[742] DONNIER (M) et DONNIER (J.B.), op cit., p. 1, n° 1.

arrêtée du législateur ohada de faire sauter le verrou de la relativité qui met souvent les tiers à l'abri de toutes sollicitations impératives est évidente. Elle est marquée par l'introduction de sanctions contre tout tiers qui n'exécute pas les obligations qui pèsent légalement sur lui, à l'occasion de l'exécution.

Ensuite, on découvre que pour le législateur ohada, le Code civil n'est plus l'unique texte qui édicte les lois de fond. Rien n'exclut qu'un texte de procédure joue parfois un rôle identique. Toute chose qui constitue une originalité.

Il est donc suffisamment clair qu'il n'est plus possible de renvoyer nécessairement le lecteur au Code civil, lorsqu'il faut rechercher la définition ou le régime juridique des tiers impliqués à l'exécution.

3- La critique du choix législatif

La précision dans la loi est une nécessité. Elle doit régner « lorsqu'on se propose de procurer (à un individu), non plus un droit, mais de (le) charger d'obligations ». Cette observation du professeur Christian LAPOYADE DESCHAMPS faite à l'occasion d'une étude consacrée à la responsabilité civile et pénale de l'enfant[743] interpelle le législateur Ohada. Essentiellement, parce que l'Acte uniforme du 10 avril 1998 manque cruellement de précisions lorsqu'il définit les obligations qui pèsent sur les tiers en matière d'exécution.

Techniquement, l'Acte uniforme n° 6 est présenté comme une voie d'exécution. Il constitue, au niveau de la zone ohada, le seul texte qui fixe la procédure d'exécution et organise les tribunaux qui en ont la charge. Mais il n'est pas moins un corps de règles de procédure. On peut bien dire aussi avec le professeur **STRICKLER**, qu'il constitue mutatis mutandis, un *« ensemble de règles qui guident la marche (d'une procédure), dans le but d'assurer aux particuliers, la mise en œuvre de leurs droits subjectifs »*[744]. Et comme tout corps de règles de procédure, il n'est, de l'avis de tous, qu'un *« relai indispensable des différentes disciplines fondamentales de droit privé qui sont, seules, créatrices d'obligations… »*[745].

---

[743] LAPOYADE DES CHAMPS (Chr.), Les petits responsables, in D.S. 1988, Chr. p.299.
[744] STRICKLER (Y), Procédure civile, 5e éd., Coll. Paradigme, 2014, p. 13, n° 4
[745] M. DONNIER (M) Voies d'exécution et procédures de distribution, 5e éd. P. 1), Les disciplines comme le droit civil, le droit commercial, le droit du travail, etc. sont

On découvre curieusement à l'examen que certaines de ses dispositions, comme l'article 38 de l'AUPSRVE, ne se bornent pas seulement à édicter des règles de procédure. Elles édictent aussi et très curieusement des règles de fond.

C'est le cas par exemple, lorsqu'elles imposent aux tiers au grand mépris du droit commun des obligations, d'apporter leurs concours à l'exécution sous peine de sanctions. Fort malheureusement, une telle obligation va au-delà des règles de procédure, pour deux raisons au moins.

D'abord, parce que les concours ou les garanties sont des charges. Lorsqu'elles n'ont pas été librement voulues entre les parties par voie de convention, elles ne peuvent être imposées que par une loi de fond.

Ensuite, parce que les règles de procédure appartiennent, au sens large du terme, à *« la branche du droit dont l'objet est de fixer les règles d'organisation et de compétence des tribunaux... »*[746], ainsi que celles des procédures extrajudiciaires[747]. Bref, ce sont des textes dont l'unique vocation est de permettre la réalisation contentieuse des droits. En d'autres termes, c'est le droit du procès, communément appelé, droit processuel, qui gouverne la procédure[748].

Doctrine et jurisprudence sont d'accord pour reconnaître que la procédure dans ses diverses articulations est *« au service des droits du fond »*[749] lorsqu'elle n'en est pas simplement sa *« servante »*[750]. Mais cela ne signifie pas que le droit processuel est un droit au rabais[751]. Il rend beaucoup plus de services qu'on ne le croit, lorsqu'il évolue dans son domaine naturel.

C'est le contraire qui se produit malheureusement, lorsque le droit processuel, sans tenir compte des autres techniques de droit, veut à la

---

les disciplines de fond. La procédure au sens large, en est sinon le relai du moins, « la servante » (MBARGA (A), Procédure civile camerounaise, op. cit.

746 GUINCHARD (S) et DEBARD (Th), Lexique des termes juridiques (sous la direction de), 23e éd. 2015-2016 Dalloz, p. 825.

747 Voir Acte uniforme n° 6, not. Les règles qui gouvernent les procédures extrajudiciaires.

748 VINCENT (J.), MONTAIGNIER (G) et VARINARD (A), La justice et ses institutions, précis DALLOZ 2e éd. 1985 p.2 n° 2 et 3 ; PERROT (R), Institutions judiciaires, éd. MONSCHRESTIEN, 1994, p.27 n° 25 et s.

749 DONNIER (M) & DONNIER (J.B.), op. cit., p.1 n° 1.

750 MBARGA Armand, Procédure civile camerounaise, éd. PRIMALEX, 2012, p. 7.

751 VINCENT(J) et GUINCHARD (S.), Procédure civile, précis DALLOZ, p.1, n° 2.

fois, rester maître de son territoire en même temps régenter aussi et simultanément celui des lois de fond. Pourtant, d'autres techniques pouvaient permettre d'aboutir à un résultat semblable.

B- Les autres techniques possibles

Plusieurs techniques se présentent lorsqu'on veut définir une notion qui n'appartient pas à la matière juridique qui l'emploie. Il y a la technique du renvoi implicite (2). Mais il y a aussi celle du renvoi explicite (1).

1- Le renvoi explicite

Le renvoi explicite est la technique juridique par laquelle, un texte de loi ou une discipline, invite expressément le lecteur à se référer à un autre texte ou à une autre discipline nommément désignée, pour la définition de certaines notions qu'il emploie, mais qui ne lui sont pas propres. Elle permet de maintenir l'indispensable cohérence juridique entre les disciplines juridiques disparates.

La plupart des législations modernes l'utilisent. Elle joue un grand rôle tant en droit interne qu'en droit comparé[752]. Il est vain de croire que chaque discipline juridique peut réécrire le droit tout entier, chaque fois qu'elle a affaire à des notions ou à des règles qui relèvent des autres disciplines.

Le droit, en fait, est un tout qui s'accommode bien de la diversité. Il n'est techniquement utile que si ses différentes disciplines se complètent. C'est pour cela qu'il est déconseillé d'appréhender les différentes disciplines juridiques sous forme de pièces détachées.

Par la technique de renvoi explicite, le législateur maintient cette cohérence non seulement entre les droits de fond, mais aussi bien entre ceux-ci et les lois de pure forme.

Le législateur ohada utilise lui-même dans certaines de ses dispositions, cette technique. C'est le cas de l'article 13 du Traité qui renvoie expressément aux juridictions des États Parties, pour le règlement du contentieux relatif aux Actes uniformes. De même, c'est par un renvoi explicite que l'Acte uniforme n° 6 complète l'énumération des titres exécutoires visés par l'article 33. On peut aussi citer le cas de l'article 49 alinéa 1er du même acte qui déclare expressément que la juridiction compétente pour statuer sur tout litige

---

[752] RODIERE (R), Introduction au droit comparé. Précis DALLOZ, p. 2, n° 2

ou toute autre demande relative aux mesures d'exécution forcée… est le président de la juridiction statuant en matière d'urgence ou le magistrat délégué par lui. L'énumération n'est pas exhaustive. Mais il est aussi possible d'utiliser la technique du renvoi implicite lorsqu'on veut faire jouer certaines règles qui n'appartiennent pas à la discipline en cause.

2- Le renvoi implicite

Dans la plupart des cas, le renvoi est souvent implicite. En s'intéressant uniquement à l'Acte uniforme n° 6 du 10 avril 1998, on peut citer çà et là, les dispositions suivantes : l'article 28 sur les notions de créancier et de débiteur. L'article 40 qui vise les créances hypothécaires et les créanciers gagistes. L'article 41, quant à lui, s'intéresse à l'huissier ou à l'agent d'exécution. L'article 53 qui règle la saisie des biens appartenant aux époux communs dans leurs biens. La liste n'est pas non plus exhaustive ici.

Toutes ces dispositions opèrent un renvoi implicite aux disciplines juridiques appropriées, pour les définitions des notions d'emprunt qu'elles emploient. Elles n'ont pas besoin de reprendre expressément à chaque circonstance, la définition des termes déjà suffisamment bien élaborée dans d'autres branches du droit.

La technique du renvoi implicite est largement répandue. Elle est comparable au procédé législatif qui consiste à consacrer sur le plan juridique les règles morales ou des usages par voie de délégation implicite ou explicite[753]. C'est le cas par exemple lorsque certaines dispositions du Code civil renvoient expressément aux usages[754]. Dans plusieurs autres dispositions, le Code civil procède par des renvois implicites[755]. Le Doyen CARBONNIER a démontré que certaines coutumes entrent virtuellement dans l'analyse de certaines dispositions légales[756]. D'autres auteurs citent par exemple les articles 6, 1133 et

[753] GHESTIN (J) et GOUBEAUX (G), Traité de droit civil sous la direction de Jacques GHESTIN, Introduction générale, op. cit. p. 390, n° 485.

[754] C'est le cas de l'article 1648 c. civil qui renvoie aux usages en matière de garantie des vices cachés.

[755] Civ. 1re, 12 avril 1967 Bull. civ. i n° 124 qui décide que la loi française est applicable aux immeubles situés en France, sous réserve de l'intervention de la loi du régime matrimonial déterminant les effets du mariage.

[756] CARBONNIER (J), Droit civil, introduction par.28 cité par GHESTIN (J) et GOUBEAUX (G), Traité de droit civil sous la direction de Jacques GHESTIN, Introduction générale, 2e éd. 1983, p. 395 n° 491 et s.

1172 du Code civil qui opèrent nécessairement un renvoi implicite aux bonnes mœurs et au comportement d'un bon père de famille[757].

II- La jurisprudence, les avis et les directives

A- La jurisprudence

La jurisprudence intervient dans l'élaboration des charges qui pèsent sur les tiers, aussi bien au niveau national qu'au niveau communautaire.

Au niveau national, le juge n'est pas seulement la voix du législateur, comme on le soutient traditionnellement. Il peut aussi prendre des décisions dont l'économie est de compléter ou de restreindre les charges qui pèsent sur les tiers en matière d'exécution. De pareilles décisions participent de la définition qu'on doit donner aux tiers dans les voies d'exécution.

Au niveau communautaire, on est parfois surpris de constater que la technique des avis donnés par la CCJA se démarque parfois des solutions de cette haute juridiction communautaire, mais aussi, de celles des juridictions nationales communautaires.

B- Les avis de la CCJA

L'interprétation du Traité tout comme celle des actes uniformes Ohada sont assurées par la CCJA. C'est la solution de l'article 14 du Traité.

Les avis que la CCJA donne n'étant pas des décisions de justice ne revêtent aucun caractère décisoire. Les juridictions qui en font la demande ne sont pas moins tenues de s'y conformer. Mais la position que prend la haute juridiction communautaire lorsqu'elle donne son point de vue sur un sujet donné n'est pas une simple mesure d'ordre intérieur, au sens du droit administratif.[758] Elle ne peut être attaquée pour excès de pouvoir. Ces mesures exercent cependant une grande influence sur les juges qui ne sont pas prêts à s'écarter de la voie tracée par la plus haute juridiction communautaire dans ses avis.

---

[757] GHESTIN (J) et GOUBEAUX (G), op. cit. ; MAYER (P), La règle morale dans l'arbitrage international Études BELLET, LITEC, 1991, p. 379.

[758] RIVERO (J), Les mesures d'ordre intérieur administratives, Th. Paris, 1934, SIREY, cité par LAVIALLE (Chr.), in L'évolution de la conception de la décision exécutoire en droit administratif français, TH. Paris, 1974 préface Paul COUZINET, p. 47 et s.

C- Les directives des autorités administratives ou politiques

Les autorités politiques ou administratives peuvent parfois prendre des directives pour *« assurer la cohérence des décisions à prendre dans une série d'affaires »*[759]. Ces directives sont considérées par les auteurs de droit public, comme une doctrine dont l'économie est de *« prévenir les risques de contradictions ou de discriminations involontaires »*[760]. L'exemple le plus actuel est celui des résolutions prises en 2002 par le Comité des cas de saisies attributions des créances mis sur pied par le ministère de la Justice à l'effet de contrôler la mise en œuvre au Cameroun des dispositions relatives aux saisies attributions des créances édictées par l'Acte Uniforme Ohada du 10 avril 1998[761]. Les directives prescrites par ce comité exercent aujourd'hui une grande influence sur le comportement des Huissiers de justice et surtout, sur les créanciers saisissants qui ne peuvent plus impunément pratiquer des saisies attributions entre les mains de n'importe quel tiers. Même si à l'examen, elles se révèlent manifestement contraires à la lettre et à l'esprit du Traité Ohada qui réglemente l'interprétation des Actes uniformes[762].

Paragraphe 2 : Les sources extrajuridiques

Elles sont dans l'ensemble, d'origine morale. On peut ici se retrouver en présence de deux sortes de morales différentes : la morale sociale (II) et la morale publique (I).

I- La morale publique

Même si la loi est la source apparente des garanties que l'Acte uniforme n° 6 exige des tiers à l'occasion de l'exécution, on ne peut ni oublier ni négliger l'influence que la morale publique exerce sur les comportements de ces personnages impliqués à l'exécution. Essentiellement, parce que la règle morale enseigne sans réserve qu'il faut être juste envers ses semblables et éviter de nuire à autrui.

---

759 CHAPUS (R), Droit Administratif général, T1 n° 574 b, 5e éd., p. 360.

760 CHAPUS (R), op. cit., p. 113

761 Bien connu aussi sous le nom d'Acte uniforme n° 6.

762 Art. 14 Traité Ohada, reconnaissant à la CCJA seul, le pouvoir d'assurer dans les États parties, l'interprétation et l'application commune du Traité et des actes dérivés.

Les auteurs l'ont bien compris. C'est en contemplation de la règle morale que PLANIOL a pu dire qu'*« il est interdit à quiconque de violer impunément le droit du créancier à l'égard de son débiteur »*[763].

Le Doyen RIPERT a montré, de son côté, la grande influence qu'exerce la morale sur les obligations civiles[764]. Avant de devenir des règles juridiques sanctionnées par la loi, les règles qui gouvernent la vie en société sont d'abord des règles morales. Et la plupart des règles qui régissent les comportements dans un milieu donné sont, avant tout, des règles morales d'inspiration biblique[765]. Pour les besoins liés à la cohésion sociale, on peut refuser d'admettre cette réalité. En effet, *« la laïcisation du droit civil »*[766] étant une réalité, n'a pu enlever aux règles morales d'origine religieuse que leur caractère contraignant. Elles ont gardé une grande influence sur le comportement subjectif de chacun et même sur l'orientation de certaines législations[767].

Ainsi, il existe un grand nombre de règles juridiques qui sont d'inspiration morale. On peut citer entre autres, la théorie de la cause illicite ou immorale, les vices de consentement, la rescision pour lésion, les règles de l'abus du droit, la responsabilité civile, la fraude, la bonne foi, l'enrichissement sans cause[768]. La liste n'est pas exhaustive.

On peut également citer les dispositions du Code pénal qui prescrivent à chaque individu, de se soumettre à l'obligation de porter secours.

---

763 PLANIOL, dans son traité élémentaire, critique tout rapport juridique entre une personne et une chose, cité par Traité de droit civil, sous la direction de GHESTIN, et GOUBEAUX (G), Traité de droit civil, sous la direction de GHESTIN (J), Introduction générale n° 217 et s., se référant à la définition du droit réel donnée par AUBRY et RAU, qui enseignent qu'il y a droit réel, lorsqu'une chose est entièrement soumise, complètement au pouvoir d'une personne en vertu d'un rapport immédiat, opposable à toute autre personne

764 MAYER (P), la règle morale dans l'arbitrage international, in Études offertes à Pierre BELLET, LITEC, p. 379.

765 Ex. l'obligation au secours tire sa source du commandement biblique « Porter les fardeaux les uns des autres et vous accomplirez la loi de Christ » Gal. 6 et de celui de l'amour du prochain « Exode 20.17 ; RIPERT (G), les forces créatrices du droit, Chap. 3, p. 135.

766 RIPERT (G), les forces créatrices du droit chap. 3, p. 135 ; RIVERO (J), Le principe juridique de la laïcité D. 1940, Chr., p. 137

767 RIPERT (G), les forces créatrices du droit chap. 3, p. 135.

768 MAYER (P), op. cit., p. 37.

L'article 38 de l'AUPRSVE n'a pas manqué de tenir compte de ces enseignements. Et c'est pour des raisons visées plus haut que le texte communautaire n'en fait pas expressément référence[769]. Mais au fond, tout tiers bien inspiré va refuser de se compromettre dans les procédures d'exécution auxquelles il est étranger. Essentiellement, parce que sa conscience lui interdit de pécher contre ses semblables[770]. On est alors ici au centre de la morale religieuse qui n'est pas souvent distincte de la morale sociale.

II- La morale sociale

Aucun tiers n'a le droit d'user d'abus ou de fraude pour faire échec à une exécution. La raison est simple, mais logique : il n'en est pas concerné. Cette assertion renferme une double obligation : d'abord, celle de loyauté. Ensuite, celle d'impartialité. Il s'agit en somme d'une invitation directe adressée à tout le monde.

Il n'est pas surprenant de constater que pour obtenir le respect par les tiers de la plupart des obligations civiles ou naturelles, le législateur fait parfois, directement recours à la morale[771].

Ainsi, dans le noble souci d'apporter aux voies d'exécution l'indispensable sécurité juridique et judiciaire qui leur a longtemps fait défaut, le législateur Ohada ne se contente plus de laisser à l'État sur le territoire duquel l'exécution doit avoir lieu, le libre choix des techniques et moyens susceptibles de parvenir à cette exécution. Des textes comme l'article 160 al. 4 de l'AUPSRVE ouvrent une double voie au débiteur. Il peut librement payer malgré la saisie et éviter que ses biens soient vendus aux enchères. Il peut aussi opter pour la solution contraire et compter sur les recours lorsqu'il estime que malgré l'existence du titre apparent, le paiement qui lui est réclamé n'a pas lieu d'être. De même, les articles 115 et s. de l'AUPSRVE, offrent de leur côté, l'occasion au débiteur dont les biens saisis sont exposés à une vente aux enchères publiques, la possibilité de choisir entre deux voies : la première lui laisse l'initiative d'entreprendre une vente dite à l'amiable afin de payer librement lui-même sa dette[772]. Ce n'est qu'en cas de refus injustifié, que la seconde voie qui est la vente forcée, peut légalement intervenir.

---

[769] La laïcisation du droit conquise lors de la révolution française de 1789, a été consacrée par le Code civil applicable en Afrique francophone.

[770] LA SAINTE BIBLE, Exode 20. 17.

[771] RIPERT (G), la règle morale dans les obligations civiles, LGDJ, 3e éd., 1935

[772] Art. 115 et s. de l'AUPSRVE

C'est pour cela que malgré la saisie, l'exécution forcée revêt toujours un caractère subsidiaire. Elle ne peut être mise en œuvre qu'en cas d'échec du paiement à l'amiable.

Pareilles démarches du législateur traduisent, de la part de ce dernier, une volonté déclarée de laisser jouer la libre conscience de celui qui se reconnaît débiteur, afin que le règlement de la dette se déroule sans heurts[773]. On est là, en présence d'une politique législative qui ne peut fonctionner qu'avec le concours des règles morales.

Section 2 : La controverse sur l'applicabilité en l'état du traité Ohada et de ses actes uniformes

La controverse sur l'applicabilité en l'état, du Traité ohada et des actes qui en dérivent a eu lieu au Cameroun. Elle avait, pour économie, de rendre inopposable aux particuliers les Actes uniformes déjà adoptés, au motif qu'ils auraient été introduits clandestinement et donc sans formalité, dans le corpus législatif. L'Acte uniforme n° 6 du 10 avril 1998 était pleinement au cœur de ce débat.

Il convient d'écouter d'abord les tenants de la thèse de la clandestinité de la législation ohada (Paragraphe 1) avant d'exposer la position des constitutionnalistes (Paragraphe 2)

Paragraphe 1 : Le point de vue du Doyen MELONE

C'est à l'occasion d'un séminaire organisé conjointement par le GICAM et la Fondation FRIEDRICH EBERT les 14, 15 et 16 mai 1999 que le Doyen Stanislas MELONE a dénoncé avec force, le caractère clandestin du Traité ohada et son introduction dans le corpus juridique camerounais.[774] Pour sa démonstration, l'éminent auteur reconnaît certes que le Traité Ohada signé à Port-Louis le 17 octobre 1993 a été approuvé en forme législative par la loi camerounaise n° 94/04 du 4 août 1994 autorisant le Président de la République à ratifier le Traité. Ce texte supranational dûment ratifié, a été publié au journal officiel

---

[773] PERROT (R) et THERRY (Ph.), La subsidiarité de la saisie vente, D. 1996, Chr. p. 169 s.

[774] MELONE (S), Le traité Ohada et spécificités camerounaises : Antinomie ou complémentarité ? Communication délivrée à l'occasion du Séminaire GICAM/FONDATION FRIEDRICH EBERT des 14,15 et 16 mai 1996 à Douala Cameroun sur le thème : Une justice pour le développement du secteur privé au Cameroun : perspectives offertes par le Traité Ohada, inédit

ainsi que l'exige l'article 43 de la Constitution en vigueur au Cameroun. Pour l'auteur de cette thèse, cette approbation, suivie de la ratification et de la publication n'ont qu'une *« apparence de régularité formelle »*.

Pour savoir si le Traité ainsi formellement intégré dans le système constitutionnel respecte ou non la constitution camerounaise, il faut que trois conditions soient réunies :

D'abord, il faut que *« ce Traité consacre la renonciation par le Président de la République et par le Parlement camerounais de l'initiative du droit des affaires et des matières qui relèvent des articles 26 a 3, 26 a 4, 26 b 2 de la constitution »*.

Ensuite, *« le Traité (doit) consacrer la renonciation à l'incrimination des crimes et des délits en rapport avec le droit des affaires (26 b 6°) par le Parlement camerounais »*.

Enfin, *« le Traité ohada ne (doit) plus faire de la Cour Suprême du Cameroun, la plus haute juridiction de l'État en matière judiciaire pour ce qui est du droit des affaires (art. 38 ; 39 al. 2) »*.

Dans la mesure où aucune de ces *« renonciations et amputations »* faites au bénéfice du texte communautaire ohada n'est *« enregistrée »* par la constitution, loi fondamentale de chaque pays membre avant leur entrée en vigueur, elles ne peuvent être applicables.

Toujours selon le même auteur qui se réfère encore à la constitution, « un tel transfert de pouvoirs et de compétences oblige le Président de la République, à soumettre au référendum, le projet de loi tendant à la ratification des accords ou traités internationaux présentant par leurs conséquences, une importance particulière ». Une telle démarche n'a pas été respectée.

Ces arguments découlent dans leur ensemble de la logique et ont un solide fondement juridique. S'ils sont retenus, ils peuvent entraîner la remise en cause non seulement du Traité lui-même, mais aussi, et surtout des Actes uniformes qui sont applicables aux particuliers et aux États membres. C'est pour cela qu'il convient maintenant d'interroger les constitutionnalistes pour mieux apprécier l'incidence de la critique sur le droit positif.

Paragraphe 2 : La position des constitutionnalistes

Les constitutionnalistes consacrent généralement une technique procédurale traditionnelle pour repousser tout moyen visant à établir l'inconstitutionnalité d'un traité ou d'un accord déjà ratifié. Ils déclarent irrecevable une telle critique que ce soit par voie d'action (I) ou par voie d'exception (II). Exposons ces deux points de vue avant la solution proposée (III).

I- L'irrecevabilité de la critique par voie d'action

La position du Doyen MÉLONÉ ne manque pas de pertinence. Lorsqu'on en prend connaissance, on est immédiatement frappé par la rigueur de l'analyse. On se trouve même quelque peu désarmé du fait de l'absence d'arguments contraires à opposer immédiatement à la thèse de la clandestinité.

Mais le Traité fondateur de l'ohada étant déjà entré en vigueur dans chaque pays membre, la critique qui pouvait lui être opposée avant sa ratification, se révèle désormais sans intérêt, après sa ratification. En fait, au moment où le savant auteur parle, le Traité Ohada est déjà ratifié[775]. Il fait déjà partie de l'arsenal juridique de chaque pays membre et les actes uniformes qui en découlent ne peuvent plus être remis en cause. En outre, aucun juge chargé d'appliquer les Actes uniformes ne peut apprécier la constitutionnalité d'un Traité ou d'un accord international ou régional[776].

Sur le plan pur de la procédure, la validité d'un traité ne peut être discutée, ni par voie d'action ni par voie d'exception. Elle ne peut non plus l'être, ni devant les juridictions de l'ordre administratif[777] ni devant la Cour Suprême prise comme Cour constitutionnelle.[778] S'agissant des juridictions de l'ordre judiciaire, la question ne se pose même pas. Car

[775] Traité Ohada, approuvé par la loi n° 94/04 du 04 août 1994, autorisant le Président de la République à le ratifier. Il a été effectivement ratifié et publié au J.O.

[776] Cette compétence est réservée au Conseil constitutionnel seul, sous certaines conditions. V. Constitution camerounaise du 18 janvier 1996, art. 47.

[777] RONNY ABRAHAM, Droit international, droit communautaire et droit français, Hachette supérieur 1989 p. 37 et s.

[778] La Cour suprême siégeant comme Cour Constitutionnelle, ne peut statuer en cette qualité qu'exceptionnellement et sous certaines conditions.

par nature, elles sont étrangères aux problèmes liés à la constitutionnalité des lois[779].

Ensuite, aucun contrôle de la constitutionnalité des lois n'est prévu par les textes, par voie d'action devant les tribunaux ordinaires (judiciaires ou administratifs). À la limite, on peut admettre avec Olivier RENARD PAYEN[780] que parmi les juridictions ordinaires, seul le juge répressif peut, dans certaines circonstances, interpréter la constitution[781]. Mais il s'agit bien de l'interprétation et non du contrôle de la constitutionnalité.

Pour Ronny ABRAHAM, cette absence de contrôle des engagements internationaux par les tribunaux est « la conséquence directe de la théorie dite des *« actes de gouvernement »*[782].

Il est vrai que le droit administratif a toujours été favorable au contrôle par le juge administratif des actes détachables[783]. Mais il refuse cependant à ce dernier, le droit de contrôler la constitutionnalité des actes du pouvoir exécutif[784]. Tout le problème qui se pose en droit administratif, c'est celui de la distinction des actes de gouvernement et des actes détachables. Le Président HEUMANN, s'inspirant d'une distinction imaginée par le Doyen DUEZ, définit l'acte de gouvernement comme *« celui qui est tourné vers l'ordre international,*

---

779 La Cour de cassation décide cependant que les juridictions de l'ordre judiciaire sont compétentes pour interpréter les conventions internationales qui posent exclusivement les questions d'intérêt privé. RONNY ABRAHAM, op. cit., p.97 et s.

780 RENARD PAYEN (O), Le juge répressif, interprète de la constitution, Études de droit public, ouvrage collectif publié sous les auspices de la faculté de droit et des sciences économiques de Paris, 1964, préface de Jean RIVERO, p. 5.

781 Interprétation directe : Ex. L'inviolabilité parlementaire dont le but est « d'assurer la dignité et l'indépendance de la représentation nationale » (Cass. Crim. 3 Février 1955 JCP 1955. II. 8663 cité par RENARD PAYEN (O), op. cit., p. 9 ; la qualification d'une infraction, in Procès des barricades, cité par RENARD PAYEN (O). Interprétation indirecte :

782 RONNY ABRAHAM, op. cit., p. 161 et s.

783 C.E. 4 août 1905, MARTIN, Rec. 749 concl. ROMIEU ; LONG (M), WEIL (P), BRAIBANT (G), DELVOLVE (P), GENEVOIS (B), Les grands arrêts… op.cit., p. n° 15, p. 87

784 RONNY ABRAHAM, op. cit, p. 38.

alors que l'acte détachable est celui qui est tourné vers l'ordre interne »[785].

II- L'irrecevabilité de la critique par voie d'exception

En l'état actuel du droit positif, il est juridiquement impossible de saisir le juge par voie d'action contre les irrégularités procédurales liées à l'adoption ou à la ratification d'un traité. On ne peut non plus le faire, par voie d'exception. Par voie de conséquence, aucun justiciable ne peut se soustraire à l'application des dispositions d'un Traité ou des actes dérivés de celui-ci, pour cause d'inconstitutionnalité. Comme le relève Ronny ABRAHAM, il n'y a pas d'exception d'inconstitutionnalité contre les Traités, ni devant le juge judiciaire, ni devant le juge administratif.

III- La solution retenue

De ce qui précède, on doit définitivement admettre que le Traité Ohada et ses actes dérivés, ne peuvent plus être remis en cause dans l'espace Ohada. Ils font déjà partie intégrante de la législation de chaque pays membre. Par conséquent, l'article 38 de l'AUPSRVE reste, sans contestation aucune, le seul texte applicable à titre principal aux tiers dans les voies d'exécution.

---

[785] HEUMANN, Le contrôle juridictionnel du C.E. sur l'application des traités diplomatiques », EDCE, 1953, p. 71, Études et documents cité par Ronny ABRAHAM, p. 38.

TITRE PREMIER :

LE TIERS DANS LES VOIES D'EXÉCUTION, UN VÉRITABLE GARANT DU PROCESSUS DE L'EXÉCUTION

Dans le processus d'exécution des titres des particuliers, le tiers joue essentiellement le rôle de garant (Chapitre 1). À cette qualité, il convient aussi d'adjoindre une autre plus préoccupante encore, celle qui fait aussi de ce personnage, un *« débiteur personnel »* du créancier saisissant dans le cas spécial de la saisie attribution des créances (Chapitre 2).

CHAPITRE 1 :

LE TIERS, GARANT DE L'EXÉCUTION DES TITRES DES PARTICULIERS

Les dispositions de l'Acte uniforme relatives aux obligations imposées aux tiers dans les voies d'exécution ne font pas expressément référence au terme garant ou à la garantie. Elles se bornent à demander aux tiers d'apporter leur concours à l'exécution. Au vrai, le législateur communautaire ohada, n'a pas voulu donner un contour très précis au terme « concours ». Plus précisément, il a évité de qualifier lui-même les *« concours »* qu'il demande aux tiers d'apporter à l'exécution et que nous qualifions volontiers de garanties.

Il faut cependant aller au-delà de la lettre du texte, pour découvrir que la fonction de garantie est omniprésente dans l'esprit des textes qui gouvernent l'activité des tiers dans les voies d'exécution. D'ailleurs, toute la législation Ohada est construite autour d'un fondement unique : la sécurité[786].

Il convient donc de présenter dans une première section la notion de tiers garant dans l'exécution (*Section 1*), afin de mieux la distinguer des notions voisines (*Section 2*).

Section 1 : La notion de tiers garant dans les voies d'exécution

Une fois qu'on approuve la thèse qui présente les tiers impliqués à l'exécution comme des collaborateurs occasionnels du service public de l'exécution[787], on doit être naturellement conduit à admettre qu'ils sont tenus, contrairement aux autres tiers, d'apporter à l'exécution tout

[786] CROCQ (P), sous la direction de, BLACK YONDO (L), BRIZOUA-BI (M), FILLE LAMBIE (O), LAISNEY (L.-J.) et MARCEAU-COTTE (A), Le nouvel acte uniforme portant organisation des sûretés, La réforme du droit des sûretés Ohada, préface de DOROTHE C. SOSSA, coll. LAMY, p. 41

[787] Voir première partie de la présente recherche.

ce qui est indispensable à la réalisation objective des titres des particuliers. Ces apports que l'Acte uniforme appelle *« concours »* sont en fait des garanties. Il s'agit des garanties d'un type particulier qu'on ne retrouve qu'en droit administratif. En leur qualité de collaborateurs occasionnels, ces tiers sont légalement tenus d'accomplir dans le cours de l'exécution, des missions particulières qui sont inimaginables pour les tiers du droit commun des obligations.

Après avoir défini de telles garanties dans les voies d'exécution (*sous-section 1*), il faudra s'intéresser à leur contenu (*sous-section 2*). On terminera par leur domaine (*sous - section 3*).

Sous-section 1 : La définition des garanties dans les voies d'exécution

Selon les dictionnaires de la langue française, le garant est la personne qui répond des actes de quelqu'un, et notamment, des dettes de ce dernier[788]. C'est le même sens que lui donne le code de procédure pénale[789].

La doctrine civiliste n'utilise pas nécessairement le même terme. Elle parle techniquement de sûretés[790], lorsqu'elle veut faire référence aux garanties.

Il convient d'admettre aussi que la notion de garantie, qu'on rencontre dans les ouvrages juridiques, est une notion à contenu variable. Elle ne renvoie pas nécessairement ou uniquement aux garanties édictées par les articles 2092 et suivants du Code civil napoléonien[791] ou à celles que renferme l'Acte uniforme portant droit des sûretés[792]. Elle va nécessairement au-delà de la conception civiliste des garanties.

---

788 Petit LAROUSSE 2003, p. 465.

789 C. Pr. Pén. Camerounais,

790 CABRILLAC (M.) et MOULY (C.), Droit des sûretés, 3e éd. LITEC, p., 2 n° 2.

791 Le code civil les réglemente sous le titre de privilèges et hypothèques (art. 2092 et s.) ; DAGOT (M), Les sûretés judiciaires provisoires, LITEC, 1994 ; GHESTIN (J), PUTMAN (E), BILLIAU (M), 1er vol. Droit commun des sûretés réelles : théorie générale, 1996 ; 2e vol. : Droit spécial des sûretés réelles, LGDJ, 1996.

792 Acte uniforme portant organisation des sûretés, publié le 15 Déc. 2010. CROCQ (P), sous la direction de : Le nouvel acte uniforme portant organisation des sûretés, la réforme du droit des sûretés de l'ohada, éd. LAMY 2012.

Des auteurs comme BORIS STARCK ont pour leur part vu dans la garantie, le fondement de la responsabilité civile pour risque[793]. Le garant est alors dans ce contexte, celui qui doit répondre des actes d'autrui… Il en est par exemple lorsqu'un employeur est condamné du fait des choses dangereuses que l'entreprise emploie ; c'est aussi le cas lorsqu'un assureur doit réparation à la victime d'un accident causé par son assuré[794]. Ici, le garant est celui qui est tenu de la réparation du dommage causé par son cocontractant. Aucune de ces hypothèses ne s'accommode au tiers garant dans l'exécution. Parce qu'on a affaire ici à une catégorie spéciale (*Paragraphe 2*) et à une notion originale (*Paragraphe 1*).

Paragraphe 1 : Le tiers garant dans les voies d'exécution, une notion originale

Pour le droit public, le garant est la personne publique qui doit protection à une catégorie de personnes dans un domaine donné[795]. Ainsi, l'Administration est un garant dans ses relations avec ses administrés. Elle n'exerce pas uniquement des prérogatives de puissance publique. Elle est aussi soumise à de multiples obligations que la doctrine spécialisée qualifie de sujétions exorbitantes du droit commun[796]. Celles-ci sont édictées exclusivement dans un but d'intérêt général[797] On dit par exemple que l'État est garant de la liberté et de la sécurité de chaque individu dans un pays donné. Il est aussi garant de

---

[793] STARCK (B), la responsabilité civile envisagée en sa double fonction de garantie et de peine privée, Th. 1947 ; du même auteur *Droit civil, Obligations*, LITEC, 1972, p. 28, n° 44 ; *Traité de droit civil* (sous la direction de Jacques GHESTIN), VINEY (G), *Les obligations, La responsabilité : conditions*, LGDJ, 1982, p. 63, n° 49, STARCK (B), Les rayons et les ombres d'une esquisse de la loi sur les accidents de circulation, *Rev. Trim. Dr*. Civ. 1966 p. 635. ; SAVATIER, « De la socialisation de la responsabilité et des risques individuels », D.H. 1931, Chr. p. 9.

[794] HONORAT (J), *L'idée d'acceptation des risques dans la responsabilité civile*, Th. LGDJ, 1969, préface Jacques FLOUR

[795] DUFAU (V), *Les sujétions exorbitantes du droit commun en droit administratif, L'administration sous la contrainte*, L'Harmattan, p. 251 (ouvrage rédigé à partir d'une thèse de doctorat en droit public soutenue par l'auteur en 1998), Paris 2.

[796] Ibid.

[797] LINOTTE, *Recherches sur l'intérêt général en droit administratif français*, Thèse Bordeaux I, 1975, p. 140 et s. cité par DUFAU (V), op. cit. p.13.

l'égalité de tous devant la loi ou les charges publiques [798] . L'énumération n'est pas exhaustive.

Les garanties au sens du droit administratif constituent donc, pour l'Administration, des charges[799]. Mais pour les particuliers ou les citoyens qui en sont les bénéficiaires, la garantie est *« un ensemble de droits particuliers et protections que l'Administration doit à diverses catégories de personnes »*, en vue de répondre aux exigences de l'intérêt général [800] . Lorsque le tiers agit comme collaborateur occasionnel du service public de l'exécution, il est nécessairement assimilé à un agent public. Il doit donc, dans ces conditions, être soumis aux mêmes contraintes que les véritables agents publics.

Il ne faut donc pas s'attendre à rencontrer une définition *« prêt-à-porter »* du tiers garant dans les voies d'exécution. On n'a pas affaire ici à un concept précis comme c'est généralement le cas en droit civil. Le tiers garant dans les voies d'exécution est celui qui, sans être partie au rapport d'exécution, veille à une exécution équitable et régulière lorsque la saisie est pratiquée entre ses mains ou lorsqu'il est désigné gardien des biens mis sous main de justice. Il doit tout mettre en œuvre pour éviter tout compromis ou collusion avec l'une des parties à l'exécution. Les concours qu'il apporte à l'exécution sont par conséquent divers. Ils se présentent comme *« un tout-venant »* qui est fait d'éléments de diverses origines. On peut dire *mutatis mutandis* à la suite de M. CABRILLAC et C. MOULY, que la notion de tiers garant dans les voies d'exécution *« n'est pas une notion, mais une étiquette qui s'accommode du disparate »*[801].

Tout ce que le tiers peut entreprendre pour assurer une sécurité des biens, objet de la saisie ou de la procédure, est une garantie. Chacune des parties au rapport d'exécution doit avoir la certitude que malgré la saisie, il retrouvera ses biens en bon et parfait état entre les mains d'une personne neutre, qu'on appelle tiers. Il doit en être ainsi même quand ces biens doivent être vendus aux enchères après échec de la tentative

---

[798] Voir préambule constitution 1996 ; DEBARD (Th*), L'égalité des citoyens devant les charges publiques : fondement incertain de la responsabilité administrative.* D. 1987, Chr. p. 157.

[799] DUFAU (V), op. cit. p. 251

[800] DUFAU (V), op. cit. p. 252

[801] CABRILLAC (M.) et MOULY (C.), *Droit des sûretés*, 3e éd., LITEC, p. 2, n° 2.

de vente amiable ; ou alors au moment de leur restitution à leur légitime propriétaire.

Ce *« besoin de sécurité est la justification traditionnelle de garanties »*[802]. Cette originalité de la garantie justifie aussi sa spécialité dans les voies d'exécution Ohada.

Paragraphe 2 : Une catégorie spéciale

C'est par rapport à la théorie générale du droit qu'il faut se placer pour apprécier le caractère spécial et dérogatoire des obligations qui pèsent sur le tiers visé par l'article 38 de l'AUPSRVE.

En droit des obligations, le tiers jouit d'un régime de faveur que consacre l'article 1165 du Code civil. C'est un régime de protection qui le met à l'abri de toute responsabilité, sauf s'il se mêle négativement à une affaire qui ne le concerne pas[803].

Il n'en est pas de même dans l'exécution forcée. Ici, le seul fait pour le tiers d'être impliqué à l'exécution par action ou par abstention coupable l'expose à répondre de son fait fautif ou négatif qui cause à autrui un dommage.

Sous-section 2 : Le contenu de la garantie

La garantie exigée du tiers dans l'exécution se traduit par les missions qui lui sont dévolues. On se bornera à exposer ici deux types de missions : les missions de conservation, d'une part (*Paragraphe 2*) ; les missions d'information, d'autre part (*Paragraphe 1*). Malgré leur importance, ces missions ne font pas du tiers, un juge (*Paragraphe 3*).

Paragraphe 1 : La mission d'information des usagers des voies d'exécution

L'information des personnes intéressées à l'exécution est le premier aspect des missions que l'Acte uniforme n° 6 confie aux tiers dans les

---

[802] GROSS (B), la notion d'obligation de garanties dans le droit des contrats, LGDJ 1964, Préface D. TALLON, p. 1 et s.
ANCEL (P), « La garantie conventionnelle des vices cachés dans les conditions générales de vente en matière mobilière », *Rev. Trim. Dr. Com.*, 1979, p. 203.
[803] GINOSSAR (S), Liberté contractuelle et respect des droits des tiers : émergence du délit civil de fraude, L.G.D.J. 1963 p.6.

voies d'exécution· Elle existait déjà dans les anciennes législations[804]. L'obligation prend cependant l'allure d'une exigence nouvelle parce que l'information a été revue et corrigée, aussi bien dans son contenu que dans son caractère.

L'objectif du législateur ohada est de mettre véritablement le tiers impliqué à l'exécution, au service de l'exécution. Il n'est plus question de laisser, comme par le passé, le tiers agir comme bon lui semble. Le temps lui est désormais compté dans chaque opération où il intervient.

Pour parvenir au parfait accomplissement d'une telle mission, le tiers doit d'abord bien identifier les destinataires de l'information (I). Il faut ensuite que le contenu de celle-ci soit précisé (II). Compte tenu de l'amalgame qu'on rencontre à l'occasion de l'exercice de cette obligation d'informer, une critique de la législation ohada mérite d'être formulée sur ce point précis. (III).

I- Les destinataires des informations réclamées aux tiers dans l'exécution

Les destinataires des informations réclamées aux tiers peuvent être classés en deux groupes d'inégale importance. Ceux qui sont visés par l'acte uniforme et ceux qui sont restés en marge des préoccupations légales. Il convient d'en faire une analyse distincte (A) avant d'apporter une critique constructive à l'œuvre législative (B).

A- Les différents destinataires selon l'Acte uniforme

L'Acte uniforme vise d'abord le créancier saisissant[805]. Il lui adjoint l'Huissier instrumentaire[806]. Mais il y a aussi les autres créanciers intéressés [807]. Les premiers sont les principaux destinataires des informations requises du tiers saisi ou du tiers requis (1). Les seconds les reçoivent de façon subsidiaire et sous condition (2).

1- Les principaux destinataires de l'information visés par l'Acte uniforme

Ils sont au nombre de deux : le créancier saisissant (a) d'une part, l'huissier instrumentaire (b), d'autre part.

---

[804] Voir YOUSSOUFA NDIAYE, *Encyclopédie juridique de l'Afrique*, Tome 4.
[805] Art. 156 de l'AUPSRVE
[806] Art. 64 s. ; 156 de l'AUPSRVE
[807] Art. 74, 75, 76 de l'AUPSRVE

a- Le créancier saisissant

L'information du créancier saisissant est une obligation. Elle pèse principalement sur le débiteur saisi. Il en est ainsi lorsque la saisie est pratiquée directement entre les mains de ce dernier. Mais elle pèse aussi sur le tiers. C'est lui qui en supporte la charge et les conséquences du refus d'informer, lorsque la mesure conservatoire ou exécutoire est initiée entre ses mains.

Pour le créancier saisissant, l'information est un droit.[808] Il ne s'agit pas d'une simple faculté que le tiers saisi peut mettre en œuvre selon son bon vouloir. Il en est légalement tenu. Tout créancier, privilégié ou hypothécaire, garantie ou chirographaire peut s'en prévaloir. L'article 28 de l'AUPSRVE qui s'intéresse à la nature de la créance, reconnaît cette prérogative à tous ceux qui justifient en principe, d'une créance liquide, certaine et exigible[809]. Exceptionnellement, même les personnes dépourvues de titre exécutoire, mais dont la créance paraît simplement fondée en son principe, jouissent des mêmes droits. Pourvu qu'elles obtiennent une autorisation judiciaire de saisir.

Le droit à l'information peut être classé au rang des droits subjectifs de la personne. Son inobservation entraîne, en principe, le prononcé d'une sanction contre le contrevenant. En l'état actuel des textes, celle-ci ne peut être évitée que si le créancier saisissant s'abstient d'en réclamer le bénéfice. Ou alors lorsqu'on est en présence d'un cas de force majeure.

La loi reconnaît cependant au juge de l'exécution, une totale liberté d'appréciation des motifs qui peuvent conduire le tiers à ne pas informer. C'est le cas par exemple d'une saisie pratiquée entre les mains d'un tiers en France, alors qu'il se trouve lui-même en congé au Cameroun[810]. On peut également citer le cas du particulier qui reçoit un acte de saisie alors qu'il n'entretient aucun rapport d'obligations avec le débiteur poursuivi. L'énumération est simplement indicative. Hors ces cas exceptionnels, le tiers débiteur de l'information ne peut échapper à la condamnation s'il s'abstient volontairement, par négligence ou par pur mépris, d'informer.

---

[808] Art. 64 s. ; 156 de l'AUPSRVE

[809] Art. 31 de l'AUPSRVE

[810] C.A. Paris, 8e Ch. Sect. D. du 07 avril 1998 D.1998 Info rapides 135, jugé ici que l'éloignement du saisi domicilié au Cameroun ne peut justifier un délai de 5 mois pris par le tiers saisi pour fournir les renseignements demandés.

La nature juridique du droit à l'information n'est plus aujourd'hui discutée. Il s'agit d'un droit de créance dont le débiteur est connu. Chaque fois que le tiers saisi n'établit pas avoir pleinement observé les prescriptions légales, il tombe sous le coup de la sanction. Celle-ci peut être, soit une condamnation aux dommages-intérêts, soit aux causes de la saisie. Le droit à l'information s'intègre donc dans le patrimoine de son titulaire lorsqu'il est mis en œuvre, puisqu'il peut être chiffré en somme d'argent.

Les modalités de la mise en œuvre du droit à l'information sont définies par l'Acte uniforme n° 6. On les retrouve dans les dispositions d'ordre général qui posent le principe des saisies. Mais c'est surtout dans la partie spéciale qui réglemente les différentes saisies admises dans l'espace ohada qu'il faut les rechercher.

Dans les saisies conservatoires des biens meubles corporels par exemple, les articles 64 et suivants de l'AUPSRVE renvoient, pour les obligations qui pèsent sur le tiers, aux solutions des articles 107 à 110 et 112 à 114 qui réglementent les saisies entre les mains des tiers[811].

En matière de saisies conservatoires des créances, c'est la même technique qui est utilisée. L'article 156 auquel l'article 77 alinéa 6 renvoie, fait obligation au tiers saisi de faire au créancier saisissant, un certain nombre de déclarations assorties de communications.

Dans la saisie attribution des créances, l'article 156 exige que le tiers saisi fasse sa déclaration au créancier saisissant et lui communique copie des pièces justificatives (alinéa 1). Ici, deux hypothèses se présentent. Lorsque l'acte de saisie est signifié à la personne désignée, les déclarations et communications requises doivent être faites sur le champ à l'huissier instrumentaire et la mention de l'exécution de cette obligation portée dans l'acte de saisie.

La matière de la saisie des droits d'associés et de valeurs mobilières ne déroge pas à la règle. L'article 237 (6) exige que dans un délai de huitaine, le tiers fasse connaître au saisissant, l'existence d'éventuels nantissements ou saisies et lui communique également copie des statuts.

---

[811] Elles vont de l'engagement du tiers sur l'honneur de ce que les déclarations inexactes ou mensongères l'exposent à des condamnations, de l'indisponibilité des biens et des mentions qui doivent être portées sur l'acte selon que le tiers a été présent à la saisie ou pas.

De même, dans la saisie vente, c'est au créancier que l'acte d'opposition à vente est signifié[812]. Il en est de même du procès-verbal de la saisie complémentaire[813].

On suppose qu'étant l'unique titulaire du droit, le créancier saisissant est l'unique destinataire de toutes les informations exigées du tiers saisi. Plusieurs dispositions de l'Acte uniforme permettent de le penser[814].

Dès l'instant que certains textes qu'on retrouve dans la partie spéciale de l'Acte uniforme n° 6 du 10 avril 1998 font obligation au tiers saisi ou requis de fournir une quantité d'informations et de documents, tantôt directement au créancier saisissant, tantôt à l'huissier instrumentaire, il convient alors dans ces conditions de s'intéresser à cet officier ministériel, autre destinataire de l'information, selon l'Acte uniforme.

b- L'huissier instrumentaire

En principe, informer l'huissier instrumentaire c'est informer le créancier saisissant qui l'a requis. Mais pour d'autres types de saisies, le texte légal est beaucoup plus subtil lorsqu'il faut déterminer le destinataire de l'information.

Dans les saisies des droits d'associés et de valeurs mobilières par exemple, notamment dans sa phase amiable, les textes déclarent formellement que les informations requises du débiteur sont communiquées à l'huissier instrumentaire. C'est ce dernier qui a la lourde charge de les transmettre à son tour, d'abord, au créancier saisissant ; ensuite, aux créanciers opposants[815].

Dans l'ensemble, on peut croire que l'exécution étant mise en œuvre par l'huissier instrumentaire au profit du créancier saisissant, il est indifférent de viser l'un ou l'autre comme destinataire des informations. D'ailleurs, beaucoup d'auteurs n'hésitent pas à tenir l'huissier instrumentaire pour mandataire du créancier saisissant[816]. D'autres,

---

812 Sauf dans le cas où c'est le créancier, premier saisissant est lui-même l'auteur de l'opposition ; soit pour ajouter une nouvelle créance ou étendre l'assiette de la saisie (art. 131).

813 Article 133 al. 2 de l'AUPSRVE)

814 Art. 64 s ; art. 164 s.

815 Article 117 de l'AUPSRVE

816 WANDJI KAMGA (A.D.), obs. Sous CCJA arrêt n° 020/2006 du 26 Oct. 2006, aff. K. KOUADJO Christophe c/ BICICI in *Les grandes décisions de la CCJA*, Sous

plus précautionneux, le considèrent comme mandataire légal[817]. Enfin, un courant que nous approuvons entièrement préfère s'en tenir à sa qualité d'officier ministériel[818].

Le débat sur la nature juridique des rapports entre le créancier saisissant et l'huissier instrumentaire est très important. Il ne sera malheureusement pas entrepris ici, car il déborde largement le cadre de cette recherche.

Au-delà des problèmes juridiques posés par la relation entre le créancier saisissant et l'Huissier instrumentaire, il n'est pas possible de nier que le législateur a bien voulu imposer une pluralité de destinataires de l'information. Pour preuve, pour certaines saisies, il opère clairement la distinction entre l'huissier instrumentaire et le créancier saisissant. Pour d'autres par contre, il entretient une confusion entre les deux personnages, ce qui fait penser aux règles du mandat. Mais c'est surtout au niveau des conséquences qui peuvent résulter de cette pluralité de destinataires de l'information que les problèmes se posent.

2- Les autres créanciers

Le principe de l'information des autres créanciers saisissants est posé par l'article 36 alinéa 3, 4 et 5 de l'AUPSRVE. Si l'obligation pèse principalement sur le débiteur ou le tiers saisi, on constate aussi paradoxalement que le créancier saisissant est parfois tenu d'informer lui-même les autres.

On ne doit pas non plus perdre de vue les cas non visés par le texte communautaire qui nous intéresse.

II- Les cas non visés par l'acte uniforme du 10 avril 1998

Parmi les personnes ou autorités qui peuvent avoir intérêt à recevoir les informations sur les biens saisis, se trouvent principalement le

---

la direction de POUGOUE (P.G.) et KUATE TAMEGHE (S.S.), éd. L'Harmattan, 2010, p. 449.

817 VINCENT (J) et PREVAULT (J), *Voies d'exécution et procédures de distributions*, précis DALLOZ, 17e éd., p. 31.

818 Voir not. OMAM (Fl), « Le rôle de l'Huissier en matière d'exécution des décisions de justice depuis l'Acte uniforme relatif aux mesures de recouvrement forcé et aux voies d'exécution », in journées portes ouvertes de la Cour Suprême 2000 ; *RCDA*, n° 4, Juillet-Septembre 2000, p. 9

ministère public (A) et les tiers intéressés (B). Très curieusement, aucun de ces personnages n'est visé par l'énumération légale.

A- Le ministère public

Le ministère public, bien connu sous le nom de Parquet, est composé de l'ensemble des magistrats dont le rôle est de donner la position de l'État dans les différentes procédures judiciaires.

Dans le procès pénal, le M.P. joue tantôt le rôle de partie principale, tantôt celui de partie jointe. Dans les procès civils et commerciaux, le tribunal est souvent légalement tenu de requérir son avis dans toutes les causes communicables[819].

Son intervention dans les procédures d'exécution ne semble pas avoir été admise dans son principe par le législateur ohada (1). Il convient de critiquer pareille exclusion qui ne rend pas compte de la réalité pratique (2).

1- Le principe d'exclusion

Dans les anciens droits des pays de l'Afrique subsaharienne, aucune exécution d'un titre de particulier ne pouvait être mise en route sans l'avis du ministère public. L'Acte uniforme ohada du 10 avril 1998 a choisi de faire l'impasse sur cette autorité judiciaire. Aucune disposition de l'Acte uniforme n'oblige les agents d'exécution à passer par le bureau du procureur avant une éventuelle exécution[820].

La raison d'être de ce manque d'intérêt pour cette institution judiciaire doit être recherchée dans le texte communautaire lui-même. Notamment, dans l'article 29. Ce texte dispose : *« l'État est tenu de prêter son concours à l'exécution des décisions et autres titres exécutoires (alinéa 1). Mais il ne s'arrête pas là. Son alinéa 2 qui est très important pour sa compréhension globale déclare de son côté que : « la formule exécutoire vaut réquisition directe de la force publique »*.

---

[819] Art. 36 C. Pr. Civ. & Com. Camerounais

[820] Peut-être croit-il que derrière le Parquet, il ne peut se profiler que l'ombre du droit pénal et du droit criminel. Ou alors que la matière de l'exécution mettant généralement en cause, les intérêts essentiellement privés, peut se passer de l'ordre public dont le Parquet a charge de protéger dans les rapports sociaux. Une dernière raison peut être avancée : le législateur uniforme a enfin peut-être cru que le droit répressif ne faisant pas encore partie des matières de l'ohada, il n'y a pas lieu à s'intéresser au Parquet qui doit rester une institution du droit pénal interne de chaque État partie.

À partir du moment où le droit communautaire considère que la formule exécutoire vaut réquisition, on n'a peut-être plus trouvé nécessaire de faire encore recours au Procureur de la République, par une autre voie.

De l'analyse du 1er alinéa de cet article 29 de l'AUPSRVE, on peut légitimement penser que dans les États membres de l'Ohada où le judiciaire constitue non un véritable pouvoir, mais une simple autorité, l'injonction faite à l'État d'apporter son concours à l'exécution devrait être comprise comme s'adressant aussi à ses différentes articulations, donc au Parquet également. Par voie de conséquence, il n'est pas excessif de dire que le personnel judiciaire dont fait partie le Parquet peut aussi être classé parmi les agents de l'État, bien que jouissant d'un statut particulier. Ainsi, en exigeant le concours de l'État pour la mise en œuvre parfaite des voies d'exécution, l'article 29 alinéa 1 de l'AUPSRVE ne s'adresserait pas exclusivement aux seules autorités administratives stricto sensu. Mais aussi, et implicitement, au corps judiciaire.

Telle ne semble cependant pas être la véritable position de l'Acte uniforme n° 6. Ce texte dont les auteurs vantent l'harmonie, la simplicité et la modernité[821] est dépourvu de toute ambiguïté quant aux personnes auxquelles l'huissier doit s'adresser en cas de difficultés d'exécution [822]. Il vise d'ailleurs expressément, selon l'article 42 L'AUPSRVE, les autorités administratives, celles de la police et de la gendarmerie. Mais il ne parle nulle part du Parquet.

Pour lever entièrement l'équivoque sur ce point, il est important d'interroger la doctrine, la jurisprudence et la pratique pour être fixé sur le véritable sens à donner à l'article 29 de l'AUPSRVE.

Pour certains auteurs, *« les mentions qui figurent dans le titre exécutoire valent par elles-mêmes »*. Aussi, la précision apportée par l'alinéa 2 de l'article 29 de l'AUPSRVE ne constitue ni plus ni moins qu'une simple *« redondance »*[823].

Anne Marie ASSI-ESSO, commentatrice officielle de l'Acte uniforme du 10 avril 1998 voit dans les dispositions de l'article 29, une

---

821 V. préambule du Traité du 17 octobre 1993

822 Le texte désigne expressément les autorités administratives, de police et de la gendarmerie.

823 ASSI ESSO (A. M. H.) et NDIAW DIOUF, Recouvrement des créances, OHADA, coll. Droit Uniforme Africain, Bruylant Bruxelles, 2002, p. 62, n° 106 et s.

simple condition de l'intervention de la force publique dans l'exécution[824]. Cet auteur rapproche d'ailleurs ce texte, aussi bien de l'article 33 que de l'article 42 de l'AUPSRVE.

Si la référence à l'article 33 de l'AUPSRVE qui énumère les actes et titres auxquels le droit uniforme confère le statut de titres exécutoires dans l'espace ohada ne soulève aucun problème sur le plan juridique, il n'en est pas de même de l'article 42.

En réalité, lorsque l'article 42 de l'AUPSRVE, dispose que l'huissier ou l'agent d'exécution qui rencontre une difficulté sur le terrain de l'exécution doit d'abord établir un gardien à la porte en cas d'absence ou de résistance de l'occupant, avant de se rendre auprès des autorités administratives, de police ou de gendarmerie requérir leur intervention, il opère clairement un choix qu'il faut se garder d'éluder. Le texte légal ne masque pas sa volonté de soustraire définitivement le contrôle des opérations d'exécution de la compétence traditionnelle du Parquet. Il en confie exclusivement la charge aux autorités administratives, de police ou de gendarmerie. L'article 42, contrairement à ce qui a été soutenu, ne pose pas les conditions du recours à la force publique. Il constitue un complément de l'article 29 alinéa 2 du même Acte uniforme.

Puisque la formule exécutoire vaut réquisition directe de la force publique, point n'est plus besoin de faire un détour chez le Procureur de la République.[825] Il suffit à l'Huissier instrumentaire à qui la formule exécutoire permet d'utiliser la force publique, de s'adresser directement aux autorités visées par l'article 42[826], C'est la solution qui découle en droite ligne de la lecture croisée des deux textes.

Il y a donc une volonté déclarée du législateur communautaire, de se débarrasser du Parquet afin de contourner les lourdeurs bureaucratiques, très préjudiciables à l'exécution.

2- Les motifs de l'exclusion du Parquet

Avant la mise en place de l'ohada, faut-il le rappeler, l'Huissier instrumentaire avait l'obligation de requérir la force publique auprès du Procureur de la République avant d'entreprendre les opérations d'exécution. Cette exigence n'avait pas toujours un aspect négatif. Elle

---

824 Commentaire art. 29 de l'AUPRSVE, Code bleu JURISCOPE

825 Art. 29 de l'AUPRSVE

826 C'est l'article 42 de l'AUPRSVE

permettait à l'huissier ou à l'agent d'exécution de jouir de la couverture sécuritaire du Parquet et, par voie de conséquence, de la justice. L'encombrement malfaisant du Parquet, associé à des considérations de toutes sortes, a fait pousser des cris de désespoir aux créanciers ayant opté pour l'exécution forcée ; d'où certainement la décision de l'Acte uniforme n° 6 de passer outre le Parquet., pour la réalisation rapide du titre exécutoire.

Aujourd'hui, les choses ont radicalement changé. La formule exécutoire, apposée sur un titre exécutoire au sens de l'article 33, renferme désormais la réquisition qui était réclamée au Parquet. L'indépendance de l'Huissier par rapport aux autorités du Parquet en sort renforcée en matière d'exécution[827]. Tout cela signifie que non seulement l'huissier instrumentaire n'a plus de compte à rendre au Procureur de la République en matière d'exécution, mais il n'a plus légalement d'ordre à recevoir de cette autorité judiciaire.

Cette position de l'article 29 alinéa 2 de l'Acte uniforme n° 6 du 10 avril 1998 ne peut échapper à la critique. Tellement, elle semble singulière et aveugle.

B- Les tiers intéressés

Il y a des personnes qui, sans participer à la conclusion d'un acte ou à une procédure d'exécution forcée, en sont cependant intéressées au premier chef. Elles ne sont pas des tiers au sens du droit civil : ce sont de faux tiers. Le Doyen SAVATIER a eu le mérite d'en avoir fait *« la découverte »*[828].

Il s'agit en fait de tous ceux qui ont un intérêt à défendre dans une convention ou dans une procédure sans être des parties à l'action. Ils méritent d'en avoir connaissance puisque les actes conclus par leurs auteurs peuvent produire, soit des effets négatifs, soit des effets positifs sur eux. C'est le cas par exemple des héritiers d'une succession. Il en est de même du locataire ou du tiers détenteur. Ils jouissent d'un droit de préemption en cas de vente de l'immeuble qu'ils exploitent. Ils doivent donc être informés de la procédure de réalisation de l'hypothèque entreprise, afin de choisir soit de payer, soit de délaisser.

---

[827] Voir not. OMAM (Fl.), « Le rôle de l'Huissier en matière d'exécution des décisions de justice depuis l'Acte uniforme relatif aux mesures de recouvrement forcé et aux voies d'exécution », op. cit. : DONNIER ET DONNIER, op. cit., p. 24, n° 66.

[828] SAVATIER (R), « Le prétendu principe de l'effet relatif des contrats », in *Rev.. Trim. Dr. Civ.*, 1934.

Faute d'informations, ne peuvent-ils pas être fondés à remettre en cause l'exécution forcée de la chose qui les intéresse aussi ?

D'autres exemples de tiers intéressés peuvent être donnés. On peut citer pêle-mêle, les ayants droit, les ayants cause, des créanciers hypothécaires[829], les ayants cause universels[830] ou à titre universel, les créanciers chirographaires[831].

Ces personnes qui ne sont pas visées dans les actes peuvent avoir un intérêt à protéger, à l'occasion d'une mesure exécutoire engagée contre le débiteur. Rien ne les empêche d'exiger la communication des informations et des documents, lorsqu'une saisie est pratiquée sur les biens qui les intéressent indirectement.

Les dispositions relatives aux différentes saisies ne leur reconnaissent pas expressément un droit à communication. Elles se limitent aux seuls cas des saisissants en second[832]. Une telle rédaction légale est critiquable et critiquée.

III- Appréciation critique de la solution légale

La décision de l'ohada d'écarter le Parquet et les tiers intéressés du champ de l'exécution est singulière. Elle repose, sans aucun doute, sur des fondements fragiles. D'abord parce que l'exécution est une discipline dont toutes les règles sont d'ordre public[833]. Dans tous les pays gérés démocratiquement, le Parquet se présente toujours comme le gardien naturel de l'ordre public[834]. Tous les auteurs l'affirment[835]. Le modèle qui a inspiré ohada est particulièrement clair sur ce point.

On sait qu'en droit français et contrairement au droit ohada, le ministère public occupe une place de choix dans les voies

---

829 Art. 1321 Code civil

830 Art. 1122 du Code civil

831 Art. 1321 Code civil.

832 Ex. article 36 alinéas 3, 4 et 5 fait obligation au débiteur saisi d'informer dans les 5 jours de la connaissance qu'il a de la saisie, à tout nouveau créancier saisissant de mêmes biens, les textes visent soit.

833 DONNIER & DONNIER, op. cit., p. 47, n° 142 ; LAUTRU (J-Cl.), « Le procureur de la République à la recherche des informations », *Petites affiches*, 6 Janv. 1998, p. 600.

834 Selon nous.

835 Voir not. DORSNER-DOLIVET (A) & BONNEAU (TH), l'ordre public, les moyens d'ordre public en procédure, D.1986, Chr. p. 59.

d'exécution[836]. Dans ce pays qui constitue un modèle et une référence pour les droits africains, on n'a pas attendu la loi du 9 juillet 1991 réglementant les procédures civiles d'exécution pour reconnaître au Parquet le rôle prépondérant qu'il joue dans la protection de l'ordre public, quelle que soit sa nature. Depuis le 18e siècle, la loi lui faisait déjà injonction de *« tenir main forte à l'exécution »* des jugements dans leurs dispositions intéressant l'ordre public. D'où la rédaction de la formule exécutoire française en ces termes : *« La République française mande et ordonne... aux procureurs généraux et aux procureurs de la République d'y tenir la main »*[837]. Depuis 1991, cette formule est encore beaucoup plus précise quant au rôle que joue le Parquet en matière d'exécution. L'article 11 de la loi du 9 juillet 1991 dispose : *« Le Procureur de la République veille à l'exécution des jugements et des autres titres exécutoires »*[838].

La solution est identique à celle des anciens textes des colonies françaises intégrés dans les législations nationales postcoloniales. Les précautions de style importent peu. À quelques nuances près, la formule exécutoire édictée par exemple par l'article 61 du code de procédure civile et commerciale camerounais, dans sa rédaction de l'ordonnance n° 72/21 du 19 octobre 1972, reprend presque point pour point, celle de la République française issue du décret des 16-24 août 1790. Elle dispose :

« République du Cameroun,

« Au nom du peuple camerounais »

« En conséquence, le Président de la République du Cameroun mande et ordonne à tous Huissiers et agents d'exécution sur ce requis, de mettre le présent arrêt (ou jugement, etc...) à exécution, aux Procureurs Généraux, Officiers de la force publique de prêter mainforte lorsqu'ils en seront légalement requis »

---

836 DONNIER (M), Voies d'exécution et procédures de distribution, LITEC, op. cit. p. 47 n° 142 et s.

837 Décret français des 16-24 août 1790

838 Loi française n° 91-650du 9 juillet 1991 portant réforme des procédures civiles d'exécution, entrée en vigueur le 1er janvier 1993, sur la présentation générale de la réforme, v. spéc. PERROT, Petites affiches, numéro spécial 6 janvier 1993 ; LAUTRU (J. Cl.), le Procureur de la République à la recherche des informations, Petites affiches, 6 Janv. 1993 p. 600 ; LOCHOUARN (D), « Le rôle du ministère public dans les procédures civiles d'exécution », *Rev. Huissiers*, 1999, p. 3

Lorsque l'ohada revient près de trois siècles après en arrière, pour remettre en cause ce qui paraît tout à fait incontournable dans les pays démocratiques, il ne rompt pas seulement avec les solutions traditionnelles des systèmes juridiques civilisés. Sa législation, sur le point discuté, est de nature à troubler même la législation nationale des États membres qui n'a pas été abrogée par le droit communautaire.

De même, parce qu'il porte arbitrairement atteinte à la formule exécutoire de chaque État-membre alors que le texte communautaire renvoie expressément à cette législation interne, l'article 29 alinéa 2 de l'Acte uniforme ne peut éviter le reproche d'être un texte aveugle.

En optant pour la technique de renvoi explicite à la législation nationale de chaque État-partie pour la réalisation matérielle du titre exécutoire, le législateur ohada s'est interdit d'avance d'intervenir dans le choix des autorités internes qui doivent assurer le bon déroulement des opérations d'exécution. Juridiquement, il reste lié par sa propre législation. Par voie de conséquence, l'article 42 de l'AUPRSVE n'a vraiment aucune raison d'être. Or, lorsque cette disposition très critiquée demande expressément à l'huissier instrumentaire ou à l'agent d'exécution de s'adresser aux autorités administratives, à celles de la police ou de la gendarmerie pour trouver la solution aux incidents qui peuvent se produire sur le terrain de l'exécution, l'Acte uniforme empiète nécessairement et dangereusement sur un terrain qui relève de la souveraineté (non abandonnée) de chaque État.

Parce que l'article 42 de l'AUPRSVE écarte de son énumération, les autorités désignées par la formule exécutoire visée par l'article 33 de l'AUPRSVE, notamment le Parquet, ce texte doit être abrogé.

Cette solution qui a l'avantage de la clarté permet de redonner à la formule exécutoire, issue de chaque législation nationale, la place que l'ohada veut lui ravir, si l'on s'en tient exclusivement à l'application du sacro-saint principe de la hiérarchie des normes juridiques.

La nécessité de requérir l'avis du Parquet pour mettre à exécution un titre est indispensable, pour deux raisons.

D'abord, il permet d'éviter les troubles irréparables, lorsque l'ordre public est en jeu. Or, l'ordre public n'est pas une notion figée. Il s'apprécie au cas par cas. On ne peut donc pas prétendre que l'article 29 alinéa 2 qui dispose que la formule exécutoire vaut réquisition directe de la force publique ait résolu ce problème d'avance. Car, l'appréciation de l'atteinte à l'ordre public est liée aux circonstances et au climat qui règne effectivement sur le terrain de l'exécution au moment de la réalisation effective du titre exécutoire. Décider du contraire, c'est donner un chèque en blanc à tout titulaire de titre, même à ceux qui peuvent menacer l'existence d'un pays. Telle solution, qui est celle de l'article 29 alinéa 2 de l'AUPRSVE est erronée.

Ensuite, la paix publique peut être préférable à une exécution aux conséquences incalculables pour la société. Il suffit de se référer à la solution de la célèbre affaire Couitéas dont voici le principal considérant : *« Considérant, exposait le Commissaire du gouvernement RIVET, que le justiciable nanti d'une sentence judiciaire dûment revêtu de la formule exécutoire est en droit de compter sur la force publique pour l'exécution du titre qui lui a été délivré… ; que le gouvernement a le devoir d'apprécier les conditions de cette exécution et de refuser le concours de la force armée, tant qu'il estime qu'il y a danger pour l'ordre et la sécurité ».* Cette position a été entièrement approuvée et consacrée par le Conseil d'État, dans son arrêt du 30 novembre 1923[839].

Paragraphe 2 : La mission de conservation des biens saisis

La saisie des biens appartenant au débiteur est une étape dans la procédure édictée par l'Acte uniforme n° 6[840]. Leur vente[841] ou leur remise matérielle[842] à qui de droit, en est une autre[843]. Entre les deux moments, il va s'écouler un laps de temps qui peut varier selon que

[839] C.E. 30 novembre 1923, COUITEAS, Rec. 789 S. 1923. 3 57 note HAURIOU, Concl. RIVET ; D. 1923.3. 59, Concl. RIVET. *R.D.P.* 1923. 75 et 208, Concl. RIVET, note G. JÈZE.

[840] MIRBEAU-GAUVIN (J.R), Réflexions sur les mesures conservatoires, D. S. 1989 Chr. p. 39 et s. DAGOT (M), *Les sûretés judiciaires provisoires*, LITEC 1994 ; DONNIER (M), *Réflexions sur l'hypothèque judiciaire conservatoire*, D. 1961 Chr. p. 79 ; Dalloz Action, Les mesures conservatoires, p. 371 n° 3501 ; G. CORNU, *Vocabulaire juridique*, V° Conservatoire, PUF, 1994 ; DONNIER (M) et DONNIER (J.B.), op. cit., p. 131, n° 378.

[841] Art. 91 s. de l'AUPSRVE. C'est une mesure d'exécution par excellence.

[842] On peut classer ici, l'ensemble des procédures simplifiées tendant à la délivrance ou à la restitution d'un bien meuble déterminé : art. 19 et s. de l'AUPSRVE. Mais aussi, la restitution envisagée par l'article 1962 al. 2 du Code civil, en cas de mainlevée de la saisie.

[843] Comp. article 1962 al. 2 du Code civil, selon ce texte, le gardien doit représenter (les biens saisis) soit à la décharge du saisissant pour la vente, soit à la partie contre laquelle les exécutions ont été faites, en cas de mainlevée de saisie.

l'une des parties à l'exécution, exerce ou non des recours[844]. Si ceux-ci s'étendent démesurément dans le temps, cette situation va nécessairement avoir une influence négative sur les saisies. Non pas sur leur principe, mais très certainement sur l'intégrité du bien, objet de la saisie.

Le législateur ohada a bien compris la nécessité qu'il y a, à s'intéresser à la conservation des biens dans les procédures d'exécution forcée. Il prend soin d'organiser, du moins dans ses grandes lignes, la garde des biens saisis et mis sous main de justice. Mais, pour le détail, il laisse au juge et aux parties, le soin d'en décider autrement. Ainsi, le gardien n'est pas toujours nécessairement celui visé par l'Acte uniforme. Il peut être n'importe qui. Dans ces conditions, son profil est particulièrement préoccupant.

Pour que la mission de conservation soit pour les parties au rapport d'exécution une garantie, il faut d'abord déterminer son contenu (I), avant d'examiner son régime (II).

I- Le contenu de la conservation physique

Le contenu de l'obligation de conserver les biens saisis s'articule autour de deux éléments. Il faut d'abord déterminer l'objet de l'obligation (A). Il faut ensuite dire quelles sont les personnes tenues d'assurer la conservation (B).

A- L'objet de l'obligation

On croit traditionnellement que l'unique objet de la conservation est la garde physique du bien saisi. Elle est, sans aucun doute, nécessaire. La jurisprudence lui accorde une place de choix. Mais elle se révèle insuffisante aux yeux de la doctrine. Pour que la conservation garantisse l'intégrité du bien dans l'intérêt de toutes les parties au rapport d'exécution, elle doit être à la fois physique et économique.

À première lecture, on peut penser que la nécessité de cette double conservation intéresse avant tout, la garde des biens meubles corporels. Mais rien n'exclut qu'on en tienne compte lorsque la garde des autres biens est en cause.

[844] Il faut se garder d'entretenir une confusion entre les recours visés par l'Acte uniforme et les voies de recours traditionnelles.

Conservation physique et conservation économique, tels sont les deux aspects de la conservation, qui justifient la désignation d'un gardien.

B- Les personnes chargées de la conservation

La conservation des biens saisis est subordonnée au choix d'un gardien (1) et à l'acceptation par ce dernier de sa mission (2).

1- Le choix du gardien

Le gardien de tout bien saisi doit loyal et solvable (b). Mais il doit aussi être capable (a).

a- L'exigence d'un gardien capable

Le gardien doit être une personne capable de s'engager juridiquement. Naturellement, il doit s'agir d'une personne majeure[845] et saine d'esprit[846]. C'est aux articles 1108 et 1123 du Code civil qu'il faut se référer, lorsqu'il faut définir la capacité juridique d'une personne.

Cette première condition positive va de soi, bien que l'Acte uniforme n° 6 n'en fasse aucune mention. Elle mérite d'être complétée par la volonté exprimée du gardien présumé ou désigné, à l'effet d'assumer la garde.

b- L'exigence d'un gardien loyal et solvable

La loyauté, selon le Robert illustré, est synonyme d'honnêteté, d'un attachement indéfectible à l'honneur et à la probité[847]. Ce caractère qui n'est pas le mieux partagé parmi les hommes manque cruellement à la plupart des gardiens désignés dans les voies d'exécution.

La désignation automatique du débiteur ou du tiers saisi comme gardien ou séquestre ne met pas les créanciers ou les débiteurs à l'abri des surprises. Leur comportement, vis-à-vis des parties les plus faibles au rapport d'exécution, est aisé à reconstituer, surtout, lorsqu'on a affaire aux tiers professionnels.

La jurisprudence est particulièrement claire sur ce point. Les décisions des Cours et Tribunaux permettent par exemple de constater que les banques notamment, tiers saisis ou séquestres, ne manquent

---

[845] Articles 1108 et 1123 du Code civil.

[846] LAFON (J), *La responsabilité civile des malades mentaux*, LGDJ, 1960.

[847] Le Robert illustré d'aujourd'hui en couleur, éd. France Loisirs, 1997, p. 859

aucune occasion pour voler au secours de leurs clients lorsque ces derniers sont impliqués dans une saisie. Au lieu d'être au service de la justice, les banques se comportent parfois comme les mandataires de leurs clients. La chose est si grave que beaucoup n'hésitent pas à engager des procédures au lieu et place de leurs clients, allant même jusqu'à menacer de suivre jusqu'à la CCJA, les procédures dans lesquelles la loi exige leur neutralité. Tout se passe parfois, comme s'il existait une convention de croupier entre le tiers simplement saisi et la partie la plus forte financièrement. Quelques affaires retentissantes peuvent le confirmer.

Dans l'affaire BICEC c/ Maître TONYE Arlette, la BICEC n'était pas le débiteur saisi à l'origine. Mais son attitude vis-à-vis du créancier saisissant a conduit à penser que ce tiers saisi s'est substitué au véritable débiteur pour faire obstacle au paiement qui s'imposait. Que de recours engagés ou provoqués par cette banque ! Non seulement devant les juridictions communautaires internes, mais aussi devant la CCJA. Rien d'étonnant dans tout cela. Dans nos pays, on sait que ces institutions financières, lorsqu'elles interviennent dans les procédures en leur qualité de tiers saisis, trouvent toujours un alibi pour refuser de libérer les causes de la saisie. Parfois, c'est l'attitude contraire qu'elles adoptent au grand mépris des règles de procédure.

Dans un autre cas BICEC c/ Maître DEFFO, qui a conduit les parties à en appeler à la CCJA après de longues procédures au Cameroun et dans lesquelles la BICEC avait fait une déclaration mensongère, il a fallu l'intervention de la Haute juridiction communautaire pour qu'il soit décidé que contrairement aux déclarations de ce tiers saisi frauduleux, les faits qu'on a tenté de dissimuler, permettaient de dire qu'il existait bel et bien dans les livres de cet établissement bancaire, un compte qui devait recevoir les indemnités payées par la Caisse Autonome d'amortissement (C.A.A.) au profit des ex-employés. Pourtant, ces derniers ont, sans succès, la libération de ces fonds.

Les banques, tiers saisis ou requis, ne doivent donc pas accepter la mission qui leur est confiée si elles ne peuvent pas rester neutres.

2- L'acceptation de la mission

Il ne suffit pas d'être capable. Encore faut-il que la personne pressentie comme gardien manifeste son intention d'assumer cette mission.

L'Acte uniforme pose, sur ce point, un principe général. Mais il est aussitôt ruiné par une exception apportée par la loi elle-même.

En principe, toute personne entre les mains desquelles une saisie est pratiquée est présumée être, selon les diverses dispositions de l'Acte uniforme n° 6, le gardien des biens saisis en cause[848].

Ainsi, lorsque la saisie est pratiquée entre les mains du débiteur lui-même, c'est celui-ci qui en est le gardien. L'époque où l'enlèvement des biens saisis était automatique est révolue. Aujourd'hui, la destination que doivent prendre les biens saisis et mis sous main de justice n'est plus laissée à l'appréciation souveraine de l'Huissier de justice.

Lorsque la saisie est pratiquée entre les mains d'un tiers, ce sont les mêmes règles qui s'appliquent.

Exceptionnellement, la loi ouvre à chaque gardien, présumé ou désigné, la possibilité d'être déchargé de son obligation. Il suffit, pour cela, de saisir le juge de l'exécution d'une demande en changement de gardien. Celui-ci statue alors d'urgence[849].

Cette solution légale qui voudrait que la garde des biens soit librement acceptée est heureuse. Elle est la condition sine qua non pour obtenir une conservation économique assurée du bien saisi.

II- La conservation économique

Les dispositions de l'Acte uniforme n° 6 ne prescrivent pas expressément au tiers, l'obligation de conserver la valeur économique des biens dont il a la garde. L'article 56 par exemple se borne à prescrire *« la saisie conservatoire peut porter sur les biens meubles corporels ou incorporels appartenant au débiteur. Elle les rend indisponibles ».* L'article 64 (6) et 109 (7) qui règlent le problème de la garde de ces biens, se borne à proclamer que les biens ainsi rendus indisponibles et placés sous la garde soit du débiteur lui-même, soit d'un gardien désigné d'office ou par le juge, ne peuvent être ni aliénés, ni déplacés, si ce n'est dans le cas prévu par l'article 97, c'est-à-dire lorsqu'une cause légitime l'exige et après en avoir informé le créancier saisissant (art. 97 al. 1er). Le 2e alinéa de cette dernière disposition exige que le lieu où ces biens doivent être placés soit indiqué au créancier par le

---

848 Ex. Art. 36 al. 1 de l'AUPSRVE.

849 Ex. Art. 64 112 de l'AUPSRVE.

gardien. Cette précision qui n'est pas négligeable peut conduire à affirmer que la conservation physique est la préoccupation essentielle du législateur. Ce point de vue est renforcé par les dispositions de l'article 103 alinéa 3 qui donnent pouvoir au juge de l'exécution d'ordonner l'immobilisation du véhicule à moteur saisi jusqu'à son enlèvement en vue de sa vente. On a cru voir dans les dispositions de l'article 124 de l'AUPSRVE qui exigent que l'état des biens soit mentionné dans le procès-verbal de récolement, un signe qui traduit la prise en compte de l'aspect économique de la garde. Mais ce texte n'est assorti d'aucune sanction applicable au gardien, ce qui laisse perplexe.

Cette ambiguïté que renferment les textes de l'Acte uniforme n° 6 sur la garde traduit le peu d'intérêt que la loi elle-même accorde à l'aspect économique de la garde.

La doctrine majoritaire, s'en tenant à une analyse exégétique de la loi, ne parle de la garde que lorsqu'elle se réfère à la conservation physique du bien saisi.

La jurisprudence africaine renforce cette position lorsqu'elle sanctionne uniquement le gardien qui n'a pas pu représenter matériellement le bien dont il a la garde. Mais une fois que le bien saisi est représenté physiquement, le gardien est automatiquement déchargé de sa mission, quel que soit l'état du bien en cause.

Peut-on, au regard de cet ensemble de dispositions et des solutions jurisprudentielles, conclure que le législateur a voulu exclure de l'obligation de conservation qui pèse sur le gardien, son aspect économique ?

On ne le pense pas.

Si les textes ne visent pas expressément l'aspect économique de la garde, ils n'invitent pas moins le tiers à conserver le bien en bon père de famille.

Agir en bon père de famille n'a en réalité de sens que, si aux multiples précautions matérielles que le gardien doit prendre pour représenter physiquement le bien saisi, s'ajoutent des précautions qui évitent au même bien de perdre sa valeur marchande ou esthétique.

La nécessité d'une conservation économique du bien saisi et mis sous main de justice est relevée depuis très longtemps par la doctrine spécialisée.

Pour AUBRY ET RAU, la conservation doit tenir compte des actes qui ont pour objet d'éviter que *« la chose ne devienne impropre à l'usage qui lui donne sa valeur »*[850].

Pour CABRILLAC et MOULY, il est indispensable de conserver l'utilité que la chose présentait au moment de la saisie ou les qualités sans lesquelles, la chose aurait cessé de remplir sa destination[851].

En principe, l'évaluation du bien saisi dont la vente n'intervient que plusieurs mois après, doit tenir compte à la fois de la date de la saisie et de celle de la vente effective.

On est ici, dans une situation comparable à celle des rapports en matière de successions. Ici, lorsqu'un cohéritier aliène avant le partage un immeuble de la succession le rapport, précise l'article 860 du Code civil, doit tenir compte de la valeur de l'immeuble au moment de l'ouverture de la succession. Mais ce rapport tient aussi et surtout compte, d'une part, des impenses qui ont amélioré la chose (art. 861) ; d'autre part et surtout, des dégradations et des détériorations qui ont diminué la valeur du bien par le fait de celui qui en avait la possession (art. 863). On voit bien que l'appréciation de la conservation économique du bien occupe une place importante, en matière de successions, à l'occasion de l'acquisition-partage[852]. C'est au moment du partage que l'on doit généralement se situer pour apprécier la valeur du bien[853].

Toutes ces solutions qui montrent la nécessité de prendre en considération l'aspect économique de la garde des biens, devraient inspirer de *lege ferenda*, le législateur communautaire ohada dans sa réglementation sur la garde des biens saisis.

Ainsi, les actes que le gardien pose sur le bien saisi pendant le temps que va durer la garde, doivent dans l'ensemble, être tous utiles. En d'autres termes, le gardien doit éviter d'exposer le bien dont il a la garde à une dépréciation qui lui ferait perdre non seulement la valeur

---

[850] AUBRY et RAU, T. III n° 118.

[851] CABRILLAC (M) et MOULY (Chr), *Droit des sûretés*, 3e éd., LITEC, p. 538, n° 659.

[852] Sur l'ens. Voir CATALA (P), *L'état d'un bien donné et exploité sous forme sociale*, in Études offertes à René RODIERE, DALLOZ, 1981, p. 55.

[853] Art. 860 et 851 du Code civil camerounais ; article 860 du Code civil français ; rédaction loi 3 juillet 1971.

vénale (A), mais aussi la valeur marchande (B) qu'il avait au moment de la saisie.

A- La prise en compte de la valeur vénale du bien au moment de la saisie

En principe, la remise d'un bien à un tiers ou à un séquestre pour conservation ne devrait objectivement avoir lieu qu'après son évaluation. Celle-ci peut être faite, à dire d'expert ou à tout le moins, après une appréciation contradictoire par les parties de son état. Cette évaluation initiale a pour objectif de prendre en compte, l'état du bien au moment, où il doit être représenté. C'est à partir d'elle qu'on pourra dire si le gardien a agi en bon père de famille ou non.

Mais le droit a aussi ses spécificités en la matière. Celles-ci découlent parfois, non de la logique pure, mais d'un raisonnement inductif. Ainsi, en matière de conservation, si aucune évaluation n'est faite au moment de la saisie et de la remise du bien au gardien, c'est ce dernier qui s'expose à supporter le coût de la détérioration. Il a eu tort de recevoir sans précaution ni réserve, le bien placé sous sa garde. Il sera dans ces conditions, présumé l'avoir reçu en bon état.

La présomption d'une réception en bon état du bien objet de la garde, n'est pas spécifique à la saisie. En droit civil ou commercial, on la retrouve en matière de bail. Notamment, sur les points précis liés à la conservation de la chose. Ainsi, aux termes de l'article 1730 du Code civil, le locataire qui a pris à bail un bien doit le rendre tel qu'il l'a reçu, excepté ce qui a péri ou a été dégradé par la vétusté ou la force majeure. S'il n'a pas été fait d'état des lieux, le preneur est présumé avoir reçu le local en bon état de réparations locatives et doit le rendre tel, sauf à rapporter la preuve contraire (art. 1731 du Code civil). De son côté, l'article 105 de l'Acte uniforme ohada relatif au bail à usage professionnel et fonds de commerce dispose : « le bailleur est tenu de délivrer les locaux en bon état. Il est présumé avoir accompli cette obligation dans les hypothèses suivantes : 1) lorsque le bail est verbal ; 2) Lorsque le preneur a signé le bail, sans formuler de réserve quant à l'état des locaux.

Cette solution, qui tire sa source du droit des obligations, est dans l'ensemble applicable à tous les contrats dits de *« restitution »*[854].

---

[854] HUET (J), Les principaux contrats spéciaux, Traité de droit civil, sous la direction de Jacques GHESTIN, LGDJ, 1996 p. 598, n° 21108 et s.

En matière de saisies, le gardien se trouve dans une situation identique à celle du preneur à bail, au moment de sa résiliation. Il encourt une responsabilité qui doit tenir compte de la valeur marchande du bien, s'il n'a pas pris soin de formuler des réserves sur l'état du bien qu'il reçoit pour la conservation.

B- La prise en compte de la valeur marchande du bien au moment de la saisie

La mise sous main de justice d'un bien saisi est économiquement bénéfique pour tous. Il s'agit d'un *« impératif d'intérêt collectif »*[855] qui intègre les intérêts particuliers.

D'abord, l'intérêt du créancier. En réalité, celui-ci ne se résout à accepter une mesure conservatoire que s'il est certain de retrouver à l'issue de la procédure, le bien en cause, à l'état où il était au moment de la saisie.

Pour le débiteur, cette préoccupation est triple. Non seulement il doit pouvoir être libéré de la dette par la vente du bien au prix du marché, mais il ne veut pas aussi, et surtout rester indéfiniment tenu d'une dette que le bien saisi et mis sous main de justice aurait pu éponger s'il n'avait pas subi une dépréciation du fait de la garde.

Ensuite, une bonne conservation présente un intérêt comptable non négligeable, car un bien qui est dépourvu de valeur comptable ne peut plus être juridiquement inscrit à l'actif du patrimoine de son propriétaire. Il a perdu sa valeur marchande et donc, commerciale. Or, en affaires, la perte d'un bien *« est un gaspillage préjudiciable à la communauté »* tout entière[856].

La véritable conservation économique doit donc être celle qui tient compte de tout ce qui est nécessaire pour que le bien saisi ne perde pas la valeur qu'il avait au moment de sa saisie.

On croit que le législateur Ohada est pleinement conscient, de la nécessité d'une bonne conservation des biens saisis. On peut le vérifier, à travers l'examen de quelques dispositions. Par exemple, l'article 103 de l'AUPSRVE ne fait pas de l'enlèvement une priorité, comme c'était le cas par le passé[857]. Il laisse au débiteur saisi, l'usage des biens rendus

---

[855] CABRILLAC et Chr. MOULY, *Droit des sûretés*, 3e éd., 1995, LITEC, p. 536, n° 657 et s.
[856] CABRILLAC et Chr. MOULY, *Dr. Des suretés*, 3è éd., éd. LITEC, 1995
[857] V. C.Pr. Civ. ancien art. 329, et spéc. 321 et 322.

indisponibles entre ses mains. Il lui permet, aussi, et surtout d'éviter la perte des biens périssables en autorisant leur vente afin que seule leur contre-valeur soit mise à la disposition de la justice.

Mais paradoxalement, plusieurs dispositions relatives à la garde des biens saisis entre les mains d'un tiers montrent clairement que le maintien en état du bien n'est pas du tout une grande préoccupation de l'Acte uniforme n° 6. On peut d'abord citer les textes qui proclament une indisponibilité totale des biens saisis sans considération de leur nature, comme l'article 109 (7) de l'AUPSRVE. Il y a aussi, et surtout les dispositions qui interdisent tout déplacement physique des biens saisis, sans l'information préalable du créancier saisissant[858].

Or, l'indisponibilité juridique doublée d'une garde physique statique du bien saisi est la négation même de la notion de garde au sens du droit économique. Elle ne tient compte ni de l'usage générique du bien saisi (1) ni de son usage spécifique, indispensable pour maintenir sa valeur (2).

1- La nécessité de conserver l'usage générique du bien saisi

L'usage générique d'un bien, enseignent CABRILLAC et MOULY, *« est celui qui est commun à toutes les choses d'un même type »*[859]. La mise sous main de justice d'un bien doit en tenir compte. Lorsqu'on a la garde d'un bien dont le maintien en état est subordonné à une prestation quotidienne de l'homme, le gardien devrait être tenu d'accomplir celle-ci.

La jurisprudence décide depuis très longtemps qu'il y a acte de conservation, lorsque celui qui assure la garde d'un véhicule procède par exemple au remplacement de son moteur.[860] Mais le cas le plus courant est celui d'un véhicule saisi en état de marche. Le gardien désigné tient compte de son usage générique, lorsque ce véhicule roule de temps à autre, lorsque son moteur est régulièrement chauffé, et ses huiles remplacées. Toutes ces précautions, que chacun prend pour sa voiture personnelle, méritent d'être appliquées au véhicule saisi et mis sous main de justice.

---

[858] L'art. 97 qui subordonne le déplacement des biens saisis, à l'information préalable du créancier saisissant.

[859] CABRILLAC (M) et MOULY (Chr.), *Droit des sûretés*, LITEC, 3e éd. 1995, p. 538 s.

[860] Com. 12 Janv. 1988 d ; 1988, IR.31.

Or, le législateur ohada semble avoir régressé dans son raisonnement sur tous ces points. L'article 103 al. 3 de l'AUPSRVE dispose : *« Si parmi les biens saisisse trouve un véhicule terrestre à moteur, la juridiction compétente peut... ordonner son immobilisation jusqu'à son enlèvement en vue de la vente, par tout moyen n'entraînant aucune détérioration du véhicule »*. Il ne faut pas croire qu'en déclarant que l'enlèvement doit être fait par tous les moyens n'entraînant pas la détérioration du véhicule, le législateur s'intéresse à sa conservation économique. Il reste dans la logique d'une conservation matérielle, dont l'unique intérêt est parfois de sauver les apparences.

En réalité, la situation statique du bien saisi peut se révéler très intéressante pour le tiers saisi gardien. Celui-ci va tout simplement chercher, comme le note le professeur CATALA, à *« sauver le nominalisme du bien » dont il a la garde, « sans se soucier de son état ou de son devenir »*. Dans ces conditions, nul ne peut nier que l'indisponibilité du bien saisi, prescrite par l'Acte uniforme du 10 avril 1998, favorise la négligence[861] du tiers saisi, tout en décourageant indirectement, toute *« initiative »*[862] de la part de ce tiers.

2- La nécessité de conserver l'usage spécifique du bien saisi

Il peut arriver que la conservation d'un bien saisi exige la prise en compte de son usage spécifique. En d'autres termes, celle-ci doit correspondre à la destination que le propriétaire a entendu lui donner[863]. Le gardien est-il tenu, pour respecter le principe de la conservation économique, d'accorder au bien saisi le même traitement que celui qu'il avait avant la saisie ?

Le débat a souvent eu lieu sur ce point en doctrine. Il a provoqué des avis divergents. Par conséquent, il reste largement ouvert.

Pour MARTY, RAYNAUD et JESTAZ, une telle charge est empreinte de trop de subjectivité[864]. Elle ne peut être imposée à un simple gardien.

Pour CABRILLAC et MOULY, « on doit prendre en compte non la destination voulue par le propriétaire, mais la destination qui peut, le

---

861 CATALA (P), *L'état d'un bien donné, exploité sous forme sociale*, op. cit., p. 55
862 Ibid.
863 CABRILLAC (M) et MOULY (Chr.), *Droit des sûretés*, LITEC, 3e éd., 1995, p.538 s.
864 MARTY (G), RAYNAUD (P) et JESTAZ (Ph), n° 455.

cas échéant, être impérieusement imposée par l'évolution technique ou économique, destination sans laquelle, la chose n'aurait plus aucune utilité ».[865]

À notre sens, le second point de vue nous semble plus plausible. C'est la nécessité de retrouver en fin de compte, un bien viable entre les mains du gardien qui importe. On peut citer le cas des ordinateurs. Il y a aussi celui des véhicules à moteur. Leurs moteurs doivent être régulièrement examinés et au besoin entretenus afin qu'ils demeurent opérationnels à la fin de la garde.

3- **Appréciation critique de la solution légale**Dans l'ensemble, l'œuvre législative est loin d'être parfaite en matière d'information et de la conservation des biens saisis. Elle présente le grand inconvénient de s'intéresser exclusivement aux droits des créanciers. Ceux des débiteurs saisis sont pratiquement foulés au pied sur plusieurs points. Elle ne peut, dans ces conditions, échapper à la critique.

La réglementation de l'information telle qu'elle est faite dans l'Acte uniforme du 10 avril 1998, encourt deux observations critiques majeures. D'abord, elle est donnée sans discernement aussi bien à ceux qui ont reçu la mission d'agir dans l'exécution qu'à ceux qui n'accomplissent aucune mission dans l'exécution. Elle est indifférente aux conséquences que peut provoquer pour le débiteur la divulgation incontrôlée des informations à l'occasion des saisies. Elle mérite d'être repensée.

Sous-section 3 : Domaine de la garantie dans les voies d'exécution

Il est moralement injuste et techniquement impossible de demander à tous les tiers qu'on rencontre dans la procédure d'exécution forcée, de garantir la régularité de tous les actes qui intéressent l'exécution des titres des particuliers. Il faut donc procéder à un tri. C'est la condition d'efficacité de la garantie exigée des tiers. On laissera par conséquent hors du champ de la présente étude, les tiers et les actes sans aucun rapport avec l'opération en cause. Cela signifie en clair qu'on ne doit s'intéresser ici qu'aux tiers directement concernés par la protection des intérêts des particuliers (Paragraphe 2), c'est-à-dire ceux dont on peut

---

865 CABRILLAC (M) et MOULY (Chr.), *Droit des sûretés*, op.cit., p. 230.

contrôler la moralité (Paragraphe 3). C'est la condition sine qua non pour que les actes objet de la garantie soient protégés (Paragraphe 1).

Paragraphe 1 : Les actes visés

Les garanties qu'on attend des tiers dans l'exécution sont de deux catégories : il y a d'abord des garanties procédurales (I). Mais il y a aussi des garanties patrimoniales (II). Il convient de les distinguer pour mieux les appréhender.

I- Les garanties procédurales

En droit commun processuel, il est inimaginable de réclamer aux tiers, une quelconque garantie d'une procédure judiciaire ou extrajudiciaire. Par définition, ils en sont étrangers. Et le principe de la relativité joue pleinement ici en leur faveur.

Mais la présente étude permet de soutenir que certains tiers impliqués à l'exécution cessent d'être de simples particuliers. Parce qu'ils sont des tiers saisis ou requis, ils sont tenus, par la volonté du législateur, de poser des actes positifs dans les opérations d'exécution.

Ce changement de statut ne leur accorde pas uniquement des avantages[866]. Il les oblige aussi et surtout à supporter des charges pour assurer la protection des usagers des voies d'exécution. Exactement, comme le ferait un agent régulier de l'État pour les administrés[867]. Ainsi, les tiers impliqués à l'exécution doivent mettre toute leur activité au service de l'intérêt général et de celui de toutes les parties au rapport d'exécution.

Sur le plan procédural, l'Acte uniforme n° 6 impose au tiers, un strict respect de la procédure d'exécution. Mais celui-ci doit aussi, et c'est ce qui fait leur originalité, veiller à ce que les parties s'y soumettent également. Exactement, comme le ferait un juge en présence des droits de la défense[868]. Il en est ainsi notamment chaque fois que la loi

---

[866] NKOU MVONDO (P) met clairement en relief, les droits des tiers dans les voies d'exécution.

[867] BRAIBANT (G.), QUESTIAUX (N.), WIENER (C.), *Le contrôle de l'Administration et la protection des citoyens*, éd. CUJAS 1973 p. 14 cité par DUFAU (V), p. 252

[868] BOLARD (G.), *Le juge et les droits de la défense*, in Études offertes à Pierre BELLET, p. 49.

reconnaît aux tiers saisis ou requis, un certain pouvoir d'appréciation des actes qui leur sont signifiés à l'occasion de l'exécution.

C'est donc une véritable fonction que le tiers assume dans les voies d'exécution. Ce rôle des tiers se trouve encore plus renforcé depuis que l'Acte uniforme a pris soin de redéfinir lui-même, les domaines respectifs d'intervention de l'État et des tiers dans les opérations d'exécution. On va le découvrir, aussi bien dans la phase judiciaire éventuelle (B) que dans celle qui se déroule hors prétoire (A).

A- Dans la phase extrajudiciaire

Parmi les problèmes qui ont provoqué la débâcle des voies d'exécution avant la mise en place de l'Ohada, se trouve en bonne place, la mainmise du juge sur l'ensemble de la procédure.[869] En dépit de l'adage qui enseigne qu'une fois la décision sur le fond rendue, le juge n'est plus juge[870], ce dernier continuait souvent à statuer sur les mesures conservatoires ou exécutoires, comme si le litige au fond suivait encore son cours. Avant l'Acte uniforme du 10 avril 1998, tout se passait comme si la formule exécutoire apposée sur le titre n'avait aucune influence sur l'action du juge. L'autorisation du magistrat se révélait toujours inévitable et incontournable. Cette situation qui ne reposait sur aucun fondement technique a généré de très fâcheuses conséquences sur l'efficacité des procédures d'exécution[871].

Pour remédier à cette situation, l'Acte uniforme n° 6 a carrément opéré ce qu'il est convenu d'appeler sans exagération aucune, un déclassement de procédure. Désormais, le juge ne peut plus s'immiscer à l'exécution entreprise entre les mains d'un tiers dans la phase extrajudiciaire. Il doit attendre une éventuelle instance en contestation pour examiner le litige précis que les parties défèrent à son appréciation.

On est ici, en présence de ce que la doctrine appelle, la déjudiciarisation des procédures d'exécution[872]. Elle est voulue par le

---

[869] Lire YOUSSOUFA NDIAYE. Le Gabon avait déjà imaginé une exécution empreinte d'humanisme, en instaurant, une procédure d'exécution amiable, et instauré, un juge de l'exécution. D'autres pays africains comme, le Sénégal, la Mauritanie et le Niger ont suivi son exemple, en instaurant une conciliation obligatoire, en cas de saisie arrêt des salaires, ou indemnités, soldes ou pensions.

[870] VINCENT (J) et GUINCHARD (S), Procédure civile, op. cit., p. 173, n° 185

[871] DONNIER (M) et DONNIER (J.B), Voies d'exécution, op. cit., p. 13, n° 34 et s.

[872] Qui signifie, selon GUINCHARD et DEBARD, la *« suppression du juge dans telle situation ne relevant pas à proprement parler de son pouvoir juridictionnel »* Le

législateur uniforme et marque un grand tournant dans l'évolution des voies d'exécution dans l'espace ohada.

En toute logique et selon le vœu du législateur, la plupart des procédures d'exécution doivent prendre fin hors prétoire[873]. C'est le principe posé par le texte communautaire. Il présente le grand mérite de redonner foi au titre. Les voies d'exécution suivent en cela, le large mouvement de la redéfinition des terrains d'intervention du juge et des particuliers qui a été amorcé par le droit pénal des affaires depuis des décennies, pour le rendre plus attractif[874].

En fait, ce qui fait le charme de la procédure extrajudiciaire en matière d'exécution actuellement, réside essentiellement en ce que, le tiers saisi ou requis ne se borne plus à recevoir les actes de procédure. Il est devenu plus qu'une boîte à lettres. Il joue un autre rôle beaucoup plus important. Celui d'être une véritable juridiction au sens fonctionnel du terme. C'est lui, à ce niveau de la procédure, qui détient le pouvoir d'appréciation. Il peut répondre favorablement à l'injonction qui lui est faite par l'une des parties au rapport d'exécution, de libérer le bien saisi et placé sous sa garde, s'il estime que la procédure est régulière. Dans le cas contraire, il a le pouvoir de refuser de s'exécuter. L'exemple type qu'on rencontre en jurisprudence est celui du conflit entre un certificat de non-contestation après saisie et l'existence d'un exploit portant contestation. Devant pareille difficulté, le tiers doit s'abstenir de s'exécuter et attendre la position du juge saisi de la contestation.

Le tiers devient donc par la volonté du législateur uniforme, *« l'homme-orchestre »* de la procédure extrajudiciaire en matière d'exécution. C'est du reste, dans cette phase, qu'on découvre la véritable place que les tiers occupent actuellement dans les voies d'exécution.

Ainsi, les tiers sont chargés de fournir plusieurs prestations, une fois que la saisie est effectuée entre leurs mains. Il y a d'abord l'information.

---

recours au juge qui n'est qu'exceptionnel, ne redevient possible que dans deux cas : lorsqu'on sollicite une autorisation du juge pour pallier l'absence de titre afin d'accomplir certaines mesures conservatoires, d'une part ; lorsque l'opération engagée ne se termine pas extrajudiciairement, voir *Lexique des termes juridiques*, sous la direction de GUINCHARD et DEBARD, 23 éd. DALLOZ, 2015-2016.

[873] GUINCHARD et TONNY MOUSSA, *Droit et pratique des voies d'exécution*, p. 5, n° 14.

[874] CALAIS AULOY (M.T.), La dépénalisation en droit des affaires, D.S. 1988, Chr., p. 316

Ils sont légalement tenus de s'acquitter de ce devoir, premièrement envers le créancier saisissant ; ensuite, en faveur de tous les créanciers intéressés.

À l'obligation d'informer, s'ajoute celle de conserver les biens mis sous main de justice. Les tiers impliqués à l'exécution jouent véritablement ici un rôle de garant. Pas uniquement envers les seuls créanciers saisissants comme c'était le cas avec les saisies-arrêts issues des textes coloniaux, mais aussi envers les débiteurs, ainsi qu'il a déjà été souligné.[875]

Mais la mission des tiers impliqués à l'exécution ne s'arrête pas là. Ils doivent, par-dessus tout, participer positivement en ce qui les concerne, à la protection de la propriété privée, conformément aux lois de la République[876] et aux normes internationales[877]. Cette participation à la protection de la propriété passe par l'obligation pour les tiers d'observer strictement les obligations de loyauté et de neutralité, lorsqu'il faut trancher les incidents sur le sort des biens saisis. Par exemple, les tiers ne peuvent se dessaisir des biens dont ils ont la garde que dans trois cas de figure : premièrement, à la demande du débiteur saisi lui-même, lorsque celui-ci accepte volontairement de payer en cours de procédure. Ensuite, sur présentation d'un certificat de non-contestation régulièrement délivré, c'est-à-dire non contredit par un acte portant contestation. Enfin, sur présentation d'une décision du juge de l'exécution tranchant définitivement la contestation, lorsque la phase judiciaire reprend son empire.

B- Dans la phase judiciaire éventuelle

Lorsque l'exécution n'a pas été possible pendant la phase extrajudiciaire, la procédure se transporte alors devant le juge de l'exécution. Celui-ci devient, dès cet instant, l'unique autorité compétente à trancher la contestation. Même dans ce dernier cas, la participation des tiers impliqués à l'exécution, demeure toujours incontournable.

Plusieurs dispositions de l'Acte uniforme exigent, en termes très apparents, que le tiers soit appelé à l'instance de contestation. C'est le

[875] DONNIER (M) et DONNIER (J.B), Voies d'exécution, op. cit., p. 15, n° 44 et s.
[876] Code civil, Constitution.
[877] Comp. SUDRE (F), La protection de la propriété par la cour européenne des droits de l'homme, D.S. 1988 Chr., p. 71.

cas de l'article 170 alinéa 2. Il ne s'agit pas d'une simple intervention forcée au sens du droit processuel civil[878]. On se trouve en réalité ici, en présence d'un véritable appel en garantie. On n'est pas loin de la technique que consacre l'action en déclaration de jugement commun[879]. L'appel du tiers à l'instance a alors, pour économie, de rendre opposable à ce dernier, la décision à intervenir. Celui-ci sera tenu de l'exécuter sans faire valoir, une quelconque exception de procédure.[880]

Certains justiciables qui font parfois *« du régime des nullités et de celui des exceptions, une manne des procéduriers »*[881] ne peuvent manquer de voir dans cet appel en garantie du tiers légalement imposé au demandeur à l'action, une prescription dont la violation entraîne l'irrecevabilité de l'action en contestation.

Par exemple dans son arrêt n° 708, la Cour d'Appel d'Abidjan a approuvé un jugement d'instance d'avoir déclaré irrecevable l'action en contestation de saisie attribution des créances, motif pris de ce que l'acte introductif d'instance, avait omis d'appeler le tiers saisi à l'instance de contestation, comme l'exige l'article 170 al. 2 de l'Acte uniforme n° 6[882].

Cet arrêt confirmatif a été cassé et le jugement annulé par la CCJA. Non pas sur le principe de la mise en cause obligatoire du tiers dans l'instance en contestation, mais parce que selon la haute juridiction communautaire, l'omission pour le demandeur à l'action de mettre en cause le tiers saisi, n'est pas légalement sanctionnée par l'irrecevabilité.

L'attendu principal de l'arrêt de cassation du 10 janvier 2002 est d'ailleurs très clair sur ce point lorsqu'il expose : *« Attendu que l'irrecevabilité prévue à l'article 170 précité ne concerne que son seul alinéa 1er... ; que dès lors, en se bornant à déclarer à tort qu'il résulte de l'article 170 susmentionné que la sanction résultant du défaut de mise en cause du tiers saisi est l'irrecevabilité, la Cour d'Appel qui a*

---

878 WIEDERKHER, Rép. Proc.civ. V° intervention ; RAYMOND MARTIN, JURISCLASSEUR pr.civ. fasc 127.

879 VINCENT (J) et GUINCHARD (S), *Procédure civile*, précis Dalloz, 24e éd., n° 1160, p.709 et s.

880 Le tiers appelé à l'instance, ne peut ni se retrancher derrière l'exception de relativité de la chose jugée ; ni former tierce opposition.

881 ESTOUP (P), *Déclin et renouveau de la procédure civile*, D.S. 1987, Chr., p. 105.

882 Arrêt C.A. Abidjan n° 708 du 02 juin 2000, aff. La société ATOU et la Banque Ivoirienne pour le Commerce et l'industrie de Côte d'Ivoire dite BICICI c/ la société Ivoirienne d'emballage Métallique dite SIEM

confirmé le jugement n° 193 CIVB du 30 novembre 1999 par ce seul motif, n'a pas donné une base légale à sa décision... »[883].

Par rapport au cas d'espèce, il n'y a rien à reprocher à l'arrêt de cassation. Il ne remet nullement en cause l'intérêt qu'il y a pour le demandeur à l'action, à citer le tiers saisi à l'instance de contestation. Elle se borne simplement à dénoncer l'amalgame entretenu par les juges du fond, entre deux dispositions légales qui ne sont pas soumises au même régime de la sanction.

Il convient cependant de reconnaître que la haute Juridiction communautaire a manqué l'occasion de trancher le problème lié à la participation des tiers aux procédures d'exécution ohada. L'opportunité que lui a offert le pourvoi, devait lui permettre de fixer la pratique sur l'interprétation par les juridictions, du texte qui exige la présence du tiers, aussi bien dans la phase judiciaire qu'extrajudiciaire de l'exécution. Et l'on doit dire que sans cette présence du tiers à l'instance, l'autorité de la chose jugée ne peut être opposable à ce dernier. Dans ces conditions, ce sont les biens saisis ou mis sous séquestre qui ne jouissent plus de la protection légale.

II- Les garanties patrimoniales

L'idée de perdre ses biens du fait de la saisie peut engendrer chez le débiteur qui en assume la garde, des comportements insoupçonnables. Il peut organiser leur dissipation. Il peut aussi être tenté d'opérer une substitution d'éléments qui composent l'assiette de la saisie pour en réduire la valeur. Ce comportement qui est contraire à celui d'un bon père de famille est récurrent. Et il peut s'avérer très préjudiciable au créancier saisissant, venu le moment de la réalisation de la saisie.

Pour remédier à cette situation et éviter tous risques de dissipation et de dissimulation des biens, objet de la saisie, le droit ohada a multiplié les techniques pour garantir la conservation et la représentation des biens saisis et mis sous main de justice. Il convient d'en faire l'exposé (A) avant d'examiner les sanctions qui entourent cette double obligation qui pèse sur les tiers (B).

[883] CCJA, Arrêt n° 003/2002 du 10 janvier 2002, Sté ATOU et BICICI c/ SIEM, op. cit., p. 65

A- L'obligation de conserver les biens saisis en bon père de famille

L'obligation de conserver les biens saisis pèse aussi bien sur le tiers saisi gardien (2) que sur le tiers séquestre (1).

1- À la charge du tiers séquestre

Les tiers séquestres, professionnels ou non, conventionnels ou judiciaires, d'intérêt général ou d'intérêt privé[884], sont tous tenus d'une obligation : celle d'agir en bon père de famille.

L'article 78 de l'AUPSRVE qui fait référence au séquestre ne donne aucune définition de la notion. Il se borne à dire que tout intéressé, à défaut d'accord amiable, peut obtenir du juge du domicile ou du lieu où demeure le débiteur, la désignation d'un séquestre. Ce qui signifie que le droit communautaire ohada ne prétend pas avoir une conception originale de cette institution. Dans ces conditions, il renvoie certes implicitement, mais nécessairement aux dispositions des articles 1956 et suivants du Code civil.

L'article 1962 du Code civil qui s'intéresse spécialement aux obligations qui pèsent sur le séquestre judiciaire dispose : *« ... le gardien doit apporter, pour la conservation des biens saisis, les soins d'un bon père de famille »* (al. 1er). En outre, *« il doit les représenter, soit à la décharge du saisissant pour la vente ; soit à la partie contre laquelle les exécutions ont été faites, en cas de mainlevée de la saisie »* (al.2).

Le séquestre est donc une personne qui est au service des intérêts contradictoires. Il ne doit ni se préoccuper exclusivement des intérêts du titulaire du titre exécutoire ni sacrifier ceux du débiteur dont le bien est mis sous main de justice. Que le séquestre soit judiciaire ou conventionnel, il est indiscutable qu'il porte sur un bien litigieux. Le tiers séquestre qui n'est mandataire ni du créancier saisissant ni du débiteur saisi doit se soumettre aux dispositions de l'article 1956 du Code civil, qui l'obligent à remettre le bien, une fois la contestation terminée, non à la personne qui le lui a confié, mais à celle que le juge désignera, après décision définitive, tranchant la contestation qui a provoqué le séquestre.

---

884 V. Séquestre, *Nouveau répertoire de droit*, 2e éd., DALLOZ, IV R-Z, p. 350 et s.

Il est particulièrement intéressant de constater que le droit commun lui-même considère le séquestre désigné par le juge, même à la demande des parties en conflit, comme un auxiliaire de justice[885]. En cela, il est en parfaite harmonie avec l'hypothèse de travail retenue dans la présente recherche. Le tiers séquestre cesse, dès sa désignation, d'être considéré comme un simple particulier et devient pour la circonstance du fait de sa désignation, un collaborateur du service de l'exécution. C'est le même régime qui s'applique au tiers saisi présumé gardien ou encore au simple gardien désigné.

2- À la charge du tiers saisi ou gardien

Les garanties exigées des tiers saisis gardiens présumés ou désignés ne sont pas différentes dans leur principe, de celles qu'on rencontre en matière de séquestre.

Cependant, une obligation supplémentaire pèse sur le tiers saisi. Celle d'informer et de communiquer les pièces justificatives au créancier saisissant qui en fait la demande[886]. Elle a été abondamment exposée dans les pages qui précèdent. Elle sera succinctement rappelée dans le cadre de l'obligation de neutralité et d'impartialité qui s'impose également aux tiers impliqués à l'exécution.

B- L'obligation de représenter les biens dont on a la garde

Pour être en mesure de représenter les biens saisis et mis sous main de justice, il faut très bien les conserver. Car entre la saisie et la vente ou alors la restitution *in integrum*, il peut s'écouler un temps plus ou moins long.

Le législateur ohada a bien compris la nécessité qu'il y a d'organiser une saine conservation des biens saisis. Dans l'ensemble, il pose les règles de base tout en reconnaissant au juge et aux parties, le pouvoir d'en décider autrement[887].

Pour les tiers saisis gardiens, la conservation d'un bien saisi et mis sous main de justice ne peut pas se limiter à son aspect purement physique. Il ne suffit pas, pour le tiers gardien, de maintenir matériellement le bien saisi intact. Il lui faut aussi s'assurer qu'il assume sa mission en bon père de famille. En d'autres termes, il faut

---

[885] Voir le Code civil français DALLOZ, commentaire sous l'article 1962.

[886] V. supra

[887] Art. 64 et s.

que le bien saisi conserve, pendant tout le temps que va durer la garde, l'état qui était le sien au moment de la saisie. Ce qui signifie que le bien saisi ne doit être exposé ni à une dépréciation qui lui ferait perdre sa valeur vénale ; ni à la perte de sa valeur marchande, comme on vient de l'exposer.

Ce n'est que lorsque le tiers saisi gardien a préservé cette double valeur, qu'il est possible d'affirmer qu'il a représenté le bien placé sous sa garde. Dans le cas contraire, il encourt une responsabilité.

Paragraphe 2 : Les personnes tenues de l'obligation de garantie

L'Acte uniforme sur les procédures simplifiées de recouvrement et les voies d'exécution fait une énumération des personnes qui méritent d'être considérées comme les principaux titulaires de la qualité de tiers garants (I). La jurisprudence en ajoute une autre catégorie qu'il convient de présenter (II).

I- Les principaux concernés par l'obligation de garantie, selon l'Acte uniforme.

On peut classer les tiers garants en deux catégories : d'un côté, les tiers à statut particulier (B) ; de l'autre, la grande masse des tiers saisis ou requis ordinaires (A).

A- Le tiers saisi ou requis, personne physique

L'Acte uniforme donne une énumération des tiers qui sont légalement tenus d'assurer la garantie de l'exécution. Ce sont tous ceux entre les mains desquelles, une saisie a été pratiquée (1). Mais, il y a aussi les tiers requis (2).

1- Le tiers saisi

Le tiers saisi peut être une personne physique ou morale. Il peut s'agir d'une personne de droit public ou de droit privé. À ce niveau, aucune difficulté majeure ne se présente ni en doctrine ni en jurisprudence. La seule condition exigée c'est que ce tiers qui n'est pas personnellement concerné par la saisie, soit débiteur du débiteur poursuivi.

En principe, il faut qu'il s'agisse d'une personne capable. À cette fin, on doit se référer au droit civil qui consacre la division, personnes physiques et personnes morales et en donne non seulement la définition, mais aussi les attributs et fixe leurs conditions juridiques[888].

Quelle que soit la catégorie des personnes concernées, la qualité de tiers saisi ne peut être attribuée qu'aux personnes qui détiennent le bien convoité de façon autonome et indépendante. Leur personnalité juridique doit être distincte de celle du débiteur[889].

Tel n'est pas souvent le cas des personnes qui sont liées au débiteur saisi par un contrat de travail. On a déjà cité le cas des employés de maison, des caissiers ou des préposés. Aucune de ces personnes n'a une personnalité indépendante de celle du débiteur, relativement au bien qui peut se trouver entre ses mains[890].

La question s'est longuement posée au sujet de la saisie des actions entre les mains d'un mandataire ou de la société émettrice d'actions.

Au sujet des sociétés, on s'est notamment posé la question de savoir, si une saisie-arrêt pouvait porter sur le droit de l'associé ? Dans un premier temps, les tribunaux ont répondu par la négative. La Cour de Paris, par exemple, a jugé en 1895 que le créancier d'un actionnaire titulaire d'actions nominatives ne pouvait, sous prétexte de saisie-arrêt, faire défense à la société de poursuivre en faveur de l'actionnaire, la formalité de transfert. Pour la Cour, *« un actionnaire n'est pas un créancier, même éventuel, d'une société en cours de durée »*[891]. Mais la même Cour est revenue sur sa position, quelques années plus tard. Elle refuse d'admettre l'idée de copropriété des parts sociales d'une SARL entre la société et ses associés, comme le lui proposait le débiteur pour faire échouer la saisie. De même, la Cour rejette l'argument tiré de l'intransmissibilité des parts sociales sans l'accord de tous les associés. Elle déclare, pour admettre la saisie-arrêt, qu'il suffit pour parvenir à la vente de la part de prévoir dans le cahier des charges, une clause d'agrément des adjudicataires par les associés afin d'éviter la dissolution de la SARL.

De même, on s'est interrogé sur la possibilité d'une saisie-arrêt des actions d'apport non négociables entre les mains de la société. En

---

[888] MARTY (G) et RAYNAUD (P), *Droit civil, Les personnes*, 3e éd., SIREY

[889] Trib. Civ. St-CALAIS, 26 mai 1955, cité par Pierre RAYNAUD, *RTDCiv.* 1955. 716.

[890]CESAR BRU sur GARSONNET, *Traité théorique et pratique de procédure civile*, T. IV par. 1466 ; GLASSON et TISSIER, *Précis de procédure civile*, T. 2, n° 1244.

[891] Paris, 11 janvier 1895 S. 97.2.241 ; D. 1896.2.187.

d'autres termes, la société émettrice peut-elle avoir la qualité de tiers en l'espèce ? Le tribunal civil de VERINS a répondu par l'affirmative. La négociabilité des actions, déclare-t-elle, ne fait aucun obstacle à une saisie de celles-ci. Elle pose seulement le problème du moment de leur réalisation[892].

Aujourd'hui, la question est entièrement résolue. L'Acte uniforme n° 6 réglemente lui-même, en son titre VII de son deuxième livre, la saisie des droits d'associés et des valeurs mobilières.

Reste à résoudre le délicat problème de la saisie entre les mains des représentations diplomatiques. On sait que ces organisations sont soumises à un statut particulier à caractère international. Mais on n'est pas toujours très bien fixé sur le régime juridique qui gouverne, non des biens des fonctionnaires internationaux, mais le personnel local recruté par ces organismes sur la base d'un contrat. Celui-ci est-il aussi couvert par la règle de l'immunité de saisie ?

La question est d'importance. Elle s'est déjà posée au moins au niveau des consulats. Les faits de la cause ont déjà été rapportés dans les développements antérieurs. Il convient de s'y référer[893].

Cette décision a été diversement accueillie.[894]À son sujet, le débat reste largement ouvert.

2- Le tiers requis

Le tiers saisi est aussi, en principe, un tiers requis[895]. Chaque fois qu'indépendamment de l'opération de saisie, le tiers est légalement tenu de poser un acte en faveur de l'exécution, il devient alors dans ce cas un tiers requis. Pour la définition de la notion de réquisition, il convient de renvoyer le lecteur aux développements qui vont suivre[896].

Mais tous les tiers requis ne sont pas des tiers saisis. L'article 38 de l'AUPSRVE opère lui-même la distinction. Parce qu'on peut être appelé à apporter son concours à l'exécution, sans être directement concerné par la saisie. Ainsi, en est-il du porteur des biens saisis, du serrurier, du photographe et de tous ceux qui participent à l'exécution,

---

[892] Trib. Civ. De VERVINS, 9 Févr. 1955 cité par Pierre RAYNAUD, *RTDCiv.* 1 955 716

[893] Supra, p. 57

[894] RAYNAUD (P), *RTDCiv.*, 1 911 870

[895] Supra, p. 57

[896] Voir infra, p. 306

soit à la demande de la loi ; soit spontanément. Il suffit de se référer aux solutions de droit public sur la notion de collaborateur occasionnel ou bénévole pour mieux cerner cette distinction.

B- Les tiers garants à statut particulier

L'Acte uniforme vise essentiellement deux groupes de tiers à statut particulier : les banques ordinaires et les établissements financiers, d'une part (1) ; les banques centrales, d'autre part (2).

1- Les banques ordinaires

On s'intéressera tout d'abord aux banques et aux établissements financiers (a), ensuite aux receveurs, dépositaires ou administrateurs de caisses ou de deniers publics (b).

a- Les banques et les établissements financiers

La bancarisation à l'extrême de la société humaine[897] a conduit le législateur à accorder aux banques qui sont censées gérer d'importants portefeuilles clientèle, un régime particulier.

Relativement aux voies d'exécution, l'idée de départ est de leur accorder un temps raisonnable pour accomplir les diligences que les saisies entre leurs mains leur imposent. Tout en exigeant d'elles une grande célérité dans l'accomplissement de la formalité de déclaration et de communication, l'Acte uniforme leur impartit un délai qui doit leur permettre de décanter définitivement la complexité de leurs opérations.

Ce noble souci doit conduire à admettre que tout banquier qui gère un compte ouvert dans ses livres par un débiteur est présumé être tiers saisi, sous réserve de l'examen des opérations en cours. Cette présomption est essentiellement réfragable, comme le relève l'article 161 de l'AUPSRVE. Ainsi, dans un délai de 15 jours ouvrables suivant la saisie, *« le solde du compte peut être affecté à l'avantage ou au préjudice du créancier saisissant par les opérations dont la date est antérieure à la saisie »*.

Les banques ne donnent pas toujours l'impression de bien comprendre cette politique législative. Ainsi, contrairement à la solution admise pour les tiers de droit commun, le lien de compte qui existe entre la banque et sa relation est insuffisant pour établir, au

---

[897] MOULY (Ch.), « Procédure civile d'exécution et droit bancaire », *RTDCiv*, n° spécial juillet 1993 p. 87 s cité par Marc DONNIER, voies d'exécution et procédure de distribution, op cit., p. 331 n° 1032.

moment de la saisie, que le banquier est débiteur du débiteur saisi. Seul l'examen complet et méthodique des opérations en cours pourra permettre ultérieurement de prendre position. Pendant un délai de 15 jours ouvrables au moins (art 156 de l'AUPSRVE) ou d'un mois pour les effets de commerce remis à l'escompte[898], les opérations en cours peuvent donner lieu à des situations contradictoires. Ainsi, un compte qui, au moment de la saisie, présente un solde créditeur peut se révéler, après le jeu des opérations de crédit et de débit, être débiteur. Le contraire est également possible. Une seconde déclaration suivie de communication est, dans ce cas, indispensable pour fixer définitivement le créancier saisissant.

Dans tous les cas, que ce soit les tiers de droit commun ou les banquiers, le silence est inapte à faire d'eux des tiers saisis. Cela signifie qu'à partir du moment où la banque ou l'établissement financier déclare n'entretenir aucune relation d'affaires avec le débiteur poursuivi, aucune saisie n'est possible entre ses mains. Cela va de soi. Une saisie attribution des créances ne peut porter que sur une somme qui existe. Elle ne peut pas être pratiquée sur des sommes à venir[899].

Pendant longtemps, les Cours et Tribunaux ont entretenu un amalgame regrettable sur ce point. On s'est souvent abstenu de rechercher si le tiers visé par l'acte de saisie était débiteur du débiteur poursuivi. C'est au contraire, le délai imparti au tiers pour réagir à la signification qui préoccupait les juges. Tout défaut de déclaration ou de communication dans le délai de la loi était sanctionné par la condamnation du tiers aux causes de la saisie.

De pareilles décisions, qui résultent d'un déficit d'interprétation des textes en vigueur, ont fait fortune pendant longtemps. Mais elles n'ont pas réussi à faire jurisprudence.

b- Les receveurs, dépositaires ou administrateurs des caisses ou deniers publics

Les receveurs, dépositaires ou administrateurs des caisses ou des deniers publics sont aussi, au sens de l'article 38 de l'AUPSRVE, des tiers par rapport aux parties à l'exécution forcée.

---

[898] Art. 161 al.6 de l'AUPSRVE

[899] CCJA, arrêt n° 007/2002 du 21 mars 2002, aff. Compagnie camerounaise d'Assurances et de Réassurances (CCAR) c/ Ayants droits Worokotang Mbatang Pius, Ayants droits Muching David.

Ils ne peuvent devenir tiers saisis que sous deux conditions :

D'abord, il faut que l'acte de saisie soit signifié aux préposés ou à ceux qui sont délégués à ces fonctions.

Ensuite, il faut que l'original de l'acte de saisie soit visé par ceux qui l'ont reçu et le cas échéant, par le M.P. C'est la solution de l'article 159 de l'AUPSRVE.

En dehors de ces précisions particulières, la saisie entre les mains de ces entités suit le même régime que la saisie de droit commun.

2- Le cas spécial des banques centrales

Les banques centrales sont des banques d'émission[900]. Elles sont chargées de la confection et de la distribution de la monnaie dans un pays ou groupe de pays. En principe, les banques centrales ne traitent pas avec des particuliers, mais exclusivement avec les États et les banques d'affaires. Il est donc tout à fait normal que leur statut soit différent de celui des banques commerciales ou des banques d'affaires.

Mais aucune banque centrale ne fonctionne en vase clos. Elle entretient des rapports d'obligations avec les banques locales dont elle garantit la liquidité et la solvabilité.[901] Dans le cadre de ces relations, elle est légalement tenue de gérer leurs avoirs à hauteur des montants fixés par la législation en vigueur.

La question qui se pose est celle de savoir si les saisies peuvent être pratiquées entre les mains de ces banques à statut particulier.

Les positions divergent entre les partisans d'une interdiction totale de saisie et ceux qui prônent la liberté totale de saisie des biens des débiteurs en quelque main que ce soit.

La position de la jurisprudence a évolué sur ce point. Avant l'Ohada de telles saisies bien que rares ne soulevaient aucune difficulté majeure. Depuis l'Acte uniforme n° 6, ces saisies se sont multipliées et la banque centrale, surtout au Cameroun, les accueillait systématiquement et libérait les fonds saisis en espèces sonnantes et trébuchantes. Dans la plupart des affaires impliquant la BEAC, ce n'était pas souvent le

[900] RIPERT (G) & ROBLOT (R.), *Traité de Dr Commercial* par DELEBECQUE (Ph) et GERMAIN (M) T2 14ᵉed. 3e partie, Titres, Marchés des titres, p. 1 et s., n° 1727-1729.

[901] RIPERT (G) & ROBLOT (R.), op cit., p. 331, n° 2237 s.

principe de saisie qui était remis en cause. C'est l'attitude de la B.E.A.C. elle-même[902].

Ainsi, il est généralement reproché à cette banque centrale, de faire trop facilement foi aux actes extrajudiciaires des huissiers instrumentaires. Par exemple dans l'affaire SRC c/ BEGAM ESSALAH[903], la Cour d'Appel du Centre infirme partiellement une Ordonnance du juge des référés[904] qui approuve la décision de la BEAC de transférer à la SRC, sans délai, des sommes prétendument saisies entre ses mains en vertu d'une sommation à tiers détenteur, alors qu'un tel acte n'est ni un titre exécutoire, ni une voie d'exécution au sens du droit ohada et [905] surtout qu'en l'espèce, une opposition à une première sommation de la même nature avait déjà été faite par le débiteur devant le Tribunal de Grande Instance de la MEZAM.

Dans une autre espèce, il est indirectement reproché à la BEAC, d'avoir accepté de recevoir des actes de saisie dirigés contre une banque locale, alors que celle-ci n'était pas visée par le titre exécutoire. Pour confirmer cette décision, la Cour d'Appel du Centre, à la suite du Juge de l'exécution du Tribunal de Première Instance de Yaoundé-Ekounou, a relevé avec pertinence que le débiteur visé par le titre étant un particulier, une saisie contre ses avoirs ne peut avoir lieu entre les mains de la BEAC qui n'entretient aucune relation de compte avec les particuliers[906].

Aujourd'hui, une instruction du comité d'étude des cas de saisies attributions des créances institué au Cameroun en 2001, interdit aux huissiers de justice et commissaires-priseurs de s'approcher même physiquement des banques centrales, à l'effet d'opérer des saisies[907].

---

[902]C.A Centre Ord n° 306/Civ du 10/08/2012 SGBC c/ BEAC. Sté Orange Cam, Cami Toyota S.A, SODECOTON et SOCOM SAC BEAC 8 349 765 Arrêt C.A Centre n) 223/civ du 04…

[903] C.A. Centre Arrêt n° 154/Civ du 16 janvier 1998 inédit.

[904] TPI Ydé, Ord. n° 343 du 17/01/1997 pour avoir reconnu la validité d'une saisie inexistante, sous astreinte de 100 000 francs par jour de retard.

[905] Voir CCJA, Avis n° 001/2001/EP Séance du 30 avril 2001, Rec. Jurisprudence ONANA, coll. Pratique et contentieux du droit des affaires, p.196

[906] C.A. du Centre Arrêt n° 355/Civ du 08/07/2011 ;
TPI Ydé Ord. n° 343 du 17/01/1997 pour avoir reconnu la validité d'une saisie inexistante, sous astreinte de 100 000 francs par jour de retard.

[907] Voir supra, introduction

II- L'extension jurisprudentielle de la qualité de tiers garant

Comme Dieu dit qu'il appellera son peuple, même ceux qui n'étaient pas de son peuple à l'origine[908], ainsi la jurisprudence considère comme tiers garants, tous ceux qui, par définition, ne pouvaient jamais l'être. Ainsi, les particuliers qui s'illustrent par un comportement négatif ou frauduleux à l'occasion de la saisie, notamment tous ceux qui veulent voler au secours du débiteur poursuivi, vont être assimilés par le juge aux véritables tiers saisis. Ils seront alors condamnés, soit aux causes de la saisie, soit aux dommages-intérêts[909].

Le cas le plus actuel et le plus intéressant est celui que nous propose la CCJA dans l'affaire dame MERMOZ[910]. Dans cette affaire, la condamnation de la société INDUS-CHIMIE aux causes de la saisie n'allait pas de soi. La raison est double : d'abord, parce que sur le plan procédural, l'Huissier instrumentaire était encore au niveau de la phase d'interpellation du tiers. Il convient de rappeler que c'est cette phase qui précède la véritable saisie. On a alors affaire ici à une véritable sommation interpellative qui est adressée au tiers. Faute d'une réponse claire et affirmative, on ne peut prétendre qu'on est en présence d'un tiers saisi. Tel était le cas en l'espèce. Le tiers interpellé a refusé de répondre. Son attitude extrêmement belliqueuse a conduit l'huissier instrumentaire à dresser un procès-verbal de rébellion et a signifié l'acte de saisie à Mairie. C'est simplement par voie de déduction et après un référé organisé que les juges ont pu déduire une volonté inavouée de ce tiers, de dissimuler le véritable rapport qu'il entretenait avec le débiteur poursuivi. L'arrêt de la CCJA qui approuve les juges du fond d'avoir condamné un tel tiers aux causes de la saisie a été critiqué par ailleurs[911]. Mais il a au moins l'avantage d'établir que des personnes qui, par définition, ne sont pas des tiers saisis peuvent toujours le devenir à la suite d'une décision judiciaire.

On peut aussi citer le cas des tiers dont le comportement est empreint de mépris ou d'équivoque. Ou encore le tiers qui se borne à dénier la qualité aux ayants droit d'une succession, au lieu de fournir des

---

908 La Sainte Bible, Esaïe 56 v. 3 et s., éd. Alliance biblique Universelle version Louis SECOND

909 GINOSSAR (S), Liberté contractuelle et respect des droits des tiers, Émergence du délit civil de fraude, LGDJ, 1963

910 CCJA, Arrêt n° 006/2006 du 30 mars 2006, INDUS-CHIMIE c/Mme MERMOZ Roche Pauline et autres Rec. N° 7, p. 28.

911 V. supra CCJA, arrêt INDUS-CHIMIE c/Dame MERMOZ.

informations qui lui sont réclamées, conformément à l'article 156 al. 2 de l'AUPSRVE[912]. Les cas de ce genre peuvent être multipliés ici à l'excès.

Ici, le silence ou la réticence du tiers interpellé est diversement interprété. La juridiction compétente reconnaît, certes, dans son principe, que l'absence de relations entre le débiteur poursuivi et le tiers, ne se présume pas. Mais elle ne condamne pas moins le tiers interpellé, sous prétexte que son silence laisse présumer l'existence d'une relation que ce dernier entretient avec le débiteur poursuivi et qu'il veut dissimuler[913]. C'est l'application pure et simple de l'adage *« qui ne dit mot consent »*, inadmissible dans le droit des voies d'exécution.

Cette tendance jurisprudentielle est doublement critiquable. D'abord, parce qu'elle rend la définition du tiers saisi élastique[914]. Ensuite, parce qu'elle est contraire à la doctrine de la CCJA qui rappelle régulièrement que, pour avoir la qualité de tiers saisi, il faut être le débiteur du débiteur poursuivi[915]. Ce n'est pas le cas lorsqu'un tiers est négligent ou récalcitrant. De même, le tiers peut entretenir une relation avec le débiteur poursuivi sans être son débiteur relativement au bien, objet de la saisie[916]. Cette confusion de genres, volontairement entretenue sur la définition du tiers saisi, entraîne une autre méprise,

---

912 C.A. DU CENTRE YAOUNDE (CAMEROUN), Arrêt n° 137/CIV du 26 mars 2010 aff. UNION BANK CAMEROUN, ABATE MESSOMO ET AUTRES, CITI BANK CAMEROUN, C.C.EC. c/ Succession ASSENE Max Georges rep. Par ESSINDI Jean Bosco

913 T.P.I. Yaoundé Centre administratif (Cameroun), Ord. n° 598/C du 30 Oct. 2008, aff. La régionale d'Épargne et de Crédit s.a. c/ La coopérative mutuelle d'épargne et de Crédit d'Investissement (COMECI) code bleu éd.2016 p. 714 ; C.A. LITTORAL (DOUALA CAMEROUN), Arrêt du 14 janvier 2009 aff. Ets CHEDJOU (CHEDJOU René) c/ Sté Cam. De dépôts pétroliers (SCDP).

914 La CCJA décide depuis très longtemps que le tiers qui n'est pas débiteur du débiteur poursuivi et qui de ce fait, ne se conforme pas aux obligations prescrites par l'article 156 al. 2 ne peut être condamné aux causes de la saisie. CCJA, Arrêt n° 009/ 2005, du 27 janvier 2005, aff. Sté AFROCOM CI c/ CITIBANK,…

915 Curieusement l'arrêt Sté INDUS-CHIMIE c/ Dame MERMOZ et autres, (V. supra) fait douter de la fermeté de la CCJA, quant à la décision à donner au tiers saisi.

916 C.A. DU CENTRE YAOUNDE (CAMEROUN), Arrêt n° 137/CIV du 26 Mars 2010 aff.UNION BANK CAMEROUN, ABATE MESSOMO ET AUTRES, CITIBANK CAMEROUN, C.C.EC. c/ Succession ASSENE Max Georges rep. Par ESSINDI Jean Bosco

plus révoltante encore, celle qui conduit à condamner n'importe quel tiers aux causes de la saisie[917].

III- les conditions d'efficacité de la garantie

Les conditions d'efficacité de la garantie sont au nombre de deux : il y a d'une part la neutralité (A) et d'autre part, l'impartialité (B) du garant.

A- Les garanties de neutralité

Les garanties de neutralité sont des vertus cardinales que chaque tiers impliqué à l'exécution doit chercher à acquérir et à préserver. Elles constituent l'une des conditions du succès des voies d'exécution. Sans elles, on ne peut justifier, ni juridiquement ni sociologiquement, l'intérêt qu'il y a à introduire les tiers dans les opérations d'exécution.

C'est aux tiers eux-mêmes qu'il appartient de démontrer sur le plan concret qu'ils sont dignes de la confiance que le législateur a placée en eux. Ainsi, les tiers ne doivent en aucun cas avoir un intérêt personnel à protéger dans une procédure qui ne les concerne pas. Ils doivent rester neutres en présence des intérêts contradictoires des parties intéressées. C'est une condition pour que *« la confiance (qui leur est) accordée »* par la loi ne devienne pas sur le plan des faits, une *« confiance trompée »* selon l'expression du professeur LARGUIER[918]. Car le tiers saisi ou requis qui n'est pas neutre compromet nécessairement l'impartialité recherchée par le législateur.

B- Les garanties d'impartialité

Il n'est pas toujours évident de rencontrer dans les procédures d'exécution forcée, des tiers qui réunissent ces deux qualités. La plupart des procédures initiées contre eux le démontrent. C'est d'ailleurs le trop plein ici. On dénonce souvent avec raison dans la majorité des cas, tantôt des connivences, tantôt des collusions de leur part avec l'une des parties au rapport d'exécution[919]. Mais sur le plan subjectif, des raisons ne manquent pas. Le tiers peut volontairement violer la loi dans deux hypothèses au moins : d'abord, parce qu'il veut voler au secours de son

---

[917] Le tiers saisi qui viole les prescriptions légales de l'article 156 alinéa 2 de l'AUPSRVE.

[918] LARGUIER (J), *Droit pénal des affaires*, ARMAND COLIN, 1re éd., 1980, p. 143.

[919] POUGOUE (P.G.), sous la direction de) in ENCYCLOPÉDIE DU DROIT OHADA, présentation synoptique des Actes uniformes, p. 108 et s.

client, notamment de celui qui a la qualité de débiteur poursuivi dans la procédure ; ensuite, lorsqu'il prend la décision de participer à l'organisation de l'insolvabilité du débiteur dont le patrimoine est menacé[920]. En dehors de ces hypothèses, il y a dans la plupart des pays africains, le problème de repli identitaire. Ce problème va jouer tantôt contre le créancier saisissant, tantôt à son avantage lorsque le tiers saisi attend une juste récompense ou lorsqu'il agit sous la menace d'un trafic d'influence. Le comité d'étude des cas de saisies attributions l'a bien mis en relief[921]. Il n'est pas surprenant de rencontrer aussi des tiers saisis ou séquestres corrompus[922].

C'est pourquoi la jurisprudence condamne avec sévérité, tout tiers séquestre ou simple gardien qui agit avec duplicité, au grand mépris des vertus de la neutralité et de l'impartialité.

Ainsi, il a été jugé le 25 août 2009 par le JEX du Tribunal de Première Instance de Yaoundé-Centre administratif que le tiers saisi ou séquestre n'est pas fondé à trancher lui-même un conflit entre un certificat de non-contestation et une assignation en mainlevée d'une saisie conservatoire. Parce qu'il est lui-même appelé à l'audience de contestations[923]. S'il passe outre et libère les fonds au profit de celui qui va ultérieurement perdre le procès, il doit être condamné à représenter les fonds dont il a la garde, c'est-à-dire à payer une seconde fois. C'est l'application pure et simple de l'adage, *qui paie mal paie deux fois*[924].

De même, toujours selon le juge, il y a absence de neutralité et d'impartialité pour un tiers saisi ou séquestre, qui prend des positions manifestement contradictoires, devant des situations juridiques identiques. Par exemple, un tel tiers ne peut aujourd'hui refuser à bon droit de libérer les sommes saisies en faveur d'un créancier saisissant muni d'un certificat de non-contestation, au motif qu'il vient de recevoir un exploit valant contestation et, le lendemain, dans un cas

---

[920] GINOSSAR (S) op. cit., v. not. Fraude paulienne, p. 12 et s. ; SINAY (H), Action paulienne et responsabilité délictuelle, à la lumière de la jurisprudence récente, *Rev. Trim. Dr. Civ.*, 1948, p. 184.

[921] Comité d'étude des cas de saisies attributions, 2002, op. cit.

[922] Les banques préfèrent diriger tel reproche vers les Magistrats., voir Comité.

[923] T.P.I. Centre Adm. Ord. n° 432/C du 25/08/2009, aff. Me. IPANDA c/ La BICEC. Cette décision a été annulée par la CCJA ; V. supra.

[924] CCJA, 2e Ch. Arrêt n° 133/2015 du 12 Nov. 2015, aff. La Sté CHANAS ASSURANCES c/ EKOBO DIN Marianne, PENKA Félix et autres.

identique point pour point, prendre une position diamétralement opposée[925].

Plus complexe est la question de savoir si le tiers qui est appelé à une instance en contestation de saisie peut être fondé à libérer en cours de procédure, les fonds saisis sur présentation d'un procès-verbal de mainlevée de la saisie litigieuse et d'un certificat de non-contestation d'une nouvelle saisie portant sur les mêmes fonds alors que le JEX tranchant la contestation n'est au courant de rien et donc, n'a pas encore vidé sa saisine ?

L'arrêt confirmatif n° 345/CIV, rendu le 23 Juil. 2010, par la Cour d'appel du Centre Yaoundé, répond par la négative. Son attendu principal est particulièrement clair sur sa position. Il déclare en effet que le tiers séquestre, appelé à une instance en contestation, doit savoir attendre l'issu des procédures engagées[926].

Cette position mérite d'être entièrement approuvée. Si le créancier saisissant jouit d'une totale liberté de mettre fin à tout moment, à la mesure d'exécution entreprise, il ne peut le faire unilatéralement qu'avant la dénonciation de la saisie au débiteur saisi et surtout avant l'exercice des recours par ce dernier. Une fois que le juge est saisi d'une contestation, toute mainlevée de saisie extrajudiciaire doit être portée à la connaissance du JEX afin qu'il en donne acte, après avis du débiteur, demandeur à l'action en contestation. On est ici en présence d'une situation identique à celle du désistement d'instance[927]. Dans la tradition juridique et judiciaire, le désistement d'instance doit être accepté par le défendeur. La raison est simple. Celui-ci peut avoir intérêt à voir l'action aller jusqu'au bout, ne fût-ce que pour la condamnation du demandeur aux dépens du procès[928]. N'étant pas juge, le tiers n'a pas la compétence technique pour apprécier la régularité ou la validité d'une mainlevée. Surtout, lorsque celle-ci est immédiatement suivie d'une nouvelle saisie, par le même créancier sur les mêmes sommes. Le tiers saisi ou séquestre doit, dans ces conditions, s'abstenir d'agir. Ce qui signifie qu'il est tenu d'attendre l'aboutissement des recours engagés. Le certificat de non-contestation étant en grave

---

[925] JEX Yaoundé centre administratif, Ord. n° 432 du 25 août 2009, op. cit. V. supra, note 1404.

[926] L'arrêt confirmatif n° 345/CIV, rendu le 23 Juil. 2010, inédit

[927] SOLUS (H) et PERROT (R), *Droit judiciaire privé*, op. cit., T.3 n° 1159 et s, STRICKER (Y), *Procédure civile*, op. cit., p. 173, n° 305.

[928] VINCENT (J) et GUINCHARD (S), *Procédure civile*, op. cit. p. 722, n° 1180 et s.

contradiction avec la contestation en cours, seule la décision du juge chargé de trancher la contestation doit conduire à la libération ou non des fonds[929].

Ce n'est malheureusement pas la même logique qu'adopte toujours la CCJA [930]. Se prononçant sur le pourvoi dirigé contre l'arrêt confirmatif de la Cour d'appel de Centre, la haute juridiction communautaire a énormément surpris. Elle casse et annule pour contradiction entre les motifs et le dispositif, l'arrêt susvisé. Évoquant et statuant à nouveau, elle suit point par point le moyen du pourvoi qui reproche à l'arrêt dont pourvoi, de n'avoir pas tenu compte qu'elle a payé sur présentation d'un certificat de non-contestation de la conversion de la saisie conservatoire des créances en saisie attribution. Mais ce que la CCJA n'a pas vu ou a volontairement omis de relever, c'est que la saisie conservatoire qu'on a prétendu avoir convertie en saisie attribution, avait fait l'objet de contestation devant le JEX de Yaoundé-Centre Administratif bien avant la prétendue conversion[931]. Or, en saines sciences juridiques, il est légalement impossible d'entreprendre la conversion en saisie attribution des créances, d'une saisie conservatoire contestée et postérieurement annulée. C'est la raison pour laquelle, les juges du fond ont pleinement eu raison de reprocher à la BICEC, tiers saisi, la précipitation dont elle a fait preuve dans la gestion des fonds dont elle n'était que séquestre. N'ayant pas tenu compte de cet aspect du litige, l'arrêt de la CCJA ne saurait ni emporter conviction ni faire jurisprudence.

Il est donc évident, au regard du très grand nombre de décisions condamnant les tiers séquestres ou saisis pour violation des obligations liées à leurs missions, qu'il est très risqué de se fier aux tiers saisis ou séquestre, lorsqu'ils sont appelés à prendre souverainement position sur la conservation ou la libération des biens saisis ou mis sous séquestre.

---

[929] En réalité, dès dénonciation d'une saisie, l'initiative de l'action échappe au créancier saisissant. Ainsi, lorsque les contestations sont élevées, toute mainlevée de saisie doit être soumise au juge pour qu'il rende un jugement de donné-acte, si le débiteur ne s'y oppose pas.

[930] CCJA, 1re Ch., arrêt n° 009/ 2007 du 15 mars 2007 aff. Office des produits vivriers du Niger dit OPVN c/ Sté Nigérienne de Banques et autres ; CCJA, arrêt n° 099/ 2013 du 22 Sept. 2013, aff. BICEC c/ Me. IPANDA

[931] CCJA, arrêt n° 099/ 2013 du 22 Sept. 2013, aff. BICEC c/ Me. IPANDA.

Section 2 : La distinction du tiers garant de l'exécution des notions voisines

Les tiers dans les voies d'exécution sont des garants originaux (Paragraphe 3). On doit se garder de les confondre, avec les garants conventionnels (Paragraphe 1), ou avec les garants légaux, au sens du Code civil (Paragraphe 2).

Paragraphe 1 : Le tiers garant de l'exécution n'est pas un garant conventionnel

Les juristes privatistes, et spécialement, ceux qui s'intéressent au droit des sûretés, sont habitués à voir derrière la notion de garantie, une convention, c'est-à-dire l'expression de la volonté de celui qui s'engage par contrat, aux lieu et place d'autrui, pour régler une dette.[932] Une telle conception de la garantie et par voie de conséquence du garant, doit nécessairement conduire l'interprète, à exclure immédiatement le tiers des voies d'exécution, du rang des garants conventionnels. Car, il manque à la base de son obligation, non seulement une convention, mais aussi, un acte traduisant la volonté de ce dernier de s'engager au profit du créancier. Dans ces conditions, on ne peut juridiquement assimiler le tiers des voies d'exécution ni au tiers garant au sens du Code civil (III) ni à une caution réelle (II) ni à une caution personnelle (I).

I- Le tiers garant de l'exécution n'est pas une caution personnelle

Parmi les multiples sens qu'on donne au terme caution, nous n'en retenons qu'un seul. Celui qui découle des dispositions de l'article 2011 du Code civil et qui enseigne que la caution est une personne qui *« se soumet envers le créancier à satisfaire une obligation, si le débiteur n'y satisfait pas lui-même »*. Il va de soi que les obligations qui pèsent sur les tiers de l'article 38 de l'AUPSRVE, n'entrent pas dans les prévisions du texte du Code civil. Parce que le tiers saisi ou requis n'a aucun rapport direct avec le créancier saisissant. Ils ne se connaissent même pas à l'origine. Leur rencontre est fortuite et les deux se découvrent pour la première fois, à l'occasion d'une saisie dirigée contre autrui. Par conséquent, il ne peut exister de la part du premier,

---

932 MESTRE (J), PUTMAN (E), et BILLIAU (M), op.cit. p.2 n° 2 et s.

aucun engagement personnel au sens du Code civil envers le second. Ainsi, le créancier saisissant n'a objectivement, aucun recours direct contre le tiers saisi. Il jouit simplement du droit de poursuivre les biens de son débiteur, en quelques mains qu'ils se trouvent. On comprend, dès lors aisément, que bien qu'il soit débiteur du débiteur poursuivi, ce ne sont pas les biens propres du tiers qui sont visés par la procédure. De ce fait, son patrimoine ne peut être considéré comme le gage général des créanciers du débiteur. Cette dernière hypothèse ne peut se présenter que si le tiers est personnellement condamné, soit aux dommages-intérêts ; soit aux causes de la saisie, dans les conditions prévues par l'Acte uniforme.

Dans les voies d'exécution, le tiers est au service de l'exécution. En d'autres termes, il exécute simplement un ordre de la loi et non une convention. Si la saisie se déroule entre ses mains, c'est simplement parce qu'il détient, par-devers lui, un bien appartenant en toute propriété au débiteur saisi. Il ne peut donc être tenu, ni comme une caution personnelle ni comme une caution réelle.

II- Le tiers garant de l'exécution n'est pas une caution réelle

En droit civil, une caution réelle est une personne qui est tenue de payer une dette d'autrui sans pour autant s'engager personnellement. Il *« donne simplement l'un de ses biens en gage ou en hypothèque »*[933], afin que le bénéficiaire du cautionnement soit payé par préférence sur les créanciers chirographaires ou d'un rang moindre[934]. La caution réelle est alors tenue *propter rem*[935]. En principe, le créancier qui exige telle garantie redoute des conséquences d'une inexécution à l'arrivée du terme fixé par les parties à la convention de prêt. Il ne fait pas totalement confiance au débiteur ou alors, ne lui accorde qu'une *« confiance vigilante »*[936]. Par le cautionnement, il va en quelque sorte prévenir les risques d'impayé[937] ou d'insolvabilité[938] du débiteur principal.

---

[933] MESTRE (J), PUTMAN (E) et BILLIAU (M), « Droit spécial des sûretés réelles », in *Traité de droit civil*, 1996 p. 7 (sous la direction de Jacques GHESTIN, LGDJ.

[934] CABRILLAC (M) et MOULY (Chr.), *Droit des sûretés*, 3e éd., LITEC, p.413 n° 500.

[935] Sur l'obligation *propter rem,* voir not.

[936] MESTRE (J), PUTMAN (E) et BILLIAU (M), op. cit. p. 2 n° 2.

[937] MESTRE (J), PUTMAN (E) et BILLIAU (M), op. cit. p. 4 n° 4.

[938] LEGEAIS (D), *Le cautionnement*, Dr. Poche, éd. ECONOMICA, p. 5.

Dans les voies d'exécution, le tiers saisi ne prend aucun engagement de payer aux lieu et place du débiteur principal défaillant. Son obligation trouve sa source dans une saisie pratiquée entre ses mains sur les biens qu'il détient pour le compte du débiteur. Ainsi, le fait qu'il soit débiteur du débiteur poursuivi n'a aucune influence sur ses propres biens.

III- Le tiers garant de l'exécution n'est pas un garant légal au sens du Code civil

Au sens de l'article 1641 du Code civil, le garant légal est avant tout, une partie à un contrat. Mais ce qui fait sa spécificité, c'est qu'indépendamment des clauses du contrat qui existe entre lui et son cocontractant, il existe des obligations supplémentaires qui pèsent sur lui et qui découlent de la loi. Les obligations de cette nature se retrouvent généralement dans les contrats de consommation. Ici, la protection des consommateurs conduit généralement le législateur, à imposer à la partie qui met sur le marché, un bien ou un service, le respect d'un certain nombre d'obligations édictées par des lois impératives ou supplétives. Celles-ci s'ajoutent aux clauses contractuelles arrêtées par les parties au contrat. Elles ont, pour finalité, la protection de la partie *« économiquement faible et techniquement désarmée »*[939].

Le garant légal est donc celui qui est tenu, au-delà des clauses du contrat, de répondre des vices cachés de la chose, objet de la convention. En d'autres termes, il assure la sécurité de la transaction[940]. Ainsi, un tel garant doit garantir la jouissance paisible de la chose remise à son cocontractant. On parle alors de la garantie d'éviction, ou des vices cachés, comme en matière de vente[941]. On peut citer aussi les garanties indépendantes[942] comme la garantie à première demande que l'on rencontre dans des transactions internationales, comme le crédit

---

[939] STARCK (B), ROLAND (H) et BOYER (L), *Obligations*, 5e éd. LITEC, p. 492, n° 1191, sp. n° 1195.

[940] ANCEL (P), La garantie conventionnelle des vices cachés dans les conditions générales de vente en matière mobilière, in Rév. Trim. Dr. Com. 1979 p. 203.

[941] ANCEL (P), op. cit., p. 259

[942] VASSEUR (M), Garanties indépendantes, sommaires commentés, DALLOZ 1989 p. 153 et s.

documentaire[943], bien connu en droit bancaire[944]. On en trouve aussi en droit de la famille[945] ou en matière d'assurances[946].

Il faut cependant noter que ces obligations légales peuvent, en principe, être contrebalancées dans la convention des parties, par l'insertion des clauses dites de limitation de garantie[947].

Dans les voies d'exécution, rien de tout ce qui précède ne s'applique au tiers, garant de l'exécution des seuls titres exécutoires ou conservatoires pour la simple raison qu'on a affaire ici à un garant original.

Paragraphe 2 : Le tiers dans l'exécution des titres des particuliers est un garant original

Le tiers, garant de l'exécution des titres des particuliers, doit être un personnage neutre (I). Il intervient dans une procédure d'exécution dans l'intérêt supérieur de l'exécution (II). Mais il ne jouit d'aucun pouvoir juridictionnel (III).

I- Le tiers des voies d'exécution est un garant neutre

Comme on vient de le voir, les différents garants que l'on retrouve en droit commun et qu'on appelle techniquement des cautions[948] s'engagent volontairement à exécuter des conventions en faveur et pour le compte du débiteur défaillant[949]. L'engagement du tiers dans ce cas,

---

943 FRIDEL (G), Remarques sur l'engagement du banquier dans le crédit documentaire irrévocable, in Mél. SAVATIER, p. 535 ; IPANDA (F.P.), L'incidence de la dévaluation du franc CFA sur le financement des échanges internationaux : À propos de la pratique camerounaise du crédit documentaire, RCDA n° 3 (avril — juin 2000), p. 115

944 Lire VASSEUR (M).

945 GEFROY (J.B), La famille dans la jurisprudence administrative, D. 1986 Chr. p.1. Cet auteur cite le doyen CARBONNIER qui expose que *« l'État ne se borne plus à révéler sa présence par quelques interdits. Il s'est installé dans le droit de la famille comme interventionniste ».*

946 BERR (C.J.) et GROUTEL (H), *Les grands arrêts du droit des assurances*, op. cit., p. 115.

947 ANCEL (P), op. cit., p. 259.

948 CABRILLAC (M) & MOULY (C), *Droit des sûretés*, 3e éd. LITEC, livre I, « le cautionnement », p.35 et s.

949 CABRILLAC (M) & MOULY (C) qui définissent le cautionnement comme une sûreté personnelle accessoire, créée par un contrat unilatéral qui oblige la caution à

peut être l'expression d'un acte intéressé[950] ou d'une pure libéralité[951]. Dans l'ensemble, il s'agit d'une opération égoïste qui intéresse trois personnes nommément désignées : le créancier, le débiteur et le garant.

Il en est autrement en matière d'exécution. Ici, le tiers est au service de tous les usagers des voies d'exécution. Il n'intervient pas dans les procédures d'exécution pour défendre les intérêts d'une partie comme s'il en était le mandataire. Pour cette raison, Il doit se comporter comme un véritable agent public auquel il est par ailleurs assimilé. C'est pour cette raison qu'il est considéré non comme un mandataire, mais comme un collaborateur occasionnel du service public de l'exécution[952]. Ainsi, à l'image de l'administration qui a l'obligation de protéger les administrés[953], le tiers, collaborateur occasionnel du service public de l'exécution est pareillement tenu d'agir toujours positivement dans l'intérêt de toutes les parties au rapport d'exécution.

Ce comportement désintéressé lui est imposé par la loi (A) ; c'est dire que le tiers garant est soumis au strict respect des obligations imposées par l'Acte uniforme (B)

A- Le tiers garant assume une mission dévolue par la loi.

Depuis longtemps, l'exécution forcée a été retirée des mains des particuliers, et plus précisément des créanciers[954]. Aujourd'hui, elle est entièrement placée sous le contrôle et la direction des pouvoirs publics[955]. Cela signifie clairement que personne ne peut participer à

---

exécuter la dette du débiteur principal et lui donne un recours en remboursement contre ce dernier, op. cit. n° 36.

950 En principe, le cautionnement est un contrat à titre onéreux, mais il faut distinguer le but Voir not. ATIAS (C), Le droit civil, PUF Coll. Que sais-je ? n° 2161 p. 53, qui enseigne que *« la vertu première d'une qualification n'est pas le réalisme »*… Elle *« se mesure uniquement à l'aune de ses conséquences »*, p. 53

951 Relation de famille ou d'amie, par exemple

952 GUINCHARD (S) et TONNY MOUSSA (sous la direction de), in Droit et pratique des voies d'exécution, coll. DALLOZ ACTION, p. 142, n° 903

953 DUFAU (V), op. cit., p. 252

954 Le système en vigueur à l'époque des *legis actionnes* qui donnait au créancier, tous les droits sur la personne de son débiteur, sur ses biens et sur toute sa famille a pris fin. Voir DONNIER (M) et DONNIER (J.B.), *Voies d'exécution et procédure d'exécution*, 6e LITEC, p. 5, n° 15.

955 DONNIER (M) et DONNIER (J.B.), *Voies d'exécution et procédure d'exécution*, 6e LITEC, p. 5, n° 67.

l'activité de ce service public sans l'accord de la loi ou des autorités chargées de la gestion du service.

L'Acte uniforme du 10 avril 1998 en a tenu compte. C'est son article 38 qui appelle le tiers à s'associer à l'exécution. C'est le même texte qui définit et délimite ses missions.

Ce texte est allé encore plus loin. Les changements de la politique économique des États, sous la houlette des institutions monétaires internationales, ont amené les pouvoirs publics à délimiter le domaine d'intervention de l'État aux activités qui relèvent exclusivement du commandement. Quant aux activités qui relèvent de l'économie, elles doivent rester l'apanage du secteur privé. C'est cette fameuse coopération entre le secteur public et le secteur privé, mieux connue sous l'appellation PPP[956], qui est actuellement expérimentée dans le domaine de l'exécution, avec l'introduction des tiers dans l'exécution.

C'est en contemplation de cette politique que les tiers sont appelés à se soumettre à certaines obligations qui découlent de l'Acte uniforme.

B- L'obligation de respecter les obligations découlant de l'A.U.

Au rang des principales obligations qui pèsent sur le tiers dans les voies d'exécution, se trouvent en bonne place l'obligation d'impartialité (2) et celle de sincérité (1).

1- L'obligation de sincérité

La notion de sincérité peut être définie de plusieurs manières.

Dans le langage courant, être sincère, c'est être véridique. C'est aussi être franc et loyal[957]. Ainsi, on parle d'un ami sincère, lorsqu'on croit que ce qu'il dit est vrai.

En matière comptable, la sincérité est l'exposé fait de bonne foi[958], c'est-à-dire non trompeur de l'information[959]. Elle est considérée par GUYON et COCQUEREAU, comme *« l'expression claire de la*

---

[956] Partenariat public et Privé. Voir, deuxième partie, titre préliminaire chap. 2, n° 825

[957] Le Robert illustré d'aujourd'hui, éd. France Loisirs, p. 1330

[958] VIANDIER (A), Droit comptable, précis DALLOZ 1984 p. 429 n° 307 et s.

[959] OUMAR SAMBE & MAMADOU IBRA DIALLO, Comptable, système comptable Ohada (SYSCOHADA), coll. Le praticien, éd. Comptables et juridiques Sénégal 2003 p. 47 n° 32

situation sociale, sans déguisement ni détours »[960]. Le commissaire aux comptes qui se livre au contrôle des comptes d'une société est légalement tenu de vérifier la régularité et la sincérité de l'inventaire, du compte d'exploitation générale, du compte des pertes et des profits et du bilan[961].

L'activité des tiers dans les voies d'exécution n'est pas très éloignée de celle des commissaires aux comptes dans les sociétés. Comme ce dernier, le tiers est légalement tenu de donner avec exactitude, les informations comptables liées aux biens qu'il gère ou détient pour le compte du débiteur saisi. Il ne peut, ni dénaturer les informations en sa possession, ni les dissimuler, ni encore moins les communiquer de manière incomplète. C'est pour l'obliger à faire une déclaration sincère et exacte de la créance saisie entre ses mains que l'Acte uniforme exige que cet acteur de l'exécution accompagne ses déclarations de pièces justificatives.

L'obligation pour le tiers de donner une information sincère n'est pas une banale exigence légale. Elle permet aussi, et surtout au créancier saisissant, d'apprécier l'opportunité d'une action ou la poursuite d'une mesure déjà entamée. Elle se rapproche aussi de l'obligation de protéger le créancier[962] ou le consommateur[963].

Ainsi, il a été jugé que ne se soumet pas à l'obligation légale, le tiers saisi qui se livre aux déclarations contradictoires et qui se révéleront, par la suite, toutes fausses[964].

2- L'obligation d'impartialité

Être impartial, c'est être sans parti pris, objectif et neutre[965]. Le tiers dans les voies d'exécution doit avoir toutes ces qualités. Il ne protège pas uniquement les intérêts du créancier saisissant, comme le ferait un

---

960 GUYON (Y) et COCQUEREAU (G), le commissariat aux comptes : aspects juridiques et techniques, Librairies Techniques p.182, n° 247 et s.

961 Acte uniforme sur le droit des sociétés commerciales et du G.I.E. : art. 710 et s.

962 GUINCHARD (S) & TONNY MOUSSA, (sous la direction de) *Droit et pratique des voies d'exécution*, DALLOZ-ACTION, 2002, p. 4 et s.

963 PAISANT (G), « Les nouveaux aspects de la lutte contre les clauses abusives », D. 1988 Chr. p.253 ; CALAIS AULOY (J), « L'ordonnance du 1er Déc. 1986 et les consommateurs », D. 1988, Chr., p. 137.

964 CCJA 3e Ch., arrêt n° 006/2015, du 26 Fév. 2015, aff. Sté IVOIRE COTON s.a. c/ ECOBANK s.a. ; C.A. Littoral (Cameroun), arrêt n° 053/REF du 20 février 2006 aff. Sté BITC SARL c/ BICEC s.a.

965 Le Robert illustré d'aujourd'hui, éd. France Loisirs, p. 730

mandataire. Il n'intervient dans les opérations d'exécution ni dans le seul intérêt du créancier saisissant ; ni dans celui du débiteur saisi. Par conséquent, il doit rester neutre et se soumettre strictement à l'obligation d'impartialité.

Le tiers saisi ou séquestre qui se libère des sommes saisies ou mises sous séquestre au profit du bénéficiaire d'un arrêt de condamnation qui lui présente certes, un certificat de non-contestation alors qu'il a déjà été régulièrement appelé à l'audience de contestation, n'est ni neutre, ni impartial[966].

En réalité, le tiers saisi ou séquestre jouit tout de même d'un certain pouvoir d'appréciation. Il doit s'en servir lorsqu'il se trouve devant une difficulté. C'est le cas par exemple, lorsqu'il existe une instance en contestation pendante devant le JEX, et que le greffier en chef de la juridiction compétente délivre au créancier saisissant, sans véritable contrôle préalable, un certificat de non-contestation. La contradiction qui se dégage de la comparaison de ces deux actes, oblige le tiers à s'abstenir de s'exécuter et à s'en remettre à la décision du JEX saisi de la contestation[967].

S'il refuse d'user de ce pouvoir et libère le bien saisi et mis sous main de justice, le tiers va répondre d'une telle libération fantaisiste, si la décision tranchant la contestation est rendue contre le créancier saisissant en faveur duquel le paiement a eu lieu. Un tel paiement ne peut produire aucun effet libératoire en faveur du tiers[968]. Il devra payer une seconde fois, par application de l'adage, qui paie mal, paie deux fois. Il ne peut dans ce cas, s'en prendre qu'à lui-même, pour avoir refusé d'attendre la décision du juge saisi de la contestation.

---

966 CCJA, 3e Ch., Arrêt n° 025/ 2014 du 13 mars 2014, aff. BICEC c/ Maître DEFFO.

967 CCJA, arrêt n° 15/2004, du 29 avr 2004 Rec. CCJA, n° 3, Janv. 0 juin 2004, p. 112 et s. (le tiers ne peut procéder au paiement, qu'en l'absence de contestation, attestée par un certificat du greffe. Or, il ya ici une difficulté, lorsqu'on découvre que le certificat de non-contestation est souvent délivré, malgré l'existence d'une contestation. Les cas sont légion. Le plus souvent, parce que le greffier en chef n'interroge pas suffisamment ses registres, ou parce que, ceux-ci ne sont pas à jour. Mais dans bien des cas, la délivrance de cet important acte juridictionnel fait souvent l'objet des conventions de turpitude.

968 TERRE (F), SIMLER (Ph) et LEQUETTE (Y), *Droit civil, les obligations*, op. cit., p. 1404, n° 1356 s. STARCK (B), ROLAND (H) et BOYER (L), *Les obligations, 3. Régime général*, 4e éd., LITEC, p. 67 et s. spéc. p. 73, n° 113-1.

II- Le tiers garant est au service de tous les usagers des voies d'exécution

Il s'agit des garanties qui assurent aussi bien la protection du service public de l'exécution (B) que celle des intérêts catégoriels (A).

A- La protection des intérêts catégoriels

Les différentes catégories de personnes intéressées par l'activité du tiers dans les voies d'exécution sont au nombre de trois : le créancier saisissant (1), le débiteur saisi (2), et les tiers intéressés (3).

Il convient d'examiner successivement la manière dont le tiers saisi ou requis assure leur protection.

1- La protection du créancier saisissant

Elle est consacrée par les textes (a) et mise en œuvre par le tiers, ainsi qu'on le constate en jurisprudence (b).

a- Les textes

La protection du créancier saisissant est pleinement assurée par les textes de l'Acte du 10 avril 1998.

L'article 28 pose le principe. *« À défaut d'exécution volontaire, tout créancier peut, quelle que soit la nature de sa créance, dans les conditions prévues par le présent Acte uniforme, contraindre son débiteur défaillant à exécuter ses obligations à son égard ou pratiquer une mesure conservatoire, pour assurer la sauvegarde de ses droits ».* Les autres textes subséquents organisent les modalités de saisies, selon que la mesure porte sur les biens meubles ou immeubles.

L'article 38 de l'AUPSRVE renforce ce droit en invitant les tiers impliqués à l'exécution à apporter leurs concours à l'opération s'ils veulent échapper aux sanctions qu'il édicte. Autrement, chaque fois qu'il sera établi que l'exécution a échoué de leur fait, la sanction prévue par le texte, s'appliquera selon l'appréciation souveraine du juge.

Une lecture innocente de cette dernière disposition peut conduire à croire que les tiers sont institués par l'Acte Uniforme pour voler exclusivement au secours du créancier saisissant. Ce sentiment qui est faux peut se vérifier à un double niveau.

D'abord, au niveau de l'injonction que renferme l'article 38. Non seulement il est formellement fait interdiction aux tiers de faire obstacle à l'exécution, mais il leur est demandé d'y apporter activement et positivement leur concours.

Ensuite et corrélativement, le concours attendu des tiers doit conduire à faciliter la réussite des mesures mises en œuvre par le créancier saisissant en vue de l'exécution ou de la conservation des créances. Nous avons déjà eu à donner le détail de cette obligation dans les développements qui précèdent[969].

La lettre de l'article 38 de l'AUPSRVE est très proche de celle de l'article 182 du code de procédure civile et commerciale qui donnait compétence au juge des référés de statuer provisoirement sur les difficultés d'exécution afin de parvenir à la réalisation du titre exécutoire. On peut la comparer également au texte de la formule exécutoire qui intime l'ordre aux procureurs, officiers de police et ministériels, de prêter mainforte à l'exécution, au nom du peuple[970].

Cette interprétation de l'article 38 de l'AUPSRVE n'est pas totalement erronée. Mais elle est critiquable. Elle empêche de prendre en compte l'esprit de ce texte pour ne s'en tenir qu'à sa lettre.

En réalité, apporter son concours à l'exécution c'est, sur le plan procédural, nous semble-t-il, participer activement et positivement à une exécution légalement organisée et démocratiquement mise en œuvre. Pour le tiers, il s'agit de tout mettre en œuvre pour éviter de succomber à la tentation de la fraude. Mais il s'agit aussi et surtout d'éviter de se mettre au service de l'une des parties au rapport d'exécution, au grand mépris des droits des autres parties à l'exécution. On se retrouve dans cette configuration, lorsque le tiers saisi ou requis refuse de libérer le bien saisi sans cause[971]. Ou alors, lorsqu'il s'obstine à libérer les fonds saisis, malgré l'existence d'une action en contestation, pendante devant le JEX[972]. Dans ce cas, seul le juge peut sanctionner de tels écarts de comportement.

---

[969] V. supra

[970] Voir art. 11 Loi n° 2006/015 du 29 Déc. 2006, portant Org. Judic. au Cameroun.

[971] CCJA, 2e Ch. Arrêt n° 006/2006 du 09 mars 2006 aff. Sté INDUS-CHIMIE c/ Dame MERMOZ et autres.

[972] C.A. du Centre Yaoundé Cameroun Arrêt n° 315/Civ. Du 23 juillet 2010, confirmant l'ord. du JEX de Ydé C.Adm. n° 432 DU 25 août 2009. Cet arrêt a été cassé par la CCJA arrêt n° 099/2013 du 22/11/2013 pour un motif de pure procédure. Une action en révision est en cours.

b- La jurisprudence

La jurisprudence n'a pas, sur ce point, une position univoque. Les solutions diffèrent, selon qu'on est devant les juges communautaires nationaux, ou devant la CCJA.

Les décisions des juges nationaux se révèlent dans l'ensemble beaucoup plus protectrices des intérêts des créanciers saisissants. Elles sanctionnent parfois avec une étonnante sévérité, tout tiers qui s'abstient de faire la déclaration prescrite par l'article 156 de l'AUPSRVE, sans chercher au préalable à savoir si celui-ci a la qualité de tiers saisi ou non[973].

D'autres juges ne se bornent pas uniquement à prononcer une condamnation pour violation d'une disposition légale. Dans un premier temps, ils assortissent leurs décisions d'une condamnation aux astreintes modestes. Dans un second temps, ces astreintes ont révisé à la hausse et vont atteindre des sommes astronomiques, notamment, lorsqu'elles sont liquidées arithmétiquement. Ce qui a fait dire à la doctrine, que dans les procédures d'exécution forcée, les astreintes ne sont pas éloignées de la rente viagère[974].

La CCJA n'hésite cependant pas à recadrer ces juges nationaux lorsque leurs positions se révèlent démesurées. Dans l'affaire société GETMA C.I. s.a. c/ La SDV — SAGA C.I. s . a. par exemple, elle casse et annule l'arrêt d'une Cour d'appel qui a condamné le tiers saisi au paiement des causes d'une saisie dont la mainlevée a été ordonnée, avant même l'introduction de l'instance en libération des causes de la saisie[975]. Elle décide aussi dans le même sens, chaque fois que le juge saisi d'une contestation applique à tort, la sanction de défaut de

[973] C.A. Littoral, Ord. n° 820 du 31 mai 2000 aff. Hervé SoppoPriso, Dame Chantal Soppo Priso, Serge Soppo Priso, c/ SECH Hollywwood Hotel, Me Tekeu, Bicec et autres ; dans cette affaire, le juge de l'exécution a prononcé la condamnation aux causes de la saisie, même contre les tiers qui n'avaient fait aucune déclaration, faute d'un lien d'affaires avec le débiteur poursuivi.

[974] IPANDA (F.P), l'astreinte judiciaire : peine privée ou dommages-intérêts, obs. sous les arrêts C.A. du Littoral, n° 118/ Ref du 27 Sept. 1999 (1re esp.) et n° 13/Ref du 25 Oct. 1999 (2è esp.) R.C.D.A. n° 3 avril-juin 2000 p. 71 et s.

[975] CCJA, 3e Ch. Arrêt n° 081/2012 du 04 Déc. 2012 aff. Société GETMA C.I. s.a. c/ La SDV — SAGA C.I.

977, KUATE TAMEGHE (S.S.), *La protection du débiteur dans les procédures individuelles d'exécution*, L'Harmattan.

déclarations à un tiers non débiteur, c'est-à-dire celui qui est protégé par le principe de la relativité.

2- La protection du débiteur saisi et des tiers intéressés

L'importance de la protection des débiteurs et des tiers intéressés dans les voies d'exécution actuelles n'est plus à démontrer. Elle a déjà fait l'objet d'importantes réflexions depuis l'entrée en vigueur de l'Acte uniforme n° 6 lesquelles il faut renvoyer le lecteur.

Elle est aussi assurée par l'Acte uniforme portant procédures simplifiées de recouvrement et des voies d'exécution dans plusieurs de ses dispositions. Elle est complétée par les textes d'origine nationale ou internationale.

Dans un tel contexte, le tiers n'a aucune opinion personnelle à émettre. Il doit tout simplement se soumettre aux dispositions de la loi puisqu'il est au service de l'exécution. Ce qui signifie en clair, qu'il n'est ni juge de l'opportunité ni celui de la régularité de la mesure intervenue.

B- La protection du service public de l'exécution.

L'exécution ne concerne pas uniquement les personnes engagées dans le rapport d'exécution. Elle met également en jeu l'intérêt supérieur du service public de l'exécution dont les règles sont généralement d'ordre public. Celles-ci doivent être strictement respectées. Non seulement par les parties, mais également par les tiers, qu'ils soient légalement requis ou non.

La protection du service public de l'exécution par les tiers impliqués au processus d'exécution est une exigence d'ordre public[976]. Cela s'explique aisément. Comme tout agent du service public, le tiers saisi ou requis est au service de l'exécution. Il doit donc veiller à son niveau, au strict respect par les parties à l'exécution, des dispositions légales qui gouvernent l'exécution.

Cette protection se traduit par les différents contrôles qu'effectue le tiers, lorsqu'une saisie doit être pratiquée entre ses mains. Il ne peut pas classer au rang des titres exécutoires, n'importe quel acte que lui présente le créancier saisissant. Il doit exiger que l'acte soit conforme à l'énumération de l'article 33 de l'AUPSRVE et des textes subséquents.

---

[976] POUGOUE (P.G.) sous la direction de, in *ENCYCLOPÉDIE DU DROIT OHADA, présentation synoptique des Actes uniformes*, p. 108 et s

De même, lorsque l'une des parties au rapport d'exécution réclame, soit la libération, soit la restitution des biens saisis et mis sous main de justice, le tiers ne peut céder que si aucun recours n'a été exercé. Et en cas de recours, il doit préalablement s'assurer que la juridiction saisie a définitivement tranché le litige. S'il agit à la légère et donc sans précaution aucune, c'est la crédibilité du service qui est d'abord remise en cause. Les intérêts individuels des parties viennent ensuite.

III- Le tiers garant de l'exécution n'a aucun pouvoir d'appréciation

Il n'est ni juge de la régularité (A), ni juge de l'opportunité (B).

A- Le tiers garant de l'exécution n'est pas juge de la régularité.

Comme pour l'opportunité, le tiers garant de l'exécution des titres des particuliers n'est pas non plus, juge de la régularité des actes de procédures. Ce travail qui est essentiellement technique relève de la compétence exclusive du juge de l'exécution.

Mais le tiers garant ne peut pas non plus faire droit à n'importe quelle injonction qui lui est adressée par l'une des parties au rapport d'exécution. Si le pouvoir de trancher les différends lui fait défaut, il a au moins, celui d'apprécier le bien-fondé d'une demande qui lui est adressée. En d'autres termes, il ne peut apporter son concours à aucun acte d'exécution préjudiciable au débiteur (1) ; ni être complice d'une exécution frauduleuse, en faveur du créancier (2).

1- Interdiction de s'associer à une exécution préjudiciable au débiteur

Le tiers saisi ou requis ne doit pas s'associer à une exécution qui peut causer du tort à autrui. Il ne doit pas influencer négativement la démarche du débiteur dans son combat pour obtenir la protection de ses biens ou de sa personne[977].

La protection de la personne du débiteur commence par celle de son intégrité physique. À ce niveau bien précis, les choses ont beaucoup évolué. On sait que par le passé, le créancier impayé était libre de faire

[977] POUGOUE (P.G.) sous la direction de, in ENCYCLOPÉDIE DU DROIT OHADA, présentation synoptique des Actes uniformes, p. 108 et s.

de son débiteur, ce que bon lui semblait. Jacques PREVAULT[978] rapporte des cas très pathétiques de représailles initiées contre des débiteurs démunis par leurs créanciers impitoyables. Ces derniers avaient le droit de vie ou de mort sur leurs débiteurs. Ils n'épargnaient pas non plus leurs familles et étaient libres de les jeter tous dans une prison privée, jusqu'au parfait paiement de la dette. Le droit moderne a banni de la législation, de telles pratiques barbares[979]. Aujourd'hui, l'exécution ne s'est pas seulement civilisée. Elle s'est entièrement émancipée. Plus personne ne risque de perdre sa vie ni d'hypothéquer celle de sa famille pour fait de dette. Sauf décision souveraine de suicide. À la place des représailles physiques, la loi civile a élaboré une exécution portant exclusivement sur les biens du débiteur[980]. La contrainte par corps a disparu[981]. Le droit pénal qui en conserve les vestiges est entièrement encadré par les règles et les principes qui évitent chaque débiteur, toute forme d'humiliation[982].

La protection du débiteur se poursuit par le respect de sa vie privée.[983] Toutes les mesures prises par le législateur ohada et que certains auteurs considèrent comme des mesures préventives de protection[984], ne sont rien d'autres que la traduction en matière d'exécution, de l'obligation au respect de la vie privée du débiteur.

Il en est ainsi des horaires de saisie au domicile du débiteur ou du tiers saisi ; il en est de même des visites domiciliaires. On ne s'introduit

[978] PREVAULT (J), L'évolution de l'exécution forcée dans la codification napoléonienne, in Mél. VINCENT, Dalloz, 1981 ; VINCENT et PREVAULT, Voies d'exécution et procédure de distribution, DALLOZ, p. 16 n° 16.

[979] DONNIER et DONNIER, voies d'exécution et Procédures de distribution, LITEC, 2005 p.5 n° 15 et s. ; OMAM (F), Le rôle de l'Huissier de justice en matière d'exécution ohada, in journées portes ouvertes de la Cour Suprême du Cameroun, 2000 ; KUATE TAMEGHE (S.S.), la protection du débiteur dans les procédures individuelles d'exécution, Thèse, L'HARMATTAN, 2004, p. 68, n° 59 ; DJOGBENOU (J), « l'exécution forcée, Droit Ohada », *CREDIJ*, 2e éd., 2011, p. 27, n° 19.

[980] DONNIER (M) et DONNIER (J.B.), op.cit p. 5 n° 16 ; JEANDIDIER (W), L'exécution forcée des obligations de faire, *RDCiv.*, 1976, p. 700.

[981] Loi n° 58/203 du 26/12/ 1958 modifiant celle du 22 juillet 1867 relative à la contrainte par corps.

[982] C. Pr. Pén. Cam, Art. 393 51) (b) ; 557 ; 572 ; 736.

[983] BADINTER, Le droit au respect de la vie privée, J.C.P. 1968. I. 2136

[984] KUATE TAMEGHE (S.S.), th., op. cit., p. 31, et s.

pas chez une personne, fût-elle débitrice, sans son accord préalable ; sauf sur ordre de la loi[985] ou sur autorisation expresse du juge[986].

La protection de la personne du débiteur se traduit enfin par la nécessité de préserver sa dignité. Ainsi, est-il depuis longtemps exclu d'intégrer dans une saisie, les biens destinés à la vie quotidienne de toute personne. C'est pour cette raison que l'assiette des saisies est généralement fixée par la loi[987], comme on va le voir dans les mesures relatives aux biens.

Le tiers saisi ou requis est donc légalement tenu de respecter les textes protecteurs des droits du débiteur saisi, tout comme il est lui-même tenu de les observer.

2- Interdiction de s'associer à une mesure abusivement favorable au créancier saisissant

Ce n'est pas parce qu'on est tiers par rapport à une saisie qu'on doit laisser le patrimoine du débiteur saisi subir n'importe quel prélèvement. S'il est constant que le patrimoine de tout débiteur constitue le gage général de ses créanciers, il est indiscutable que les saisies qui peuvent porter sur ses éléments actifs ne se font pas de façon anarchique. Elles doivent respecter un ordre établi ainsi que l'assiette déterminée par la loi.[988]

Le législateur ohada n'a pas voulu laisser au créancier saisissant, la liberté de choisir dans le patrimoine de son débiteur, le bien qu'il voudrait mettre en vente. L'Acte uniforme n° 6 impose une procédure et un ordre dans les saisies.

Cet ordre est différent selon qu'on est créancier hypothécaire ou simple créancier chirographaire.

Pour les créanciers chirographaires, l'exécution forcée commence toujours par la saisie des biens meubles. Ce n'est qu'éventuellement qu'elle peut se poursuivre sur les immeubles.

Cet ordre qui participe de la protection des biens du débiteur, trouve son fondement dans l'article 28 alinéa 2 de l'Acte uniforme n° 6 qui

---

[985] Décret n° 79/448 du 5 Nov. 1979 modifié portant réglementation des fonctions et fixant le statut des Huissiers, art. 2.

[986] Ex. Ordonnance sur requête, délivrée par le juge des requêtes. Sur l'ensemble de ces mesures, voir notamment KUATE TAMEGHE (S.S.), th.op ; cit p.76 et s n° 75 s.

[987] DONNIER (M) et DONNIER (J.B.), op.cit p. 344 n° 1055 et s.

[988] KUATE TAMEGHE (S. S.), thèse, op. cit., p. 85 et s

dispose : *« sauf s'il s'agit d'une créance hypothécaire ou privilégiée, l'exécution est poursuivie en premier lieu sur les biens meubles et, en cas d'insuffisance de ceux-ci, sur les immeubles ».*

Le tiers entre les mains duquel se trouvent les biens du débiteur, doit veiller au strict respect de ces dispositions légales et ne céder à aucune pression du créancier saisissant, lorsque ce dernier lui en fait la demande.

On voit bien qu'en édictant de pareilles dispositions, le législateur a tout simplement voulu imposer une démarche au créancier saisissant. C'est dire que celui-ci n'est pas autorisé à saisir anarchiquement les biens de son débiteur, lorsqu'il veut se faire payer.

Le tiers qui détient pour le compte du débiteur un bien sur lequel est dirigée la saisie ne peut s'associer à une mesure d'exécution ou à une saisie conservatoire que s'il est légalement requis. Dans le cas contraire, il est en droit de s'opposer à toute saisie ou à toute injonction qu'il reçoit et qui ne correspond pas aux prévisions de la loi[989].

La protection du débiteur se traduit aussi par la fixation de l'assiette de la saisie[990]. Par assiette, il faut entendre ici, l'ensemble des biens saisissables dans un patrimoine.

L'assiette est le plus souvent légale. Mais elle peut aussi être judiciaire.

La fixation de l'assiette des biens à distraire ou à saisir est légale, lorsque la loi prend soin de fixer elle-même, la portion disponible et donc saisissable dans un patrimoine[991]. En droit civil patrimonial, on parle généralement de la quotité disponible[992].

En règle générale, aucune mesure conservatoire ou exécutoire ne peut porter sur les biens de première nécessité[993]. Il s'agit de tous les biens en rapport avec le coucher, la cuisine voire l'habillement

---

989 Voir infra.

990 KUATE TAMEGHE (S.S.), op. cit., p.340 et s.

991 Saisie des rémunérations (art.173 et s. qui renvoient à la loi de chaque pays membre, sur la quotité saisissable ; V. IPANDA (F.P), Les comptes dits de virement de salaires, RCDA n° 5 Oct-Déc. 2000 p. 207.

992 Le Code civil réglemente la réserve pour lutter contre les libéralités sauvages. Comp. MARTY (G) et RAYNAUD (P), *Les successions et les libéralités*, éd. SIREY, 1983, n° 382 s., p. 295.

993 V. C. Pr. Civ. et Com. Camerounais, ancien art. 315.

personnel. La partie du code de procédure civile et commerciale, aujourd'hui abrogée, avait l'avantage d'en faire une énumération qualitative.

De même, en droit successoral par exemple, la part des biens déterminée par la loi et fixée en faveur des héritiers réservataires ne peut être distraite au profit des tiers, même par les créanciers du *decujus*.

En outre, en matière salariale, la portion du salaire qui peut être saisie par les créanciers du salarié, quel que soit leur nombre, est fixée par la loi, ainsi que le précise l'article 177 de l'AUPSRVE.

Enfin, pour les besoins du commerce et suivant la logique, Ohada a réduit lui-même l'assiette de toute saisie en la ramenant au montant de la créance et des intérêts pour un mois. Le cantonnement ne peut plus être aujourd'hui réclamé au juge. Il est devenu automatique et légal.

Hier, l'assiette des biens meubles saisissables ne tenait pas beaucoup compte de tous les biens meubles du débiteur, par application de l'adage *res mobilis, res vilis*.

La réglementation actuelle de la saisie des meubles permet d'affirmer que cette philosophie n'est plus d'actualité, au regard de l'importance prise de nos jours par la richesse mobilière. Il suffit de lire le droit des valeurs mobilières pour s'en convaincre[994]. Les opérations de bourse viennent confirmer ce point de vue. Dans quelque pays industrialisé que ce soit, aucune comparaison en ce qui concerne l'importance n'est possible, entre les marchés financiers[995] et le marché de l'immobilier[996].

Malgré ce changement de valeur de la richesse mobilière, aucune évolution ou changement de direction n'est encore amorcé par le droit ohada. Notamment, au niveau de la procédure. La réglementation de la saisie immobilière montre à suffire que les biens immeubles soient toujours mieux protégés que n'importe quel meuble ou valeur mobilière.

---

[994] RIPERT (G) et ROBLOT (R), Traité de droit commercial, par GERMAIN (M) et VOGEL (L), n° commerçant 153, opération, spéculation 168, sociétés par actions 1367,1371, titres négociables 1520 ; titres émis par les s.a., 1772

[995] PEYRARD (J), La bourse, coll. VUIBERT ENTREPRISE, 1990.

[996] Dans la plupart des pays africains membres de l'ohada, la spéculation commerciale sur les immeubles, n'est même pas organisée.

B- Le tiers garant de l'exécution n'est pas juge de l'opportunité

Le tiers n'a pas reçu de l'Acte uniforme n° 6 du 10 avril 1998, la mission d'apprécier l'opportunité de la mesure qui se déroule entre ses mains. Au niveau des biens du débiteur, il ne peut contrôler ni l'ordre des saisies pratiquées ni le respect de l'assiette des biens saisissables. Si le débiteur a matière à se plaindre, c'est au juge de l'exécution qu'il doit s'adresser pour qu'il en tire les conséquences[997].

Paragraphe 3 : La sanction de la violation des obligations qui pèsent sur le tiers garant

Le tiers garant qui viole les obligations qui pèsent sur lui dans le processus de l'exécution encourt non seulement les sanctions pécuniaires (I), mais aussi les sanctions pénales (II). Il convient d'en faire un bref exposé.

I- Les sanctions pécuniaires

La saisine du juge pénal n'empêche nullement à la victime de l'infraction, de solliciter une réparation pécuniaire au civil. Mais celui qui se plaint d'un dommage peut aussi associer une telle action à l'action pénale, si toutes les conditions sont remplies.[998]

II- Les sanctions pénales

Le Code pénal camerounais[999] place les atteintes aux biens saisis et mis sous main de justice, dans le chapitre IV section VII, intitulé : *« De l'entrave à l'exercice des services publics »*. Son article 190 qui sanctionne le détournement des biens saisis dispose : *« Est puni d'un emprisonnement de un (01) à cinq (05) ans et d'une amende de cinquante mille (50 000) à un million (1 000 000) de francs, celui qui détourne, détruit ou détériore les biens saisis ou placés sous séquestre »*.

---

[997] POUGOUE (P.G.) sous la direction de, in *ENCYCLOPÉDIE DU DROIT OHADA*, présentation synoptique des Actes uniformes, p. 110 et s. qui enseigne que l'exécution doit préserver l'ordre public. adde C.S. Côte d'Ivoire, Ch. Judic. Form. Civ.et com.arrêt n° 414 rendu le 03 juin 2010 aff. D. ép. K.C c/ Sté LABOREX C.I.

[998] ALAPHILIPPE (F), *L'option entre la voie civile et la voie pénale pour l'exercice de l'action civile : contribution à la théorie de l'action civile*, Th. Poitiers dactylographiée, T. I.

[999] Loi n° 2016/007 du 12 juillet 2016 portant Code pénal.

Conclusion du chapitre 1

Dans le droit des voies d'exécution, le tiers garant est un personnage original et spécial. N'étant ni le représentant ; ni la caution d'aucune des parties au rapport d'exécution, il doit rester neutre, transparent et impartial dans toutes les opérations où son intervention est légalement requise. Il doit rester au-dessus de la mêlée jusqu'à la fin de sa mission. Ce n'est qu'en se comportant de la sorte qu'il peut prétendre avoir contribué à la sécurité juridique et judiciaire de l'exécution.

CHAPITRE 2 :

LE TIERS GARANT, UN DÉBITEUR PERSONNEL DU CRÉANCIER SAISISSANT DANS LE CAS SPÉCIAL DE LA SAISIE ATTRIBUTION DES CRÉANCES

Les obligations qui pèsent généralement sur le tiers impliqué à l'exécution des titres des particuliers sont des obligations qui lui sont propres. Elles ne se confondent pas toujours avec les obligations du débiteur saisi. Quelques exemples suffisent à le démontrer : l'obligation de mettre sous main de justice les biens appartenant au débiteur poursuivi, saisis entre les mains du tiers. Sans oublier son corollaire, celui de les conserver, lorsqu'il en est désigné gardien (Ex. Art. 64 (6) de l'AUPSRVE). Le tiers est aussi légalement tenu, selon les articles 80, 156 et s. de l'AUPSRVE, d'informer avec force détails, les créanciers saisissants ou dans certains cas, ceux qui sont intéressés. Par ailleurs, l'article 38 du même texte fait expressément défense aux tiers de faire obstacle à l'exécution. Dans l'ensemble, le tiers saisi ne doit, ni dissiper, ni se dessaisir des biens dont il a la garde, au mépris des prescriptions légales. On a donc affaire ici, tantôt aux obligations de faire [1000] ou de ne pas faire [1001], tantôt, à celles de donner [1002] réglementées par les articles 1136, 1602 et 1142 du Code civil.

Dans tous les cas, les tiers impliqués à l'exécution forcée s'intègrent dans *« un réseau d'obligations »*[1003] qui dure le temps d'une procédure

---

[1000] GHESTIN (J), JAMIN (Chr) et BILLIAU(M), Traité de droit civil, les effets du contrat, op. cit p. 424 n° 372.

[1001] GHESTIN (J), JAMIN (Chr) et BILLIAU(M), op. cit., p. 424 n° 372.

[1002] TERRE (F), SIMLER (Ph.) et LEQUETTE (Y), *Précis de droit civil, les obligations*, Dalloz, 11e éd., 2013, p. 301, n° 267 ; HUET (J), « Des différentes sortes d'obligations et plus particulièrement, l'obligation de donner, la mal aimée, la mal nommée », in Mél. GHESTIN, 2001, p. 426 ; CARBONNIER (J), *Droit civil Les obligations*, n° 9.

[1003] MM. MAZEAUD, *Théorie générale des obligations*, par DE JUGLART éd. Montchrestien p. 4 et s. WOOG (J. Cl.), *La stratégie du créancier*, Dalloz, 1998, p. 4 n° 2 ; TERRE (F), SIMLER (Ph.) et LEQUETTE (Y), op.cit., p., 1 n° 1.

et qui fait essentiellement d'eux, des débiteurs bien plus que des créanciers[1004].

Affirmer dans ces conditions, que le tiers saisi est débiteur du créancier saisissant, n'a en soi rien d'original. Il reste tiers, au sens de l'article 38 de l'AUPSRVE par rapport aux relations qu'entretiennent les parties au rapport d'obligations[1005].

L'originalité apparaît seulement lorsqu'on découvre à la lecture de l'Acte uniforme n° 6 du 10 avril 1998, qu'indépendamment des obligations ordinaires qui pèsent traditionnellement sur tout tiers saisi ou requis en général, c'est la simple signification de l'acte de saisie qui fait ici du tiers entre les mains duquel une saisie attribution des créances est pratiquée, un débiteur personnel du créancier saisissant. En d'autres termes, à la notion de tiers simplement saisi, vient se greffer une autre, celle de tiers débiteur personnel du créancier saisissant.

Ce changement du statut qui vise à dissoudre gratuitement la personnalité juridique du tiers provoque inéluctablement un changement radical de la définition du tiers en matière de saisie attribution des créances.

On est donc ici en présence d'une innovation majeure qui ne manquera pas de produire des conséquences insoupçonnables. Il convient d'en faire un exposé dans deux sections successives : le « tiers, débiteur personnel du créancier saisissant » : Une notion sui generis (section1). Les conséquences du changement de la définition du tiers saisi en matière de saisie attribution des créances (section 2).

Section 1 : Le « tiers, débiteur personnel du créancier saisissant », une notion *Sui Generis*

Avant 1998[1006], toute personne autre que le débiteur saisi lui-même, entre les mains duquel était pratiquée une saisie – arrêt, était considérée

1004 GUINCHARD (S) et TONNY MOUSSA, op.cit p. 139 n° 852 ; contra NKOU MVONDO (P), qui semble trouver un équilibre entre droits et obligations des tiers dans les voies d'exécution, op. cit.

1005 POUGOUE (P.G.) et TEPPI KOLOKO, *La saisie attributions des créances ohada*, PUA, 1999

1006 Date de publication de l'Acte uniforme n° 6 portant procédures simplifiées de recouvrement et voies d'exécution J.O. Ohada n° 6 du 1er juin 1998 p. 1 et s.

comme un tiers saisi[1007]. Elle gardait cette qualité jusqu'à l'issue de la procédure. Le paiement qui intervenait au profit du créancier saisissant s'effectuait au nom et pour le compte du débiteur saisi. Il ne pouvait en être autrement que lorsque le tiers saisi se rendait coupable d'un manquement ou d'une faute, entraînant sa condamnation personnelle aux causes de la saisie[1008].

Les raisons du maintien de la qualification d'origine, donnée à chaque partie au rapport d'exécution, tenaient essentiellement en ce que, dans la saisie-arrêt, la mesure d'exécution forcée portait sur des biens d'autrui dont le tiers n'était qu'un simple détenteur. Toute solution contraire était de nature à porter gravement atteinte à la règle de l'immutabilité du litige, quant aux parties[1009].

Aujourd'hui, la position du législateur Ohada a bien évolué. Certes, sur le plan formel, on ne l'aperçoit pas toujours aisément. D'autant plus que l'on continue à désigner sous le nom de tiers saisi, « *toute personne qui se trouve dans un rapport de droit avec le débiteur et à qui la mesure pratiquée impose des obligations* »[1010].

Mais à l'examen de certaines saisies spécifiques, on découvre que cette qualité qui semblait immuable est souvent doublée, voire remplacée par une autre, sur le plan substantiel. Tel est le cas en matière de saisie attribution des créances. Ici, le tiers ne demeure pas toujours un simple tiers saisi. Il devient, par la volonté du législateur communautaire et dès la signification de l'acte de saisie, le débiteur personnel du créancier saisissant.

Pour anodin que cela puisse paraître, un tel changement de statut ne peut passer inaperçu. Essentiellement, en ce qu'il soustrait le tiers de la saisie attribution des créances, du régime général qui gouverne les tiers

---

[1007] V. YOUSSOUFA NDIAYE, *Encyclopédie juridique de l'Afrique*, op. cit. p. 259 et s. ; Cameroun C.Pr. Civ. et Com. Art. 295, 296 aujourd'hui abrogés.

[1008] Cameroun C.Pr. Civ. et Com., Art. 302 également abrogé.

[1009] VINCENT (J) et GUINCHARD (S), Procédure civile, op. cit p. 440 n° 625 et s. SOLUS (H) et PERROT (R), Droit judiciaire privé, T. 3, op. cit. p.12 n° 10 et s. ; CORNU (G), Les principes directeurs du procès civil par eux-mêmes (fragments d'un état de question), Études BELLET, LITEC, p. 83. Civ. 1re, 22 janvier 1965 Bull. Civ. I. n° 72 qui décide que sort des limites du litige, le juge qui accueille la prétention du demandeur, mais en une autre qualité différente de celle en laquelle il prétendait agir.

[1010] Cass. AVIS du 22 janvier 1994, Bull. Civ. N° 4 cité par GUINCHARD et TONNY MOUSSA, op. cit. p.140 n° 852.

de l'Acte uniforme n° 6, pour en faire un tiers autonome, sans grand rapport avec ceux de l'article 38 de l'AUPSRVE.

Il convient donc de s'arrêter un moment sur la définition de ce nouveau concept (paragraphe 1) avant de nous intéresser à son contenu (paragraphe 2).

Paragraphe 1 : La notion de tiers débiteur personnel du créancier saisissant visée par l'article 154 al. 3 de l'AUPSRVE

L'examen de l'article 154 al.3 montre clairement que le tiers que ce texte vise n'est plus un simple tiers saisi. Il devient, par la volonté du législateur communautaire, un débiteur personnel du créancier saisissant. Une telle notion appelle à s'interroger. Parce qu'elle constitue à la fois une catégorie originale (II) et une catégorie spéciale (I).

I- Une catégorie spéciale

L'article 154 alinéa 3 de l'AUPSRVE est un texte spécial, parce qu'il déroge d'abord à la définition qu'on peut donner des tiers en contemplation de l'article 38 du même texte. S'il est indéniable que la procédure suivie contre tous les tiers est identique pendant la première phase de la signification de la saisie, qui est l'interpellation, celle-ci s'estompe brutalement dès la signification de l'acte de saisie. À partir de cet instant, les destinées des deux dispositions se séparent radicalement. Le tiers de l'article 38 reste tiers saisi ou requis, jusqu'au bout de la procédure, alors que celui de l'article 154 al. 3 devient, débiteur personnel, par la seule vertu de la signification d'un acte. Dès cet instant, il n'est plus question de tiers saisi, mais de tiers, débiteur personnel du créancier saisissant. Devant cette situation, il faut donc s'appliquer à trouver une définition spécifique de cette nouvelle catégorie de tiers.

Malheureusement, l'Acte uniforme n° 6 du 10 avril 1998 ne définit pas l'expression *« tiers, débiteur personnel du créancier saisissant »* qu'on rencontre dans la saisie attribution des créances. Son article 154 alinéa 3 L'AUPSRVE se borne à énoncer que l'acte de saisie rend le tiers personnellement débiteur des causes de la saisie dans les limites de son obligation.

La jurisprudence de son côté n'est pas plus secourable. Si depuis un certain temps, elle est relativement bien fixée quant à la définition à donner au tiers saisi en général[1011], elle est par contre totalement muette quant à celle du « *tiers, débiteur personnel du créancier saisissant* ». Ici, les juges se bornent à reprendre point par point dans les motifs de leurs décisions [1012], les termes de l'alinéa 3 de l'article 154 de l'AUPSRVE. Exactement, comme si le qualificatif « *personnel* » n'avait aucune importance ni incidence sur la nature de l'obligation.

Devant cette indifférence caractérisée de la pratique, il est nécessaire d'apporter un éclairage nouveau pour expliquer cette évolution inattendue du statut du tiers en matière de saisie attribution des créances.

La plupart des auteurs qui entreprennent l'étude des tiers dans le cadre précis de la saisie attribution des créances ne posent le problème de leur qualité que sous l'angle des conditions[1013].

D'autres, qui ont le mérite d'avoir mis ce concept de l'article 154 al. 3 en relief, n'en font qu'une analyse approximative, sans rigueur scientifique aucune. C'est le cas par exemple des commentateurs du code bleu[1014]. Ils affirment que « *le tiers est personnellement débiteur des causes de la saisie, non pas seulement au titre de ses obligations de déclaration, mais il en est aussi tenu par l'acte de saisie dans les limites*

1011 CCJA, arrêt n° 009/ 2005 du 27 janvier 2005, aff. Sté AFROCOM — C.I. c/ CITIBANK. ; CCJA, Arrêt n° 006/ 2006 DU 30 mars 2006, affa. INDUS-CHIMIE c/Dame MERMOZ Roche et autres. C.A. DU CENTRE, Ydé, Arrêt n° 137/Civ. du 26 mars 2010 aff.UNION bank of Cameroun (UBC) s.a., CITIBANK CAMEROUN et autres c/ Succ. FEU ASSENE Max 5 représentée par ESSINDI Jean Bosco. ; C.A. DU CENTRE, Ydé, Arrêt n° 389/Civ. Du 03 août 2011 aff. NZEUSSE Léopold c/ YANG MANG DAISSALA ; C.A. DU CENTRE, Ydé, Arrêt n° 167/Civ du 18 avril 2008 aff. BICEC c/ Maître DEFFO

1012 CCJA 2e Ch., Arrêt n° 062/ 2013 du 25 Juil. 2013 aff. BICICI c/ Sté Côte d'Ivoire d'Assistance Médicale dite CI-AM.

1013 Voir infra FOMETEU (J), Observations sous les arrêts CCJA, arrêt n° 009/2005, 27 janvier 2005 aff. Sté AFROCOM — C.I. c/ CITIBANK (1re espèce) et CCJA, arrêt n° 010/ 2007, 15 Mars 2007 Sté ECOBANK C.I. c/ Sté DALINA VOYAGES TRAVEL AGENCY (2e espèce), in les grandes décisions de la CCJA (sous la direction de POUGOUE (P.G.). et KUATE TAMEGHE (S.S.) L'Harmattan, 2010 p. 519 et s.

1014 Code Bleu, éd. 2016, art. 154, p. 708.

de son obligation »[1015]. Seulement, ils s'abstiennent curieusement de dire ce que recouvre la notion de *« tiers, personnellement débiteur... »*.

On ne doit pas faire croire que la seule énumération des cas dans lesquels le tiers saisi devient personnellement débiteur du créancier saisissant, peut remplacer la recherche à entreprendre pour donner au tiers débiteur personnel, une définition appropriée.

Face à l'ambiguïté des textes et des solutions de la jurisprudence sur le point commenté, le point de vue de la doctrine est vivement sollicité. Il est d'autant plus important qu'il ne fait l'ombre d'aucun doute que c'est pour la première fois que le concept de *« tiers, débiteur personnel du créancier saisissant »* apparait dans un texte de procédure en zone ohada. Il n'est donc pas excessif de dire qu'on se trouve aussi ici, en présence d'une catégorie originale.

II- Une catégorie originale

Indépendamment de son caractère spécial, le texte de l'article 154 al. 3 de l'AUPSRVE, se présente aussi comme un texte original. Il fait du tiers, un débiteur personnel alors que celui-ci ne détient le bien saisi entre ses mains que pour le compte d'autrui. Cette manière d'imposer une qualification sans aucun rapport avec la réalité matérielle ne saurait être approuvée. Et alors surtout qu'elle ne correspond à aucun procédé de droit privé[1016].

On sait que plusieurs disciplines de droit privé ont déjà mis en place des techniques permettant aux tiers de s'acquitter des paiements pour le compte d'autrui. On peut citer, entre autres, le droit des obligations (A) et celui des sûretés (B). Si sur le plan des apparences, on peut leur trouver un tiède lien filial avec la solution de l'article 154 al. 3 L'AUPSRVE, sur le fond, il n'en est rien. Il convient de les interroger au préalable, avant de rechercher ce que recouvre la notion de *« tiers, débiteur personnel... »* que l'on rencontre dans la saisie attribution des créances.

[1015] Commentaire sous l'arrêt CCJA 2e Ch., Arrêt n° 062/ 2013 DU du 25 Juil. 2013 aff. BICICI c/ Sté Côte d'Ivoire d'Assistance Médicale dite CI-AM), Code Bleu, éd. 2016 art. 154 p. 708.

[1016] Ce n'est qu'en droit fiscal, droit autoritaire, qu'un tiers à l'imposition, peut être conduit à devenir débiteur personnel de l'impôt, au lieu et place du véritable contribuable.

Cette démarche semble s'imposer juridiquement dans la mesure où doctrine et jurisprudence sont unanimes pour reconnaître que *« la création de l'obligation dont les sources sont diverses relève du droit substantiel et non du droit processuel »*[1017].

A- Les leçons du droit des obligations

Le législateur civil se montre très libéral en matière d'extinction des obligations[1018]. Il n'impose pas une identité immuable entre celui qui est débiteur et celui qui paie[1019]. Il ne remet pas non plus en cause, la règle qui enseigne que c'est le débiteur lui-même qui est légalement tenu du paiement de sa dette envers le créancier (art. 1234 et s. du Code civil). Le Code civil prend tout simplement soin d'élargir le cercle des débiteurs pour faciliter l'exécution de l'obligation (art. 1236)[1020]. Ainsi, en droit des obligations, ce n'est plus seulement le paiement fait par le débiteur lui-même qui présente la vertu d'éteindre la dette. Celui effectué par le tiers produit aussi les mêmes effets.

Mais la liberté reconnue aux tiers de s'acquitter de la dette d'autrui n'est pas pure et simple. La loi soumet le paiement non seulement à la démonstration d'une cause, mais aussi à des précisions indispensables pour éviter tout risque d'équivoque.

Dans un premier temps, le Code civil exige que le tiers payeur démontre qu'il a un intérêt personnel à voir la dette éteinte. C'est la solution de l'alinéa 1er de l'article 1236 du Code civil qui dispose : *« Une obligation peut être acquittée par toute personne qui y est intéressée, telle qu'un coobligé ou une caution » ;*

Dans un second temps, le même texte cesse de faire de l'intérêt, une condition de validité du paiement effectué par un tiers. Il exige tout simplement que le tiers qui offre de payer une dette d'autrui déclare expressément en faveur de qui il agit. Et surtout, qu'il renonce à la subrogation. C'est ce que prévoit l'alinéa 2 de l'article 1236 susvisé qui dispose : *« L'obligation peut même être acquittée par un tiers qui n'y*

1017 DONNIER (M) et DONNIER (J.B.), Voies d'exécution et procédure de distribution, op. cit. 1 n° 3.

1018 Voir Code civil BOUVENET Chapitre V, De l'extinction des obligations.

1019 STARCK (B), ROLAND (H) et BOYER (L), *Les obligations*, op. cit. 3 Régime général, p. 70 n° 102 et s.

1020 STARCK (B), ROLAND (H) et BOYER (L), op. cit. p. 69 se s. ; TERRE (F), SIMLER (Ph.) et LEQUETTE (Y), Précis de droit civil, les obligations, DALLOZ 11e éd. 2013 p. 1 n° 2.

est point intéressé, pourvu que ce tiers agisse au nom et en acquit du débiteur, ou que, s'il agit en son nom propre, il ne soit pas subrogé aux droits du créancier ».

L'obligation de révéler la qualité de celui qui paie, qu'exige l'alinéa 2 de l'article 1236 du Code civil, a un seul intérêt : faire connaître d'avance au tiers qui paie en son nom personnel qu'il ne pourra pas ultérieurement se subroger aux droits du créancier saisissant. Cette voie lui étant légalement fermée.

De cet ensemble de dispositions, il résulte que tout tiers, peut être payeur et par voie de conséquence, avoir la qualité de *solvens*.[1021]

Il semble juridiquement impossible d'appliquer la solution de l'alinéa 2 de l'article 1236 au tiers saisi. En matière de saisie attribution des créances, le tiers saisi qui paie, ne peut ni s'arroger la qualité de tiers intéressé de l'alinéa 1er de l'article 1236 du Code civil, ni prétendre agir en son nom propre. Il ne paie pas le créancier saisissant avec ses propres deniers. Ce sont les sommes qu'il a déclaré devoir au débiteur saisi qu'il est légalement tenu de remettre au créancier saisissant. Dans ces conditions, le paiement effectué par le tiers ne correspond à aucun des cas prévus par l'article 1236 du Code civil.

Ce n'est donc pas dans les dispositions de l'article 1236 du Code civil qu'il faut rechercher la définition de la notion de tiers, *débiteur personnel du créancier saisissant* que l'on rencontre dans la saisie attribution des créances.

B- Les enseignements du droit des sûretés

On sait qu'en droit des sûretés, le créancier qui n'a pas la certitude d'être payé à l'échéance, peut solliciter de son débiteur, des garanties « pour se prémunir contre le risque d'impayé ou d'insolvabilité ».[1022] Il peut exiger d'avoir sur les biens de ce dernier ou sur ceux d'un tiers qui l'accepte, ce que la doctrine appelle, *« une action prioritaire ou*

1021 STARCK (B), ROLAND (H) et BOYER (L), Obligations, Régime général, 4e éd. p. 70 et s. n° 103 s

1022 MESTRE (J), PUTMAN (E) et BILLIAU (J), *Traité de droit civil* (Sous la direction de Jacques GHESTIN), *Droit commun des sûretés réelles*, LGDJ, p. 2 n° 2 et s.

supplémentaire »[1023]. Pour M. P. CROCQ, ce procédé a pour finalité de remédier aux insuffisances du droit de gage général[1024].

Ainsi, selon la nature de ses engagements, le tiers qui offre de payer au lieu et place du débiteur est tantôt considéré comme une caution réelle[1025] ; tantôt, comme une caution personnelle[1026].

La définition qu'on donne traditionnellement à la caution réelle est immuable. Pour le lexique des termes juridiques, la caution réelle est considérée comme *« toute personne qui s'engage envers le créancier à satisfaire l'exécution de l'obligation, si le débiteur n'y satisfait pas lui-même*[1027]*. Elle offre généralement, en garantie, une hypothèque sur un immeuble lui appartenant »*[1028]. Cet engagement peut être pris, aussi bien par le débiteur lui-même que par un tiers[1029]. Un tel engagement confère à son bénéficiaire, un pouvoir d'agir sur le bien, objet du contrat. C'est pour cela que la définition donnée plus haut mérite d'être complétée par celle élaborée par M.P. CROCQ, qui voit dans le cautionnement réel, *« un pouvoir d'agir, accessoire au rapport d'obligations, et s'exerçant sur la valeur d'un bien, d'un ensemble de biens ou d'un patrimoine qui font l'objet d'une affectation à la garantie de la créance »*[1030].

La caution personnelle n'est rien d'autre que la personne qui s'engage à payer à la place du débiteur défaillant. Pour la majorité des auteurs, il s'agit d'une *« personne qui accepte d'exécuter elle-même l'obligation dans le cas où le débiteur principal ne remplirait pas son engagement »*[1031]. La technique a donc pour finalité de renforcer la crédibilité du débiteur généralement sans garantie, mais qui va inspirer confiance en faisant intervenir dans l'opération, *« un débiteur accessoire »* [1032]. Contrairement à la caution réelle, la caution

---

[1023] CABRILLAC (M) et MOULY (Chr.), *Droit des sûretés*, 3e éd. LITEC, p. 1 n° 1.
[1024] CROCQ (P), Propriété et garantie, th. op. cit. p. 221 n° 269.
[1025] MESTRE (J), PUTMAN (E) et BILLIAU (J), op. cit. p.9 n° 9.
[1026] CABRILLAC (M) et MOULY (Chr.), op. cit., p. 27 n° 24.
[1027] MESTRE (J), PUTMAN (E) et BILLIAU (J), op. cit. n° 9 p.9.
[1028] GUINCHARD (S) et DEBARD (Th.), Lexiques des termes juridiques, op cit.
[1029] LEGEAIS (D), Le cautionnement, ECONOMICA coll. Droit poche, P. 7.
[1030] CROCQ (P), Propriété et garantie, Th, LGDJ 1995 préface de M. GOBERT, cité par CABRILLAC (M) et MOULY (Chr.), Droit des sûretés, 3e éd. LITEC p. 8 n° 9.
[1031] CABRILLAC (M) et MOULY (Chr.), Droit des sûretés, op. cit. p. 27 n° 24 et s. ; GUINCHARD (S) et TONNY MOUSSA, op. cit. p. 158
[1032] MESTRE (J), PUTMAN (E) et BILLIAU (J), Traité de droit civil, op. cit. p. 4 n° 4 et s.

personnelle n'est pas tenue *propter rem*[1033]. Elle n'affecte spécialement aucun de ses biens pour assurer le paiement de la dette du débiteur principal. En cas de défaillance de sa part, c'est tout son patrimoine, tel qu'il se présente activement et passivement au moment des poursuites, qui est exposé à la saisie. Celui-ci devient donc, selon l'expression communément admise, le gage général de ses créanciers. Par voie de conséquence, aucun créancier ne dispose d'un quelconque droit de suite sur un bien, régulièrement sorti de ce patrimoine[1034].

On peut croire qu'il existe des rapports très étroits entre la caution personnelle qu'on rencontre dans les sûretés, d'une part ; et *le tiers, débiteur personnel du créancier saisissant* des voies d'exécution, d'autre part. Ce qui signifie que le texte de l'alinéa 3 de l'article 154 de l'AUPSRVE pourrait être analysé à la lumière du cautionnement. Mais il s'agit là d'une croyance erronée. Pour deux raisons.

D'abord, parce que le cautionnement tire sa source d'une convention. Ce qui n'est pas le cas pour l'obligation qui pèse sur le tiers saisi.

Ensuite, parce que le tiers débiteur personnel et le créancier saisissant sont étrangers l'un de l'autre. C'est la loi qui crée ce lien d'obligations entre eux, indépendamment de la volonté du tiers saisi.

Il n'y a donc aucun rapprochement possible, entre les obligations qui tirent leurs sources de la convention des parties et celles imposées au tiers saisi par la loi.

Paragraphe 2 : Le contenu de la notion de tiers, débiteur personnel du créancier saisissant

La notion de *tiers, débiteur personnel du créancier saisissant,* est construite autour de deux séries d'éléments. Les éléments matériels liés à la saisie (I) et l'élément procédural qui est l'acte de saisie (II).

I- Les éléments matériels de la notion

Trois éléments forment l'ossature matérielle du contenu de la notion de tiers, débiteur personnel. Il faut préalablement qu'il existe une saisie,

---

[1033] STARCK (B), ROLAND (H) et BOYER (L), Les obligations, LITEC, 5e éd. 1995, 2 ; Le contrat, p. 751 n° 1819 ;

[1034] CABRILLAC (M) et MOULY (Chr.), op.cit., p. 554 n° 678 ets.

au sens du droit communautaire[1035]. Cette saisie doit être pratiquée entre les mains d'un tiers[1036]. Elle doit porter sur les créances de sommes d'argent, autres que des rémunérations[1037].

Les deux premiers éléments s'intègrent dans ce qu'il est convenu d'appeler, les conditions préalables à la qualification. Ils sont communs à toutes les mesures d'exécution forcée et saisies conservatoires organisées par l'Acte uniforme du 10 avril 1998. Pour cette raison, on se bornera ici à les signaler, et à renvoyer le lecteur aux développements qui précèdent, les concernant[1038].

Seul le troisième élément, c'est-à-dire la saisie d'une somme d'argent, est spécifique à la saisie attribution des créances. Encore faut-il que ce soit une saisie de sommes d'argent à titre principal.

Cela signifie, en d'autres termes, qu'on peut parfois se trouver en présence d'une saisie de sommes d'argent, sans être pour autant en présence d'une saisie attribution des créances. C'est le cas par exemple en matière de saisie vente. Cette procédure qui vise à titre principal les biens meubles corporels peut s'étendre à titre accessoire, aux sommes d'argent trouvées en espèces entre les mains du débiteur.

Ainsi, aux termes de l'article 104 de l'AUPSRVE, les sommes en espèces peuvent être saisies à l'occasion de la saisie vente des biens meubles corporels. Elles sont consignées entre les mains de l'Huissier ou de l'agent d'exécution ou au greffe, au choix du créancier saisissant. Ces sommes d'argent suivent un régime juridique différent de celui de la saisie attribution des créances. Mais elle ne peut être que l'accessoire d'une saisie mobilière d'une autre nature.

Cette possibilité de saisie sur des biens de nature différente au moyen d'une seule opération existait déjà, dans la saisie-arrêt. Dans les anciennes législations aujourd'hui abrogées, la saisie-arrêt ne portait pas uniquement sur les sommes et effets appartenant au débiteur et se

---

1035 Ce qui exclut les saisies administratives pratiquées par les administrations publiques comme le fisc, la sécurité sociale ou celle faite par les porteurs de contraintes des services qui jouissent du privilège du trésor.

1036 Jurisprudence constante, voir supra.

1037 IPANDA (F.P), « Les comptes dits de virement de salaires », *RCDA*, n° 5, Oct-Déc. 2000, p. 207.

1038 Voir Supra.

trouvant entre les mains d'un tiers[1039]. Elle pouvait être étendue aux biens meubles corporels, trouvés sur place[1040]. Il suffisait d'en donner le détail dans l'acte procédural de saisie.

II- L'élément procédural de la notion : l'acte de saisie

Nous avons exposé dans les développements qui précèdent que l'acte de saisie est un acte de procédure qui présente un double visage. Il est d'abord une sommation interpellative, avant de devenir un acte de saisie proprement dit.

Comme sommation interpellative, son premier but est de recueillir la déclaration du tiers sur sa relation avec le débiteur poursuivi. On peut même dire que l'obligation d'adresser d'abord une sommation interpellative au tiers soupçonné d'entretenir des rapports d'obligations avec le débiteur poursuivi est une condition de validité de l'acte de saisie. Cette sommation ne peut être sous-entendue. L'exploit de l'Huissier instrumentaire doit l'indiquer expressément[1041].

Comme acte de saisie, l'acte que l'huissier instrumentaire signifie au tiers en matière de saisie attribution des créances, n'est pas moins un acte de procédure. Il est soumis aux mêmes règles que les autres actes de procédure dressés dans d'autres saisies. Son régime de nullité, en cas d'irrégularité de forme ou de fond, est identique à celui qui s'applique à tous les actes de procédure ohada[1042].

Comme cela se voit clairement, ce n'est donc pas l'acte de saisie qui confère au tiers qui le reçoit, la qualité recherchée. Sa seule vertu est de rendre les biens du débiteur saisi indisponibles, par leur mise sous main de justice. C'est la raison pour laquelle la CCJA refuse à bon droit d'admettre que tout tiers qui reçoit signification d'un acte de saisie est un tiers saisi[1043]. La solution est générale. Elle mérite d'être appliquée à toutes les saisies.

[1039] Art.295 Code de procédure civile et commerciale camerounais (Arrêté du 16 décembre 1954 BOUVENET T. II°

[1040] Art. 313 C. Pr. Civ. et Com., Code BOUVENET, n° 2

[1041] V. supra jurisprudence constante de la CCJA.

[1042] IPANDA (F.P.), « Le régime des nullités des actes de procédure depuis l'entrée en vigueur de l'Acte uniforme n° 6 (Ohada) », in RCDA, n° 6 (janvier-mars 2001), p. 33.

[1043] CCJA, jurisprudence constante. Cependant arrêt CCJA n° 006/2006 du 30/03/2006 op. cit. aff. Sté INDUS-CHIMIE C : Dame MERMOZ et autres.

Dans ces conditions, dire que l'acte de saisie rend le tiers personnellement débiteur comme le fait l'alinéa 3 de l'article 154 de l'AUPSRVE, c'est manifestement changer sa nature juridique. On doit plutôt s'attendre qu'une fois signifié (A) l'acte dit de saisie soit un acte créateur de droits lorsqu'il est signifié au débiteur indiqué (B).

A- La signification de l'acte de saisie

Il convient de faire le départ, entre la notion de signification de l'acte (1) et celle de la notification du même acte (2).

1- La notion de signification

La signification d'un acte de saisie est une condition pour pratiquer une saisie conservatoire de créances ou alors, la saisie attribution proprement dite. C'est une exigence traditionnelle en droit processuel.

Il faut éviter d'entretenir une confusion regrettable, entre la notification et la signification.

La notification est un terme générique. Elle est définie comme une formalité par laquelle, un acte est porté à la connaissance de son destinataire[1044]. Elle peut être initiée par tout le monde soit par huissier, lorsque la loi permet de porter un acte à la connaissance d'une partie ; soit par un tiers par tout moyen laissant trace.

2- La différence avec la notification

La signification est une variante de la notification. Elle joue le même rôle que cette dernière. Mais à la différence de la notification, la signification est faite exclusivement par un huissier de justice ou par un agent d'exécution compétent. Elle est généralement faite à personne ou à domicile, mais aussi à parquet[1045] ou à mairie[1046].

B- l'acte de saisie doit être signifié à un tiers

Les effets de la signification diffèrent selon que l'Acte de saisie est signifié à voisin (2) ou au tiers concerné lui-même (1)

1044 VINCENT (J) et GUINCHARD (S), *Procédure civile*, précis DALLOZ, 24e éd., p. 457, n° 649 et s.

1045 Notamment, lorsque le destinataire réside à l'étranger ou lorsqu'il est sans adresse connue.

1046 Lorsque le destinataire d'un exploit ne veut pas le recevoir. Il faut cependant que celui-ci demeure à l'adresse indiquée dans l'acte.

1- l'acte de saisie est signifié au tiers débiteur lui-même

La signification d'un exploit portant saisie attribution des créances ou d'une mesure conservatoire, revêt une grande importance. Elle détermine le moment auquel le tiers saisi devient personnellement débiteur du créancier saisissant d'une part ; mais aussi et surtout le point de départ de l'obligation d'informer, d'autre part.

Aucun problème ne se pose lorsque la signification de l'acte est faite à personne ou à domicile. C'est du reste, le seul cas que semble prévoir l'article 154 alinéa 3 de l'AUPSRVE, lorsqu'il déclare : *« il (l'acte de saisie) rend le tiers saisi, personnellement débiteur des causes de la saisie dans la limite de son obligation »*[1047].

2- Le sort de la signification dite à voisin

Reste maintenant à dire à quel moment l'acte de saisie produit des effets, lorsque la signification est faite à Mairie ou à parquet ou dans un cas extrême, à voisin. S'agit-il de la date de la signification ou celle de la réception ?

L'efficacité de la signification à voisin est toujours en débat aussi bien sur le plan doctrinal que sur celui de la jurisprudence. Parce qu'elle est née de la pratique.

C'est au juge qu'il revient d'apprécier la validité d'une telle signification par application de l'article 602 du Code de procédure civile[1048].

En principe, tous les auteurs s'accordent pour dire que l'acte d'huissier signifié à une personne qu'on peut appeler *« le voisin »* du véritable destinataire, doit renfermer, en plus de toutes les mentions prescrites à peine de nullité de l'exploit, le nom, l'adresse et la signature de ce voisin[1049].

De son côté, la Cour de cassation exige qu'en plus du strict respect des formalités substantielles indispensables pour la validité de l'acte, la

---

[1047] En principe, c'est uniquement le tiers qui reçoit personnellement signification de l'acte qui doit être considéré comme le débiteur personnel du créancier saisissant. Dans le cas contraire, il faut se reporter au régime spécifique des autres modes de significations.

[1048] Voir pour l'essentiel, Maître IPANDA, « Le régime de nullité des actes de procédures depuis l'entrée en vigueur de l'Acte uniforme ohada », n° 6, in *RCDA*, n° 6 Janv.- Mars 2001, p. 33

[1049] SOLUS (H) & PERROT T.1, Notions fondamentales, n° 374.

copie de l'exploit signifiée ne soit remise que si ce *« voisin »* accepte de la recevoir et y appose son visa[1050].

Quant à la date de prise d'effets du délai, la réponse peut découler aussi bien des textes de l'Acte uniforme n° 6 que des solutions jurisprudentielles qui se rapprochent de celles des contrats par correspondance ou à distance[1051].

Section 2 : Les conséquences du changement de la définition du tiers dans la saisie attribution des créances

L'option prise par l'article 154 al. 3 de l'AUPSRVE de faire du tiers saisi, un débiteur personnel du créancier saisissant provoque un double bouleversement : celui des solutions acquises en droit classique, d'une part (Paragraphe 1) ; et celui de la notion de tiers elle-même, d'autre part (Paragraphe 2).

Paragraphe 1 : Le bouleversement des solutions acquises en droit classique

Le bouleversement des solutions acquises en droit classique se traduit par une double remise en cause : d'une part, celle du domaine des voies d'exécution. (I) ; d'autre part, celle des solutions du droit des obligations (II).

I- La remise en cause du domaine et de la fonction traditionnelle des voies d'exécution

Un rappel du domaine (A) et de la fonction des voies de recours est indispensable pour mieux cerner les modifications apportées aux voies d'exécution, par le concept de tiers, débiteur personnel du créancier saisissant (B).

[1050] Cass. Civ. 9 Oct. 1958, Bull. cass 1958 II, p. 403, *contra* AMIENS, 11 Mars 1948, D. 1948. 369

[1051] Sur le contrat à distance, voir not. TERRE (F), SIMLER (Ph.) et LEQUETTE (Y), *Précis de droit civil, les obligations*, p.186, n° 164 et s.

A- Rappel du domaine et du rôle des voies d'exécution

Les voies d'exécution sont *« une partie du droit judiciaire privé »*[1052]. À l'image de toutes les règles de procédure, elles se présentent comme un *« soutien des droits du fond et gardienne de la forme »*[1053]. Leur rôle est de permettre à une personne d'obtenir, par la force, l'exécution des actes et des jugements qui lui reconnaissent des prérogatives et des droits[1054]. En d'autres termes, elles *« régulent les pouvoirs du juge et ceux des parties au procès »*[1055], à l'occasion de la réalisation contentieuse, judiciaire ou extrajudiciaire des droits qui découlent des actes ou des titres exécutoires.

Cette appartenance des voies d'exécution au droit judiciaire privé a toujours été affirmée.[1056] Le code napoléonien de 1806 l'affirme[1057]. L'arrêté du 16 décembre 1954 portant code de procédure civile et commerciale camerounaise par exemple, place aussi de son côté, les voies d'exécution au rang des règles de procédure. Il en est de même du nouveau code de procédure civile français. Ce texte, très actuel et très complet, renferme dans un même code dit *« Nouveau code de procédure civile »*, d'un côté, les dispositions communes à toutes les juridictions particulières à certaines matières ; et de l'autre, celles relatives aux voies d'exécution[1058].

B- Les modifications apportées par l'Acte uniforme du 10 avril 1998 au droit commun de la procédure

Jusqu'à une date récente, la distinction procédure civile et voies d'exécution restait une distinction interne à une même discipline. Ce n'est qu'en 1998 que l'ohada, reprenant la codification des droits africains dits des affaires, a doté les pays de son espace, d'un Acte

---

[1052] DONNIER et DONNIER, *Voies d'exécution et procédure d'exécution*, LITEC, p. 1.
[1053] ESTOUP (P), « Déclin et renouveau de la procédure civile », D.S. 1987 Chr. p. 105
[1054] GUINCHARD (S) et DEBARD (Th.), *Lexique des termes juridiques*, (sous la direction de).
[1055] ESTOUP (P), op. cit. D.S. 1987 Chron. p. 105
[1056] DONNIER et DONNIER, op. cit. p. 1 n° 1 ; MBARGA (A).
[1057] Au Cameroun, voir arrêté du 16 décembre 1954 portant codification et réglant la procédure en matière civile et commerciale, devant les tribunaux français du Cameroun (J.O.C. 1955 p. 129 et rectificatif, p.555).
[1058] Livre cinquième Nouveau code de procédure civile, 98e éd., DALLOZ, 2007 ; Loi du 9 juillet 1991 ainsi que son décret d'application de 1992, textes qui ont largement inspiré l'ohada.

uniforme spécifique, relatif aux procédures simplifiées de recouvrement et aux voies d'exécution.

Le fait pour les procédures simplifiées de recouvrement et des voies d'exécution, d'occuper aujourd'hui une place prépondérante au sein du droit des affaires, ne change absolument rien à leur nature. Il ne s'agit là que d'une traduction de la grande vitalité qui caractérise désormais la matière. Elle cesse d'être l'unique préoccupation des civilistes pour devenir aussi celle des affairistes et des publicistes.

Si la matière est souvent l'objet des passions nourries, tant en doctrine qu'en jurisprudence, c'est moins au sujet de sa nature juridique qui reste immuable depuis Napoléon, que sur des considérations d'ordre purement pragmatiques.

Ainsi, on a parfois estimé que le terme procédure civile était trop étroit pour désigner à la fois, les règles de la procédure générale et celles particulières des voies d'exécution et des institutions judiciaires[1059]. C'est pour cela que beaucoup d'auteurs de renom lui ont préféré l'appellation de *« Droit judiciaire privé »* [1060] ou celle de droit processuel. D'autres, comme Jean LARGUIER, associent les deux expressions[1061]. Un troisième groupe opte carrément pour la dissension en détachant l'étude des voies d'exécution de celle de la procédure tout court[1062]. Non pas pour nier la relation congénitale qui existe entre les deux articulations de la matière, mais pour mieux appréhender leur étude, sur le plan technique.

Cette pluralité d'appellations n'exerce en réalité aucune grande influence sur l'unicité de la discipline. Dans l'ensemble, tout le monde s'accorde pour dire que les règles de procédure, quelles qu'elles soient, sont au service des autres disciplines de droit dont elles surveillent et sanctionnent l'application. Les auteurs spécialisés brillent par leur ingéniosité pour qualifier ce rôle. Pour SOLUS et PERROT, le droit judiciaire privé est « un droit sanction ». Il a pour mission de garantir *« l'efficacité des règles de fond »* posées par les autres disciplines de

---

1059 VINCENT (J), MONTAIGNER(G) et VARINARD (A), *La justice et ses institutions*, op. cit., p. 3 n° 4.

1060 SOLUS et PERROT, *Droit judiciaire privé*, éd. SIREY

1061 LARGUIER (J), *Procédure civile, Droit judiciaire privé*, 8e éd. Mémentos Dalloz.

1062 DONNIER et DONNIER, *Voies d'exécution et procédure de distribution*, 6e édition, LITEC, p. 10 n° 32.

droit, *« lorsque celles-ci ne sont pas spontanément respectées… »*[1063]. Pour DONNIER et DONNIER, les voies d'exécution sont un complément nécessaire de la procédure. Elles ne sont rien d'autre que le prolongement du droit civil à travers le droit judiciaire[1064]. Toutes ces positions concordantes ont conduit M. Armand MBARGA à dire, à la suite de Cécile ROBIN, que le droit processuel est un droit sanctionnateur et servant[1065]. *« Il ne prescrit pas les règles de conduite en société. Il n'indique pas non plus à un individu s'il est titulaire ou non des droits ou quelle en est l'étendue »*[1066]. Il n'est qu'un corps de règles que le législateur met à la disposition de tout justiciable, pour obtenir la sanction judiciaire de ses droits subjectifs[1067].

Quels que soient les termes utilisés pour désigner cette discipline, il est constant que son rôle permanent et éternel reste procédural. Elle n'a pas vocation à créer des normes qui portent atteinte à la sécurité et à la liberté des personnes dans la cité.

En changeant le statut du tiers saisi dans la saisie attribution des créances pour en faire un débiteur personnel du créancier saisissant, l'Acte uniforme cesse d'être uniquement un texte de procédure. Il devient aussi et parallèlement une loi de fond. Son désir inavoué de participer à la réglementation des droits et obligations des particuliers ne peut plus être dissimulé. Cette propension à quitter son territoire d'action pour aller marauder sur le terrain des droits de fond a fait dire à la CCJA en 2001, dans une décision qui n'a paradoxalement pas attiré l'attention, que l'Acte uniforme n° 6 du 10 avril 1998 est à la fois, un corps de règles de procédure et de fond. Un tel mélange de genre ne remet pas seulement, en cause, l'unicité de la discipline. Il présente aussi et surtout le grand inconvénient de troubler le droit des obligations.

II- La remise en cause des règles du droit des obligations

Le droit commun des obligations se nourrit de la logique. Il n'admet pas, sauf décision volontaire[1068], qu'une tierce personne qui n'entretient

---

[1063] SOLUS (H) et PERROT (R) Dr. Jud. Privé T.1 P. 21 n° 15.

[1064] SOLUS (H) et PERROT (R) n° 62, p. 23

[1065] MBARGA (A), Procédure civile camerounaise, édit. PRIMALEX 2012 P. 8 n° 2.

[1066] ROBIN (C), Droit judiciaire privé, Dyna' sup Droit, 2005, p. 5.

[1067] CADIET(L), *Droit judiciaire privé*, LITEC, 2004 p.1 n° 1.

[1068] Voir les conditions posées par l'article 1236 du Code civil pour qu'un tiers puisse payer pour le compte du débiteur.

aucun lien avec le créancier d'une obligation à laquelle elle est étrangère ou qui n'est pas son continuateur puisse répondre des engagements du débiteur de ce dernier. Il est tiers à la relation qui existe entre les deux. Logiquement, il doit être regardé comme un simple *penitus extranei*. Pour qu'il en soit autrement, il faut démontrer, soit que les deux personnes ont fait des affaires ensemble ; soit que, bien qu'absente à un acte ou à une convention, l'une d'elles a été représentée. Ces solutions sont restées inchangées pendant des siècles.

La stabilité du droit des obligations n'est plus à démontrer. Elle est soulignée par d'importants travaux de recherches, marquée par plus de *« deux millénaires de réflexions aigus »*[1069], comme le remarquent les auteurs éminents. Cette situation a conduit le Professeur LOÏC CADIET, s'interrogeant spécialement sur le droit contemporain des contrats, à se demander s'il faut encore écrire de nos jours sur cette discipline[1070]. Mais cela ne signifie pas que le droit des obligations est une discipline figée. On observe, de temps à autre, quelques signes de crises. Mais ces crises, si elles sont inévitables, restent généralement de l'avis des auteurs, des crises internes[1071]. C'est le cas aujourd'hui de la définition de débiteur.

Le débiteur, selon le vocabulaire juridique CORNU, est celui qui est tenu d'une dette[1072]. Le lexique des termes juridiques adopte pour sa part, une définition large.

Il considère le débiteur comme une personne tenue envers une autre, d'exécuter une prestation[1073].

Que ce soit une dette ou une prestation, les auteurs sont unanimes pour reconnaître qu'il s'agit d'une obligation qui pèse sur une personne.

[1069] MOUSSERON, J.M., Préface, thèse de TEYSSIE (B), cité par LOÏC CADIET, in *Le droit contemporain des contrats*, préface de G. CORNU, ECONOMICA 1987.

[1070] LOÏC CADIET, in le droit contemporain des contrats, préface de G. CORNU, ECONOMICA 1987 p. 7

[1071] BATIFFOL (H), La crise du contrat et sa portée, in archives de philosophie du droit, t. XIII, 1968, p. 13 et s. cité par LOÏC CADIET, op. cit. P 8. ; ARMAND PREVOST et D. RICHARD, le contrat déstabilisé : de l'autonomie de la volonté au dirigisme contractuel, J.C.P. 1979. I. 2952 ; CARBONNIER (J), Flexible droit (textes pour une sociologie du droit sans rigueur, 5e éd. 1983, p. 253 et s. GHESTIN (J) Traité de droit civil, T. 2 le contrat, LGDJ, 1980, p. 846, n° 93 et s.

[1072] Vocabulaire CAPITANT par CORNU, P.U.F., 2e éd. 1987, 2è tirage, 2008

[1073] Sous la direction de GUINCHARD (S) et DEBARD (Th), Lexique des termes juridiques, DALLOZ 23e éd. 2015-2016, p. 319

Les MAZEAUD considèrent une telle personne comme le sujet passif d'une obligation. C'est donc généralement l'étude de l'obligation qui permet de bien cerner les notions de débiteur ou de créancier. Ces obligations, qui peuvent être de nature et de source différentes, sont multiples et variées. Il peut s'agir des obligations de faire ou de ne pas faire, des obligations de conserver ou d'entretenir, des obligations de délivrance, des obligations de donner, des obligations de payer, des obligations d'informer, des obligations de sécurité ou de garantie, etc. Il peut s'agir des obligations contractuelles ou des obligations non contractuelles. On peut aussi adjoindre à cette liste, les obligations civiles ou naturelles, selon qu'elles sont assorties d'une sanction ou non. Cette grande variété peut donner lieu à l'étude de l'obligation dans tous leurs états[1074]. Quelle que soit la discipline juridique envisagée, les notions de débiteur et de débiteur saisi gardent la même signification.

Il faut se référer au droit des sûretés pour découvrir que le terme débiteur n'est pas toujours un terme générique. Il peut être qualifié. On rencontre des débiteurs principaux et des débiteurs supplémentaires. À côté des débiteurs principaux, il y a des cautions. Ces derniers peuvent être, soit des cautions solidaires, soit des cautions simples. Des cautions bancaires et même des sous-cautions. Le cautionnement étant en droit, soit réel, soit personnel.

Le grand avantage que présente la distinction entre débiteur principal et caution est évident. Alors que le premier est tenu à titre principal, le second ne l'est qu'à titre subsidiaire. Il n'est qu'un débiteur éventuel et ne répond directement de la dette qu'en cas de défaillance du débiteur principal. Le cautionnement personnel qui est une sûreté personnelle consiste *« à adjoindre au débiteur principal, un débiteur accessoire »*[1075] ; c'est donc un accessoire de l'obligation garantie[1076].

On se trouve ici, en présence d'une *« technique de division de risque d'impayé, par la multiplication du nombre de débiteurs »*[1077].

Toutes ces distinctions et ces précisions permettent de retenir qu'il existe une multiplicité de personnes qui peuvent répondre d'une

---

1074 *L'obligation dans tous ses états*, Journées POUGOUE (P.G.), Université de Yaoundé II, 2015.

1075 MESTRE (J), PUTMAN (E) et BILLIAU (M), Traité de droit civil sous la direction de Jacques GHESTIN, Droit commun des sûretés réelles, LGDJ 1996, p. 4, n° 4.

1076 CABRILLAC (M) et MOULY (C), Droit des sûretés, 3e éd. LITEC, p. 27 n° 24).

1077 CABRILLAC (M) et MOULY (C), Droit des sûretés, 3e éd. LITEC, p. 27 n° 24).

obligation. Il y en a qui le sont à titre principal ; d'autres ne peuvent en répondre qu'à titre secondaire. Le fait pour l'article 154 alinéa 3 de s'être introduit par effraction dans le droit des obligations sans prendre soin de faire des distinctions qui s'imposent mérite d'être critiqué.

L'exécution entre les mains d'un tiers ne se justifie que s'il y a à la base, une relation triangulaire entre les parties à l'opération de saisie. Deux parties à une convention non exécutée et un tiers, débiteur de l'un des colitigants.

La formule *« tiers, débiteur personnel du créancier saisissant »* dans les voies d'exécution ne porte pas seulement une atteinte aux règles de droit. Elle bouleverse aussi le tiers lui-même qui s'interroge aujourd'hui avec raison, sur son véritable statut dans l'exécution forcée.

Paragraphe 2 : Le bouleversement de la notion de tiers

Le bouleversement de la notion de tiers dans la saisie attribution des créances, se traduit par une double substitution : celle des débiteurs tout d'abord (I) et, par voie de conséquence, celle des patrimoines, ensuite (II).

I- La substitution des débiteurs

L'acte de saisie n'a pas seulement la vertu de rendre le tiers, débiteur personnel du créancier saisissant A). Il libère aussi et inversement le débiteur saisi de son engagement primaire. Une telle solution semble très critiquable au regard du droit commun de la procédure (B)

A- Le tiers saisi, débiteur personnel du créancier saisissant

Cette solution est celle de l'Acte uniforme. Elle est énoncée par l'article 154 al.3 de l'AUPSRVE (1). Elle mérite d'être analysée en contemplation de l'article 38 du même texte (2).

1- L'énoncé de l'article 154 al. 3 de l'AUPSRVE

La substitution de débiteurs dans la saisie attribution des créances découle en droite ligne de l'alinéa 3 de l'article 154 de l'AUPSRVE. Ce texte dispose : *« cet acte (de saisie) rend le tiers personnellement débiteur des causes de la saisie dans les limites de son obligation »*[1078].

[1078] V. Code bleu, art. 154, p. 707.

L'adverbe *« personnellement »* qui est adjoint à la notion de débiteur est loin d'être une simple clause de style. Il constitue un élément de différenciation entre les divers types de tiers impliqués à l'exécution. Il convient d'en faire une analyse approfondie pour mieux apprécier, le principe de la substitution de débiteur énoncé.

2- L'analyse de l'article 154 al. 3 à la lumière de l'article 38 de l'AUPSRVE

En fait, personne ne peut nier qu'on se trouve ici, en présence de deux catégories de tiers. Les tiers saisis, d'une part ; les tiers, débiteurs personnels du créancier saisissant, d'autre part.

Les premiers, c'est-à-dire les tiers saisis, sont de véritables tiers par rapport aux protagonistes à l'exécution. Ils font partie du rapport triangulaire qui naît entre les parties du fait de la mise en œuvre d'une mesure conservatoire ou exécutoire. Ils n'ont pas vocation à remplacer le débiteur saisi dans ses rapports juridiques avec le créancier saisissant. En termes plus précis, on peut dire que les tiers saisis ou requis, qui sont ceux visés par l'article 38, ne sont pas les débiteurs primaires de la créance, objet de la saisie. Ils se trouvent embarqués dans une procédure qui ne les concerne pas. En fait, c'est simplement parce qu'ils détiennent un bien appartenant en toute propriété au débiteur poursuivi, que la loi permette aux créanciers de ce dernier de pratiquer une saisie ou une mesure conservatoire entre leurs mains.

Ainsi, sauf s'ils participent à une fraude ou font preuve d'une résistance abusive, ils ne peuvent en principe, subir ni perte, ni préjudice du fait de la saisie.

Les seconds, c'est-à-dire ceux qui sont tenus personnellement, et qu'on ne retrouve que dans la saisie attribution des créances, ne jouissent pas de la même indépendance, par rapport aux créanciers saisissants. Certes, l'exécution forcée est engagée entre leurs mains contre le débiteur saisi, comme dans toutes les autres saisies. Mais un changement de débiteurs s'opère en cours de procédure, et transforme leur statut. De simples tiers saisis qu'ils étaient à l'origine, ils deviennent du fait de la loi, des débiteurs. Et pas n'importe quels débiteurs. Des débiteurs personnels envers les créanciers saisissants.

Le législateur uniforme ne donne aucun motif pour justifier ce changement radical de régime, voire de statut entre les tiers saisis. On suppose que pareille mesure est mise en place, pour déjouer toute forme de collusion, entre le débiteur et le tiers saisi dont les *« jeux décevants »* sont à l'origine de l'échec de l'ancienne saisie-arrêt. Ainsi, le créancier saisissant cesse d'être à la merci des caprices du tiers saisi, négligent ou frauduleux. Puisque ce dernier doit répondre personnellement de la dette, il ne peut plus compter, même sur le plan procédural, sur le secours du débiteur saisi, qui a définitivement quitté la scène juridique[1079]. À l'inverse, le créancier saisissant perd, dès signification de l'acte de saisie, tout droit d'option. Il ne peut plus se retourner contre le débiteur dont les sommes saisies lui ont été attribuées, dès la saisie. Le tiers devient donc son unique débiteur et son débiteur personnel.

Cette double distinction et cet ensemble de précisions ont, pour finalité, d'assurer au créancier saisissant, un recouvrement sans faille de sa créance.

B- Critique de la solution légale

La substitution légale des débiteurs dans la saisie attribution des créances ne semble pas avoir été bien pensée. Non seulement elle peut aboutir à l'anéantissement de l'effet attributif (1), qui fait la force et l'admiration de cette mesure d'exécution, mais elle provoque aussi et surtout, un autre changement, plus redoutable encore : celui de la libération précoce du débiteur saisi (2).

1- Anéantissement de l'effet attributif

Il convient d'exposer tout d'abord l'économie de l'effet attributif (a) avant de constater l'irréductible incompatibilité qu'il y a entre l'effet attributif immédiat et la notion de tiers, débiteur personnel du créancier saisissant visé par l'alinéa 3 de l'article 154 de l'AUPSRVE (b). En fait, l'application inconsidérée de cette solution légale a pour conséquence, la réapparition de la loi de concours au détriment du premier créancier saisissant (c).

a- L'exposé de l'économie de l'effet attributif immédiat de l'alinéa 1er de l'article 154 de l'AUPSRVE

Le législateur uniforme a fait de la saisie attribution des créances, *« le fer de lance »* de la réforme intervenue en 1998[1080]. En principe, c'est une mesure d'exécution forcée qui n'échoue pas et qui ne rentre

---

[1079] La procédure de la saisie attribution se déroule exclusivement, entre le créancier saisissant et le tiers saisi.

[1080] Comp. DONNIER et DONNIER, op. cit., n° 906, p. 290.

pas sans effets[1081], lorsque la saisie est pratiquée entre les mains d'un tiers qui détient pour le compte du débiteur poursuivi, le bien convoité. Du moins, toutes les fois qu'il y a à la base, une déclaration positive du tiers saisi. C'est la seule technique qui permet aux créanciers saisissants d'échapper aux errements auxquels la saisie-arrêt dans les anciennes législations africaines les soumettait. C'est aussi l'unique moyen qui permet de se faire payer très rapidement[1082].

La doctrine a beaucoup discuté sur la nature du droit que la saisie attribution confère au créancier, premier saisissant.

Pour MESTRE, PUTMAN et BILLIAU, le droit que l'acte de saisie accorde au premier saisissant, doit être considéré comme *« un droit exclusif et opposable à tous les autres créanciers »*. Ces auteurs le rapprochent (sans le confondre) de la cession de créances[1083].

Pour CABRILLAC (M) et MOULY (Chr.), le créancier premier saisissant bénéficie, dans la saisie attribution, du rang d'un créancier gagiste [1084]. Il n'est pas exposé au concours avec les créanciers saisissants postérieurs.

D'autres auteurs et non des moindres ont tout simplement vu la réapparition *du « privilège du premier saisissant »*, qui a eu cours dans l'ancien droit français[1085].

Qu'il s'agisse d'un privilège ou d'un droit équivalent à celui du créancier gagiste, aucune autre mesure d'exécution ne peut mettre en échec la saisie attribution des créances. En d'autres termes, ni d'autres

---

[1081] Elle n'est cependant pas aussi efficace que la Parole de Dieu.

[1082] La procédure est simple, rapide et pèse exclusivement sur le tiers saisi.

[1083] MESTRE, PUTMAN et BILLIAU, *Traité de droit civil* (sous la direction de J. GHESTIN), *Droit commun des sûretés*, LGDJ n° 131, p. 116. Contra KERE KERE qui assimile les deux mécanismes. Pour PERROT, le premier saisissant jouit d'un véritable *« privilège »*, in Voies d'exécution, Les cours de droit, Paris, 1978, p. 171.

[1084] CABRILLAC (M) et MOULY (Chr.), *Le droit des sûretés*, LITEC, p. 527, n° 645-1. Dans le même sens BANDRAC (M), « Procédures civiles d'exécution et droit des sûretés », *Rev.Trim. Dr. Civ.* n° spécial 1993, p. 49. DELEBECQUE, J-Cl. Formulaires analytiques de procédure, Fasc. 2 n° 54. CROZE (H), La loi 91-650 du 9 juillet 1991 portant réforme des procédures civiles d'exécution : les règles spécifiques aux différentes mesures d'exécution forcée et mesures conservatoires : J.C.P. 1992 G, I.3585.

[1085] PERROT (R), Voies d'exécution, Les cours de droit, Paris, 1978, cité par MESTRE (J), PUTMAN (E) et BILLIAU (J), Traité de droit civil, op. cit., p.116, n° 131 et s

créanciers privilégiés[1086] ni les procédures collectives[1087] ne peuvent, en principe, la remettre en cause. Le législateur ohada est particulièrement clair sur ce point. En effet, l'article 155 al. 2 dispose : *« la signification ultérieure d'autres saisies ou de toute autre mesure de prélèvement, même émanant des créanciers privilégiés, ne remettent pas en cause, cette attribution, sans préjudice des dispositions organisant les procédures collectives »*. C'est pourquoi on dit généralement que la saisie attribution est une prime offerte au créancier diligent. Il a été vainqueur de la compétition qui s'est engagée entre les créanciers saisissants pour parvenir au recouvrement forcé de ce qui est dû à chacun d'eux. Et comme dans toute compétition qui se veut sérieuse, c'est le premier à franchir la ligne d'arrivée qui gagne le trophée. D'où le refrain qu'on répète traditionnellement à la suite de MAZEAUD et CHABAS, que la saisie attribution est le prix de la course[1088].

Le texte légal n'apporte qu'une exception mineure à l'attribution immédiate au profit du premier saisissant. Elle concerne les saisies simultanées. Ainsi, la loi de concours retrouve son empire chaque fois que plusieurs saisies attributions sont pratiquées dans la même journée[1089] contre le même débiteur et entre les mains du même tiers. C'est la solution édictée par l'article 155 al. 1er de l'AUPSRVE[1090].

Par cet ensemble de dispositions, le législateur uniforme a jugé utile de trancher lui-même les conflits qui peuvent naître d'une multiplicité de saisies attributions contre un même débiteur, entre les mains d'un même tiers et sur la même somme d'argent. Le créancier saisissant qui ne jouit pas d'un rang favorable parce qu'une première saisie attribution a précédé la sienne, ne peut prétendre, s'il y a lieu, qu'au surplus des sommes non saisies, après paiement du premier saisissant. S'il ne trouve rien entre les mains du débiteur, parce qu'il a été lent à réagir, il

---

1086 Le fisc par exemple.

1087 C.A. ABIDJAN (C.I.), Arrêt n° 134 du 07 Janv. 2003, AFF ; Ferme Adam SARL et Mireille Bertin c/ Sipra.

1088 WOOG (J. Cl.), *La stratégie du créancier*, Dalloz ; DONNIER et DONNIER, *Voies d'exécution et Procédures de distribution*, 6è éd. LITEC, 2001 ; MAZEAUD et CHABAS, vol 2, éd. Montchrestien, 1985

1089 Art. 155 al. 1er de l'AUPSRVE

1090 L'article 155 al. 1er dispose que *« les actes de saisie signifiés au cours de la même journée entre les mains du même tiers sont réputés faits simultanément. Si les sommes disponibles ne permettent pas de désintéresser la totalité des créanciers saisissants, ceux-ci viennent en concours »*.

va rester un simple créancier chirographaire. Il ne peut, dans ce cas, s'en prendre qu'à lui-même. Il n'a pas été assez diligent pour gagner le prix de la course[1091].

Il est donc suffisamment clair que l'effet attributif immédiat ne concerne que les rapports des créanciers saisissants entre eux. Il ne devrait, en principe, avoir aucune incidence sur le tiers saisi.

Fort malheureusement, en édictant que l'acte de saisie opère à la fois et simultanément l'attribution immédiate et le changement de débiteur au profit du créancier saisissant, le texte légal pèche par excès de juridisme. Il se comporte comme s'il existait une relation de cause à effet entre ces deux mesures. Exactement, comme si l'alinéa 3 n'était qu'un complément direct de l'alinéa 1er de l'article 154 de l'AUPSRVE.

Cette manière de lier dans un même destin, deux choses radicalement dissemblables, ne peut être approuvée. Les conséquences qui peuvent en découler risquent même de jouer au détriment du créancier premier saisissant, que la loi a pourtant voulu protéger.

b- L'incompatibilité entre l'effet attributif et la notion de débiteur personnel

En contemplation de l'effet attributif dont l'économie vient d'être rappelée, tout le monde est actuellement d'accord pour dire que la créance, objet de la saisie attribution, sort juridiquement du patrimoine du débiteur saisi[1092], pour entrer dans celui du créancier saisissant. Seul le paiement est différé, compte tenu du délai imparti au débiteur saisi, pour exercer d'éventuels recours.[1093] Dès cet instant, il est évident que le tiers saisi ne peut plus valablement se libérer entre les mains de son créancier initial. Il ne possède plus rien pour son compte, les sommes saisies ayant été juridiquement attribuées au créancier premier saisissant.

Or, en énonçant subséquemment que l'acte de saisie rend le tiers, personnellement débiteur des causes de la saisie, l'alinéa 3 de

---

1091 BOYER (L) et ROLAND (H), « A propos du défaut de diligences », Mél. VINCENT, p. 9

1092 MIGUET, J.-Cl. Procédure civile, fasc. 2250, n° 82 ; PERROT et THERY… n° 361.

1093 MESTRE (J), PUTMAN (E) et BILLIAU (J), *Traité de droit civil*, op. cit., p. 116, n° 131 et s

l'article 154 de l'AUPSRVE, ruine entièrement toute l'économie de l'effet attributif édicté par l'alinéa 1er du même texte. Tout se passe en réalité, comme si le changement de débiteur était plus important que l'attribution immédiate. Au lieu d'être uniquement tenu à reverser matériellement les sommes saisies attribuées, le tiers saisi, devenu débiteur personnel, voit un créancier se greffer sur son patrimoine et, par voie de conséquence, grossir les rangs de ses propres créanciers. Cette situation va provoquer, du fait de la loi elle-même, une réapparition de la loi de concours au détriment du créancier, premier saisissant.

c- La réapparition de la loi de concours, provoquée par l'article 154 al. 3

La réapparition de la loi de concours en l'espèce, entre les différents créanciers saisissants, est inévitable pour deux raisons au moins.

D'abord, parce que l'alinéa 3 alinéa de l'article 154 de l'AUPSRVE, fait croire que la dette existe toujours, et qu'il ne s'est opéré qu'un changement de débiteur. Or, l'alinéa 1er proclame que les sommes saisies sont immédiatement attribuées au créancier premier saisissant dès signification de l'acte de saisie. Juridiquement, cela signifie que la créance est recouvrée et donc que la saisie a fait son œuvre. Par conséquent, le tiers en cause, ne peut plus être considéré comme un tiers saisi, au sens de l'Acte uniforme. Il devient un simple tiers détenteur, tenu d'une simple obligation de donner. S'il est constant qu'il demeure dans ces conditions, débiteur, au sens du droit des obligations, il est excessif de dire qu'il devient *« le débiteur personnel du créancier saisissant »*. Il y a là une grave contradiction entre les deux alinéas qui va naturellement jouer au détriment du créancier premier saisissant.

Ensuite, dire que le tiers saisi devient débiteur personnel du créancier saisissant, c'est ni plus ni moins, abandonner légalement tous les privilèges et avantages que l'alinéa 1er a cru devoir accorder au créancier, premier saisissant. Si les mots ont un sens en droit, la définition qu'on peut donner de la notion de débiteur personnel, va encore permettre de mieux asseoir cette conviction. Il est certain que ce n'est ni dans les lexiques des termes juridiques ni dans les ouvrages généraux du droit des obligations qu'on retrouvera ce concept. Il faut se référer au droit des sûretés pour découvrir que, être un débiteur personnel, c'est être un débiteur quelconque. C'est-à-dire un simple débiteur[1094]. En fait, en droit des sûretés, un débiteur personnel est celui qui s'engage simplement sur l'honneur, à payer pour le compte du débiteur défaillant. Il n'est pas tenu *propter rem*. Ce qui signifie qu'il ne désigne pas à l'avance, le bien qui lui permettra de satisfaire son engagement. C'est son patrimoine tout entier, tel qu'il se présente au moment où on lui réclame le paiement, qui devient, selon l'expression traditionnelle, le gage général de tous ses créanciers (art. 2092 du Code civil)[1095].

Appliqué *mutatis mutandis* aux voies d'exécution, le créancier premier saisissant, qui a affaire à un tiers que la loi considère comme son débiteur personnel, est simplement ramené par la loi elle-même, au rang de simple créancier chirographaire. Ce qui signifie en d'autres termes, qu'il perd le privilège que l'alinéa 1er de l'article 154 de l'AUPSRVE a pensé lui avoir accordé, pour se voir paradoxalement opposer la loi du concours. Par voie de conséquence, il se trouve placé, du fait du législateur lui-même, *« dans une position d'égalité »*[1096] avec les propres créanciers du tiers, son débiteur personnel.

Le recul du texte légal sur ce point est évident.

2- Libération précoce du débiteur saisi

L'alinéa 3 de l'article 154 de l'AUPRSVE ne rend pas uniquement le tiers, personnellement débiteur envers le créancier saisissant. Il libère aussi simultanément le débiteur saisi de toutes ses obligations envers le premier.

La pertinence d'une telle réglementation nous paraît discutable. Pour plusieurs raisons.

D'abord, malgré ses multiples vertus, la saisie attribution des créances n'est qu'une procédure parmi tant d'autres. Elle peut toujours échouer. C'est le cas par exemple lorsqu'on rencontre un tiers saisi récalcitrant ou très procédurier. Le créancier peut aussi être la cause de l'échec, notamment, du fait de ses propres actes. Des difficultés d'exécution peuvent être nombreuses et inextricables. Devant cette situation, le créancier peut opter pour une autre voie. La question qui se

---

1094 MESTRE (J), PUTMAN (E), BILLIAU (M), Traité de droit civil Droit commun des sûretés réelles, op.cit. p. 4, n° 4.

1095 MESTRE (J), PUTMAN (E), BILLIAU (M), op.cit. p. 83 et s. n° 92 et spéc. n° 93 ; CABRILLAC (M) et MOULY (C), Droit des sûretés, op. cit. p.1 n° 1.

1096 CABRILLAC (M) et MOULY (C), Droit des sûretés, op. cit. p.1 n° 1.

pose alors dans ce cas de figure est celle de savoir si ce dernier peut changer de procédure ou alors revenir vers le débiteur initial, qui est le débiteur saisi alors que ce dernier est légalement libéré.

Ensuite, nul n'ignore qu'au moment où cette libération du débiteur saisi s'opère, l'attribution immédiate des causes de la saisie n'est que conceptuelle. Les recours sont encore possibles. Et lorsqu'ils sont exercés, ils peuvent durer dans le temps et paralyser la libération effective des fonds. Or, la saisie attribution des créances n'a pas été conçue pour durer éternellement.

La question qui se pose est celle de savoir si le créancier saisissant, victime des contestations interminables, peut se retourner contre son débiteur primaire ou alors abandonner la saisie pour entreprendre le recouvrement de sa créance par une autre voie.

La réponse de l'Acte uniforme semble être négative. Par hypothèse, le remplacement implicite du débiteur saisi a eu lieu. Le tiers, initialement appelé tiers saisi, est devenu *« tiers, débiteur personnel »* du créancier saisissant. L'alinéa 3 de l'article 154 de l'AUPRSVE a tranché. Il s'est opéré irréversiblement, un changement légal de débiteur qui doit être respecté. Il appartient au créancier saisissant de poursuivre la procédure entreprise, quel que soit le temps que celle-ci peut prendre ou alors abandonner son action.

La mesure est sévère. Elle semble avoir été calquée sur les procédés de droit des obligations. Notamment, sur la cession des créances ou la délégation.

En droit civil, la délégation est une technique de *« simplification »* de règlement des obligations[1097]. Elle consiste pour une personne à demander à une autre d'accomplir une prestation au profit d'une troisième. Par exemple, A peut demander à B de payer directement C, ce qu'il lui doit. La délégation est parfaite, lorsque les obligations qui pesaient sur A, sont entièrement transférées à B. Elle est par contre dite imparfaite, « lorsqu'il n'est pas fait table rase des rapports primitifs et qu'aux rapports anciens, se surajoute, un rapport nouveau ».[1098] Lorsque la délégation est parfaite, elle produit un effet novatoire qui fait perdre au délégataire tout droit contre le délégant. Par voie de

---

[1097] STARCK (B), ROLAND (H) et BOYER (L), *Les obligations*, LITEC, 4e éd., 1992, 3 : Régime général, op. cit., p.53, n° 81 et s.
[1098] Ibid.

conséquence, le délégant se trouve entièrement libéré. Le délégataire n'a plus désormais d'action que contre le délégué seul. L'alinéa 3 de l'article 154 de l'AUPSRVE renferme une technique qui se rapproche très clairement de la délégation parfaite du Code civil (article 1274). Mais à la différence de ce mode d'extinction d'obligations, ce n'est pas le tiers dans la saisie attribution qui se propose de remplacer le débiteur saisi. Ce n'est pas non plus ce dernier qui sollicite son remplacement, comme cela peut être le cas, en droit civil (article 1275). C'est le législateur ohada lui-même, qui décide d'autorité, de libérer le débiteur saisi de toutes charges et obligations, dès l'instant qu'il y a attribution immédiate des sommes saisies au profit du créancier saisissant. C'est en cela que la technique s'éloigne irréversiblement de la solution de l'alinéa 3 de l'article 154 de l'AUPSRVE.

On peut aussi rapprocher la solution de l'alinéa 3 de l'article 154 de l'AUPSRVE, du mécanisme de la cession des créances. On sait que ce mode d'extinction des obligations qui opère parfois une novation par changement de débiteur n'exige pas, pour sa validité, le concours du premier débiteur (article 1274 c. civ.). L'opération apparaît à l'évidence, comme *« une quasi-cession de dette »*[1099]. Au lieu de passer par la voie de l'action oblique[1100] qui permet de *« reconstituer le patrimoine de son débiteur »*, le Code civil permet au créancier d'atteindre directement le patrimoine du sous-débiteur, sans passer par le débiteur intermédiaire. La relation entre le débiteur et le créancier saisissant disparaît, dès que ce dernier prend l'initiative de poursuivre le recouvrement entre les mains d'un tiers qui est le débiteur de son débiteur. Par ce procédé, le législateur décide certes implicitement, mais nécessairement de libérer le débiteur saisi et de transférer les conséquences de son engagement sur la tête du tiers saisi. De même, au niveau des effets, le cédant n'est garant que de l'existence de la créance cédée. Il ne peut être légalement tenu de garantir aussi la solvabilité du débiteur cédé[1101].

[1099] Ibid., p. 255, n° 442.

[1100] GHESTIN (J), (M), BILLIAU, et (G) LOISEAU, *Traité de droit civil, le régime des créances et des dettes*, LGDJ, 2005, p. 739 et s., n° 164 et s. ; TERRE, SIMLER et LEQUETTE, *Droit civil. Les obligations*, précis DALLOZ, 11e éd., p. 1188, n° 1141 et s.

[1101] STARCK (B), ROLAND (H) et BOYER (L), *Obligations, Régime général*, 4e éd. LITEC, p. 28, n° 42 et s.

C'est cette dernière technique qui paraît compatible avec la saisie attribution des créances[1102].

Pour TERRE, SIMLER et LEQUETTE, *« rien n'empêche de céder une créance »*[1103] ainsi que l'ensemble de ses accessoires ; car, *« il importe peu au débiteur d'une créance d'avoir tel ou tel créancier ».*

STARCK, ROLAND et BOYER enseignent la même chose lorsqu'ils déclarent que « rien ne s'oppose à ce que la créance passe d'un patrimoine à un autre, étant donné qu'il est indifférent au débiteur de s'acquitter entre les mains de tel ou tel créancier, pourvu qu'il soit libéré »[1104]

Mais là n'est pas le problème. Quel que soit le cas, dire que le tiers saisi devient débiteur personnel du créancier saisissant n'est nullement bénéfique pour ce dernier dès lors qu'il s'opère aussi, une substitution de patrimoines.

II- La substitution des patrimoines

Il ne suffit pas qu'un texte de loi déclare que l'acte de saisie emporte attribution immédiate des causes de la saisie et rend en même temps le tiers saisi personnellement débiteur des causes de la saisie. Encore faut-il que la saisie pratiquée soit parfaite.

Malgré l'apparente clarté du texte de l'article 154, les alinéas 1er et 3 de l'AUPSRVE entretiennent cependant une certaine confusion sur le sort réel des sommes considérées comme saisies. Le texte communautaire fait jouer précocement et faussement à l'attribution immédiate, le rôle qu'elle n'a pas. Ce faisant, le législateur provoque lui-même, une substitution précoce (A) et préjudiciable des patrimoines du débiteur et du tiers saisi qui n'avait pas lieu d'être (B).

A- Une substitution précoce de patrimoines

Il est curieux que le texte légal n'ait pas cru devoir tenir compte, de l'existence dans toute mesure conservatoire ou exécutoire, non seulement d'un effet suspensif (A), mais aussi d'un effet résolutoire (B)

1102 MESTRE, PUTMAN et BILLIAU, Traité de droit civil (sous la direction de J. GHESTIN), Droit commun des sûretés, LGDJ, n° 13,1 p. 116.

1103 TERRE, SIMLER et LEQUETTE, *Droit civil, Les obligations*, DALLOZ, 11e éd., p. 1352, n° 1304 et s.

1104 STARCK (B), ROLAND (H) et BOYER (L), *Obligations, Régime général*, op. cit. p. 5 n° 10

qui ont tous les deux, une incidence négative sur l'effet attributif immédiat de la créance saisie.

Interrogeons-nous tour à tour, sur cette double indifférence légale.

1- L'indifférence du législateur Ohada quant à l'effet suspensif provoqué par les recours

La saisie attribution des créances ne peut opérer attribution immédiate, parce que l'Acte uniforme lui-même reconnaît au débiteur saisi, un droit à contestation. Dès la signification de l'acte de saisie au tiers, l'effet suspensif du fait de l'admission légale des recours apparait. C'est aussi une conséquence de l'obligation au respect de la règle du double degré de juridiction qui est aujourd'hui classée au rang des principes directeurs du procès civil.[1105] Pendant le délai imparti par la loi au débiteur saisi pour élever les contestations, aucun transfert ni libération des fonds saisis ne peut légalement intervenir. Les textes en la matière qui ont l'avantage de la clarté et de la précision, disposent même que le délai de recours, tout comme l'exercice des recours prescrits par la loi, sont suspensifs d'exécution. L'article 172 de l'AUPSRVE sur l'appel est particulièrement clair sur ce point. Il convient de lui adjoindre le délai de distance imparti au débiteur saisi pour élever des contestations, une fois la saisie opérée.

Si l'on associe aux dispositions de l'Acte uniforme n° 6 sur les recours, celles de la loi 2007/ 001 du 19 avril 2007 portant institution au Cameroun, du juge du contentieux de l'exécution[1106], on peut aussi retenir que la suspension de l'exécution ne se limite pas seulement à l'exercice des voies de recours ordinaires. Le texte camerounais reconnaît aussi au Premier président de la Cour Suprême, le pouvoir de suspendre l'exécution de la décision intervenue pour justes motifs[1107].

En toute logique, il est juridiquement impossible de dire à ce stade de la procédure que la propriété de fonds a changé de patrimoine par application de l'effet attributif immédiat édicté par l'article 154 al. 1er de l'AUPSRVE.

[1105] CORNU (G), « Les principes directeurs du procès civil par eux-mêmes (fragments d'un état de questions) », in *Études offertes à Pierre BELLET*, LITEC, 1991, p. 83.

[1106] V. OMAM (Fl.), Mémento de Procédures simplifiées de recouvrement et Voies d'exécution, annexe, éd. ANKATALI, 2008 p. 247

[1107] Loi 2007/ 001 du 19/04/2007 instituant le juge de l'exécution au cameroun.

Et alors surtout qu'il ne peut être question d'attribution immédiate, c'est-à-dire d'un droit de préférence reconnu au premier saisissant, si l'acte de saisie et la saisie elle-même sont annulés. C'est la raison d'être de l'effet résolutoire que renferme toute mesure conservatoire ou exécutoire.

2- L'indifférence du législateur Ohada quant à l'effet résolutoire pouvant découler de l'échec du recours

L'effet attributif ne joue en faveur du créancier saisissant que si la saisie pratiquée est couronnée de succès. Si aux termes des recours, celui-ci voit sa procédure annulée, tout doit se passer comme s'il n'y avait jamais eu de saisie. Les restitutions doivent être opérées et les comptes libérés.

Or, en cas d'échec de la saisie attribution des créances, le tiers est totalement désarmé. Il ne peut plus rien faire. Les sommes saisies ont été attribuées immédiatement dès la saisie au créancier saisissant. Le tiers qui n'en assure plus le contrôle ni la garde, ne peut plus juridiquement restituer purement et simplement au débiteur saisi ce qu'il détenait pour son compte. Il n'en est plus comptable. Parce qu'il n'est plus son débiteur. À s'en tenir à l'article 154 al. 1er de l'AUPSRVE, les sommes ont changé juridiquement de créancier. Il faut, dans ces conditions, le secours de la justice pour départager les parties.

Cette situation curieuse n'est pas utopique. Elle est juridique, puisqu'elle découle de la lettre et de l'esprit des textes en vigueur.

Le législateur uniforme, qui n'a pas manqué de s'inspirer des procédés de droit civil, aurait dû soumettre les effets de la saisie attribution des créances, à la réalisation d'un effet suspensif ou résolutoire[1108], afin que la saisie ne cause de tort à personne.

B- Une substitution préjudiciable à tout le monde

Deux conséquences essentielles découlent de la liaison contre nature entre l'effet attributif de l'alinéa 1er de l'article 154 et le changement de débiteur qui s'opère simultanément dès la signification de l'acte de saisie. D'abord, c'est le principe de l'effet attributif qui est remis en cause. C'est ensuite le créancier saisissant lui-même qui semble perdre

---

[1108] Sur la condition suspensive ou résolutoire, voir not. TERRE (F), SIMLER (P) et LEQUETTE (Y), *Droit civil, les obligations*, 11e éd., 2013, p. 1263, n° 1221 et s.

son rang pour se retrouver en concours avec les propres créanciers du tiers, celui qui est désormais son débiteur personnel.

La doctrine n'a pas encore pris position. Les auteurs qui ont spécialement entrepris l'analyse détaillée de ce texte de loi n'accordent aucune attention particulière à la notion de tiers, débiteur personnel des causes de la saisie. On se borne à rappeler les charges qui pèsent sur le tiers saisi. Mais on ne se soucie guère des conséquences qu'elles peuvent entraîner. Même l'excellente note publiée sous les arrêts CCJA, *arrêt n° 009/2005 (Sté Afrocom-C.I. c/ CITIBANK, CCJA, arrêt n° 010/ 2007 du 15 mars 2007 Sté Ecobank C.I. c/ Sté Dalyna Voyages Travel Agency et CCJA, arrêt n° 009/2005 Sté Afrocom — C.I. c/ CITIBANK,* par M. Joseph FOMETEU et Serge Patrick LEVOA AWONA[1109] portant sur la qualité et les obligations du tiers saisi, n'aborde pas le point précis qui nous intéresse.

La jurisprudence n'est pas plus intéressante. Elle applique servilement et donc sans aucune nuance, la disposition légale.

Dans un arrêt n° 062/2013 rendu le 25 juillet 2013[1110], la 2e Chambre de la CCJA a jugé que le tiers saisi est personnellement débiteur des causes de la saisie, non pas seulement au titre de ses obligations de déclaration, mais aussi parce qu'il est également tenu du fait de l'acte de saisie.

Cette décision de la haute juridiction communautaire qui n'est en fait qu'un rappel judiciaire des dispositions de l'article 154 alinéa 3 L'AUPSRVE, ne traduit que la position que cette Cour avait déjà prise, dans l'arrêt MOBIL OIL COTE D'IVOIRE c/ LES CENTAURES ROUTIERS et autres[1111].

Dans cette seconde affaire, la haute juridiction avait déclaré : « *attendu qu'il ressort de l'analyse de l'article 154 de l'Acte uniforme*

[1109] FOMETEU (J) et LEVOA AWONA (S.P.), note sous les arrêts CCJA, arrêt n° 009/2005 (Sté Afrocom— C.I. c/ CITIBANK, CCJA, arrêt n° 010/ 2007 du 15 mars 2007 Sté Ecobank C.I. c/ Sté Dalyna Voyages Travel Agency et CCJA, arrêt n° 009/2005, (Sté Afrocom — C.I. c/ CITIBANK, Les grandes décisions de la CCJA, ouvrage collectif, sous la direction de.., op.cit. p. 523 et s.

[1110] CCJA, 2e Ch. arrêt n° 062/2013 rendu le 25 juillet 2013.

[1111] CCJA, arrêt n° 027/ 2004 rendu le 15 juillet 2004 aff. MOBIL OIL COTE D'IVOIRE c/ LES CENTAURES ROUTIERS et autres. Op. cit. Rec. n° 4 juillet-Décembre 2004 p.28.
Bien que l'objet principal de la saisine portait sur la valeur d'une pluralité de saisies attributions des créances.

susvisé, que la signification de l'acte de saisie attribution rend indisponible la créance saisie attribuée et emporte attribution directe de celle-ci au créancier saisissant, lequel devient ainsi créancier du tiers saisi… »

Mais une année plus tard, toujours en conformité avec la doctrine de ses premiers arrêts, la 3e chambre de la même juridiction va apporter une précision de taille à la jurisprudence de la CCJA. Elle donne dans son arrêt n° 034/ 2014 rendu le 03 avril 2014[1112], mainlevée d'une saisie attribution des créances pratiquée sur les deniers propres du tiers, pour défaut de titre exécutoire. Essentiellement, en ce que le créancier saisissant ne peut pratiquer une saisie attribution sur les avoirs du tiers saisi, en se servant d'un titre exécutoire obtenu contre le débiteur saisi.

La Cour d'Appel de NIAMEY (Niger), avait déjà décidé dans le même sens en 2003, soit 11 ans auparavant. Elle a jugé que le créancier ne peut pratiquer une saisie attribution des créances sur les comptes de son débiteur ouverts auprès d'une banque créancière qui bénéficie d'une attestation de domiciliation irrévocable du même débiteur. Que ces sommes étaient devenues la propriété de la banque créancière, dès leur virement[1113]. Toujours dans cette même logique, la juridiction nigérienne avait jugé que les sommes, propriété exclusive de la banque, acquises du débiteur saisi par voie de domiciliation irrévocable, ne peuvent faire l'objet d'une saisie attribution au préjudice du débiteur entre les mains de la banque[1114].

Ces solutions qui permettent de se faire une idée de l'extrême fragilité du privilège accordé au créancier saisissant traduisent le désarroi dans lequel se trouve souvent le créancier saisissant, en cas de litige avec le tiers, son débiteur personnel.

Conclusion du chapitre 2

Le fait pour l'article 154 al.3 de l'AUPSRVE d'avoir proclamé qu'en matière de saisie attribution des créances, le tiers saisi devient,

---

1112 CCJA, 3e Chambre, arrêt n° 034/ 2014 rendu le 03 avril 2014 aff. Jacques NDONG c/ Union Gabonaise des Banques dite UGB s.a. Banque des États de l'Afrique Centrale dite B.E.A.C.

1113 C.A. NIAMEY (NIGER), Arrêt ref n° 110 du 05 novembre 2003 aff., Banque S. et ELHNA c/ Office O et CCA.

1114 C.A. NIAMEY (NIGER), Arrêt ref n° 110 du 05 novembre 2003 aff., SONIBANK c/ Office des produits vivriers du Niger

dès la signification de l'acte de saisie, débiteur personnel du créancier saisissant, change automatiquement la définition qu'on a initialement donnée aux tiers de l'article 38 de l'AUPSRVE. Bien que le législateur soit totalement libre de légiférer comme bon lui semble, on doit cependant souligner qu'il n'a pas le droit de se contredire. Or, dire dans un même texte de loi une chose et son contraire, c'est s'exposer à la critique. Dans le cadre d'une procédure quelconque, considérer un particulier entre les mains duquel une saisie est pratiquée, tantôt comme tiers ; tantôt comme débiteur personnel, c'est manifestement remettre en cause la règle de l'immutabilité du litige quant aux parties[1115].

Par ailleurs, ce changement de définition n'est pas juridiquement acceptable. D'abord, il transforme le tiers saisi en matière de saisie attribution des créances, en un simple débiteur. Ensuite et parallèlement, il enlève au créancier premier saisissant, le privilège du premier saisissant que l'Acte uniforme pensait lui avoir accordé. Ainsi, mêlé aux propres créanciers du tiers devenu simple débiteur personnel, il viendra à la distribution au marc le franc du bien trouvé dans le patrimoine du débiteur au moment de la saisie. Tout cela pouvait être évité, si la définition traditionnelle du tiers saisi était maintenue.

L'article 154 al.3 de l'AUPSRVE est un texte qui mérite d'être repensé.

1115 VINCENT (J) & GUINCHARD (S), *Procédure civile*, précis DALLOZ, 24e éd., p. 440, n° 625 s. : STRICKER (Y), Procédure civile, op. cit., p. 173, n° 305. Il faut initier la procédure d'intervention (volontaire ou forcée) pour qu'une autre partie s'intègre dans une procédure déjà engagée.

TITRE II :

LE TIERS DANS LES VOIES D'EXÉCUTION, UN VÉRITABLE PARTENAIRE DE L'ÉTAT DANS LE CONTRÔLE DE LA RÉGULARITÉ DU PROCESSUS DE L'EXÉCUTION

L'Acte uniforme du 10 avril 1998 est un texte mis en place pour prévenir *« l'insécurité juridique et judiciaire »* dans les matières qu'il régit, selon l'admirable expression du Juge KEBA MBAYE[1116]. Il veut apporter des réponses efficaces aux préoccupations des opérateurs économiques qui cherchent à obtenir sans détour[1117] ni lenteur judiciaire[1118], l'exécution forcée des titres dont ils sont titulaires, une fois le litige sur le fond terminé[1119] et les recours épuisés[1120]. Mais il doit aussi assurer la protection des débiteurs poursuivis dont les droits et intérêts ne peuvent, en aucun cas, être sacrifiés à l'autel de l'exécution au-delà de ce qui est légalement autorisé[1121].

Pour atteindre ce double objectif en présence d'intérêts aussi contradictoires que variés, l'Acte uniforme du 10 avril 1998 introduit d'autorité dans la matière de l'exécution, des personnages qu'il appelle *« tiers »*, bien connus des voies d'exécution sur le plan conceptuel. Certes, ils ne sont pas concernés par le titre mis en exécution. Mais leur apport technique[1122], physique[1123] ou juridique[1124] semble si important qu'on a parfois l'impression que le succès de la mesure entreprise est subordonné

[1116] KEBA MBAYE, préface de l'ouvrage de MARTOR (B), PILKINGTON (N), SELLERS (D), THOUVENOT (S), *Le droit uniforme africain des affaires issu de l'ohada*, avec la participation de Pascal ANCEL, Benoît LE BARS et Roger MASAMBA, LITEC ; adde préambule Traité Ohada.

[1117] L'élimination des procédures complexes et les multiples recours au juge…

[1118] MM. GABIN J. F. & RIVIECCIO (J. P.), *Le Phénomène des lenteurs judiciaires : une stratégie de lutte* ; Séminaire ENAM, juin 1989.

[1119] C'est le titre exécutoire qui sanctionne la fin d'un litige au fond.

[1120] Ici, il s'agit aussi bien des voies de recours ordinaires qu'extraordinaires. Avec cette précision que le pourvoi n'est pas suspensif d'exécution (voir pour le Cameroun, l'organisation judiciaire de 2006).

[1121] Comp. KUATE TAMEGHE (S.S.), la protection du débiteur dans les procédures individuelles d'exécution, op. cit. p. 29 n° 13). (Les parties au rapport d'exécution ont droit à la sécurité ESMEIN (P.), JCP 1957.II. 9944. Ne pas se mettre uniquement du côté de l'auteur, mais aussi de celui de la victime (théorie de la garantie) STARCK (B), 2e éd. LITEC par ROLAND (H) et BOYER (L) p. 37 n° 65). SUDRE (F), La protection du droit de propriété par la Cour Européenne des droits de l'homme, D.S. 1988 Chr. p. 71 ; La prise en compte des droits et des obligations de chaque partie constitue un gage de sécurité. Elle est inscrite dans la loi fondamentale de chaque pays[1121] et dans les conventions régionales ou internationales[1121].

[1122] NORMAND (J.), remarques sur l'expertise judiciaire au lendemain du nouveau code de procédure civile, in Mélanges dédiés à Jean VINCENT, DALLOZ P. 225.

[1123] L'intervention du serrurier par exemple.

[1124] Le banquier qui donne la situation comptable du débiteur.

à l'attitude que ces personnages vont présenter ou à l'influence que les actes qu'ils posent vont avoir sur la procédure d'exécution[1125].

Le législateur uniforme tenant compte de l'amer souvenir des difficultés d'exécution liées au comportement des parties ou des officiers ministériels dans les anciennes législations, a instauré dans les voies d'exécution à travers ce procédé, une sorte *« de collaboration forcée »*[1126], entre les parties au rapport d'exécution et les tiers. Au lieu de compter (naïvement) sur la bonne foi d'un débiteur qui refuse de payer volontairement sa dette, le créancier va directement s'adresser au tiers, débiteur du débiteur de l'obligation, objet de la saisie envisagée. Ce dernier est alors légalement tenu de réagir positivement, chaque fois que le bien qu'il détient à titre précaire appartient à son créancier et s'intègre dans la catégorie des biens saisissables.

La technique du recours aux tiers dans les voies d'exécution n'est pas nouvelle. Elle existait déjà en filigrane dans les textes des anciennes législations nationales des États, aujourd'hui membres de l'ohada. On la retrouvait exclusivement dans la seule matière de la saisie-arrêt[1127]. Elle a tout simplement été révisée, corrigée et étendue à l'ensemble des procédures de saisies mobilières par l'Acte uniforme n° 6 du 10 avril 1998.

Mais la notion de tiers a sensiblement évolué. Le tiers n'est plus ce personnage passif et inactif qu'on connaissait dans la saisie-arrêt.

Situés à l'intersection du droit privé et du droit public, les tiers sont des personnages atypiques. Ils ne sont mandataires d'aucune des parties au rapport d'exécution. Lorsque la procédure se déroule entre leurs mains, ils doivent veiller au strict respect par chacun des protagonistes de l'exécution, des textes et de la procédure mise en œuvre. Cette mission qui ne peut être accomplie par les tiers qu'on retrouve dans d'autres disciplines sans leur consentement préalable consomme la rupture totale de la règle qui prône l'égalité de tous devant les charges publiques[1128].

[1125] Comp. NORMAND (J.), remarques sur l'expertise judiciaire au lendemain du nouveau code de procédure civile, in Mélanges dédiés à Jean VINCENT, Dalloz, p. 225.

[1126] Comp. BOULAY (J.-Ch), l'obligation du commissaire aux comptes de révéler les faits délictueux, in Rév. Soc. 1980.443.

[1127] Au Gabon et au Tchad par exemple, le tiers saisi n'est pas seulement tenu de répondre aux sollicitations de l'Huissier instrumentaire. Il doit aussi mettre à la disposition du créancier saisissant, les pièces justificatives.

[1128] DEBARD (Th), *La règle de l'égalité de tous devant les charges publiques*, D.S.1987 Chr. p. 157

L'objectif du législateur communautaire est double. D'abord, il faut associer les simples particuliers à l'exécution afin d'alléger la tâche de l'État. Cette philosophie constitue la finalité même de la réforme intervenue. Ensuite, il s'agit de soustraire entièrement de l'influence des parties au rapport d'exécution, les opérations d'exécution chaque fois que la procédure se déroule hors les mains du débiteur lui-même. Le créancier saisissant n'est plus désormais seul en face du débiteur saisi. Le premier ne peut, sous prétexte d'être titulaire d'un titre exécutoire, avoir recours à n'importe quel moyen de rétorsion pour parvenir au recouvrement de sa créance. Le second ne peut plus de son côté, user d'artifices pour échapper à l'exécution lorsque les biens dont il est propriétaire se trouvent entre les mains d'un tiers neutre.

Dans ces conditions, il n'est pas excessif de dire que les tiers se présentent dans ce cas, comme des personnages dont se sert la loi pour assurer sans parti pris, le bon déroulement des opérations d'exécution. C'est peut-être aussi la raison pour laquelle, dans certaines procédures, la loi n'hésite pas à les déclarer personnellement débiteurs. À la vérité, on peut dire qu'en matière d'exécution des titres des particuliers, les tiers sont en quelque sorte, l'œil et la main des pouvoirs publics. Exactement, comme le juge est la bouche du législateur en matière d'application de la loi[1129].

Cet ensemble de considérations fait des tiers de l'article 38 de l'AUPSRVE, les membres ponctuels d'une véritable institution inorganisée et une catégorie *sui generis* de participants chargés de garantir la sécurité juridique des opérations d'exécution à travers les multiples « concours » qu'ils sont appelés à apporter à la procédure.

Il convient donc de rechercher dans les développements qui vont suivre, la finalité (Chapitre 2) et le fondement (Chapitre 1) de l'association des tiers à l'exécution. On clôturera le présent titre par l'exposé des responsabilités qui sanctionnent le comportement négatif du tiers ou de l'État en cas d'échec par leur fait respectif, de la mesure d'exécution entreprise (Chapitre 3).

1129 ESMEIN (P), « La jurisprudence et la loi », *Rev. Trim. Dr.civ* ; 1952, p. 17 (les juges ont pour principal souci, *« de remplir leur mission »*… C'est aux chercheurs qu'il incombe de dégager les idées, de les combiner et d'en dégager les conséquences logiques) ;

CHAPITRE 1 :

L'ASSOCIATION DES PERSONNES DE DROIT PRIVÉ A L'EXÉCUTION, FONDEMENT DE LA RÉFORME

La politique législative visant à introduire les tiers garants dans les voies d'exécution tourne autour de deux objectifs majeurs : d'abord, associer obligatoirement les personnes de droit privé à l'exécution des titres des particuliers ; ensuite, obtenir la sanction de leur refus de collaborer positivement. Exposons tour à tour, ces différents objectifs du texte communautaire.

Section 1 : La collaboration obligatoire des personnes de droit privé à l'exécution

Section 2 : La sanction de la violation de l'obligation de collaborer

Section 1 : La collaboration obligatoire des personnes de droit privé à l'exécution

L'association obligatoire des personnes de droit privé à l'exécution apparaît comme l'une des raisons essentielles de la réglementation de l'article 38 de l'AUPSRVE. Elle se matérialise ici par un appel explicite des tiers à apporter leur concours à l'exécution (Paragraphe1). Mais derrière cette volonté exprimée du législateur, se profile un appel implicite du secteur privé et donc du corps social à participer aussi à l'exécution (Paragraphe 2).

Paragraphe 1 : L'appel explicite des tiers ordinaires

L'appel explicite des tiers à l'exécution a un objet (I) et un contenu (II). Chacun de ces points mérite d'être traité séparément.

I- L'objet de l'appel

L'Acte uniforme sur les voies d'exécution demande expressément aux tiers d'apporter leurs concours à l'exécution. Il peut s'agir d'un concours purement matériel (A). Mais, dans la majorité des cas, ce concours est d'abord juridique (B). Il convient d'exposer successivement ces deux volets de la collaboration.

A- La collaboration matérielle des tiers à l'exécution

Théoriquement, nous l'avons déjà souligné[1130], l'Acte uniforme sur les voies d'exécution met à la charge de l'huissier ou de l'agent d'exécution, l'obligation d'accomplir les opérations d'exécution[1131]. Il en a le monopole[1132]. Excepté la saisie des rémunérations qui relève de la compétence du greffier en chef seul, aucune mesure conservatoire ou exécutoire ne peut être pratiquée aujourd'hui contre un débiteur sans un acte d'huissier à la base[1133].

En réalité, pleinement conscient de l'impossibilité qu'il y a pour l'officier ministériel d'agir seul ou de se limiter à des actes purement juridiques, le législateur a lui-même reconnu la nécessité de faire participer aux opérations d'exécution, tous ceux qui, sans être personnellement intéressés à la mesure entreprise, peuvent apporter aide et assistance.

L'aide et l'assistance peuvent se manifester de plusieurs façons et à chaque stade de la procédure.

D'abord, au moment de la saisie. Plus précisément, lorsque l'huissier instrumentaire rencontre sur le terrain de l'exécution, des obstacles matériels de nature à empêcher la saisie. Devant pareille situation, la loi l'autorise à faire recours aux tiers que l'officier ministériel trouve par exemple sur les lieux afin de contourner ou de braver la difficulté. C'est le cas, lorsqu'il doit établir un gardien à la porte, ou lorsque le débiteur ou le tiers refuse de se soumettre à ses injonctions[1134]. La mesure est

---

[1130] Voir supra.

[1131] Les articles 41 et suivants de l'Acte uniforme n° 6 qui vise l'Huissier ou l'agent d'exécution, renvoient implicitement, mais nécessairement à la loi interne de chaque État membre.

[1132] Au Cameroun, il s'agit du Décret n° 79/448 du 5 Nov. 1979 mod. Par décret n° 85/238 du 22 Fév. 1985 et 98/170 du 27 août 1998 portant réglementation des fonctions et fixant le statut des Huissiers ; et Décret n° 61/84 du 6 juin 1961 portant fonctions de Commissaire-Priseur ; Quid des porteurs de contraintes dans les administrations admises au bénéfice du privilège du trésor ?!

[1133] Mais quid de la procédure fiscale et des porteurs de contraintes ?!

[1134] Ex. : article 38 ; art 42 (cas du gardien que l'huissier peut établir aux portes) ; Art. 44 (les témoins) ; art. 45 (les photographes).

purement conservatoire et préventive[1135]. Elle vise à empêcher toutes distractions frauduleuses des biens. Sur un autre plan, plusieurs dispositions, en l'occurrence les articles 43 et suivants de l'AUPSRVE, permettent à l'huissier instrumentaire de faire recours aux témoins, lorsque la saisie se déroule en l'absence de débiteur. Pour les besoins de vérification des biens saisis, l'huissier peut aussi, se référant à l'article 45 du même texte, faire appel aux photographes, pour fixer *ne varietur*, l'image des objets saisis.

Ensuite, le concours matériel que les tiers peuvent apporter à l'exécution apparaît après la saisie. Le cas se présente généralement lorsque le débiteur ou le tiers saisi refusent d'assumer la garde des biens saisis. L'huissier instrumentaire doit alors, après concertation avec les parties, les confier à un gardien convenu ou désigné. De même, l'exécution a toujours besoin de gros bras pour déplacer ou transporter les biens meubles corporels saisis. L'assistance des tiers se révèle aussi indispensable, à l'occasion de l'inventaire physique des biens ou lorsqu'il faut afficher des placards en vue de la vente (art. 121 et 124 de l'AUPSRVE). La variété des services que les tiers peuvent matériellement apporter à l'exécution est insoupçonnable. Tous ces aspects matériels sont aussi importants que les aspects juridiques de l'assistance.

B- La collaboration juridique des tiers à l'exécution

Comparativement à la collaboration matérielle, la collaboration juridique des tiers à l'exécution se révèle être sinon la plus importante, du moins la mieux structurée.

La collaboration juridique des tiers dans l'exécution peut être observée dans chacune des deux phases de la procédure. Judiciaire et extrajudiciaire.

Dans la phase extrajudiciaire de l'exécution, le tiers saisi ou requis se présente en fait, comme un relai. Il n'est pas très différent du croupier en droit commercial[1136]. C'est lui qui fait les déclarations et les

---

[1135] Il peut procéder ainsi, en attendant l'intervention des forces de l'ordre ou de celle du serrurier ou des autorités de police ou de l'administration.

[1136] Art. 1861 du code civil camerounais. Cette disposition qui a été supprimée en France par la loi du 4 janvier 1978, permet à un associé, sans le consentement des autres associés, de faire une cession à un tiers, des avantages qu'il tire de son droit d'associé. Le cédant reste associé et il est seul tenu envers les tiers. Il doit indemniser le cessionnaire, si celui-ci subit des pertes. Ce cessionnaire prend alors le nom de

communications, au lieu et place du débiteur lui-même. Il informe le créancier saisissant et les créanciers intéressés. Il répond aussi des manquements, des réticences et des insuffisances qu'on peut découvrir à l'occasion de l'information. C'est aussi le tiers qui conserve, en principe, les biens saisis et mis sous main de justice, lorsque la saisie est pratiquée entre ses mains. Il apparaît alors dans ce dernier cas, soit comme gardien ; soit comme séquestre. Dans tous les cas, on a toujours affaire aux tiers dans les saisies.

Dans la phase judiciaire éventuelle, la collaboration juridique du tiers se manifeste à plusieurs niveaux : d'abord, au moment du lien d'instance. L'Acte uniforme exige que le tiers soit appelé à l'instance en contestation ; ensuite, l'article 35 de l'AUPSRVE exige de tout tiers qui se prévaut d'un document ou titre susceptible de permettre le dénouement d'une procédure exécutoire ou conservatoire, de le communiquer ou d'en donner copie aux parties ou au juge, à quelque stade de la procédure que ce soit, pour un heureux dénouement de la mesure.

Dans toutes ces phases de la procédure, l'énumération des cas des concours que les tiers peuvent apporter à l'exécution ne peut être, comme sur le plan matériel, qu'indicative. Elle peut s'étendre même à beaucoup d'autres situations non prévues par l'Acte uniforme.

Dans l'ensemble, et face à la multiplicité des cas d'intervention des tiers dans l'exécution, il n'est pas inutile de rechercher ce que recouvre juridiquement l'injonction faite aux tiers d'apporter leur concours à l'exécution. C'est le problème du contenu de l'obligation de concours.

II- Le contenu de l'appel

Les tiers requis ou saisis sont tenus de se soumettre à une obligation à deux visages antagonistes : celle de faire (B) et celle de ne pas faire (A).

A- L'obligation de ne pas faire

L'obligation de ne pas faire[1137] est, selon le lexique des termes juridiques, l'obligation qui s'accomplit dans une abstention ou une

---

Croupier. RIPERT (G), ROBLOT (R) par GERMAIN (M) et VOGEL (L), *Traité de droit commercial*, 17e éd., p. 861, n° 1095.

[1137] TERRE (F), SIMLER (Ph) et LEQUETTE (Y), *Droit civil, Les Obligations*, précis DALLOZ 11e éd., 2013 p. 302, n° 267.

tolérance[1138]. C'est une véritable interdiction générale de ne pas porter gratuitement atteinte aux droits du créancier[1139]. Comme nous l'avons déjà souligné, les tiers ne peuvent prétendre méconnaître les droits d'autrui. Ils sont tenus au strict respect de la règle de l'opposabilité[1140] dont le principal intérêt est de permettre aux actes juridiques et aux conventions, *« de rayonner hors du cercle des cocontractants, afin d'exercer pleinement ce rôle essentiel d'instrument des relations juridiques et économiques »*[1141].

L'obligation de ne pas faire s'impose à tout le monde. D'abord, aux parties elles-mêmes et aux tiers intéressés[1142]. Ensuite, aux tiers *penitus extranei.* Dans l'ensemble, l'obligation de ne pas faire peut être invoquée contre tous ceux qui n'ont pas participé à l'élaboration d'un acte. Ainsi, comme le note avec pertinence M. FOURNIER, *« de l'opposabilité aux tiers d'un droit ou d'un acte juridique, dépend la pleine efficacité de celui-ci »*[1143].

En droit commun des obligations, l'engagement de celui qui est tenu d'une obligation de ne pas faire doit être clairement précisé dans la convention qui lie les parties [1144]. C'est le cas par exemple des obligations qui pèsent sur le vendeur d'un fonds de commerce[1145]. Celui-ci s'engage généralement et expressément à ne pas exploiter un commerce identique dans un rayon géographique fixé par les parties. C'est aussi le cas, dans les conventions renfermant les clauses de non-concurrence[1146]. Doctrine et jurisprudence sont unanimes pour dire que

---

1138 GUINCHARD (S) et DEBARD (Th), *Lexique des termes juridiques* (sous la direction de) 23e éd., 2015-2016 Dalloz, p. 825.

1139 CALAIS AULOY (J), L'ordonnance du 1er décembre 1986 et les consommateurs, D. 1987 Chr. p 137 ; BIOLAY (J.J), « L'actualité en droit économique : la concurrence et les prix », D. 1987 Chr. p. 183.

1140 DUCLOS (J.), *L'opposabilité, Essai d'une théorie générale*, Th. LGDJ, 1984, préface DIDIER MARTIN.

1141 GHESTIN, JAMIN et BILLIAU, op. cit. p.424 et s. n° 372 et s

1142 SAVATIER (R), Le prétendu principe de l'effet relatif des contrats, op. cit. n° 28

1143 FOURNIER, ENCYCLOP. DALLOZ, *Rep. Dr.civ.*, 2e éd., V° Publicité foncière.

1144 FARJAT qui cite par exemple les clauses de non réembauchage, in Droit privé de l'économie, 2 Théorie des obligations, P.U.F., 1975, p. 37.

1145 GUYON (Y), Droit des affaires, T.1, 6e éd. ECONOMICA, p. 685 n° 706.

1146 GUYON (Y), op. cit. qui cite spécialement les apports en industrie en droit des sociétés. *« Outre l'obligation positive de fournir la prestation promise, l'apport impose à son auteur, l'obligation négative de ne pas faire concurrence à la société en continuant à exercer pour lui-même ou pour une autre personne une activité analogue à celle dont bénéficie la société ».*

l'objet de l'abstention doit non seulement être déterminé, mais il doit aussi être possible et licite[1147].

Dans les voies d'exécution où il n'existe aucune convention à la base entre le tiers saisi et les parties, relativement à une saisie pratiquée, l'interdiction de faire obstacle à l'exécution a une source légale. Elle s'apparente, au niveau de ses effets, à l'obligation de ne pas faire. Même sans avoir pris expressément l'engagement, s'agissant d'une obligation légale, les tiers ne peuvent se retrancher derrière la règle de la relativité, pour agir au mépris des droits des parties, notamment du créancier saisissant. C'est dire en d'autres termes, que les tiers ne peuvent impunément profiter des rapports privilégiés qu'ils entretiennent avec l'une des parties à la procédure d'exécution, pour lui permettre de soustraire ses biens de son patrimoine, c'est-à-dire, du gage général de ses créanciers. Le tiers qui passe outre cette interdiction légale ne viole pas seulement les prescriptions légales. Son attitude est encore plus blâmable, dès lors qu'un tel tiers s'oppose délibérément à la politique législative qui gouverne l'exécution. C'est la raison pour laquelle on est unanime pour dire que les actes accomplis dans ces conditions par le débiteur, *« avec la complicité d'un tiers »* [1148] sont des actes frauduleux[1149].

Dans de pareilles situations, le tiers dont le comportement traduit une volonté inavouée de faire échouer une mesure conservatoire ou exécutoire mise en œuvre est passible de sanctions.

Les comportements blâmables du tiers en matière d'exécution ne peuvent pas être énumérés limitativement. On peut citer tout

---

1147 GHESTIN (J), JAMIN (Ch) et BILLIAU (M), op. cit., p.424 et s. n° 372 et s ; SAVATIER (R), *Le prétendu principe de l'effet relatif des contrats*, op. cit., n° 28.

1148 GINOSSAR (S), Liberté contractuelle et respect des droits des tiers : émergence du délit civil de fraude, L.G.D.J., 1963, p. 6 ; HUET (J), Les différentes sortes d'obligations et plus particulièrement l'obligation de donner, la mal nommée, la mal aimée, in Mél. GHESTIN, 2001 p. 426 ; HUGUENEY (P), La responsabilité du tiers complice de la violation d'une obligation contractuelle, Th. Dijon 1904, cité par GHESTIN (J), avec le concours de JAMIN (Chr.) et BILLIAU (M.), Les effets du contrat, op. cit. 377 spéc. p. 433 (qui fait un rapprochement avec la criminalité d'emprunt en droit pénal, pour justifier la condamnation du tiers)

1149 GINOSSAR (S), op. cit., p. 42

simplement, à titre indicatif, la réticence[1150], le silence[1151] ou le refus manifeste de coopérer avec les officiers ministériels chargés de l'exécution[1152].

De tels comportements constituent des obstacles à l'exécution. Mais, le juge jouit d'un large pouvoir d'appréciation pour asseoir une éventuelle décision de condamnation.

Contrairement au droit des obligations qui exige que la partie au contrat qui est tenue d'une abstention précise d'avance l'objet de celle-ci [1153], les voies d'exécution ne peuvent pas opter pour la même démarche. Le tiers saisi ou requis reçoit l'acte de saisie sans son avis et même contre son avis. Il n'y a donc pas un engagement de sa part à la base, faute de convention. L'interdiction faite aux tiers de ne pas faire obstacle à l'exécution signifie tout simplement que chacun doit rester neutre dans ses relations avec les parties à un rapport d'exécution. Il doit éviter, par exemple, de poser des actes illicites susceptibles d'entretenir un amalgame, entre les actes normaux ou anormaux de transfert de propriété [1154]. Il doit aussi éviter tout comportement frauduleux [1155]. La démonstration de la fraude va donc se révéler indispensable, chaque fois qu'il sera question d'établir la violation par le tiers, de l'obligation de ne pas faire. Sinon, comme le souligne très justement le Doyen SAVATIER, une opération juridique comme *« la cession de créances perdrait tout son sens si elle ne permettait pas au cessionnaire d'agir contre le tiers débiteur »*[1156].

[1150] Sur la réticence, comp. Contrat V. art. 1641 à 1648 c. civ. Relatifs à l'obligation de renseignement qui pèse sur le vendeur. La jurisprudence a souvent considéré que la simple réticence ne peut être constitutive de dol. Req. 17 Février 1894 S. 1874. 1. 248 ; Com. 1er avril 1952, D. 1952, 685, note COPPER ROYER (J). Dans l'ensemble, v. TERRE (F), SIMLER (Ph.) et LEQUETTE (Y), Les obligations, 11e éd.2013 p. 258 N) 233.

[1151] CCJA, 2e Ch., arrêt n° 006/2006 du 09 mars 2006 aff. Sté indus-chimie C : Dame MERMOZ et autres. ; CARBONNIER (J), le silence et la gloire, D. 1951 Chr. p. 119.

[1152] CCJA, 2e Ch., Arrêt n° 006/2006 du 30/03/2006 aff. Indus. chimie c/ dame Mermoz et autres, op.cit., p. 16

[1153] La clause de non concurrence doit clairement être mentionnée et renfermée toutes les précisions utiles pour son observation. V. TERRE (F), SIMLER (ph) et LEQUETTE (Y), Les obligations, op.cit, p.301 et s. n° 267 ;

[1154] STARCK (B), ROLAND(H), et BOYER (L), *Obligations, Régime général*, 4e éd. LITEC, Titre I : la circulation des obligations.

[1155] GINOSSAR, op. cit., p. 327

[1156] SAVATIER (R), le prétendu principe de l'effet relatif des contrats, op. cit. p. 528.

B- L'obligation de faire

L'obligation de faire, en revanche, est traditionnellement définie comme une obligation dont l'objet est une prestation quelconque, matérielle ou intellectuelle[1157].

La deuxième et la troisième phrase de l'article 38 de l'AUPSRVE l'exposent clairement : tout manquement par le tiers à cette obligation peut entraîner la condamnation de celui-ci…

L'idée même d'une participation forcée du tiers à l'exécution n'est pas nouvelle. On l'a déjà relevé dans l'ancienne saisie-arrêt. Elle se trouve aussi bien affirmée au niveau de la garde des biens saisis. Plusieurs législations africaines avant l'ohada obligeaient déjà le tiers saisi, non seulement à faire la traditionnelle déclaration affirmative, mais à communiquer les pièces justificatives.

L'apport de l'article 38 de l'AUPSRVE consiste simplement à généraliser cette participation et à faire de celle-ci une obligation dont la violation est sanctionnée par la loi. Désormais, la règle de la relativité très protectrice des tiers de droit commun est battue en brèche en matière d'exécution.

La consécration jurisprudentielle de cette obligation n'est pas encore très bien visible. Les tribunaux ne sont pas encore bien fixés quant à la place qu'occupent désormais les tiers en matière d'exécution forcée. Les positions jusque-là prises sont diverses et parfois inconciliables avec l'esprit de la loi. Dans la majorité des cas, on n'hésite pas à condamner les tiers saisis ou requis pour refus de s'exécuter, chaque fois que la saisie est pratiquée entre leurs mains. Mais sous un autre angle, certaines juridictions ne mesurent pas toujours l'intérêt que la loi attache à la présence de ces derniers à tous les stades de la procédure, notamment, lorsqu'elle devient contentieuse. Or, l'article 170 de l'AUPSRVE est particulièrement clair en la matière. Il exige en son alinéa 2, que le tiers saisi soit appelé à l'instance, lorsque les contestations sont élevées par le débiteur saisi. Seulement, le texte légal est muet quant à la sanction que le demandeur à l'action encourt, lorsqu'il n'appelle pas ce personnage à l'instance. Par ailleurs, on ne sait pas encore si le tiers non appelé à l'instance peut de son propre chef,

---

1157 GUINCHARD (S) et DEBARD (Th.), *Lexique des termes juridiques*, DALLOZ, 23e éd., 2015-2016, p. 714.

prendre l'initiative de comparaître. Il s'agit là des questions qui ne peuvent être résolues que par le droit commun de la procédure[1158].

La présence obligatoire du tiers saisi ou requis à l'instance présente un intérêt non négligeable. Elle traduit la politique législative qui veut faire des tiers, des partenaires naturels de l'exécution. Si tel n'était pas le cas, l'Acte uniforme aurait tout simplement laissé le soin aux parties, de juger de l'opportunité d'appeler les tiers, soit en déclaration de jugement commun[1159] ; soit en garantie[1160].

La citation obligatoire des tiers à l'instance en contestation élevée par le débiteur saisi est discutée. Les positions jusque-là prises sont divergentes, selon qu'on se trouve devant les juridictions de fond ou devant la CCJA.

L'affaire *Société Ivoirienne d'emballage Métallique dite SIEM c/ Sté ATOU et BICICI*[1161], a été le dossier test qui devait permettre de mesurer l'importance que la CCJA attache à la comparution des tiers à la procédure de contestation.

Les faits de la cause étaient relativement simples. Une saisie attribution des créances est pratiquée sur les comptes de la société Ivoirienne d'emballage métallique, dite SIEM, le 21 juillet 1999 par la société ATOU entre les mains de la BICICI, pour paiement d'une somme de 37 000 000 Frs CFA. Cette saisie est pratiquée en vertu d'un titre obtenu après liquidation par le Tribunal de Première Instance d'Abidjan, d'une astreinte prononcée par le juge des référés[1162]. Remettant en cause cette mesure exécutoire, la SIEM élève une contestation, en se retranchant derrière l'article 170 de l'AUPSRVE. Par jugement n° 193/CIVB rendu par le Tribunal d'instance d'ABIDJAN en 1999, son action est déclarée irrecevable. La juridiction saisie reproche à l'auteur de la contestation de n'avoir pas cité le tiers à comparaître, ainsi que le prescrit l'alinéa 2 de l'article 170 de l'AUPSRVE. La Cour d'Appel d'Abidjan, saisie sur appel, va purement et simplement confirmer la décision du premier juge, par arrêt n° 708

1158 Renvoi

1159 Mise en cause d'un tiers à la procédure en vue de lui rendre opposable, le jugement à intervenir et de lui fermer la voie de la tierce opposition. V. GUINCHARD (S) et DEBARD (Th.) Lexiques des termes juridiques, op. cit., p. 325.

1160 Action appartenant à un plaideur qui a la faculté de se retourner contre un garant, v. GUINCHARD (S) et DEBARD (Th.), op. cit., p. 506.

1161 *Rec. OHADA*, n° spécial, janvier 2003, p. 39.

1162 Ord. Référés n° 2660/99 du 22 juin 1999.

rendu le 2 juin 2000. La société SIEM en appelle à la CCJA. Au soutien de son recours, la demanderesse au pourvoi reproche à l'arrêt confirmatif attaqué d'avoir déclaré l'action en contestation irrecevable, motif pris de ce que le tiers saisi n'a pas été appelé à l'instance, alors que, selon le pourvoi, la citation du tiers n'est pas prescrite à peine d'irrecevabilité.

La CCJA fait droit à ce moyen de pourvoi. Elle casse et annule l'arrêt n° 708 du 2 juin 2000 rendu par la Cour d'Appel d'Abidjan. Son attendu principal mérite d'être rappelé. Il est conçu ainsi qu'il suit :

« Attendu que l'irrecevabilité prévue par l'article 170 de l'AUPSRVE ne concerne que son seul alinéa 1er qui indique le mode de saisine et fixe le délai dans lequel la contestation de la saisie doit être portée devant la juridiction compétente ; que dès lors, en se bornant à déclarer à tort, qu'il résulte de l'article 170 susmentionné que la sanction résultant du défaut de mise en cause du tiers saisi est l'irrecevabilité, la Cour d'Appel qui a confirmé le jugement... par ce seul motif, n'a pas donné une base légale à sa décision ; qu'il échet en conséquence de casser et d'annuler l'arrêt attaqué et d'évoquer, sans qu'il y ait lieu de statuer sur le premier moyen »[1163]

Cet arrêt est particulièrement important dans le cadre de la présente réflexion. Il permet de se faire une idée approximative de l'obligation qui est faite au débiteur qui élève les contestations, de citer le tiers à l'instance. Certes, l'interprétation que la CCJA donne à l'article 170 est sans reproche[1164]. Mais, au-delà de ce moyen de pur droit, il se profilait dans cette affaire, un autre problème plus important encore : celui de la place que les tiers occupent dans les voies d'exécution. La CCJA aurait dû saisir l'opportunité que lui offrait cette affaire, pour rappeler la politique législative relativement aux tiers dans la phase contentieuse de l'exécution, comme il a été exposé initialement.

Car même s'il est constant que la sanction de l'alinéa 1er de l'article 170 précité ne s'étend pas à la violation de l'obligation d'appeler le tiers à l'audience de contestation, on se serait attendu que

---

[1163] CCJA, Arrêt n° 003/2002 du 10 Janv. 2002, Sté Ivoirienne d'Emballages Métalliques dite SIEM c/ Sté ATOU et autres, Rec. OHADA, n° spécial janvier 2003, p. 39. ; Jurisprudence ONANA, 2e éd., 2009, p. 447.

[1164] En réalité, l'irrecevabilité édictée par l'article 170 alinéa 1er de l'Acte uniforme n° 6 n'a rien à voir avec la citation du tiers saisi à l'instance en contestation. L'alinéa 2 de l'article 170 n'est pas le prolongement de l'article 1er du même texte.

la CCJA, usant de son pouvoir d'interprétation, recadre la motivation des juges du fond dans cette affaire, pour montrer le caractère impératif de la présence des tiers à l'audience dans toutes les procédures d'exécution où ils sont impliqués.

Parce que la participation des tiers en général à l'exécution est désormais obligatoire, la mise en cause du tiers saisi dans la procédure de contestation se révèle être une mesure d'ordre public. Son inobservation mérite, par conséquent, d'être sanctionnée par l'irrecevabilité de l'action, même en l'absence d'un texte. En fait, le respect des droits de la défense s'impose premièrement aux parties à l'instance. Elle n'est pas moins importante pour le juge qui doit veiller à la régularité de la procédure dont il est saisi[1165]. Il en va de la bonne marche du service public de l'exécution.

Paragraphe 2 : L'appel implicite du corps social à concourir à l'exécution

Lorsque le législateur uniforme demande aux tiers d'apporter leurs concours à l'exécution, il ne s'adresse pas uniquement au tiers saisi ou requis dans la procédure en cours. Il s'intéresse également à tout le corps social. Celui-ci est essentiellement composé de tous les opérateurs économiques du secteur privé.

Il convient d'exposer successivement, les raisons de cet appel (I) ; son contexte socio-économique (II) et son cadre juridique (III).

I- Les raisons de l'appel

On observe tout d'abord que la plupart des titres des particuliers mis en exécution appartiennent aux particuliers et opérateurs du secteur privé. Il peut s'agir des commerçants, personnes physiques. Mais dans la plupart des cas, ce sont des entreprenants[1166], les sociétés d'une seule personne[1167] ou des grosses structures personnifiées qui font recours aux voies d'exécution forcée.

1165 BOLARD (G), « Les juges et les droits de la défense », in *Études offertes à Pierre BELLET*, LITEC p. 49.

1166 Acte uniforme portant sur le droit commercial général, publié le 15 décembre 2010.

1167 IPANDA (F.-P.), « La société d'une seule personne dans l'espace Ohada », JURISCOPE 1999 ; *RCDA*, 2000 n° 2, p. 3.

On constate ensuite que les tiers saisis sont dans la majorité des cas, des banques, des établissements financiers assimilés ou des sociétés commerciales.

Or, l'examen de la jurisprudence permet de constater que tous ces opérateurs économiques relèvent du secteur privé. Et c'est précisément dans leurs rangs qu'on retrouve le plus souvent les tiers qui font généralement obstacle à l'exécution[1168].

Paradoxalement, c'est encore le même secteur privé qui pointe un doigt accusateur contre l'État, en faisant croire que l'insuffisance de l'action de cette entité publique dans la conduite de l'exécution forcée, est à l'origine de l'échec de celle-ci.

Cette façon d'agir constitue sans aucun doute l'une des raisons qui ont conduit l'Ohada à exiger la participation des tiers, et par voie de conséquence, du corps social, c'est-à-dire du secteur privé, à l'exécution.

Cet appel s'inscrit dans un contexte socio-économique bien précis où la division méthodique du travail dans la cité entre secteur public et secteur privé est à l'ordre du jour[1169].

II- Le contexte socio-économique de l'appel du corps social à l'exécution

Les pouvoirs publics ne sont plus de nos jours, en mesure de tout faire seuls dans la cité. On assiste de plus en plus à ce que certains auteurs considèrent comme *« une certaine démission sociale de l'État »* [1170], suivie corrélativement d'un appel aux particuliers à collaborer effectivement avec l'État pour améliorer le bien-être des consommateurs ou des usagers des services publics. Il est donc indispensable dans ces conditions, de favoriser l'émergence d'un secteur privé, capable de prendre en charge, les activités de nature économique que l'État exerce souvent par défaut, dans la plupart des domaines sociaux.

1168 Supra note 36.

1169 DURUPTY (M), « L'actualité en droit économique. Les relations entre le secteur public et le secteur privé : La privatisation du secteur public en France ». D.S., 1988 Chr., p. 79.

1170 CARMELYNK (G.H.) et LYON CAEN (G), *Droit du travail*, Précis DALLOZ, n° 11, p. 10.

La collaboration entre l'État et les particuliers dans les voies d'exécution, n'est en fait, que la traduction d'une collaboration plus étendue, entre le secteur public et le secteur privé[1171]. Son importance a largement été mise en lumière par les auteurs de droit public[1172].

Mais la politique législative va encore plus loin. Elle cherche aussi à corriger la tendance expansionniste vers laquelle les Jeunes États africains s'étaient orientés au moment des indépendances. On sait qu'à l'époque, l'État n'a pas voulu limiter son action dans la cité à *« l'administration de souveraineté »*[1173]. Il a cherché aussi à jouer un rôle prépondérant dans tous les domaines de la vie économique.

Cette philosophie postcoloniale de l'État à vouloir tout embrasser s'est traduite par *« l'extension des fonctions économiques assumées par l'État »* dans presque tous les domaines de la vie sociale.

Sur le plan économique, ces jeunes États se sont lancés dans la création des entreprises publiques dans tous les secteurs de l'économie, même dans ceux qui ne relèvent pas de leur activité naturelle. Aucun secteur de l'économie ne leur a échappé. Au Cameroun, par exemple, on a créé en un temps record, près de 150 sociétés et entreprises d'État. En ces périodes fastes, le chômage était presque inconnu dans beaucoup de secteurs[1174].

C'est le même enthousiasme qui a conduit les pouvoirs publics à proclamer dans le domaine juridique, la toute-puissance de l'État dans la direction et le contrôle de tous les secteurs de la justice. Rien n'est alors laissé au secteur privé dont on ne fait par ailleurs aucun cas. Le législateur de l'époque se comporte comme si la force pouvait être une solution à tous les problèmes qui peuvent se poser dans la cité.

[1171] Art. 29, Christian BONNET, ministre l'intérieur Français, in Manuel de la sécurité Sopral/ Edirepet discours lors de l'inauguration du laboratoire du Cnpp à Champs-sur Maine, le 09/ 11 : 1978, cité par Jean VAUJOUR, *La sécurité du citoyen* ; Que sais-je, PUF, p. 49.

[1172] KOVAR (R), La distinction *« gestion publique-gestion privée »* et « Le régime des conventions en droit international », *Recueil d'Études à l'hommage de Charles EISENMANN*, éd. CUJAS, p. 157

[1173] ROUSSET (M), cité par Gérard TIMSIT in « Eléments pour une analyse des systèmes d'administration publique », *Recueil d'Études à l'hommage de Charles EISENMANN*, éd. CUJAS, p. 157.

[1174] TEDGA (P.J.M.), *Entreprises publiques, État et crise au Cameroun, faillite d'un système*, préface de Michel DERUPTY, L'HARMATTAN, 1990.

Cette politique a eu ses avantages. Elle a permis de combler un grand vide au niveau des investissements et a évité aux économies africaines naissantes, d'être littéralement envahies par les capitaux étrangers face à un secteur privé local inexistant ou alors, caractérisé par un déficit d'initiatives[1175].

Mais l'euphorie a été de très courtes durées. La volonté des pouvoirs publics à vouloir tout régenter a trouvé ses limites. Les raisons sont multiples.

D'abord, le budget de l'État s'est révélé insuffisant pour faire face au paiement des salaires des fonctionnaires. On ne pouvait donc pas continuer à accorder des subventions annuelles aux entreprises publiques ou parapubliques qui tournaient le plus souvent à perte[1176]. Cette situation, associée d'une part, à l'absence totale de formation technique des fonctionnaires appelés à assurer la gestion de ces sociétés ; d'autre part, à une corruption rampante au sein de ces entreprises, ont fini par triompher de la volonté bien pensée des pouvoirs publics à avoir un droit de regard sur l'économie.

Ensuite, les bailleurs de fonds, vers lesquels ces jeunes États ont tendu la main, ont saisi cette opportunité pour imposer un véritable code de conduite aux gouvernements africains. Les institutions de BRETTON WOODS par exemple[1177], appelées urgemment au chevet des économies africaines très mal en point, ont imposé une autre technique de gestion. En accord avec certains gouvernements occidentaux, elles ont proposé aux pays africains du sud du Sahara

---

1175 YOUSSOUFA DAOUDA, ancien ministre du plan qui parle de « carence de l'initiative privée au Cameroun », cité par TEDGA (P-J.M), op. cit., p.17.

1176 TEDGA (P.J.M.), Entreprises publiques, État et crise au Cameroun, faillite d'un système.

1177 La Banque Mondiale et le FMI.

notamment, une aide conditionnée[1178] au respect d'une *« gouvernance partagée »*[1179].

On connaît les remèdes : privatisations tous azimuts, liquidation des entreprises en difficulté, dégraissage des effectifs pléthoriques de la fonction publique, formation et spécialisation du personnel, invitation des États à limiter leurs interventions aux seules matières intéressant la paix, l'ordre public et la collecte des impôts[1180]. Bref, la panacée a été de transférer au secteur privé, la majorité des activités relevant de l'économie.

Le secteur privé, initialement inexistant et auquel on n'accordait jusque-là aucune importance, est apparu être le seul recours susceptible de reprendre en main les activités économiques devenues des charges trop pesantes pour les maigres budgets des États africains.

La philosophie qui a gouverné les privatisations des entreprises d'État a été étendue au droit et surtout au droit des affaires.

Dans un premier temps, les procédures conventionnelles visant à trancher les litiges entre particuliers sont nées. L'arbitrage a commencé à s'imposer, comme une autre technique de règlement des litiges, admis par les États africains. La clause compromissoire initialement nulle dans les conventions intéressant l'État est aujourd'hui déclarée valable

---

[1178] V. les différents programmes sur la gouvernance : USAID, *democracy and gouvernance, policypaper,* October 1991, Banque Mondiale, l'Afrique subsaharienne : de la crise à la croissance durable. Une perspective à long terme, WASHINGTON DC, Banque Mondiale, 1989 ; discours du président français François MITTERAND à la BAULE (juin 1990), cités par ANOUKAHA (F), DE PRINCE POKAM (H), FOLEFACK (E), et NKENGFACK (H), « La lutte contre la pauvreté et les exclusions par les institutions et les pouvoirs publics en Afrique à travers le concept de « gouvernance partagée », in *Annales de la faculté de sciences juridiques et politiques de l'Université de DSCHANG*, T.7, PUA, 2003, p.5 ; « La crise financière actuelle : Incidences sur les opérations du secteur privé ». *Conférence ministérielle sur la crise financière tenue à Tunis*, Hôtel RAMADA PLAZA, Tunis, Tunisie, 12 novembre 2008.

[1179] Voir not. ANOUKAHA (F), DE PRINCE POKAM (H), FOLEFACK (E), et NKENGFACK (H), La lutte contre la pauvreté et les exclusions par les institutions et les pouvoirs publics en Afrique à travers le concept de *« gouvernance partagée »*, op. cit., p. 335

[1180] TIMSIT (G) in « Eléments pour une analyse des systèmes d'administration publique », *Mél. Ch. EISENMANN*, éd. CUJAS, p. 157.

par les tribunaux de l'ordre judiciaire[1181]. L'État accepte de plus en plus, sa participation à l'arbitrage privé[1182].

Dans un second temps, on a assisté, avec l'avènement de l'Ohada, à la coexistence de deux justices parallèles. La justice étatique et la justice arbitrale[1183].

On n'est donc pas surpris de constater aujourd'hui dans les voies d'exécution, l'émergence aux côtés de l'État, d'une catégorie de personnes que l'Acte uniforme appelle tiers, mais qui sont en réalité, une institution informelle, au même titre que l'État. Pour s'en rendre compte, il suffit d'examiner attentivement les différentes missions que le droit communautaire met à la charge du tiers, afin d'assurer la sécurité juridique et judiciaire de l'exécution.

Cet ensemble de solutions ne repose en fait sur aucun fondement juridique. Elles sont essentiellement politiques. Elles visent à donner dans chaque pays démocratiquement organisé, une place au secteur privé dans toutes les activités qui touchent à l'économie.

Dans les voies d'exécution plus précisément, la solution de l'article 38 de l'AUPSRVE a pour finalité une redéfinition des rôles entre l'État et le secteur privé. Le cadre juridique qui gouverne cette nouvelle relation est encore plus explicite sur ce point.

III- Le cadre juridique de la collaboration secteur public-secteur privé

Le cadre juridique de la collaboration secteur public-secteur privé n'est pas encore bien élaboré dans les différents pays africains. Sauf erreur, il n'existe aucun texte de loi décrétant un rapprochement entre les pouvoirs publics et le secteur privé en matière de gestion. Celui-ci s'est imposé de lui-même par la force des choses. Aujourd'hui, tout le

---

[1181] IPANDA, l'affaire SODECAO et l'évolution du droit de l'arbitrage au Cameroun, JURIDIS PÉRIODIQUE, 1997 ; *RCDA*, 1999, n° 1, p. 3. Acte uniforme ohada relatif au droit de l'arbitrage, publié le 11 mars 1999.

[1182] LLORENS (F) et SOLER COUTEAUX (P), « La soumission des personnes publiques au droit de la concurrence », D.S. 1989 Chr. p. 67 ; KAMTO (M), « L'acceptation de l'État à l'arbitrage », *Colloque sur les perspectives de l'arbitrage en Afrique*, 1999 ; ESTOUP (P), « Étude et pratique de la conciliation », D.S., 1986 Chr., p. 161.

[1183] Acte uniforme ohada relatif au droit de l'arbitrage, publié le 11 mars 1999 ; OPPETIT (B), « Justice étatique et justice arbitrale », in *Études offertes à Pierre BELLET*, LITEC, p. 415.

monde encourage l'évolution du Partenariat secteur public-secteur Privé[1184]. L'État est d'ailleurs le premier à se rendre compte, qu'il ne dispose, ni de ressources humaines suffisantes, ni d'un pouvoir financier susceptible de lui permettre d'assurer une bonne et pleine gestion de tous les secteurs d'activités dans la société.

Il est vrai que c'est en contemplation de ce qui se passe dans les pays industrialisés que l'idée d'une collaboration secteur public-secteur privé est apparue comme devant aussi être transposée dans les jeunes États africains. Les nationalisations de 1982 en France suivie des privatisations de 1986[1185] ont beaucoup joué contre le maintien en Afrique, d'un rôle prépondérant de l'Administration dans la gestion des entreprises publiques.

Mais, on ne peut oublier l'influence que les institutions financières internationales exercent sur les politiques des pays sous-développés. Appelés à financer des pays africains en pleine crise économique, le FMI et la Banque Mondiale n'ont pas eu la même vision des choses que les jeunes gouvernements des États africains. Elles n'ont pas du tout apprécié la politique africaine de l'État entrepreneur. Il faut reconnaître que les États africains, nouvellement indépendants, n'avaient pas pris soin d'élaborer une véritable politique de la participation efficace des pouvoirs publics à l'économie. La création des entreprises d'État n'avait en réalité qu'un fondement nationaliste ou *« stratégique »*. Car, de l'avis des autorités politiques elles-mêmes, *« Il fallait contrecarrer par tous les moyens, l'invasion des jeunes États par les capitaux étrangers »*[1186]. C'est la raison fondamentale qui a conduit les pouvoirs publics à mettre en place, un secteur public économique.

Une telle politique s'est avérée suicidaire sur le plan financier, faute d'un travail préalable de réflexion et d'organisation.

L'État n'a eu d'autres ressources que de suivre l'orientation technique proposée par le FMI pour promouvoir une collaboration secteur public— secteur privé. Au Cameroun par exemple, un décret

---

[1184] Le fameux PPP.

[1185] DURUPTY (M), « L'actualité en droit économique. Les relations entre le secteur public et le secteur privé : La privatisation du secteur public en France », D.S., 1988, Chr., p. 79

[1186] YOUSSOUFA DAOUDA, ancien ministre du plan qui parle de « carence de l'initiative privée au Cameroun », cité par TEDGA (P-J.M), *Entreprises publiques, État et Crise au Cameroun, faillite d'un système*, préface de Michel DURUPTY, L'HARMATTAN, 1990, p. 17

dont l'objet principal est la délimitation des domaines d'activités du secteur public et parapublic, avec option d'une simple participation au capital des structures privatisées, est signé en 1986[1187].

Au-delà du domaine économique, on peut aussi constater que la coopération secteur public secteur privé progresse énormément dans le domaine judiciaire. On voit de plus en plus, comme on vient de le souligner[1188], un lien très appuyé, entre justice étatique et justice arbitrale[1189]. On assiste à un développement de l'arbitrage judiciaire[1190]. Les juridictions étatiques sont insérées dans le processus arbitral et les magistrats sont régulièrement désignés arbitres dans des litiges privés. Il y a là, un rapprochement que le professeur FOUCHARD a beaucoup encouragé avant sa brutale disparition[1191]. Pour l'auteur éminent, le secteur public et le secteur privé ne sont pas *« deux modes antinomiques de règlement des litiges »*. Et l'idée même d'un arbitrage judiciaire implique qu'aucun fossé infranchissable ne sépare les deux types de fonctions juridictionnelles[1192].

Dans l'ensemble, les opérations juridiques visant à rapprocher le secteur public du secteur privé ne sont pas entreprises au hasard. Elles doivent assurer, une sécurité juridique et judiciaire des affaires dans la cité.

Section 2 : La sanction du refus de collaborer

La sanction du refus de collaborer est assurée depuis très longtemps pour partie, aussi bien par la loi pénale que par les solutions du droit civil. L'Acte uniforme n° 6 est venu renforcer cette solidarité entre

---

[1187] Décret de juin 1986 portant délimitation du secteur public et parapublic, cité par TEDGA (P-J.M), *Entreprises publiques, État et Crise au Cameroun, faillite d'un système*, préface de Michel DURUPTY, L'Harmattan, 1990, p.17

[1188] Supra.

[1189] Acte uniforme ohada relatif au droit de l'arbitrage, publié le 11 mars 1999 ; OPPETIT (B), « Justice étatique et justice arbitrale », in *Études offertes à PIERRE BELLET*, LITEC, 1991, p. 415 ; GOLDMAN (B), « Instance judiciaire et instance arbitrale internationale », in *Études offertes à PIERRE BELLET*, LITEC, 1991, p. 219.

[1190] FOUCHARD (Ph.), « L'arbitrage judiciaire », in *Études offertes à PIERRE BELLET*, LITEC, 1991, p. 167 ; CORNU (G), « Le juge arbitre », *Rev. arb* ; 1980. 373 ; BELLET (P), « Le juge arbitre », *XIe colloque des Instituts d'études judiciaires, le juge et l'arbitrage*, Dijon, Oct. 1977, Rev. Arb. 1980 n° spécial, p. 394 et s.

[1191] FOUCHARD (Ph.), in *Etudes Pierre BELLET*, op.cit., p. 338

[1192] Sur l'arbitrage judiciaire, v. not. JAROSSON (Ch), *La notion d'arbitrage*, LGDJ, 1987, n° 14 et s. ; FOUCHARD (Ph.), op. cit., p. 169

législations, en édictant de son côté, des sanctions qui lui sont propres. Dans l'ensemble, à côté des sanctions pénales qui visent une catégorie spécifique de tiers impliqués à l'exécution (II), se trouve toute une gamme de sanctions de nature civile, qu'il convient d'exposer en premier lieu. (I).

Paragraphe 1 : Les sanctions civiles

Les sanctions qui s'appliquent aux tiers qui violent les obligations visant à garantir l'exécution des titres des particuliers sont de deux ordres : une sanction pécuniaire ferme, propre aux voies d'exécution ; et la menace d'une condamnation éventuelle, en cas de résistance abusive, qui a été imaginée par le droit civil.

I- Les sanctions pécuniaires édictées par l'Acte uniforme du 10 avril 1998

Les sanctions pécuniaires fermes sont infligées au tiers saisi ou séquestre qui viole un certain nombre d'obligations : l'obligation d'informer le créancier saisissant et les créanciers intéressés, d'une part ; celle de libérer les sommes que le tiers a reconnu devoir au débiteur poursuivi ou dont il a été jugé débiteur. La première est prescrite et sanctionnée par les articles 80 et 156 de l'AUPSRVE ; la seconde est réglée par l'article 168 du même texte.

Ainsi, le tiers saisi qui enfreint l'une de ces deux obligations prescrites par l'Acte uniforme s'expose d'une part, à la condamnation aux causes de la saisie ; d'autre part, à celle des dommages-intérêts. Le JEX saisi est libre de prononcer l'une ou les deux sanctions à la fois. Mais il peut aussi, usant du pouvoir souverain d'appréciation que lui reconnaît l'Acte uniforme, opter pour la solution contraire.

La double condamnation que peut subir un tiers, a un domaine bien précis. Elle ne s'applique que lorsqu'il y a à la base, une saisie et une faute. Elle ne s'étend pas aux tiers simplement requis[1193]. Ceux-ci ne peuvent, en aucun cas, subir légalement une condamnation aux causes de la saisie, dès lors qu'aucune mesure d'exécution forcée n'a été pratiquée entre leurs mains. La seule peine que l'Acte uniforme prévoit à leur endroit est une condamnation aux seuls dommages-intérêts.

[1193] Il est vrai que tout tiers saisi est automatiquement, un tiers requis ; mais l'inverse n'est pas vrai.

La jurisprudence éprouve souvent d'énormes difficultés à faire le départ des personnes sur lesquelles doivent être appliquées ces différentes sanctions. On a eu l'occasion de le constater à regret, dans l'affaire DAME Mermoz et autres[1194].

Par ailleurs, c'est la même imprécision qui entoure le choix de la sanction à infliger au tiers saisi ou séquestre récalcitrant. L'article 168 de l'AUPSRVE qui régit la libération des fonds par le tiers saisi ou séquestre dispose : *« En cas de refus de paiement par le tiers saisi des sommes qu'il a reconnu devoir ou dont il a été jugé débiteur, la contestation est portée devant la juridiction compétente qui peut délivrer un titre exécutoire contre le tiers saisi »*.

On doit pouvoir reconnaître immédiatement, que le JEX saisi jouit d'un pouvoir souverain d'appréciation pour prononcer ou non, une condamnation contre le tiers visé par l'article 168 de l'AUPSRVE. Mais une fois qu'il est convaincu qu'il y a de la part d'un tel tiers, une volonté arrêtée de faire obstacle à l'exécution, il est tenu de prononcer la sanction légale qui est la délivrance d'un titre exécutoire. Un tel titre, en saines sciences juridiques, ne devait, en principe, faire l'objet d'aucun recours. Il doit être exécuté comme tous les autres titres exécutoires énumérés par l'article 33 de l'AUPSRVE.

Or, que de difficultés pour aboutir à cette solution sur le plan pratique. Dans la majorité des cas, le JEX qui prend l'initiative de condamner le tiers saisi récalcitrant, statue en premier ressort. Ce qui signifie que sa décision est rendue à charge d'appel. Ainsi, l'acte juridictionnel qui devait en principe, être un titre exécutoire, ainsi que le prescrit l'article 168 de l'AUPSRVE, est de nouveau soumis à l'appréciation du juge du second degré, voire de la CCJA[1195].

Une telle interprétation est critiquable pour une double raison : d'abord, parce qu'elle viole la lettre et l'esprit de l'article 168 de l'AUPSRVE qui soumet le refus du tiers de s'exécuter à un régime particulier ; ensuite, parce que ce refus du tiers ne peut être assimilé à une contestation au sens des articles 169 et suivants. Par conséquent,

---

[1194] CCJA, 2e Ch. arrêt n° 006/2006 du 09 mars 2006, aff. Sté INDUS-CHIMIE c/ Dame MERMOZ et autres.

[1195] Dont le pouvoir d'évocation transforme en une sorte de troisième degré de juridiction.

les recours édictés par l'article 172, exclusivement en faveur des parties au rapport d'exécution, lui sont légalement fermés.

En réalité, l'unique voie de recours ouverte au tiers saisi ou séquestre qui est condamné aux causes de la saisie reste l'action récursoire prescrite par l'article 38 de l'AUPSRVE. À moins que le JEX qui refuse souvent de rendre un titre exécutoire n'opte pour les astreintes qui ne sont parfois que de simples menaces comminatoires.

II- Les sanctions comminatoires

Avant même que l'Acte uniforme n° 6 n'apporte la rigueur aux sanctions encourues par les tiers, le droit commun avait déjà choisi d'associer la menace à la condamnation prononcée en matière d'exécution forcée. Rares sont jusqu'à ce jour, les décisions qui prononcent la libération des causes d'une saisie par exemple sans les assortir d'une astreinte. [1196]

Ce réflexe des juges n'a pas changé. On préfère prononcer des astreintes au lieu d'appliquer l'article 168 de l'AUPSRVE qui demande expressément aux JEX de rendre contre le tiers récalcitrant, un titre exécutoire.

Si le concept et la définition de la notion sont restés invariables, l'astreinte semble avoir changé de nature. Elle n'est plus seulement une simple menace de condamnation pécuniaire en vue de faire pression[1197] ou de *« briser la résistance »* du débiteur comme aiment bien le dire les Magistrats. Elle est devenue, au regard des décisions de justice qui se succèdent, ce que J.Cl. WOOG appelle l'astreinte couperet[1198]. Une véritable créance que le bénéficiaire peut faire valoir contre le débiteur, sous réserve de sa liquidation.

L'affaire HOLLYWOOD HÔTEL et KAMGAING Marcel c/ succession P. SOPPO PRISO en est un exemple. Elle a fait un grand bruit dont l'écho a atteint la CCJA. Dans cette cause, la succession SOPPO PRISO avait été condamnée en référé à la restitution d'un papier chèque rentré sans provision à son tireur HOLLYWOOD

1196 IPANDA (F.P.), « L'astreinte judiciaire : peine privée ou dommages-intérêts », obs. sous les arrêts C.A. du Littoral, n° 118/ Ref du 27 Sept. 1999 (1re esp.) et n° 13/Ref du 25 Oct. 1999 (2è esp.), *R.C.D.A.* n° 3 avril-juin 2000, p. 71 et s.

1197 GUINCHARD (S) et DEBARD (Th.), *Lexique des termes juridiques*, (sous la direction de), DALLOZ, 2015-2016, p. 97 ;

1198 WOOG (J. Cl.), *La stratégie du créancier*, Dalloz, 1997, p. 200, n° 288.

HÔTEL, sous astreinte de 200 000 frs par jour de retard. La première liquidation provisoire intervenue a donné un montant de 614 millions de frs CFA à celui qui prétendait avoir payé ses loyers alors que son compte ne disposait d'aucune provision à la banque. Après cette première liquidation, une seconde assignation en liquidation provisoire de 250 millions était engagée. Sous réserve d'autres demandes de liquidation provisoire à intervenir. Au point qu'avant la saisine de la CCJA et l'intervention de la Banque Mondiale, le montant provisoirement liquidé en faveur du tireur du chèque sans provision dépassait déjà le milliard en CFA.

Dans une étude parue à la Revue camerounaise du Droit des Affaires en 2000, mais qui reste toujours d'actualité, un auteur n'a pas hésité à comparer les astreintes prononcées par les tribunaux camerounais depuis l'entrée en vigueur de l'Acte uniforme sur les voies d'exécution, à une rente viagère[1199].

Pourtant, l'usage dans les voies d'exécution de cette technique de droit civil est unanimement approuvé[1200]. Si dans un pays comme le Cameroun, les astreintes tirent leur source de la jurisprudence, dans d'autres pays comme la France, elles sont légalement consacrées[1201]. Il suffit d'en faire un bon usage. Dans le cas contraire, rien n'empêchera de dénoncer le particularisme camerounais de l'exécution forcée sur le plan particulier des astreintes.

Paragraphe 2 : Les sanctions pénales

Le Code pénal camerounais[1202] place les atteintes aux biens saisis et mis sous main de justice, dans le chapitre IV section VII, intitulé : *« De l'entrave à l'exercice des services publics »*. Son article 190 qui sanctionne le détournement des biens saisis dispose : *« Est puni d'un emprisonnement de un (01) à cinq (05) ans et d'une amende de cinquante mille (50 000) à un million (1 000 000) de francs, celui qui*

[1199] IPANDA, « L'astreinte judiciaire : peine privée ou dommages-intérêts », op. cit., p. 341

[1200] DONNIER (M) & DONNIER (J.B.), Voies d'exécution et procédures de distribution, 6e éd. LITEC, p. 93 et s., n° 274 et s. ; WOOG (J. Cl.), *La stratégie du créancier*, op. cit., p. 196 et s. n° 280 et s.

[1201] Loi française du 9 juillet 1991 et décret du 31/ juillet 1992 (art. L. 33 à 37 et D. 51 à 53).

[1202] Loi n° 2016/007 du 12 juillet 2016 portant Code pénal.

détourne, détruit ou détériore les biens saisis ou placés sous séquestre ».

Ce texte, tout comme l'ancien qui était identique, produit un effet dissuasif. Il traduit clairement le noble souci de l'État, d'imposer à tous ceux qui peuvent se trouver mêler au service public de l'exécution, notamment, aux gardiens des biens saisis, le strict respect de l'autorité qui s'attache aux décisions des autorités judiciaires, relativement à la conservation et à la représentation des biens des particuliers, objet des mesures exécutoires ou des saisies conservatoires.

L'Acte uniforme n° 6 du 10 avril 1998 rend d'ailleurs hommage au législateur pénal national sur la salutaire mainforte que la loi pénale nationale prête à l'exécution. Plusieurs de ses dispositions exigent que la mention de la sanction édictée par le Code pénal de chaque État-partie, contre la distraction des biens saisis soit portée en caractères très apparents[1203], dans l'acte de saisie[1204].

Ces peines ne sont pas seulement très lourdes. Elles sont surtout doublées. Le gardien, tiers saisi ou non, qui se rend coupable de détournement des biens saisis ou mis sous séquestre, dispose l'article 190 du Code pénal, est puni d'une part, d'une peine d'emprisonnement ; d'autre part, d'une amende. L'emploi par le législateur de la conjonction de coordination « et » montre clairement qu'il s'agit de peines cumulatives. Ce faisant, le texte légal enlève implicitement au juge, tout pouvoir d'appréciation quant au choix de la condamnation à retenir.

Tout cela démontre la sévérité de la sanction qui doit être infligée au délinquant dans les saisies. Il est clair qu'une condamnation au pénal ne fait aucun obstacle à la condamnation à une juste réparation, soit devant le JEX ; soit devant le juge pénal saisi d'une éventuelle action civile à côté de l'action pénale[1205].

1203 Sur la notion de mentions apparentes, voir supra, note sur la désignation du gardien.

1204 Art. 36 (dispositions générales) ; 64 (sur la saisie conservatoire des biens meubles corporels) ; 77 (saisie conservatoire des créances) ; 100 (10) ; 109 (7).

1205 Voir infra

CHAPITRE 2 :

LA REDEFINITION DES ROLES RESPECTIFS DU SECTEUR PUBLIC ET DU SECTEUR PRIVE DANS LES VOIES D'EXECUTION, FINALITE DE LA REFORME

Comme dans beaucoup de secteurs de l'économie, la collaboration secteur public- secteur privé est une nécessité dans les voies d'exécution. Pour qu'elle produise des effets escomptés, l'Acte uniforme du 10 avril 1998 exige à la fois de l'État et des tiers, des prestations précises, mais complémentaires. Le texte communautaire prend d'ailleurs soin d'assortir ces prestations de sanctions indépendantes et propres à chaque secteur.

Les différentes dispositions qui les concernent montrent clairement que l'objectif du législateur uniforme est de redéfinir les rôles respectifs des tiers et de l'État dans le processus de l'exécution. De l'analyse des textes en présence, on découvre que pour l'ohada, les tiers doivent assurer la protection des aspects économiques des mesures d'exécution (section 1), alors que l'État doit rester confiné aux tâches policières, indispensables à la mise en œuvre des opérations d'exécution (section 2). Reprenons ces deux ordres de préoccupations.

Section 1 : L'État confiné aux tâches policières

Dans tous les pays à aspiration démocratique, l'exécution des titres des particuliers relève de la compétence de l'État[1206]. C'est l'État qui dispose de la force publique et des moyens de contraintes qui font de lui, *« la puissance qui agit »*[1207]. C'est aussi l'État qui assure le maintien de l'ordre public dans la société, aussi bien dans le domaine

---

[1206] DONNIER & DONNIER op. cit., p. 27, n° 6.
[1207] DUGUIT, cité par DUFAU (V), op. cit., p. 261

économique[1208] que juridique[1209]. Ce principe ne souffre jusqu'à ce jour d'aucune contestation[1210].

D'ailleurs, la plupart des auteurs considèrent l'exécution, comme un problème essentiellement politique qui relève de la compétence exclusive des États[1211]. Cette affirmation ne manque pas de pertinence. Elle présente une grande importance en droit international[1212]. Elle ne semble cependant pas totalement acquise en droit national. Sans nier l'emprise de la politique sur l'exécution, d'éminents processualistes considèrent que l'autorité du juge demeure intacte en matière d'exécution jusqu'à la parfaite réalisation matérielle de la décision intervenue[1213]. Dans tous les cas, c'est toujours l'État qui agit pour parvenir par des moyens de contraintes qui lui sont propres à l'exécution forcée.

Les prérogatives de l'État dans les voies d'exécution, se sont encore trouvées renforcées, depuis que l'exécution forcée s'est débarrassée de tous les vestiges du passé, caractérisés par le droit naguère reconnu aux créanciers, d'user eux-mêmes de la force sauvage pour obtenir

---

1208 FARJAT (G), Droit privé de l'économie, 2, Théorie des obligations, PUF, p. 298 et spéc. p. 300 et s. CARREAU (D), JULLARD (P) et FLORY (Th), Droit international économique, 2e éd. refondue et augmentée LGDJ, 1980, p. 116.

1209 DORSNER-DOLIVET (A) et BONNEAU (Th), *L'ordre public, les moyens d'ordre public en procédure*, D.S. 1986 Chr. p. 59. MALAURIE (P), l'ordre et le contrat, étude de droit civil comparé, France, Angleterre, URSS, thèse Paris 1951 ; TALLON (D), Considérations sur la notion d'ordre public dans les contrats en droit français et en droit anglais, in Mél. SAVATIER, p. 883 ; BELOT (J), *L'ordre public et le procès pénal*, thèse Nancy, 1980, p.18.

1210 Mais l'apparition de la milice privée constituée en société de gardiennage est un signe qui trouble.

1211 not. ROSENNE (R), in l'exécution et la mise en vigueur des décisions de la Cour Internationale de Justice, R.G.D.I.P. 1953 p. 7 cité par Abdelhamid El OUALI, in effets juridiques de la sentence internationale, contribution à l'étude de l'exécution des normes internationales, préface Paul REUTER, éd. L.G.D.J. 1984, p. contra P. HEBRAUD qui enseigne que l'exécution doit être considérée comme essentielle à la notion de juridiction, in l'exécution des jugements civils, Rév. Int. Dr.Comp. 1957, p. 170 cité par Abdelhamid El OUALI, op. cit., p. 1.

1212 not. ROSENNE (R), op. cit., p.346

1213 P. HEBRAUD qui enseigne que l'exécution doit être considérée comme essentielle à la notion de juridiction, in l'exécution des jugements civils, Rév. Int. Dr. Comp. 1957 p. 170 cité par Abdelhamid El OUALI, op. cit. p. 1.

l'exécution de leurs droits et titres[1214]. Aujourd'hui, la matière est entièrement placée sous l'autorité exclusive du pouvoir judiciaire qui en assure l'organisation et le contrôle[1215].

Bien que pleinement conscient de cette vérité, l'Acte uniforme n° 6 n'a pas pour autant, totalement reconduit les solutions qui avaient cours dans l'ancien droit relativement à une exécution privée. Le tiers, qu'il réintroduit dans les voies d'exécution, joue un rôle totalement différent de celui des créanciers du temps des *legis actiones*. Aujourd'hui, le tiers n'a aucun intérêt personnel à protéger dans l'exécution. Il doit être regardé plutôt comme un acteur dont la présence dans les opérations d'exécution est indispensable. Les différentes dispositions de l'Acte uniforme du 10 avril 1998 sont très précises sur ce point.

À l'État sont conférées les tâches de puissance publique[1216]. Elles sont gouvernées par l'article 29 de l'AUPSRVE qui dispose : alinéa 1er *« l'État est tenu de prêter son concours à l'exécution des décisions et autres titres exécutoires ».*

Pour l'alinéa 1er du texte susvisé en effet, l'État a pour mission d'encadrer l'exécution. Il est l'unique entité légalement tenue de mettre à la disposition des officiers ministériels chargés de l'exécution, la force publique. Celle-ci, on le sait, joue un rôle dissuasif d'une très grande importance. Le concours de la police ou de la gendarmerie est indispensable lorsqu'il faut, par exemple, briser toute résistance injustifiée du débiteur, ou étouffer toute forme de rébellion sur le terrain de l'exécution.

Sans l'intervention de la force publique, aucune exécution forcée n'est en principe possible, tant en droit interne qu'en droit international. C'est pour cela qu'il faut convenir avec Jean Claude TCHEUWA que *« le droit et la force sont indissociables. Non seulement le respect du droit est assuré par la contrainte, mais encore le droit est, tout au moins en partie, l'expression à un moment donné de rapports de force »*[1217].

1214 V. DONNIER M) et DONNIER (J.B), op. cit. p. 5 n° 16 et s, PREVAULT (J), « L'évolution du droit de l'exécution forcée depuis la codification napoléonienne », *Mél. VINCENT*, p. 297.

1215 V. DONNIER M) et DONNIER (J.B), op. cit. p. 27 n° 67.

1216 DUFAU (V), op. cit, p.82 et s.

1217 TCHEUWA (J.-C.), « Communauté Internationale, guerre et responsabilité internationale des États. Réflexions autour de la responsabilité internationale des États », in *Rev. Cam. D'Études Internationales*, n° 001, 1er semestre 2007, pp. 13-

On connaît les précédents. L'affaire *Couitéas* a montré, depuis très longtemps, l'impossibilité qu'il y a pour l'huissier de justice, de parvenir seul à l'exécution. Il doit nécessairement être accompagné de la force publique. Le rôle que joue l'État en matière d'exécution est évident. C'est pourquoi l'Acte uniforme exige la participation de ce tiers d'un type particulier à l'exécution, sous peine de condamnation.

On est ici, en présence d'une véritable révolution en matière d'exécution. On sait qu'avant Ohada, aucun texte de procédure n'a osé ni faire injonction ni menacer l'État d'une condamnation en raison d'une exécution des décisions et titres des particuliers sur le plan interne [1218]. Au contraire, c'est l'État qui, à travers la formule exécutoire, intimait et intime encore l'ordre aux procureurs généraux, aux officiers ministériels ou à la police, de mettre le titre à exécution. Il le fait par la voix de la plus haute autorité politique du pays qui, elle aussi, déclare agir au nom du peuple[1219]. N'y a-t-il pas contradiction à condamner l'État qui agit, en matière d'exécution, par procuration ou doit-on, au regard de l'article 29 de l'AUPSRVE, modifier le libellé de la formule exécutoire ?

Toutes ces interrogations doivent conduire à déduire que l'échec d'une exécution ne peut plus rester impuni. Les responsabilités doivent être non seulement établies, mais imputées à l'entité qui a failli. En faisant apposer la formule exécutoire sur le titre, l'État ne se borne plus à accepter par avance, le principe de l'exécution forcée. Il est désormais tenu de participer lui-même à cette exécution[1220] dans les limites de sa compétence définie par l'Acte uniforme du 10 avril 1998.

Autrement dit, tout créancier dont la saisie n'a pu aboutir du fait de la carence ou de la défaillance de l'État est en droit de réclamer la condamnation de celui-ci devant la juridiction compétente.

---

134 ; DOUC RASY, « Le droit et la force dans le monde contemporain », *Recueil d'Études en hommage à Charles EISENMANN*, éd. CUJAS, p. 419.

[1218] PREVAULT (J), « L'évolution du droit de l'exécution forcée depuis la codification napoléonienne », *Mél. VINCENT*, DALLOZ, 1981, p. 297

[1219] Voir Loi n° 2006/015 du 29 Déc. 2006 portant organisation judiciaire, modifiée et complétée par la loi n° 2011/027 du 14 Déc. 2011, art. 11.

[1220] C.A ABIDJAN, arrêt n° 1124 du 08 avril 2003 qui retient contre l'État une voie de fait, du fait de la participation de la force publique à la réalisation d'une décision non exécutoire. aff. Sté ASH INTERNATIONAL et autres c/ HAMED BASSAM TRAORE et autres, voir CODE BLEU, p. 606, art. 29 (jurisprudence).

Là s'arrête la mission de l'État en sa qualité de tiers dans l'exécution. Celle-ci est purement policière.

Aux tiers de droit privé qui détiennent les biens objet de la saisie revient, selon l'article 38 du même Acte uniforme, la charge de faciliter la réussite matérielle et financière de l'exécution.

À travers ces deux dispositions, on voit clairement se profiler, une division des tâches que chaque acteur extérieur doit accomplir dans la procédure d'exécution forcée.

Section 2 : Le tiers, appelé à garantir la sécurité des aspects économiques de l'exécution ou de la conservation

« On ne peut pas tout obtenir par la contrainte ou la coercition »[1221]. Cette affirmation se vérifie aisément dans les voies d'exécution. Ici, le concours exigé de l'État dans l'exécution forcée est une condition nécessaire à la réussite de la procédure engagée. Mais, elle n'est pas suffisante. Pour que la réalisation du titre exécutoire soit effective, il faut associer à l'action de l'État, un autre concours. Celui des tiers impliqués à l'exécution. Ce sont ces derniers qui détiennent effectivement les biens saisis ou convoités. Par conséquent, ils jouent un rôle irremplaçable pour la parfaite réussite des opérations d'exécution.

Le législateur communautaire ohada l'a bien compris. L'article 38 de l'AUPSRVE exige que les tiers se mettent entièrement au service de l'exécution, sans se soucier des rapports d'affaires qu'ils peuvent éventuellement entretenir avec le débiteur saisi. Toute attitude malveillante ou frauduleuse de leur part, qui cause un dommage au créancier saisissant, peut donner lieu à des sanctions sévères.

L'obligation pour les tiers d'associer leurs efforts à ceux de l'État pour parvenir à une exécution efficace doit conduire aujourd'hui à ne plus tenir l'État en sa qualité de tiers dans l'exécution, pour unique responsable d'un échec éventuel de l'exécution. C'est le domaine d'activités de chaque corps de participants, tel que défini par les

[1221] FARJAT (G), *Droit privé de l'économie, 2, Théorie des obligations*, THEMIS, op. cit., p. 504.

articles 29 et 38 de l'AUPSRVE qui doit conduire à trancher le problème des responsabilités.

Ce partage obligatoire des responsabilités entre l'État et les tiers a provoqué de grands changements dans la technique d'appréciation des actes de chacun, sur le plan juridique. On peut citer, entre autres, le nouveau régime de preuve en matière d'exécution. On sait qu'en droit commun de la procédure, c'est au demandeur à l'action ou plus précisément à celui qui allègue un fait, d'en rapporter la preuve[1222].

Depuis 1998 [1223], ce principe n'est plus applicable en matière d'exécution. Ce n'est plus au créancier saisissant qui fait signifier un acte de saisie à un tiers, de rapporter la preuve de l'existence d'un lien d'obligations entre ce dernier et le débiteur poursuivi. C'est plutôt au tiers en cause qu'il appartient d'établir qu'il n'existe aucun lien d'affaires entre lui et le débiteur poursuivi. Et lorsqu'un tel lien existe, c'est le tiers aussi qui est légalement tenu d'établir l'étendue de ses engagements envers le débiteur saisi, en mettant à la disposition du créancier saisissant, toutes les informations édictées par la loi, pour parvenir à une meilleure exécution.

Ce revirement législatif qui replace les tiers au cœur des voies d'exécution est spectaculaire[1224]. Il n'était pas attendu. C'est là un signe d'une révolution spectaculaire dans la technique de l'exécution.

La politique législative qu'on observe aujourd'hui dans les voies d'exécution relativement aux tiers ne peut s'expliquer juridiquement. Son fondement est exclusivement politique. Il est question pour l'ohada d'imposer une franche collaboration entre le secteur public et le secteur privé. Une telle coopération ne peut être que très bénéfique pour l'exécution.

1222 VINCENT et GUINCHARD, *Procédure civile*, op. cit.. p. 634, ces auteurs critiquent la méthode législative à introduire dans le Code civil, la théorie de la preuve, pour ne réserver que les formes de son administration à la procédure ; SOLUS, « Le rôle du juge dans l'administration de la preuve », Trav. Ass. HENRY CAPITANT, T.V 1949 ; LARGUIER (J), « La preuve d'un fait négatif », *R.T.D.Civ.*, 1953. 1.

1223 Date d'entrée en vigueur de l'Acte uniforme sur les procédures de recouvrement simplifié des créances et des voies d'exécution.

1224 Il est vrai que l'obligation d'informer a aussi existé dans les législations antérieures. Mais elle se limitait pour le tiers saisi, à dire dans sa déclaration affirmative que le compte du débiteur permettait ou non de payer. Voir aussi OMAM Florence, in « Le rôle de l'huissier en matière d'exécution depuis l'AUPSRVE », *RCDA*, n° 4, Juil-Sept. 2000, p. 9 et s.

Désormais, le rôle de chaque corps d'intervenants est clairement défini par les textes. Les domaines d'activités également délimités avec une grande précision. Doctrine et jurisprudence, habituées à présenter l'exécution forcée comme une prérogative exclusive des pouvoirs publics, doivent désormais considérer le tiers impliqué à l'exécution, comme *« l'homme-orchestre »* des opérations d'exécution.

CHAPITRE 3 :

L'INTRODUCTION DANS LES VOIES D'EXECUTION, DES RESPONSABILITES INDEPENDANTES ENTRE L'ÉTAT ET LES TIERS

Dans le droit antérieur des États-parties, l'entière responsabilité de l'exécution reposait sur les pouvoirs publics exclusivement. Actuellement, l'Acte uniforme du 10 avril 1998 oblige aussi certains tiers à jouer un rôle actif dans le processus de l'exécution. Il y a donc aujourd'hui d'un côté, une responsabilité qui pèse sur les pouvoirs publics et de l'autre celle qui sanctionne uniquement l'action négative des tiers impliqués à l'exécution. Il faut suivre le texte légal dans sa démarche en faisant tout d'abord un exposé sur les personnes responsables (section 1) avant d'examiner la sanction qui leur est applicable (section 2).

Section 1 : Les personnes responsables

Les personnes responsables peuvent être classées en deux groupes : d'abord, les tiers, personnes de droit privé (paragraphe 1) et ensuite l'État en sa qualité de tiers personne morale de droit public dans l'exécution (paragraphe 2).

Paragraphe 1 : La responsabilité des tiers, personnes de droit privé

On distinguera le tiers saisi ou requis, personne physique (I) des tiers, personnes morales (II).

I- Le tiers saisi ou requis, personne physique

En règle générale, c'est le tiers saisi ou requis légalement tenu d'informer ou de poser un acte à l'occasion de l'exécution, qui doit répondre de ses manquements.

Dans les voies d'exécution cependant, la responsabilité qui pèse sur les tiers saisis ou requis, personnes physiques, n'est pas nécessairement gouvernée par les règles du droit de la responsabilité civile. Elle doit en principe tenir compte du statut reconnu à ces tiers, lorsqu'ils posent des actes qui les assimilent ou les rapprochent des agents publics[1225].

S'il se révèle à l'analyse que dans les voies d'exécution, les tiers ne sont que des simples particuliers, alors on leur appliquera les règles de la responsabilité civile pour faute[1226]. Cette responsabilité est régie par les articles 1382 et 1383 du Code civil. C'est le fait fautif de l'auteur du dommage qui est pris en compte et non uniquement les intérêts de la victime. Si par son fait, sa négligence ou son imprudence, le tiers saisi manque au devoir légal d'informer, il viole nécessairement et premièrement, un devoir moral. Celui de ne pas nuire à autrui[1227]. Ou celui de ne pas porter injustement atteinte aux droits d'autrui[1228]. C'est un écart de conduite qui lui est reproché[1229]. Dès lors qu'il existe un fait fautif, un dommage et un lien de causalité entre le fait et le dommage, le tiers saisi ou requis s'expose à une condamnation judiciaire à réparation[1230].

Mais si les tiers ne peuvent être juridiquement assimilés aux simples personnes de droit privé parce qu'ils se trouvent mêlés à une activité de service public, alors on aura à rechercher la responsabilité qui doit gouverner une telle participation.

II- Le cas spécial du tiers, personne morale de droit privé

La responsabilité du tiers saisi, personne morale de droit privé, est différemment appréciée selon qu'on se trouve en droit civil de l'exécution (A) ou en droit pénal (B).

A- La responsabilité de la personne morale

Le droit positif de la responsabilité publique ou privée devrait sans aucun problème s'appliquer selon qu'on place le tiers en cause au rang

[1225] Conclusion générale
[1226] MM MAZEAUD, par CHABAS, Leçons de droit civil T. II, premier volume, Obligations : Théorie générale, 7e éd., MONTCHRESTIEN, p. 437 n° 440.
[1227] MARTY et RAYNAUD, N° 348.
[1228] RIPERT, La règle morale dans les obligations civiles, n° s 142, 145 147.
[1229] FLOUR et AUBERT, op. cit. p. 79 n° 571.
[1230] ROUJOU DE BOUBEE (M.-E), *Essai sur la notion de réparation,* préface HEBRAUD (P), LGDJ, spéc. p. 94 et s. : MARTY (G), « La relation de cause à effet comme condition de la responsabilité civile », *RTDCiv.*, 1939, p. 685.

des personnes privées ou des personnes qui ne relèvent plus totalement du droit privé (1).

On doit aussi s'intéresser au délicat problème de la délégation des pouvoirs qui rend complexe cette appréciation lorsqu'il faut sanctionner un tiers, personne morale de droit privé défaillant à l'occasion d'une exécution (2).

1- La responsabilité de la personne morale elle-même

En droit civil, aucun problème ne se pose quant à la condamnation de la personne morale. Ce sont les règles propres aux voies d'exécution qui s'appliquent. Elles peuvent être complétées par celles de la responsabilité civile de droit commun, comme le prévoit expressément, l'art. 38 de l'AUPSRVE.

2- Le problème posé par la délégation des pouvoirs

En matière d'information des créanciers saisissants plus encore qu'ailleurs, il ne faut pas toujours s'attendre à une rencontre physique entre les parties. Et même lorsqu'on décide d'appliquer les règles de la représentation des personnes morales, il est impossible pour un créancier saisissant ou un huissier instrumentaire d'obtenir, directement d'un Directeur général de quelque structure que ce soit, les informations requises. Ce sont exclusivement de simples salariés, c'est-à-dire des personnes physiques qui occupent différents postes de responsabilités dans la société qui sont chargées de s'acquitter de ces tâches de bas étage.

Traditionnellement, le directeur général de la société procède par délégation des pouvoirs.[1231] Dans la majorité des cas, c'est le service du courrier ou celui des affaires juridiques qui est chargé de recevoir les actes de procédure liés à l'exécution et d'y apporter des solutions. Ils n'attendent ni les directives ponctuelles du directeur général ni son approbation pour donner suite ou non à un acte de saisie ou à une demande de libération des sommes saisies ou mises sous séquestre. Il s'opère donc au sein de la société, une délégation expresse ou tacite des pouvoirs.

La question qui se pose devant cette réalité matérielle est celle de savoir quelle est la personne qui doit être déclarée responsable en cas

---

[1231] Sur les délégations de pouvoirs, v. not. SEILLAN (H), *L'Obligation de sécurité du chef d'entreprise*, Th. Bordeaux, 1979, p. 202 et s.

de manquements ou d'abus, préjudiciables à l'une des parties au rapport d'exécution.

On connaît la réponse du droit traditionnel.

En droit civil de la responsabilité, la solution est classique. C'est le maître de l'affaire qui est tenu de répondre du fait de son préposé.

Mais le droit du travail apporte une correction significative à cette solution. Lorsque le préposé reçoit une délégation de pouvoirs, c'est lui qui doit répondre directement de son fait fautif. Il suffit au chef d'entreprise de démontrer que le manquement a été commis par le bénéficiaire d'une délégation de pouvoirs, pour que ce dernier soit celui-là même qui doit en répondre[1232]. Lorsqu'il n'y a pas délégation, une responsabilité cumulative peut toujours être retenue contre le chef d'entreprise et son préposé[1233].

Cette doctrine du droit du travail mérite d'être transposée dans les voies d'exécution. Elle peut permettre de mettre fin aux abus des services juridiques des entreprises en leur qualité de tiers saisis, lorsqu'ils gèrent parfois avec désinvolture, les dossiers liés à la saisie.

B- La responsabilité pénale des personnes morales

Le véritable problème qui se pose ici, s'agissant de la responsabilité pénale des personnes morales, est celui de la désignation de la personne responsable. Deux thèses se partagent les suffrages. La thèse classique, d'une part (1) ; l'évolution contemporaine, d'autre part (2).

1- La thèse classique

Les règles propres au droit pénal, notamment, le principe de la légalité des délits et des peines, avec son corollaire, le principe de la personnalité et de l'individualité de la répression, ont conduit la jurisprudence à consacrer en règle générale, le principe de l'irresponsabilité pénale des personnes morales[1234].

[1232] Crim. 30 Novembre 1950 cité par CARMELYNK (G.H.) et LYON-CAEN (G), *Droit du travail*, op. cit., p. 300, note 1.

[1233] Crim. 23 Janvier 1975, D. 1976 375 note SAVATIER (qui condamne à la fois un P.D.G. et un chef de chantier à une amende pour blessures involontaires).

[1234] Cass. Crim. 8 Mars 1883 S. 1885 ; I. 470, Grands arrêts.

Cette position, très critiquée en doctrine[1235], est restée inchangée pendant très longtemps. Les Cours et Tribunaux ne manquaient d'ailleurs aucune occasion pour opposer ce principe aux justiciables. Ainsi, dans un arrêt remarqué rendu le 26 novembre 1963, la chambre criminelle de la Cour de cassation a eu à rappeler le principe de l'irresponsabilité pénale des personnes morales qui est de droit classique[1236]. Son principal « attendu », reproduit par LEVASSEUR et DOUCET dans leur précis du droit pénal appliqué, déclare :

« *Attendu que l'amende est une peine ; que toute peine est personnelle, sauf les exceptions, spécialement prévues par la loi ; qu'elle ne peut donc être prononcée contre un être moral, tel qu'une société anonyme... »*[1237].

Cette jurisprudence pénale s'appuie sans aucun doute, sur le débat doctrinal portant sur la nature juridique de la société : réalité ou fiction ?[1238]

Ce débat très intéressant en droit commercial a donné lieu à deux thèses diamétralement opposées : la thèse de la réalité et celle de la fiction.

Pour les tenants de la thèse de la réalité, les attributs de la personnalité que sont le patrimoine, la possibilité d'ester en justice et de traiter avec les tiers appartiennent à tout groupement par la nature des choses et non par la vertu de la loi[1239]. Elle est inaugurée par la deuxième Chambre commerciale de la Cour de cassation dans son arrêt du 18 janvier 1954, qui déclare : que *« la personnalité civile n'est pas une création de la loi*[1240] *; (qu'elle) appartient en principe à tout groupement pourvu d'une possibilité d'expression collective pour la*

[1235] MERLE (R) ET VITU (A), *Traité de dr. Crim.. Problèmes généraux*, T. 1 éd. CUJAS, p. 755, n° 596 et s.

[1236] Crim. 26 Novembre 1963, Gaz. Pal., 1964, I. 189.

[1237] LEVASSEUR (G) et DOUCET (J.P.), Le droit pénal appliqué, éd. Cujas, p.185 et s.

[1238]LAGARDE (G), Propos d'un commercialiste sur la personnalité morale, Réalité ou réalisme ? Mél. JAUFFRET, Aix 1974 p. 429

[1239] Sur l'exposé de ces deux thèses, voir, COZIAN (M), VIANDIER (A), Droit des sociétés, 2e éd. LITEC p.78 n° 283 et s. ; LAGARDE (G), Propos d'un commercialiste sur la personnalité morale, Réalité ou réalisme ? Mél. JAUFFRET, op. cit., p. 357

[1240]Contra LAGARDE (G) qui rappelle à juste titre que la personnalité morale des sociétés résulte, implicitement de l'article 529 du Code civil qui énumère les meubles par détermination de la loi. Op. cit.

défense d'intérêts licites, dignes par suite, d'être juridiquement reconnus et protégés »[1241]. Elle est par la suite rappelée par la même chambre, dans un autre arrêt rendu le 17 janvier 1956 à propos de la masse des créanciers. Pour les hauts magistrats, *« la masse des créanciers constitue une personne morale distincte de la personne des créanciers qui la composent »*[1242].

Les tenants de la thèse de la fiction n'ont pas hésité à remettre en cause, ces solutions. Pour Paul DURAND, *« la théorie de la réalité a été remise en cause dans toutes ses conséquences et la théorie de la fiction réapparait à nouveau dans notre droit »*[1243].

Les juges répressifs ont, de leur côté, pris position. Ils consacrent sans détour ni nuance, la thèse de la fiction. On sait que cette thèse a été fortement influencée par les auteurs de renom, à la fois de droit privé et de droit public[1244]. On peut citer, entre autres, Gaston JÈZE qui déclare n'avoir jamais déjeuné avec l'État[1245]. La boutade qu'il lance ainsi ironiquement est restée célèbre.

Cependant, à la suite d'un important revirement jurisprudentiel, la Cour de cassation, faisant application de la règle « *ubi lex non distinguit... », a entrepris d'admettre la responsabilité pénale des personnes morales. Restant fidèle au principe de la légalité des délits et des peines, elle décide qu'il est normal pour le juge pénal d'entrer en voie de condamnation contre une personne morale, lorsque le texte sur lequel est fondée la poursuite ne distingue pas selon que le délinquant est une personne physique ou morale. Cette décision qui est abondamment motivée se termine en ces termes :

« *Attendu en conséquence que les juges du fond devaient examiner si la Commune (de Colombiers) ainsi valablement représentée était bien en tant que propriétaire, responsable de l'infraction qui lui était reprochée, et dans l'affirmative, prononcer contre elle la condamnation*

[1241]Cité par LAGARDE (G), Propos d'un commercialiste sur la personnalité morale, Réalité ou réalisme ? op. cit., p. 357.

[1242] Cass. Com. 17/ 01/ 1956 cité par Gaston LAGARDE, ibid.

[1243] Art. 98 Acte uniforme relatif au droit des sociétés commerciales et G.I.E., publié le 30 janvier 2014 qui dispose que toute société (en dehors de la société en participation), jouit de la personnalité juridique à compter de son immatriculation au registre du commerce et du crédit mobilier ; comp. Art. 1059 du Code civil.

[1244] Voir les développements de LAGARDE (G), op. cit., p. 357

[1245] LAGARDE (G), ibid.

à l'amende prévue par la loi ; que ne l'ayant pas fait, le jugement attaqué a violé les textes visés au moyen »[1246].

Cette position qui a l'avantage de la logique traduit parfaitement l'évolution de la responsabilité des personnes morales qui se dessine clairement de nos jours. Il convient de l'exposer en détail.

2- L'évolution contemporaine

Aujourd'hui, plus personne ne soutient en doctrine, la thèse de la fiction des personnes morales. La thèse de la société - contrat est aussi dépassée avec la naissance en droit de la société unipersonnelle[1247]. On peut vérifier ces affirmations, aussi bien en droit répressif camerounais (b) qu'en droit ohada (a).

a- En droit Ohada

En droit Ohada cependant, même si l'on reconnaît que la société commerciale est une réalité et qu'il faut la distinguer de ses fondateurs et autres actionnaires, on continue à exiger paradoxalement sa représentation dans les actes de la vie juridique par les personnes physiques. Exactement, comme s'il s'agit d'un incapable. Ce sont ses organes légaux, personnes physiques[1248] qui la représentent et qui restent exposées à la sanction, en cas de violation de l'obligation d'informer. Et lorsqu'on est en présence d'une infraction à la loi pénale au sein d'une société, seuls les représentants sont poursuivis. Parce qu'ils jouissent du pouvoir de direction et de contrôle[1249].

Le droit pénal des sociétés reste donc ici, largement tributaire de la thèse de la personne morale fiction. La thèse de la société, simple

---

[1246] Crim. 6 Mars 1958, 465 D., 1958. 6465.

[1247] V. not. IPANDA, la société d'une seule personne, commentaire de l'article 5 de l'Acte uniforme relatif au droit des sociétés commerciales et au GIE, JURISCOPE, 1999 ; *RCDA*, n2, Janv.-Fév.-Mars 1999, p. 3 ; MERLE (Ph.), *Droit commercial, sociétés commerciales*, Dalloz, 3e éd., p. 199 ; CALAIS AULOY (M.T.), Appréciation critique de la loi du 11 juillet 1985 instituant EURL, D. 1986 Chr. p. 249 ; SAYAG (A), l'entreprise individuelle : vraies questions et faux débats, in Mélanges RODIERE ; CHAMPAUD (Cl), « Le contrat de société existe-t-il encore ? », *Le droit contemporain des contrats*, ouvrage collectif, éd. Économica, 1987, p. 125.

[1248] GUYON (Y), *Droit des affaires, T. I, Droit commercial général et sociétés*, ECONOMICA, p.189, n° 190 et s.

[1249] SEILLAN (H), L'obligation de sécurité du chef d'entreprise, Th. 1979 préface du professeur Jacques GHESTIN, spéc. T.2, p. 199 et s.

technique d'organisation de l'entreprise[1250], renforce cette opinion. Pour l'application des sanctions pénales aux personnes morales, elle continue à rechercher les personnes physiques qui ont réellement posé les actes réprouvés.

b- Le cas spécifique du droit répressif camerounais

La répression des personnes morales par le juge pénal camerounais est un thème qui a fait couler beaucoup d'encre. Il a donné lieu à de vives discussions et à des réflexions d'une très grande valeur scientifique[1251], se référant alors au débat qui a cours dans beaucoup de systèmes juridiques, la doctrine camerounaise a vertement pris le législateur à partie. Elle lui fait notamment le reproche de mettre progressivement en place des cas spéciaux de la responsabilité pénale des personnes morales, au lieu de consacrer un principe général applicable à toutes les sociétés.

Ce débat n'est plus aujourd'hui d'actualité. Il vient de trouver une solution de principe en droit camerounais avec la promulgation de la loi n° 2016/007 du 12 juillet 2016 portant nouveau code pénal.

L'article 1.1 du nouveau Code pénal camerounais dispose : *« La loi pénale s'impose à tous »*.

Ce texte ne s'arrête pas à cette énonciation de principe. Il déclare en outre que la loi pénale n'admet pour son application ni exception ni exemption.

L'article 1er du nouveau Code pénal est la reproduction, point par point, de l'ancien article 1er du Code pénal abrogé[1252]. Seule la technique de numérotation change. Placé au fronton du code dans ses dispositions préliminaires, il fait partie du titre I intitulé : de l'application de la loi pénale.

1250 PAILLUSSEAU (J), *La société anonyme, technique d'organisation de l'entreprise*, Th. Rennes. Sirey, 1967

1251 NTONO TSIMI (G), Le devenir de la responsabilité pénale des personnes morales en droit camerounais. Des dispositions spéciales vers un énoncé général ?, in JURIDIS-INFO, janvier-Février-Mars 2012, p. 82 pour cet auteur, bien que le principe ne soit pas encore affirmé dans un texte de portée générale, les textes spéciaux qui la consacrent, ne sont pas moins le signe d'une reconnaissance progressive en droit pénal camerounais, de cette responsabilité ; NGUIHE KANTE (P), « Où en est la responsabilité pénale des entreprises en droit camerounais ? », *JURIDIS-PÉRIODIQUE*, n° 87, juil-août-septembre 2011, p. 53.

1252 Voir Code pénal identité entre l'article 1er des versions 1967 et 2016.

Le fait pour le législateur d'avoir repris in extenso l'article 1er dans sa rédaction de la loi de 1967, sans aucune modification, montre clairement que le principe de la responsabilité pénale, tant des personnes physiques que des personnes morales au Cameroun était déjà posé depuis la loi de 1967[1253]. Mais seule l'absence de décisions prononçant la condamnation pénale des personnes morales empêchait de le découvrir.

Ce qui manquait en outre à la parfaite application de ce texte aux personnes morales, c'était la spécificité de la sanction.

Aujourd'hui, la difficulté a trouvé une solution légale. Le titre II du nouveau Code pénal prévoit trois gammes de peines : les peines principales applicables à chaque type de personnes. Les peines alternatives qui s'appliquent indifféremment aux personnes. Les peines accessoires spécifiques aux personnes morales et enfin, les mesures de sûreté propres à chaque corps de personnes.

Paragraphe 2 : La responsabilité de l'État dans l'exécution

Dans le droit des voies d'exécution, l'État doit en principe être classé au rang de tiers dans la procédure. Sa responsabilité dans la conduite du processus de l'exécution est prescrite par l'article 29 de l'AUPSRVE. Ce texte communautaire dispose :

Alinéa 1er :

« L'État est tenu de prêter son concours à l'exécution des décisions et autres titres exécutoires ».

Alinéa 3 :

« La carence ou le refus de l'État de prêter son concours engage sa responsabilité » devant la juridiction compétente ».

La juridiction compétente visée par le texte communautaire est sans aucun doute la juridiction de l'article 49 de l'AUPSRVE. Mais il n'est pas exclu de rechercher des lumières sur le sort de l'action civile devant le juge pénal.

[1253] L'article 1er du Code pénal a pour économie, de poser le principe de la responsabilité dont les cas spéciaux doivent en tenir compte, selon qu'on est en présence des personnes physiques ou morales.

Section 2 : Les sanctions encourues

On distinguera les sanctions strictement pécuniaires (Paragraphe 1) des sanctions pénales applicables à l'État dans une procédure d'exécution (Paragraphe 2).

Paragraphe 1 : Les sanctions strictement pécuniaires

Elles s'appliquent aussi bien à l'État, personne morale de droit public (II) qu'aux particuliers, personnes de droit privé (I).

I- Contre les personnes de droit privé

L'article 1382 du Code civil dispose : *« tout fait quelconque de l'homme qui cause à autrui un dommage oblige celui par la faute duquel il est arrivé, à le réparer ».*

De son côté, l'article 1384 al. 1er du même code expose : *« On est responsable, non seulement du dommage que l'on cause par son propre fait, mais encore de celui qui est causé par le fait des personnes dont on doit répondre ou des choses que l'on a sous sa garde ».*

L'obligation de réparer le préjudice subi par le créancier saisissant est, en principe, acquise en matière d'exécution. Elle est subordonnée à la démonstration par celui qui en réclame le bénéfice d'une double preuve. Celle de la faute commise par le tiers impliqué à l'exécution, d'une part ; celle du lien de causalité entre cette faute et l'exécution poursuivie, d'autre part. On peut aussi adjoindre à la faute, la démonstration d'une fraude organisée.

Mais on ne saurait oublier les dispositions du Code pénal de chaque État membre de l'ohada qui sanctionnent les manquements des débiteurs ou des tiers en matière de saisies.

Selon les circonstances, il est souvent question de l'inexécution de l'obligation légale d'informer[1254] ou encore de celle de conserver[1255] et

[1254] CCJA, 3e Ch., arrêt n° 144/2015 DU 10 Nov. 2015 AFF ; Financial Bank Gabon devenue ORABANK c/ Sté PAMIKO MARITIME COMPANY, Mr. PANOURCIASNARKELLIS.

[1255] CATALA (P), L'état d'un bien donné et exploité sous forme sociale, op. cit., p. 232

de représenter[1256]. Il s'agit de questions de fait qui sont laissées à l'appréciation souveraine du juge[1257].

II- Les sanctions encourues par l'État

Au terme de l'article 29 al. 2 de l'AUPSRVE, l'État du pays dans lequel se déroule l'exécution encourt une responsabilité personnelle. Il appartient aux victimes de mettre en œuvre l'action en responsabilité de l'État devant la juridiction compétente. Pour ce faire, il suffit de démontrer que cette personne morale de droit public en sa qualité de tiers dans l'exécution a manqué à ses obligations légales. Celles d'apporter son concours à l'exécution. En principe, la réalité d'un tel manquement est laissée à l'appréciation du juge compétent. Reste maintenant à résoudre le problème de la loi qui lui est applicable.

Malheureusement, les dispositions du Code civil en matière de responsabilité ne s'appliquent pas à l'État. Il faut se tourner vers le droit administratif pour trouver la solution. Cette hypothèse dépasse le cadre de la présente recherche.

Paragraphe 2 : Les sanctions pénales

L'acte uniforme du 10 avril 1998 s'est prononcé sur la responsabilité qui pèse sur les tiers dans l'exécution. Il renvoie cependant à la législation interne de chaque État-partie pour décider de la nature et du quantum de la sanction à appliquer aux tiers, personnes privées ou à l'État. Il convient de relire ces prescriptions (I) avant de s'interroger sur le sort de l'action civile devant le juge pénal en matière d'exécution forcée.

I- Les prescriptions de l'Acte uniforme

De façon exceptionnelle, l'Acte uniforme du 10 avril 1998 prévoit que certains manquements peuvent justifier le recours au juge répressif. C'est le cas par exemple lorsque le gardien se rend coupable ou complice du détournement des biens saisis dont il a reçu la garde.

[1256] CCJA, 2e ch. Arrêt n° 133/2015du 12 Nov. 2015aff. CHANAS ASSURANCES c/ EKOBO DIN Marianne et autres (le débiteur ou le tiers saisi reste tenu de la représentation de chèques remis à tort à un faux mandataire.

[1257] CCJA, 3è Ch., Arrêt n° 025/2014 du 13 mars 2014, Aff. B.I.C.E.C c/ Maître DEFFO (ici, le tiers saisi n'a pas répondu sur le champ et s'est borné à dire que la réponse suivra).

Ici, on doit nécessairement tenir compte de la loi de l'État où se déroule l'exécution pour avoir une idée de la loi applicable.

L'Acte uniforme ne prévoyant pas que l'État puisse assurer la garde des biens saisis, sa condamnation aux sanctions pénales reste une hypothèse d'école.

II- Le sort de l'action civile devant le juge pénal

La victime de l'infraction peut, si elle le juge utile, porter son action devant le JEX compétent. Mais rien ne l'empêche de soumettre son action en réparation au juge répressif saisi de l'action pénale.

La règle *electa una via*[1258] laisse le choix à la partie civile de présenter ou non son action civile devant le juge pénal. Pourvu que les conditions de recevabilité d'une telle action soient remplies.

Mais, la rédaction de l'article 49 de l'AUPSRVE conduit à se poser quelques questions.

On sait que selon le texte de l'article 49 de l'AUPSRVE, la juridiction compétente pour statuer sur tout litige ou toute demande relative à une mesure d'exécution forcée ou à une saisie conservatoire, est le président de la juridiction statuant en matière d'urgence ou le magistrat délégué par lui. Cette disposition a fait couler beaucoup d'encre[1259]. On a cru au départ qu'il s'agissait du juge des référés, avant de revenir aux meilleurs sentiments pour dire qu'il s'agit du président de la juridiction statuant en urgence. On s'est aussi rendu compte, pour montrer le désordre que peut provoquer cette disposition

---

[1258] ALAPHILIPPE (F), *L'option entre la voie civile et la voie pénale pour l'exercice de l'action civile : contribution à la théorie de l'action civile*, Th. Poitiers dactylog. T. I. ; EYIKE VIEUX, « Le sort de l'action civile portée en même temps que l'action publique devant le juge répressif en cas de relaxe du prévenu ». *Juridis info*, Juil-Sept 1995, p. 98.

[1259] Voir notamment, ANOUKAHA (F) : Le juge du contentieux de l'exécution des titres exécutoires : le législateur camerounais persiste et signe… L'erreur, commentaire de la loi n° 2007/001 du 19 avril 2007 instituant le juge du contentieux de l'exécution et fixant les conditions de l'exécution au Cameroun des décisions judiciaires et actes publics étrangers ainsi que les sentences arbitrales étrangères JURIDIS PÉRIODIQUE, 18e année, n° 70, avril-mai-juin 2007, p. 33 qui précise que l'urgence est une condition partagée dont le juge de référé civil n'a pas le monopole ; FOMETEU (J), « Le juge de l'exécution au pluriel ou la parturition au Cameroun de l'art. 49 de l'AUPSRVE », *JURIDIS PÉRIODIQUE*, n° 83, Juil-Août-Septembre 2010, p. 91. ;

communautaire, que le président du tribunal de première instance n'est pas l'unique juge qui statue en urgence. Le juge administratif le fait aussi. Tous les présidents des autres juridictions, même coutumières, peuvent toujours, et selon les cas, statuer aussi en urgence. Parce que l'urgence n'est pas réservée au seul référé civil ou commercial. Il s'agit d'une notion partagée.

Au regard de ce libellé, la partie civile au procès pénal touchant à la distraction des biens saisis, peut-elle encore exercer son droit d'option ou alors, se verrait-elle appliquer la règle, *« non datur recursus ad alteram »*[1260] ?

La question est d'importance. Mais elle déborde le cadre de la présente réflexion. Dans tous les cas, il convient de tenir compte ici, non seulement du caractère supranational de l'Acte uniforme qui nous intéresse ici[1261], mais aussi du renvoi opéré par les dispositions du texte communautaire, aux solutions du Code pénal de chaque État-partie[1262].

Le droit pénal national, pris comme législation de renvoi, sanctionne des peines d'emprisonnement et d'amende, tout détournement par quiconque, des biens saisis ou mis sous séquestre. L'Acte uniforme n° 6 renvoyant lui-même aux dispositions du Code pénal de chaque État-partie, il convient d'interroger cette discipline dans l'État où l'exécution a lieu chaque fois que le gardien désigné ou le tiers saisi ne représente pas les biens dont il a la garde, afin de donner une réponse précise sur le sort de l'option.

Conclusion du titre 2

L'une des grandes innovations que l'Acte uniforme n° 6 du 10 avril 1998 apporte à l'exécution forcée est la répartition des tâches très opportunément opérée entre l'État et les tiers dans le processus de l'exécution forcée. Chacune de ces deux entités doit apporter à l'exécution, un concours dont les contours sont bien fixés par les textes.

1260 L'adage exprime la possibilité reconnue à la partie lésée de réviser son choix en revenant sur son option

1261 Art. 10 du Traité.

1262 Ex. Art. 64 de l'AUPSRVE sur la saisie conservatoire des biens meubles corporels.

Tout manquement aux obligations qui sont propres à chacun de ces deux acteurs est sanctionné par une responsabilité dont la nature doit être précisée par la doctrine et la jurisprudence.

Objectivement, l'État ne peut apporter que le secours de la force publique et toutes sortes de moyens de contraintes. C'est donc naturellement que l'Acte uniforme n° 6 met à sa charge, l'ensemble des opérations de police (art.29).

Le tiers, personne de droit privé quant à lui, ne peut jouer qu'un rôle économique. Dans la majorité des cas, il détient et conserve les biens, objet de la saisie. C'est la raison pour laquelle le législateur ohada décide que c'est à celui-ci qu'incombe la garantie des aspects matériels et financiers de l'exécution (art.38).

On voit donc se dessiner dans le droit des voies d'exécution, la division des tâches non seulement entre les deux entités expressément visées par les articles 29 et 38 L'AUPSRVE, mais aussi, et nécessairement entre les deux secteurs qui dominent les activités économiques dans la société : le secteur public et le secteur privé. Chacun de ces secteurs est donc aujourd'hui tenu d'apporter son concours à l'exécution sous peine de sanctions. Ils doivent aussi entretenir une saine collaboration dans l'intérêt de l'exécution. Par ce procédé, l'Acte uniforme introduit dans les voies d'exécution, le fameux partenariat secteur public-secteur privé, bien connu des économistes et désigné par le sigle PPP[1263].

Conclusion de la deuxième partie

La deuxième partie de ce travail permet de donner un aperçu général de plusieurs innovations et grandes découvertes apportées aux voies d'exécution par l'Acte uniforme du 10 avril 1998. Elle présente aussi l'avantage de suggérer quelques réformes, indispensables pour une harmonie entre le texte communautaire et la pratique judiciaire de chaque État membre.

[1263] Partenariat public et Privé, Voir 2e partie, Titre 2, chap.1, p. 320

I- Au niveau des innovations.

Ici, l'analyse s'ouvre par un chapitre préliminaire qui voit naître dans l'exécution, un être juridique nouveau : *« le tiers, garant de l'exécution »*. En dehors de l'identité du terme sur le plan formel, tout sépare le tiers du droit des obligations de celui de l'article 38 de l'AUPSRVE. C'est parce que ce dernier est assimilé à un agent de l'État qu'il est tenu de se mettre au service de l'exécution pour concourir à sa réussite. C'est aussi en cette qualité qu'il intervient dans l'exécution des titres des particuliers. Non pas comme un simple particulier, mandataire ou gérant d'affaires, mais comme un agent chargé par l'État de veiller à la protection des droits des parties au rapport d'exécution, dans un domaine bien précis. Il devient, en quelque sorte, l'œil du service public dans la procédure d'exécution des titres des particuliers. Sur ordre de la loi ou spontanément, il doit apporter à l'exécution, les garanties indispensables à l'aboutissement de l'opération entreprise. Le législateur ohada appelle les apports que les tiers sont tenus d'apporter à l'exécution, *« des concours »*. En fait, ces concours s'assimilent, ni plus ni moins, aux garanties de nature administrative. On peut citer, entre autres, les garanties d'impartialité, de neutralité et de sincérité. À l'heure de la déjudiciarisation des voies d'exécution, ces garanties sont indispensables pour assurer la sécurité juridique des opérations d'exécution. Cet ensemble d'obligations oblige le tiers saisi ou requis à apprécier, sous un angle bien précis, les différents actes de procédure que lui présentent les parties, lorsqu'elles veulent obtenir, soit la libération des biens saisis ; soit la restitution de ceux-ci, si la procédure tourne court pour le créancier. Les requêtes correspondantes ne peuvent être objectivement accueillies que si elles sont conformes aux prescriptions légales. Ainsi, lorsque le tiers se trouve en présence des actes qui se contredisent, comme un certificat de non-contestation et une assignation en contestation de saisie, il doit obligatoirement s'abstenir d'agir. Certainement pour un temps, jusqu'à ce qu'il lui soit présenté, soit un certificat de non-enrôlement de l'assignation dont il a reçu copie ; soit alors, une décision de justice tranchant la contestation. Dans tous les cas, le tiers saisi ou requis reste le maillon essentiel de la procédure de l'exécution, dans sa phase extrajudiciaire. Pour cette raison, on ne peut que désapprouver la doctrine des arrêts de la CCJA, qui enseigne parfois au mépris de la réalité que le tiers saisi est un personnage qui ne joue qu'un rôle passif dans le processus de l'exécution[1264].

La seconde innovation concerne la répartition des tâches opérée par l'Acte uniforme n° 6, entre l'État et les tiers dans la procédure de l'exécution forcée. Chacune de ces deux entités doit apporter à l'exécution ce dont elle dispose. Objectivement, l'État ne peut apporter que le secours de la force publique. En fait, il s'agit de toutes sortes de moyens de contraintes pour assurer une exécution paisible et respectueuse de l'ordre public[1265]. En revanche, tous les biens saisis ou à saisir étant détenus, soit par le débiteur lui-même ; soit par le tiers saisi, il est juste de demander les comptes à l'un ou à l'autre, selon le cas. La redistribution des rôles doit donc tenir compte de cette réalité indiscutable. C'est la raison pour laquelle l'Acte uniforme n° 6 met à la charge de l'État, l'ensemble des opérations de police (art. 29). En revanche, le législateur uniforme exige du tiers, personne à cheval entre le droit public et le droit privé dans chaque opération d'exécution, la garantie des aspects matériels et financiers de l'exécution (art. 38). Chaque type d'obligations est sanctionné par une responsabilité indépendante.

On voit donc se dessiner, la division des tâches, non seulement entre les entités visées expressément par les textes, mais aussi, et nécessairement, entre les deux secteurs : le secteur public et le secteur privé.

II- Au niveau des réformes à intervenir

Il convient d'entreprendre des réformes sur un point essentiel. Celui du statut des tiers dans la saisie attribution des créances. Ce personnage est-il une partie au rapport d'exécution ou un tiers ? La seconde hypothèse nous semble plus plausible. Elle seule peut permettre au tiers de jouir des avantages que l'État met à la disposition de tous ceux qui s'associent positivement à ses services.

1264 CCJA, 3e Ch., arrêt n° 061/ 2012, 07 juin 2012, aff. Banque internationale pour l'Afrique au TOGO (BIA) c/ Nouvelle société commerciale du TOGO (NOSOCO).

1265 Voir POUGOUE (P.G.), Encyclopédie du droit ohada (sous la direction de), V° Vue synoptique des Actes uniformes, spéc., n° 210, p. 75 s,

CONCLUSION GÉNÉRALE

DÉFINITION DU TIERS DANS LES VOIES D'EXÉCUTION

Le débat sur la notion de tiers visé par l'article 38 de l'AUPSRVE ne fait que commencer. Il faut se garder dans ces conditions de tirer une conclusion hâtive sur la définition à donner à ce concept dans le droit des voies d'exécution Ohada. On se bornera à suggérer une approche de définition en tenant compte de la controverse que ce vocable soulève traditionnellement.

Comme il a déjà été signalé [1266], plusieurs études récentes, entièrement dégagées du poids des théories civilistes classiques, méritent d'être rappelées ici, avant toute proposition de définition de la notion de tiers dans l'exécution.

Dans une thèse particulièrement remarquée, soutenue en 1951, M. AUSSEL démontre qu'il n'est pas possible de ramener à l'unité les diverses conceptions du terme tiers, faute d'un dénominateur commun à la base[1267].

Beaucoup d'auteurs de renom ont largement approuvé ce point de vue.

De son côté, M. CUNNY reconnaît que le mot tiers n'a en lui-même, aucune signification juridique. Il ne peut être défini qu'en fonction du texte qui l'emploie[1268].

Un point de vue identique est développé par Léon JULLIOT DE LA MORANDIERE. L'auteur éminent écrit : *« Le mot tiers, employé par l'article 1165 (du Code civil) est par lui-même imprécis. Il n'a pas le même sens dans tous les articles du code où il figure. Ici, il n'a pas un*

1266 Supra

1267 AUSSEL, *Essai sur la notion de tiers en droit privé*, Thèse Montpellier, 1951 ; cité par COLIN (A.) et CAPITANT (H.), refondu par DE LA MORANDIERE (J), 1959, p. 528.

1268 CUNNY cité par DECOTTIGNIES (R), Encyclopédie DALLOZ, civil. VI p. V. Tiers ; adde Nouveau Répertoire DALLOZ, v° Contrats et conventions, sect. 6 n° 115 et s.

sens absolument général et ne désigne pas tous ceux qui ne sont pas des contractants eux-mêmes... »[1269]. Il est rejoint dans son opinion, par plusieurs auteurs dont les travaux font autorité en droit civil.

Pour Roger DECOTTIGNIES, la notion de tiers est l'une des *« moins bien fixée »* tant en doctrine qu'en jurisprudence[1270].

De son côté, M. AYNES déclare que *« le mot tiers est l'un des plus ambigües qui soit »*[1271]. Les exemples que ce dernier auteur donne à l'appui de cette affirmation montrent que le mot tiers a souvent un sens spécifique dans chaque domaine où il est employé. Dans les conventions en général, le tiers apparaît comme un étranger[1272]. Dans la simulation, il devient parfois complice[1273]. Dans la cession de créances, la formalité de l'article 1690 du Code civil rend opposable à son égard, l'acte de cession[1274]. Enfin, dans la publicité foncière, le tiers est celui qui jouit des droits sur l'immeuble tout comme le détenteur, mais qui a observé la formalité de la publicité.

La condamnation de la définition du tiers, tirée de l'article 1165 du Code civil, est générale. *« On ne peut plus s'attacher à la lettre du code pour expliquer les mutations qui se sont opérées en dehors ou sous l'énoncé formel de la loi »,* déclare le Doyen Gérard CORNU[1275]. La

---

1269 Édition refondue du Traité de droit civil COLIN (A.) et CAPITANT (H.), Traité, op.cit., p. 528, n° 948

1270 Lire DECOTTIGNIES (R).

1271 AYNES, cité par JOBARD-BACHELIER (M. N.), in Servitude et grandeur de la publicité foncière en droit français D., 1988 n° 33, p. 247

1272 Ici, le tiers apparaît comme un étranger (Art. 1165 civ.).

1273 Tiers, un complice (Art. 1321 civ.).

1274 Civ.1re, 4 Déc. 1985, *Bull. civ.* I, n° 336 ; *Rev. Trim. Dr. Civ.*, 1986. 750, obs. MESTRE. (Ne peuvent avoir la qualité de tiers, au sens du Code civil, not. de l'article 1690, que ceux n'ayant pas été partie à l'acte de cession, ont intérêt à ce que le cédant soit encore créancier. Seule la signification exigée par l'article 1690 de ce Code rend l'acte de cession opposable à leur égard.

1275 Décret français du 4 janvier 1955, art. 30-1. Alors qu'en droit des obligations le tiers est celui qui n'est ni partie ni représenté à un acte ou à une procédure, dans les transactions immobilières, le tiers est celui qui a acquis sur le même immeuble des droits concurrents, sujets à publicité et qui les a effectivement publiés le premier. Il est donc tiers à l'acte, même antérieurement en date, mais qui n'a pas été publié avant le sien, v. AYNES, Observations sous Com. 6 Juin 1987 Rép. DEFRENOIS 1987, art. 34 004, p. 860 ; cité par JOBARD-BACHELIER (M. N.), in Servitude et grandeur de la publicité foncière en droit français D. 1988, n° 33 p. 247 adde, DU PONTAVICE (E), « Fraude dans les transferts immobiliers et sécurité des tiers », in *RTDCiv.*, 1963, p. 649

loi écrite est désormais dépassée par le droit vivant. Et on observe par ailleurs depuis très longtemps, dans tous les domaines juridiques, une « révolte du droit contre les codes »[1276].

En réalité, il ne suffit pas d'être titulaire d'un titre exécutoire pour entreprendre une exécution forcée. Encore faut-il que la mesure envisagée ne soit une menace, ni pour la paix et la sécurité publiques[1277], ni pour la survie du débiteur[1278]. Aucune exécution forcée ne peut aboutir dans un pays organisé sous le modèle démocratique, si elle ne reçoit le secours de l'État[1279]. C'est pour cette raison que la matière de l'exécution est essentiellement placée sous le contrôle et la direction des pouvoirs publics[1280].

L'État se charge donc de conduire lui-même ce service public qu'est l'exécution. Il agit ainsi pour garantir, non seulement la protection des intérêts des particuliers, mais aussi la satisfaction de ce besoin d'intérêt général, qu'est la justice organisée, selon les termes du Professeur J. RIVERO[1281].

En principe, l'État agit dans l'exécution forcée à travers les membres du corps judiciaire que sont les magistrats, les huissiers de justice et les agents d'exécution[1282].

Mais l'Acte uniforme du 10 avril 1998 a pris l'heureuse initiative d'associer à ce personnel judiciaire traditionnel, les services des simples particuliers. Soit parce que ces derniers sont des tiers saisis, soit parce qu'ils interviennent spontanément dans l'exécution ; soit enfin parce qu'ils en sont légalement requis.

[1276] MORIN (G.), *La révolte du droit contre le code*, Grasset 1920 ; SIREY 1945. Cet auteur préconise la révision de certains concepts juridiques.

[1277] Arrêt COUITEAS, 30 nov. 1923, Rec.789, GAJA, 18e éd., DALLOZ, n° 40 ; Voir *ENCYCLOPÉDIE DU DROIT OHADA*, op. cit., p. 368

[1278] KUATE TAMEGHE (S. S.), la protection des débiteurs…, op. cit, p. 18

[1279] VINCENT (J) et PREVAULT (J), *Voies d'exécution et procédures de distribution*, op. cit., p. 1, n° 1

[1280] DONNIER & DONNIER, op. cit, p. 27, n° 67.

[1281] RIVERO (J.), *Droit administratif*, Précis DALLOZ, 6e éd., 1973, p. 431.

[1282] PROVENSAL (A), Rapport introductif, in Colloque organisé par la Cour de cassation et l'Association des Avocats praticiens sur « Les recours dans les voies d'exécution », 16 Oct. 2009.

La relation qui naît ainsi entre l'État et ce type de personnes se situe à la frontière du droit privé et du droit public[1283]. Il faut donc se tourner vers le droit administratif qui est le siège de la matière et qui s'occupe traditionnellement de pareils rapports, pour trouver une définition à donner à ces personnes privées qui participent à une activité de service public[1284].

Pour le droit administratif en effet, toute personne de droit privé ou celle qui est hors du service concerné et qui, en dehors de toute convention, s'associe soit spontanément ; soit à la demande des pouvoirs publics, à une œuvre d'intérêt général est considéré, lorsque certaines conditions sont réunies [1285], comme un collaborateur occasionnel du service public[1286].

Le tiers impliqué à l'exécution s'intègre pleinement dans cette catégorie de personnes. C'est l'Acte uniforme ohada sur les voies d'exécution qui lui fait injonction de s'associer à l'exécution[1287]. C'est également ce texte qui autorise son immixtion spontanée ou non, aux opérations d'exécution[1288]. Le tiers qui se retrouve dans cette situation exerce une très grande influence sur le processus de l'exécution. Il est légalement tenu d'apporter son concours, tantôt au service public qui organise l'exécution ; tantôt, aux titulaires des titres exécutoires qui

---

1283 MAZEAUD et MAZEAUD, (J., H. & L) Leçons de droit civil, Introduction à l'étude du droit privé. Droits, preuves, personnes, familles, incapacités, éd. MONTCHRESTIEN, 1959, p. 606, n° 603 et s.,

1284 ONDOA (M), Le droit de la responsabilité publique dans les États en développement : contribution à l'étude de l'originalité des droits africains postcoloniaux, L'HARMATTAN, 2010, p. 550. L'auteur cite à bon droit l'article 144 du code sénégalais des obligations de l'administration. Ce texte dispose : *« le dommage subi par des personnes participant à l'activité du service public, soit en vertu de leurs fonctions, soit en cas d'urgence, de leur propre initiative, ouvre droit à réparation, à moins qu'il ne soit établi que ce dommage est dû à une cause étrangère à l'Administration »*.

1285 Voir infra, chapitre 2 du titre 2 sur les critères distinctifs avec les autres notions

1286 ONDOA (M), Le droit de la responsabilité publique dans les États en développement, op. cit., p. 439, not. 550 et s. ; CHAPUS, Droit administratif général, T. 1 5e éd. P. 909 et s. n° 1290 B ; G.A.JA. n° 68 C.E. Ass. 22 Nov. 1946 Commune de St-Priest- La -Plaine D. 1947. 375 note HAURIOU. S. 1947.3. 105 note F.P.B.

1287 Art. 38 de l'AUPSRVE

1288 Recours entre autres, aux photographes, aux serruriers, aux manutentionnaires.

recherchent la garantie d'une procédure équitable, tantôt enfin aux débiteurs[1289].

C'est pourquoi, nous inspirant des solutions jurisprudentielles du droit administratif, nous pouvons définir ces particuliers qui interviennent activement et positivement dans l'exécution forcée et que l'Acte uniforme du 10 avril 1998 appelle tiers, comme « *des collaborateurs occasionnels du service public, chargés de garantir conjointement avec l'État, l'exécution équitable des titres des particuliers* ».

Cette intervention ponctuelle et régulière des tiers dans l'exécution est d'autant plus importante, qu'on se trouve à une époque où la matière se déjudiciarise[1290]. Aujourd'hui, le juge n'est plus au cœur de la procédure d'exécution forcée. Il a cédé sa place au tiers. Et celui-ci n'agit plus comme un simple particulier, mais comme un agent assimilé du service public. Ce statut du tiers dans les voies d'exécution est irréfutable, bien qu'il ne s'agisse que d'une assimilation de circonstance. On le retrouve à la fois en amont et en aval de chaque opération d'exécution effectuée hors les mains du débiteur lui-même.

Par ailleurs, l'ohada introduit une autre nouveauté dans la matière de l'exécution. L'organisation opère une redistribution des rôles, entre l'État et les particuliers requis ou intervenants, comme on a pu le constater à l'occasion de la présente recherche.

De même, au-delà des concours ponctuels que les tiers apportent obligatoirement aux parties dans les opérations d'exécution, c'est vers une collaboration de grande ampleur que le droit communautaire ohada s'oriente. L'État, pris comme la puissance qui commande[1291], ne peut plus prétendre tout faire dans la cité. Il lui faut le concours permanent et salutaire de secteur privé. Ainsi, toute activité d'intérêt général doit désormais être conduite conjointement par le secteur public et le secteur privé, ainsi qu'on le voit aujourd'hui dans beaucoup de domaines de la vie en société.

1289 PRICERO (N), Rapport de synthèse des travaux du colloque organisé par la Cour de cassation, l'association des avocats praticiens des procédures et de l'exécution et de l'ordre des avocats au Conseil d'État et à la Cour de cassation, le vendredi 16 Oct. 2009, sur le thème : *« Les recours dans les voies d'exécution »*, p. 73.

1290 DONNIER (M) et DONNIER (J.B.), *Voies d'exécution*, op. cit., n° 34, 1843.

1291 DUFAU (V), op. cit., p. 27

Cette sorte de collaboration est dans l'air du temps. Elle est déjà bien assise en matière d'arbitrage[1292]. Elle ne pouvait manquer de s'installer très solidement dans le droit de l'exécution forcée. Elle tire sa source de la nouvelle politique des institutions de BRETTON WOODS, qui imposent aujourd'hui à tous les pays où elles interviennent financièrement, la mise en œuvre de cette forme de répartition de tâches entre secteur public et secteur privé. On la désigne traditionnellement par les trois fameux PPP[1293].

Certes, le fait pour l'Acte uniforme n° 6 du 10 avril 1998, d'avoir reconduit dans la nouvelle législation, la plupart des termes qui étaient d'usage dans les voies d'exécution de l'époque coloniale, ne favorisent pas toujours la découverte des grands changements intervenus.[1294] C'est le cas par exemple de l'emploi de cette « vieille notion neuve », qu'est le tiers. Cet archaïsme du langage juridique dans les voies d'exécution a fait dire à Jacques PREVAULT que « *les matières procédurales, même si elles font l'objet de modifications législatives (profondes), ne se manifestent pas (toujours) par des métamorphoses spectaculaires* »[1295].

En réalité, l'article 38 de l'AUPSRVE est appelé à jouer dans l'exécution d'un rôle important, comparable à celui de l'article 1384 al. 1er du Code civil[1296] en matière de responsabilité civile. Ce dernier texte, faut-il le rappeler, avait été conçu à l'origine, comme un texte de transition[1297], un chapeau[1298], entre les articles1385[1299] et 1386[1300] du

---

[1292] FOUCHARD (Ph), *L'arbitrage judiciaire*, p.167, spéc. p. 169 n° 6 et s.
[1293] Partenariat public et Privé.
[1294] PREVAULT (J), l'évolution des voies d'exécution depuis la codification napoléonienne, in Mélanges J. VINCENT DALLOZ, 1981, p. 297
[1295] PREVAULT (J), L'évolution des voies d'exécution depuis la codification napoléonienne, in Mélanges J. VINCENT, DALLOZ, 1981, p. 297.
[1296] C'est le Tribunal de Bruxelles, suivant les propositions du Procureur FAIDER, qui a découvert l'article 1384 al. 1er du Code civil. Suivant jugement du 31 mai 1871 voir. BELGIQUE JUDICIAIRE, 1871, col.758 cité par MAZAEAUD & MAZEAUD, Obligations, Théorie générale, p. 540, n° 514. Par cette décision, la victime d'un accident provoqué par une machine était dispensée à prouver la faute du propriétaire de la machine pour obtenir réparation.
[1297] LAMBERT FAIVRE (Y), Traité de droit civil, (sous la direction de GHESTIN (J), Les obligations : conditions, L.G.D.J., 1982, n° 628, p. 749
[1298] JEZTAZ (PH), La sanction ou l'inconnue du droit, D. 1986, Chr., p. 87.
[1299] Responsabilité du fait des animaux.
[1300] Responsabilité du fait des bâtiments.

Code civil. La pratique lui a découvert une fortune extraordinaire et une portée qui déborde ses frontières d'origine[1301].

Tel sera sans aucun doute le cas de l'article 38 de l'AUPSRVE lorsque la définition proposée qui est d'inspiration administrative recevra droit de cité dans les voies d'exécution Ohada.

Le recours à cette technique de qualification s'impose en l'espèce, dès lors qu'il est unanimement admis que les voies d'exécution sont une matière hybride. Elles n'appartiennent ni entièrement au droit public ni exclusivement au droit privé, encore moins totalement au droit économique. Elles se trouvent à l'intersection de toutes ces disciplines dont elles empruntent les éléments de définition. L'interprète doit donc tenir grandement compte de l'apport du *« droit comparé interne »*[1302], lorsqu'il veut qualifier les tiers actifs de l'article 38 de l'Acte uniforme du 10 avril 1998. Une telle démarche présente le grand avantage de remettre au goût du jour, les sages observations du professeur Roger GRANGER, qui n'a pas hésité à fustiger pour les besoins d'efficacité des systèmes juridiques des pays en développement, la division traditionnelle et parfois artificielle : *droit public—droit privé*[1303].

[1301] La doctrine française présente l'arrêt JAND'HEUR (rendu le 13 février 1930 par la Cour de cassation, D. 1930. 1. 57, concl. MATTER) comme la décision qui a sorti l'article 1384 alinéa 1er de l'anonymat où il était. Voir not. JEZTAZ (Ph.), La sanction ou l'inconnue du droit. Mais en réalité, ce sont les juristes Belges dont le Code civil napoléonien fait aussi partie de la législation nationale, qui ont, pour la première fois en 1871, bien avant JAND'HEUR, donné vie à cette disposition, V. note supra, n° 841.

[1302] L'expression est du Doyen CARBONNIER (J), in préface, thèse Jean GUYENOT, op.cit., p.27

[1303] GRANGER (R), Vers un droit de développement, Mél. HAMEL, Dix ans de conférences d'agrégation, p. 47, spéc., p 55 & 66.

BIBLIOGRAPHIE

OUVRAGES GÉNÉRAUX

ANCEL (J.), Géographie des frontières, 3e éd. Paris, Gallimard, 1938.

ANDRE LUCAS, Le droit de l'informatique, 1re éd. PUF, 1987.

ATIAS (C), Le droit civil, PUF, Coll. Que sais-je ?, n° 2161

BERGEL (J.-L.), Théorie générale du droit, coll. Méthodes du droit dirigé par Jean CARBONNIER, éd. Dalloz, 1985.

BONNET (Chr.), Ministre l'intérieur français, in Manuel de la sécurité Sopral/ Edirepet discours lors de l'inauguration du laboratoire du Cnpp à Champs-sur Maine, le 09/11/1978, cité par Jean VAUJOUR, La sécurité du citoyen ; Que sais-je, PUF.

CABRILLAC (M) et MOULY (C.), Droit des sûretés, 7e éd. LITEC, 2004.

CADIET (LOÎC), Interrogations sur le droit contemporain des contrats, Travaux de recherches de l'Université de Rennes, coordonnés par LOÏC CADIET, ÉCONOMICA, 1987.

CARBONNIER (J), Droit civil T.1 les personnes, 13è éd., P.U.F., 1989.

CARBONNIER (J), Flexible droit, LGDJ, 9e éd.1998.

CARBONNIER (J), les notions à contenu variable dans le droit français de la famille, exposé fait au CNRL le 06/11/1982, in les Notions à contenu variable en droit, publié par CHAIM PERELMAN et Raymond VANDER ELST, Bruxelles, 1984.

CARL SCHMITT, Parlementarisme et démocratie, éd. du SEUIL, 1988.

CARMELYNK (G.H.) et LYON-CAEN (G), Droit du travail, 9e éd. précis Dalloz, 1978.

CARRE DE MALBERG, Contribution à la théorie générale de l'État, spécialement d'après les données fournies par le droit constitutionnel français, 1920 T.1, p.516 à 523, cité par CHAPUS (R), Droit administratif général, théorie des agents occasionnels du service public, T.2, 8e éd. MONTCHRESTIEN 1995.

CHAPUS (R), droit administratif général, T.1, 5e éd. Montchrestien, 1990.

COLIN (A) et CAPITANT(H), Traité de droit civil, T.II, Les obligations, théorie générale, droits réels principaux, refondu par JULLIOT DE LA MORANDIERE (L), Dalloz, 1959.

CORNU (G), les principes directeurs du procès civil par eux-mêmes (fragments d'un état de questions) Études offertes à Pierre BELLET, LITEC 1991.

CORNU (G), Vocabulaire Juridique, Association H. CAPITANT, P.U.F. 2009.

COTTERET (J.-M.), le régime de la responsabilité pour risques en droit administratif, in Études de droit public, ouvrage collectif sous la direction de J. RIVERO, éd. CUJAS 1964.

COULOMBEL (P.), introduction à l'étude du droit privé, Avant-propos, D. TALLON.1969.

CROCQ (P), sous la direction de BLACK YONDO… BRIZOUA-BI (M), FILLE LAMBIE (O), LAINEY (L.J.), MARCEAU COTTE (A), le nouvel acte uniforme portant organisation des sûretés. La réforme des sûretés ohada., Préf. Pr. DOROTHE C. SOSSA, coll. LAMY, 2012.

DAGOT, Les sûretés judiciaires provisoires, LITEC, 1994.

DEBENE (M), introduction au droit de la fonction publique, Encyclopédie juridique de l'Afrique, Les nouvelles éditions africaines, Tome 8 1982.

DECOTTIGNIES (R), Encyclopédie Dalloz, Civil VI (RET –W) v° TIERS.

DECRETON (S), (ouvrage collectif sous la direction de), Service et lien social, Ed. L'Harmattan, 1999.

DIDIER MARTIN, Éléments de droit bancaire, 2e éd. Collection ITHEB 1993.

DJOGBENOU (J), L'exécution forcée. Droit Ohada, 2e éd. CREDIJ (Centre de Recherche et d'Étude sur le Droit et les Institutions Judiciaires en Afrique), 2011.

DOLL (P.-J.), La réglementation de l'expertise en matière pénale, avec le concours de GUERIN (H) et AMÉDÉE MANESME (G), préface de GERTHOFFER (Ch.), LGDJ, 1960.

DONNIER (M) et DONNIER (J.B.), Voies d'exécution et procédures de distribution, 6e éd., LITEC, Paris, 2001.

DUFAU (V), Les sujétions exorbitantes du droit commun en droit administratif : l'administration sous contrainte, éd. L'Harmattan, 2000.

DUGUIT (L), Traité de droit constitutionnel, 1923.

DUGUIT, La théorie générale de l'État, 1923 p.285. Études de droit public, L'État, le gouvernement et les agents, Fontenaing, éd. 1903.

EMERI (Claude), De la responsabilité de l'Administration à l'égard de ses collaborateurs, LGDJ, 1966.

FARJAT (G.), Le droit économique, PUF, 2e éd., 1982.

FARJAT (G), Le droit privé de l'économie, T.2 Théorie des obligations PUF, 1975.

FLOUR (J) et AUBERT (J. L), Droit civil, les Obligations, L'acte juridique, vol.1 9e éd. Coll. U, Armand Colin, 2000.

FOMETEU (J) et LEVOA AWONA (S-P), les obligations des tiers dans la saisie attribution des créances, in Les grandes décisions de la CCJA, sous la direction de POUGOUE (P.-G.) et KUATE TAMEGHE (S. S.), éd. L'Harmattan, 2010

FORSTHOFF (E)., Traité de droit administratif allemand (traduction M. FROMONT p.34 éd. Bruyant, Bruxelles, cité par LAVIALLE (Chr.), L.G.D.J. 1974.

GARSONNET ET CÉSAR BRU, T.3, n° 574, p.198.

GHESTIN (J) et GOUBEAUX (G), Traité de droit civil, Introduction générale (sous la direction de Jacques GHESTIN), L.G.D.J., 1983.

GHESTIN (J), Traité de droit civil. Les effets du contrat 2e édition avec le concours de Christophe JAMIN et Marc BILLIAU L.G.D.J., 1994.

GHESTIN (J) Les effets du contrat à l'égard des tiers, comparaisons franco-belges, sous la direction de M. FONTAINE et J. GHESTIN, LGDJ, 1992.

GINOSSAR (S), Liberté contractuelle et respect des droits des tiers : Émergence du délit civil de fraude, L.G.D.J., 1963.

GLASSON et TISSIER, Précis de procédure civile, T.2, n° 1244.

GONIDEC, Les droits africains évolutions et sources L.G.D.J., 1976

GONIDEC (F), Les systèmes politiques africains, 2e éd., L.G.D.J., 1978.

GUINCHARD (S) et DEBARD (Th.), (sous la direction de), Lexique des termes juridiques, Dalloz, 23e éd. CAMPUS LMD, 2015-2016.

GUINCHARD (S) & TONNY MOUSSA (sous la direction de), Droit et pratique des voies d'exécution, Dalloz Action 2002.

GHESTIN (J), l'ordre public, notion à contenu variable en droit privé français, in *Les notions à contenu variable en droit Études*, publié par Chaïm PERELMAN et Raymond VANDER ELST, Bruxelles éd. Émile BRUYANT, 1984

GUYON (Y), Droit des affaires T.1 Droit commercial général et sociétés 12e éd. ÉCONOMICA, 2003.

HAMEL et LAGARDE, Traité de droit commercial, 1954.

HAMEL, LAGARDE et JAUFFRET, Droit commercial, 2e éd. T. 1 vol.1

HEMARD (J), TERRE (F) et MABILAT (P), Sociétés commerciales, préface Jean FOYER, éd. Dalloz, 1974.

HÉMARD (J.), TERRÉ (F.) et MABILAT (P.), Sociétés commerciales, T. 2 éd., DALLOZ, 1972.

JACQUEMIN (A) et SCHRANS (G), Le droit économique, Coll. Que sais-je ?, PUF, 1974

JOSSERAND, De la responsabilité du fait des choses inanimées, 1897 cité par TERRE, SIMLER, LEQUETTE, 8è éd., DALLOZ, 2002.

LABRUSSE (C) et CORNU (G), Droit de la filiation et progrès scientifiques, (sous la direction de) éd. ECONOMICA, 1981.

LARROUMET (Chr.), Introduction à l'étude du droit privé, T.1 éd. ECONOMICA 1984.

LAVROFF, (D.G). Le collaborateur bénévole de l'administration, AJDA, 1959.

LEGEAIS (D), Le cautionnement, éd. ECONOMICA, 1995.

LEROY(E) et MAMADOU WANE, La formation des droits non étatiques, Encyclop. Jurid. De l'Afrique. Les nouvelles éditions africaines, T.1 l'État et le droit Chap. XV, 1982.

LEVENEUR (L), Situations de fait et droit privé, LGDJ 1990.

LEVY-BRUHL (H), La preuve judiciaire, étude de sociologie juridique, libr. RIVIERE & Cie.

LINDON (R) in, Une création prétorienne : Les droits de la personnalité, Manuel de droit usuel, DALLOZ, 1974.

LONG, WEIL (P), BRAIBANT (G), DEVOLVE (P), GENEVOIS (B), Les grands arrêts de la jurisprudence administrative, 18e éd. DALLOZ, 2011.

LUCAS DE LEYSSAC (G), l'obligation de renseignements dans les contrats, in *L'information en droit privé*, LGDJ, 1978.

LYON CAEN (G), PELLISSIER (J), SUPIOT (A), Droit du travail, précis DALLOZ, 18e éd. p. 216.

MARIANGELA ROSELLI, Le discours des syndicats sur le service public, in *Service public et lien social* (ouvrage collectif sous la direction de Séverine DECRETON, éd. L'Harmattan, 1999.

MARTY (G) et RAYNAUD (P), Droit civil, Les personnes, 3e éd. SIREY, 1976

MAZEAUD ET J. MAZEAUD, (H., L & J) Leçons de droit civil, Introduction à l'étude du droit privé. Droits, preuves, personnes, familles, incapacités, éd. Montchrestien, 1959.

MAZEAUD, par CHABAS, Leçons de droit civil T.II, premier volume, Obligations : Théorie générale, 9e éd. MONTCHRESTIEN, 1978.

MAZEAUD (D), Le contrat et les tiers, nouvelle leçon, nouvelle présentation, Mél. CHABAS, 2011.

MBARGA (A), Procédure civile camerounaise, édit. PRIMALEX, 2012.

MELONE (S), (Sous la direction de) Encyclopédie juridique de l'Afrique, Les nouvelles éditions africaines, T6, 1982.

MEISSONNIER (G) et GAUTRON (J-C) (Sous la direction de) Encyclopédie juridique de l'Afrique, Les nouvelles éditions africaines, T6, 1982.

MERLE (Ph.), Les présomptions légales en droit pénal, L.G.D.J., 1970.

MERLE (R.) et VITU (A.), Traité de droit criminel, Droit pénal spécial, éd. CUJAS, 1982.

MERLE (R) et VITU (A), Traité de droit criminel, T.2 Procédure pénale, 3e éd., CUJAS.

MERLE (R) et VITU (A), Traité de droit criminel, problèmes généraux de la science criminelle, droit pénal général, 5e éd., CUJAS, 1984.

MESTRE (J), PUTMAN (E) ET BILLIAU (M), Traité de droit civil (sous la direction de Jacques GHESTIN, Droit spécial des sûretés réelles, LGDJ, 1996.

MESTRE (J), PUTMAN (E) et BILLIAU (M), Droit commun des sûretés réelles, in Traité de droit civil, sous la direction de J. GHESTIN, LGDJ, 1996.

MODERNE (F), les missions d'intérêt général en droit comparé, in service public et lien social, ouvrage collectif, L'Harmattan, 1999.

NDIAW (D) et ASSI ESSO (A.M.), Recouvrement des créances, coll. Droit uniforme africain, BRUYANT, Bruxelles, 2003.

NORMAND (J), L'office du juge et la contestation, L.G.D.J., 1965.

OMAM (F), Droit communautaire Ohada Mémento de procédures simplifiées de recouvrement et voies d'exécution suivi d'un formulaire d'actes et de textes, T.1, éd. Ankatali 2008.

ONDOA (M), Le droit de la responsabilité publique dans les États en développement, contribution à l'étude de l'originalité des droits africains postcoloniaux, éd. L'Harmattan, 2010.

PAILLUSSEAU (J), Les contrats d'affaires, in Le droit contemporain des contrats, bilan et perspectives, Centre de documentation juridique de l'Ouest, Faculté des sciences juridiques de Rennes, Actes du séminaire de l'année universitaire 1985-1986, Travaux coordonnés par LOÏC CADIET, préface de Gérald CORNU, ECONOMICA, 1987.

PERELMAN (Ch.) et VANDER ELST R. (R.), Les notions à contenu variable en droit, travaux du centre national de logique, Bruxelles, BRUYLANT, 1984.

PERROT (R), Les institutions judiciaires, 6e éd. Domat Montchrestien, 1994.

PERROT, Cours de droit judiciaire privé, in les Cours du Droit, Paris, 1963-1964.

POUGOUE (P.G), Droit du travail et de la Prévoyance sociale au Cameroun, P.U.C. T.1, 1988.

POUGOUE (P.G.) et NJEUFACK TEMGOUA (R), Saisies et mesures conservatoires de droit OHADA, P.U.A., Coll. Vade-Mecum, 2015.

POUGOUE (P.G.) et TEPPI KOLLOKO (F), La saisie attribution des créances Ohada, P.U.A. Yaoundé, 2005.

RIALS (S), Les standards, notions critiques du droit, in les Notions à contenu variable en droit, publié par CHAIM PERELMAN et Raymond VANDER ELST, Bruxelles, 1984.

RIDEAU (J), La juridiction administrative au regard du droit communautaire, Rép. DALLOZ, Contentieux administratif, 1984.

RIPERT (G.) et ROBLOT (R.), par GERMAIN (M) et VOGEL (L), Droit commercial, T.1 17e éd. LGDJ, 1998.

RIPERT (G), Les forces créatrices du droit, LGDJ 2e éd., 1955.

RIPERT, la règle morale dans les obligations civiles, LGDJ 3e éd.1935.

RIVERO (J) et SAVATIER (J), Droit du travail, 7e éd. P.U.F., 1978

RIVERO (J.) Droit administratif, Précis Dalloz, 6e éd.1973.

ROBIN (C), Droit judiciaire privé, DYNA'SUP DROIT, 2005.

ROBLOT (R), Les effets de commerce, SIREY, 1975.

RONNY ABRAHAM, Droit international, droit communautaire et droit français, HACHETTE SUPERIEUR, 1989.

ROUBIER, Droits subjectifs et situations juridiques, coll. Philosophie du droit, 1963.

SALEILLES (R), Les accidents de travail et la responsabilité civile, 1897, cité par TERRE, SIMLER, LEQUETTE, 8è éd. Dalloz, 2002.

SAVATIER (R), Du droit civil au droit public, à travers les personnes, les biens et la responsabilité civile, Paris1945.

SAVATIER (R), les métamorphoses économiques et sociales du droit civil d'aujourd'hui.

SEVRIER (J), le terrorisme, Que sais-je ?

SOLUS (H) et PERROT (R), Droit judiciaire privé, T.3 Procédure de première Instance, SIREY, 1991.

SOLUS (H) et PERROT (R), Droit judiciaire privé, La compétence, T. 2 éd. SIREY, 1973.

SOLUS (H), La réforme du droit des sociétés commerciales par les décrets-lois de 1935 et 1937, Librairie du Recueil SIREY, 1938.

STARCK (B.), ROLAND (H.) ET BOYER (L.), les obligations T.2 Contrat, 5e éd. 1995.LITEC.

STARCK (B), ROLAND (H) et BOYER (L), Obligations, T. 3 Régime général, 4e éd. LITEC, 1992.

STEFANI (G) LEVASSEUR (G) BOULOC (B), Procédure pénale, 12e éd. Dalloz, 1984.

STOUFFLET, Devoirs et responsabilités du banquier à l'occasion de la distribution du crédit, in responsabilité professionnelle du Banquier : contribution à la protection des clients de la banque, sous la direction de GAVALDA (Chr.).

STRICKLER (Y), Procédure civile, 5e éd., coll. PARADIGME, 2014.

TCHAKOUA (J.M.), Introduction générale au droit Camerounais, coll. « Apprendre », Presses de l'UCAC, 2008.

TERRE (F), SIMLER (Ph.) et LEQUETTE (Y), Les obligations, 11e éd.2013.

TORTELLO (N) et LOINTIER (P), Internet pour les juristes. DALLOZ, 1996.

TERRE (F), Faut-il légiférer à nouveau en matière de filiation ?, Rapport de synthèse, Droit de la filiation et progrès scientifiques, sous la direction de Catherine LABRUSSE et Gérard CORNU, éd ; ECONOMICA, 1981.

VINCENT (J) et GUINCHARD (S), Procédure civile 25e éd., DALLOZ, 1999.

VINCENT (J) et PREVAULT (J) Voies d'exécution et procédures de distribution, précis DALLOZ.

VINEY (G), Traité de droit civil, (sous la direction de Jacques GHESTIN), Les obligations, la responsabilité, conditions, L.G.D.J., 1982.

Vocabulaire juridique Association H. CAPITANT, par CORNU PUF, 2è tirage, 2008.

OUVRAGES SPÉCIALISÉS

ANOUKAHA (F) et TJOUEN (A.D.), les procédures simplifiées de recouvrement et les voies d'exécution en Ohada, in Presses Universitaires d'Afrique, coll. Droit uniforme, Yaoundé, 1999.

ASSI ESSO (A. M. H.) et NDIAW DIOUF, Recouvrement des créances, OHADA, coll. Droit Uniforme Africain, BRUYLANT Bruxelles, 2002.

BRANLARD (J.P.) Questions résolues de procédure civile et des voies d'exécution 3e éd. AENGDE – CLET

COUCHEZ (G), Voies d'exécution, éd. Sirey, p.68 et s.)

Française du 9 juillet 1991portant réforme des procédures civiles d'exécution.

DONNIER (M) et DONNIER (J.B.), Voies d'exécution et procédures de distributions, 6e éd. LITEC, 2001.

EYIKE-VIEUX, L'application du droit Ohada par les juridictions camerounaises : le cas des juridictions de Douala, P.U.A., 2017

GATSI (J), L'avis à tiers détenteur et le nouveau droit des affaires Ohada, in l'effectivité du droit de l'ohada, coll. Droit Uniforme, Ydé, P.U.A. 2006

GUINCHARD (S) et TONNY MOUSSA, Droit et pratique des voies d'exécution (sous la direction de), DALLOZ ACTION, 2002

KERE KERE (G), Les voies d'exécution en droit Ohada, presse de l'UCAC, coll. « Apprendre » 2011.

LA SAINTE BIBLE, Évangile selon Jean Chap.4 verset 24

ROQUEFORT (J), la pratique du référé expertise, cité par REMERY (J.P.).

TONY MOUSSA, Expertise : matière civile et pénale, DALLOZ, 1983

WAMBO (J), La prévention et le recouvrement des impayés en droit ohada, www ohada.com.

WOOG (J. Cl.), la stratégie du créancier, DALLOZ, 1997.

YOUSSOUFA NDIAYE, Les voies d'exécution, Encyclopédie juridique de l'Afrique, Les nouvelles éditions africaines, T.4, Titre V.

ENCYCLOPÉDIES

ENCYCLOPÉDIE DU DROIT OHADA, (sous la direction de POUGOUE (P.G.).

ENCYCLOPÉDIEJURIDIQUE DE L'AFRIQUE, Les nouvelles éditions africaines, 1982. Tome IV et Tome VI.

ENCYCLOPEDIE DALLOZ, civil VI (RET –W) v° TIERS par DECOTTIGNIES (R).

THÈSES

ABDELHAMID EL OUALI, in Effets juridiques de la sentence internationale, préface Paul REUTER, LGDJ, 1984 p.1.

AMEVI de SABA, La protection du créancier dans le droit uniforme de recouvrement des créances de l'ohada. Th., 2016, Paris 1.

AUSSEL, Essai sur la notion de tiers en droit privé, Thèse Montpellier1951.

BOUT, (R.), La gestion d'affaires en droit français contemporain, Th. Aix Marseille, LGDJ1972 préface KAYSER.

BIBOUM BIKAY (F), Les tiers dans le droit des voies d'exécution de l'Ohada, Th. Univ. Douala, Année 2009-2010.

CHOUKROUN (Ch.), Les droits des associés non-gérants dans les sociétés à responsabilité limitée, préface du professeur ANDRE AMIAUD, L.G.D.J., 1957.

CONTIN (R), Le contrôle de la gestion des sociétés anonymes, Th. Rennes1975.

COULOMBEL (P.), Le particularisme de la condition juridique des personnes morales de droit privé Th. Nancy, 1949.

COUZINET (P), préface th. LAVIALLE (Ch.), L'évolution de la conception de la décision exécutoire en droit administratif français, Th. Paris, L.G.D.J., 1974.

DEJEAN DE LA BATIE (N), appréciation in abstracto et appréciation in concreto en droit civil français, préface H. MAZEAUD Thèse, L.G.D.J. 1965.

EMERI (Cl), De la responsabilité de l'Administration à l'égard de ses collaborateurs, L.G.D.J., 1966.

GENY (B.), La collaboration des particuliers avec l'administration, Th. Nancy, 1930 p ; 2 cité par EMERY (Cl), op.cit.

GOUNOT (E) le principe de l'autonomie de la volonté en droit privé : contribution à l'étude critique de l'individualisme juridique, A Rousseau, Paris 1912.

GRAMMATIKAS (G), Théorie générale de la renonciation en droit civil, Th., Préface CARBONNIER, LGDJ, 1971.

GUYENOT (J), Responsabilité des personnes morales publiques et privées, considérations sur la nature et le fondement de la responsabilité du fait d'autrui, préface Jean CARBONNIER thèse L.G.D.J., 1959.

HEURTEUX (Cl), l'information des actionnaires et des épargnants, Étude comparative, T.1 éd. SIREY 1961.

JESTAZ (Ph), l'Urgence et les principes classiques du droit civil, thèse préface de P. RAYNAUD, L.G.D.J. 1968.

KUATE TAMEGHE (S.S.) La protection du débiteur dans les procédures d'exécution individuelle, Thèse, L'HARMATTAN, 2004.

LACOMBE (J), in les réserves dans les sociétés par actions, éd. CUJAS p.20 et s.

LAFON (J), La responsabilité civile des malades mentaux, L.G.D.J., 1960.

LAVIALLE (Chr.), L'évolution de la conception de la décision exécutoire en droit administratif français, Th. Paris, 1974, préface P. COUZINET, LGDJ 1974.

MARTY (G), la distinction du fait et du droit, Th. 1929.

MELONE, La parenté et la terre, dans la stratégie du développement, L'expérience camerounaise ; étude critique, éd. KLINCKSIECK, Paris, 1972.

MOUTHIEU épouse NJANDEU, l'intérêt social en droit des sociétés, préface du professeur Paul Gérard POUGOUE, thèse d'État, L'HARMATTAN, Études africaines 2009.

ONANA ETOUNDI (F), L'incidence du droit communautaire Ohada sur le droit Interne du recouvrement des créances et de l'exécution des décisions de justice dans les États-parties : le cas du Cameroun, Th. Ydé II 2005.

ONDOA (M), Le droit de la responsabilité publique dans les États en développement : contribution à l'étude de l'originalité des droits africains postcoloniaux, L'HARMATTAN, 2010.

PAILLUSSEAU (J), La société anonyme, technique d'organisation de l'entreprise, Th. RENNES, SIREY 1967.

PRIEUR (E), la substitution de motifs par la Cour de cassation, préface d'André JOLY Thèse ÉCONOMICA 1986.

ROUJOU DE BOUBEE (M.-E), Essai sur la notion de réparation, préface HEBRAUD (P) L.G.D.J. 1974.

SABOURIN, Recherches sur la notion d'autorité administrative en droit français, Thèse, L.G.D.J. 1966 p.21 cité par LAVIALLE (Chr.), op. cit p. 69) ; LAVIALLE (Chr.), L'évolution de la conception de la décision exécutoire en droit administratif français, Th. Paris, 1974 préface P. COUZINET, LGDJ, 1974.

SEILLAN (H), L'obligation de sécurité du chef d'entreprise, Th. Bordeaux, 1979 ; Dalloz, 1981, p.202 et s. Crim. 30 Novembre 1950 cité par CARMELYNK (G.H.) et LYON-CAEN (G), Droit du travail, op. cit. p.300 Note 1.

STARCK (B), Essai d'une théorie générale de la responsabilité civile considérée en sa double fonction de garantie et de peine privée, thèse, Paris, 1945.

WANDJI— KAMGA (A.D), Le droit à l'exécution forcée (Réflexions à partir des systèmes juridiques camerounais et français, Th. En codirection, 2009)

WEIL (A), le principe de la relativité des conventions en droit privé français, Th. Strasbourg, 1938 préface M. NAST ; GOUTAL (J.F.), Essai sur le principe de l'effet relatif des contrats, Th. préface H. BATIFFOL, L.G.D.J. 1981.

MÉMOIRES

NGINTEDEM NOBO (C-L), Les tiers dans les procédures civiles d'exécution ; Mémoire DEA Univ. Dschang 2001.

ARTICLES

AGBOYIBOR (P.K.), Chronique bibliographique et présentation de l'Acte uniforme relatif aux procédures simplifiées de recouvrement et les voies d'exécution, in Rev. Dr. Aff. Internationales n° 2 ; 1999, p.228.

AKAM AKAM (A), in Requiem pour les groupes de contrats : Vues sur le renouvellement avorté de la théorie de la relativité des conventions, in Cahiers juridiques et politiques, Revue de la Faculté des Sciences juridiques et politiques, Université de N'Gaoundéré, 2009 p.19.

AMIAUD, Travaux de la Commission de réforme du Code de commerce et du droit des sociétés T.2 p.112.

AMSELEK (P), la détermination des personnes publiques responsables, in Études de droit public, sous la direction de Jean RIVERO, éd. CUJAS, 1964. p.303.

AMSELEK (P), la responsabilité sans faute des personnes publiques d'après la jurisprudence administrative, in Recueil d'études en hommage à Charles EINSENMANN, éd. CUJAS, 1975 p.233.

ANCEL (P), la garantie conventionnelle des vices cachés dans les conditions générales de vente en matière mobilière, Rev. Trim. Dr. Com. 1979

ANCEL (P), Les arrêts de 1988 sur l'action en responsabilité contractuelle dans les groupes de contrats, 15 ans après, in Mél. PONSARD, 2008 p.3.

ARDANT (Ph), La famille et le juge administratif, in Mél. SAVATIER, éd. DALLOZ 1964.

ATIAS (Chr.), le contrat de substitution de mère, D.S. 1986 Chr. p.67.

ATIAS (Chr.), Naissance d'un principe : les servitudes en copropriété immobilière, D. 1987 Chr. p.285.

AYNES (L), La cession du contrat cité par TERRE, SIMLER, LEQUETTE, RTDCIV, 1949, .753.

AYNES, cité par JOBARD-BACHELIER (M. N.), in Servitude et grandeur de la publicité foncière en droit français D. 1988 n° 33 p.247.

BADINTER, Le droit au respect de la vie privée, J.C.P.1968. I. 2136.

BANDRAC (M), Procédures civiles d'exécution et droit des sûretés, Rev.Trim. Dr. Civ. n° spécial, 1993.

BARTHEMEY, les idées de M. DUGUIT, in Recueil de l'académie de législation de TOULOUSE p.491 cité par CHERGNY, op.

BASTIAN (D) in les sociétés avant leur immatriculation au registre de commerce Mél H. CABRILLAC, LITEC 1968, p.26.

BATIFFOL (H), La crise du contrat et sa portée, in archives de philosophie du droit, t.XIII, 1968,

BATOUM (F. P.), La saisie vente dans la législation ohada ou le sacre de l'insolvabilité, in JURIDIS PÉRIODIQUE n° 74 (avril—mai —juin) 2008, p.71.

BAUER-BERNET (H), Notions indéterminées et droit communautaire, in les Notions à contenu variable en droit, Études publiées par CHAIM PERELMAN et Raymond VANDER ELST, Bruxelles 1984 p.269.

BELLET (P.), la réaction de la doctrine à la création du droit par le juge, XXXI, Rapport de synthèse, p in l'association H. CAPITANT,

BIBOUM BIKAI (F), les situations de faits en droit des sociétés ohada, Revue de droit des affaires Ohada, n° 2 p.180.

BILONG (S), Le déclin de l'État de droit au Cameroun : le développement des immunités juridictionnelles, in Juridis périodique n° 62. Avril-Mai-Juin 2005 p.52. juin 2005 p.52.

BIOLAY (J.J), L'actualité en droit économique : la concurrence et les prix D. 1987 Chr. p.183

BIPOUM WOUM (J.M.), Recherches sur les aspects actuels de la réception du droit administratif dans les États d'Afrique noire d'expression française : le cas du Cameroun, RJPIC 1973 ; 3 Juil — Sept. P. 366.

BLAISE (J.B.), Les rapports entre le fonds de commerce et l'immeuble dans lequel il est exploité. RTD Com.1966.827.

BOLARD (G), Les juges et les droits de la défense, in Études offertes à Pierre BELLET, LITEC, 1991.

BOLARD (G), L'appel nullité D. 1988 Chr. 177.

BOLARD (G), les principes directeurs du procès civil J.C.P. 1993.I. 3693.

BOULAY (J.-Ch.), l'obligation du commissaire aux comptes de révéler les faits délictueux, in Rév. Soc. 1980.443.

BORE (J), La cassation en matière civile, Sirey 1980 p.1038 n° 3505 et s.

BOUT (R), La convention dite d'assistance, in Mél. KAYSER, 1979 p.157

BOUZAT, La protection juridique du secret en droit pénal comparé, R.S.C.1950. 541 et 1955.

BOUZAT (P), La loyauté dans la recherche des preuves, in Mél. HUGUENEY, SIREY 1964, p. 155

BOYER (L) et ROLAND (H), A propos du défaut de diligence, Mélanges dédiées à J.VINCENT, Dalloz 1981 p.9.

BOYER, les effets des jugements à l'égard des tiers, Rev. Trm. Dr. Civ.1951 p.163 et s.

BOYER (L.) & H. ROLLAND, à propos du défaut de diligences, in Mélanges J. VINCENT, éd. DALLOZ1981.

BREDIN (J. D.) le secret du délibéré arbitral, in Études offertes à Pierre BELLET, LITEC, 1991 p. 71

BRIMO (A), Réflexions sur le temps dans la théorie générale du droit et de l'état, in Mél. HEBRAUD, Toulouse 1981, p.145.

CATALA (P), La transformation du patrimoine dans le droit civil moderne, RTDCiv. 1966 p.185.

CORNU (G), les définitions dans la loi, in Mélanges J. VINCENT, éd. DALLOZ. 1981 p.77

COZIAN, L'avis à tiers détenteur, RTD Com1967. p.61.

CALAIS AULOY (J), L'ordonnance du 1er décembre 1986 et les consommateurs, D. 1987 Chr. p.137

CATALA (P), l'état d'un bien donné et exploité sous forme sociale, in Études offertes à René RODIERE, DALLOZ1981.

CHAMPAUD (Cl), V° Groupement de sociétés, in Dictionnaire permanent du droit des affaires.

CHAMPAUD (Cl), contribution à la définition du droit économique D.1967 Chr. p.89.

CHAMPAUD (Cl), in Rev. Trim. Dr. Com. 1975 n° 4 Oct—Déc.P. 864.

CHAMPAUD (Cl.), in les méthodes de groupement des sociétés RTD com. 1967 p.1022.

CHERIGNY (B), in Ordre illégal et devoir de désobéissance dans le contentieux disciplinaire de la fonction publique, in Rev. Dr. Publ. Et de la SC. Pol. 917e année, p.867 et s.

CHEVALIER, Le contrôle de la Cour de cassation sur le contrôle de l'offre de la preuve D. 1956 Chr. 37.

CHEVALLIER (J), Remarques sur l'utilisation par le Juge, de ses connaissances personnelles, RTDciv. 1962.

CHEVRIER (G), Remarques sur l'introduction et les vicissitudes de la distinction « jus privatum » et du « jus publicum » dans l'œuvre des anciens juristes français, in La distinction du droit privé et du droit public et l'entreprise publique, Archives de philosophie du droit, nouvelle série, librairie Dalloz, 1952 p.5.

E. CONSTANTIN A. STEANOVIH et M Eugène A. BARASH, RTDCIV., Chose jugée et état civil, 1934, p.545 et s.

CORNU (G.), La lettre du Code à l'épreuve du temps, Mél. SAVATIER. p. 157

CORNU (G.), Des contrats ou des obligations conventionnelles en général, Essai de lecture d'un titre de code, cours de droit 1976-1977 n° 27 P.19 et 20.

CORNU (G), Le juge arbitre, Rev. arb ; 1980. 373 ; BELLET (P), Le juge arbitre, XIe colloque des Instituts d'études judiciaires, le juge et l'arbitrage, Dijon, Oct. 1977.

CORNU (G), Les principes directeurs du procès civil par eux-mêmes (fragments d'un état de questions), in Études offertes à Pierre BELLET, LITEC 1991.

COTTERET (J.-M.), le régime de la responsabilité pour risques en droit administratif, en Études de droit public, éd. CUJAS 1964.

COUCHEZ, Le référé-provision « mesure ou démesure », in Mél. RAYNAUD, 1985.

M COUTHEOUX, in les secrets économiques, Rev. Econ. 1958 P.547 cité par Christian GAVALDA, in le secret des affaires, mél. SAVATIER p.293.

DAGOT, l'indivision, commentaire de la loi du 31 déc. 1976, première partie : le régime paritaire, JCP 1977. I. 2858.

DAGOT, le temps et la publicité foncière, in Mél. HEBRAUD, Toulouse 1981, p.219.

DAGOT (M), Les sûretés judiciaires provisoires, inscriptions d'hypothèques, nantissement sur fonds de commerce et autres, LITEC, 1994 p.7 n° 20.

DAIGRE (J-J), in la preuve des exceptions opposables par le débiteur d'une traite, REV ; trim. Dr ; com. ; 1977 p.652.

DEBARD (Th.), l'égalité des citoyens devant les charges publiques : fondement incertain de la responsabilité administrative, D. 1987 Chr. p.157.

DE CORAIL (J. L.), Le juge administratif et la qualification des interventions de l'État dans le domaine de l'économie, in Études Ch. EISENMANN, éd. CUJAS, 1975 p.299.

DECOTTIGNIES (R), Réflexions sur le projet du code sénégalais des obligations, AA 1962 I, p.178.

DE LA MORANDIERE (J), l'époque des juristes est passée, laissons faire le gouvernement, in la réforme du Code civil D. 1945 Chr. p.120

DERRIDA (F), La notion de parties dans les décisions relatives au redressement et à la liquidation judiciaire des entreprises. D. 1989 Chr. p.85.

DERRIDA (F), in le Crédit et le droit des procédures collectives, Études RODIERE, p. 67et s

DOLL, De la responsabilité des experts judiciaires, D.1966, Chr. P. 47.

DORSNER DOLIVET (A) et BONNEAU (T), l'ordre public, les moyens d'ordre public en procédure civile, D. 1986 Chr. 65.

DONNIER (M), Réflexions sur l'hypothèque judiciaire conservatoire D. 1961 Chr. p.79.

DOUC RASY, Le droit et la force dans le monde contemporain, Recueil d'Études en hommage à Charles EISENMANN, éd. CUJAS 1975.

DU PONTAVICE (E), Fraude dans les transferts immobiliers et sécurité des tiers, in RTDCiv. 1963. P. 649.

DURUPTY (M), L'actualité en droit économique. Les relations entre le secteur public et le secteur privé : La privatisation du secteur public en France. D.S. 1988 Chr. p.187.

DURRY (G), note RTDCiv. 1969.776.

EISENMANN (Ch.), Le rapport entre la compétence juridictionnelle et le droit applicable en droit administratif français, in Mél. MAURY, T.2, p.379.

ESMEIN (P), La jurisprudence et la loi, in Rev. Trim.Dr.Civ ; 1952. p.17.

ESMEIN (P), note JCP1956. II. 7371.

ESSI ESSO (A. M.), Commentaire de l'Acte uniforme n° 6 Code vert.

ESTOUP (P), Déclin et renouveau de la procédure civile D.S. 1987 Chr. p.105.

ESTOUP (P), Étude et pratique de la conciliation D.S. 1986 Chr. p.161.

FLOUR (J), de l'influence du droit public sur le droit privé en France, dans Travaux de l'Association H. CAPITANT, T.II Paris 1947 p.191.

FOUCHARD (Ph), L'arbitrage judiciaire, Études BELLET, LITEC, 1991 p.167, spéc. p.169 n° 6 et s.

FOMETEU (J), le juge de l'exécution au pluriel ou la parturition au Cameroun de l'art.49 L'AUPSRVE in JURIDIS PÉRIODIQUE n° 83, Juil-Août-Septembre2010 p.91.

FOMETEU (J) & LEVOA AWONA (S.—P), Commentaire sous les arrêts CCJA, Arrêt n° 009/2005 du 27 janvier 2005 Sté Afrocom c/ citibank et 010/2007 du 15 mars 2007 Sté Ecobank Côte d'Ivoire C/ Sté Dalina voyages Travel Agency, in Les grandes décisions, op. cit p.519 et s..

FOUCHARD (Ph.), L'arbitrage judiciaire, in Études offertes à PIERRE BELLET, LITEC, 1991.

FOUDA (G. J.), Le juge administratif camerounais face au critère de la compétence fondée sur la notion de service public, in Mensuel d'informations juridiques et judiciaires, n° 26.

FRANCESCHELI (R), concurrence, monopole et formes de marché au point de vue juridique, Rév. Trim. Dr. Com.1967.

FRIDEL (G), Remarques sur l'engagement du banquier dans le crédit documentaire irrévocable, in Mél. SAVATIER, p.535 ;

GABIN (J. F.) & RIVIECCIO (J. P.), le Phénomène des lenteurs judiciaires : une stratégie de lutte ; Séminaire ENAM juin ² 1989.

GASSIN (R), Le droit pénal de l'informatique, D.S. 1986 Chr. P. 35.

GARREAU (D), L'expert judiciaire et le service public de la justice, D.S. 1988 Chr. p.97.

GAVALDA (Chr.), Le secret des affaires, in Mél. SAVATIER, 1981.

JAMBU-MERLIN, L'arbitrage maritime, in Études offertes à RENÉ RODIERE, DALLOZ 1981.

GEFROY (J.B), La famille dans la jurisprudence administrative, D.S 1986 Chr. p.1.

GELFUCCI THIBIERGE, De l'élargissement de la notion de partie au contrat… à l'élargissement de la portée du principe de l'effet relatif, Rev. Trim. Dr. Civ. 1994, p.275.

GHESTIN (J), La distinction entre les parties et les tiers au contrat. JCP 1992 p.3628 ;

GHESTIN (J), Nouvelles propositions pour un renouvellement de la distinction des parties et des tiers RTD Civ. 1994 n° 4 p.789.

GILLI (J.P), La responsabilité d'équité de la puissance publique, D. 1981 Chr. p.125.

GISSEROT (Fl.), la confusion des patrimoines est-elle une source autonome d'extension de faillite ?, in RTDCom1979. p.49.

GODE, le mensonge dans le procès civil, Mél. WEILL, 1982.

GORE (F), Le fondement de la gestion d'affaires, source autonome et générale d'obligations D. 1953 Chr. p.39.

GORE (F), La notion de capital social, Mél. RODIERE, DALLOZ 1981.

GRAVEN (J), Le rôle et les pouvoirs du juge pénal par rapport à l'expert médical en matière de responsabilité, in Mél. Oscar ADLF GERMANN, Berne Stamfli n. Cie 1959.

GRANIER, Quelques réflexions sur l'action civile, JCP 1957.

GRIMALDI (R), Le contrat et les tiers, Mél. JESTAZ, 2006.

GROSLIERE (J. Cl.), Glossaire pour la responsabilité en matière de construction, in Mélanges HEBRAUD, 1981.

GROUTEL (H), l'implication du véhicule dans la loi du 5 juillet 1985 D. 1987 Chr. p.1.

GRUA (F), A propos des cessions de créances par transmission d'effets, D. 1986 Chr. p. 361

GULPHE (P), le secret professionnel des banquiers en droit français et en droit comparé, RTDCom. 1948.

GUYON (Y), la fraternité dans le droit des sociétés, Rev. Soc. 1989 p.439.

HASSLER (T.), l'intérêt commun RTDCom 1984 p.581 et s.

HÉBRAUD (P), Observations sur la notion de temps dans le droit civil, Mél. KAYSER, 1979.

HEBRAUD (P), Vérité et office du juge, Ann. Univ. TOULOUSE 1978, T.26 p.379. GODE, le mensonge dans le procès, Mél. WEILL, 1982.

HEBRAUD (P), Commentaire de la loi du 15 juillet 1944 D.1945. L.51 cité par NORMAND (J), l'office du juge et la contestation, LGDJ, 1965.

HEBRAUD (P), le terme politique doit être compris ici dans un sens large, in L'exécution des jugements civils, Rev. Intern. Dr. Comp. 1957 p.170.

HEBRAUD, Commentaire de la loi du 15 juillet 1944 D.1945.

HEMARD (J), la restauration des droits du créancier gagiste en matière commerciale par la jurisprudence française, in Mél. SECRETAN, Lausanne 1964.

HOUIN (R.), Chr. Sociétés commerciales, personnalité morale, groupe de sociétés, distinction des personnalités RTD Com n° 5, 1975.

HOUIN (R), la gestion des entreprises publiques et les méthodes du droit commercial, La distinction du droit privé et du droit public et l'entreprise publique, Archives de philosophie du droit, nouvelle série, librairie Dalloz, 1952.

HOUIN (R), les situations de fait et le droit, in Association H. CAPITANT, Journées de LILLE, (mai —juin) 1957.

HOUIN et GORÉ, la réforme des sociétés commerciales, D. 1967 Chr. p.176

HOUIN (R) le groupement d'entreprises vu à l'échelle européenne, Rév. Int. Dr. Com. 1965.

HUET (J), Les différentes sortes d'obligations et plus particulièrement l'obligation de donner, la mal nommée, la mal aimée, in Mél. GHESTIN, 2001.

IMBERT (J), Histoire du droit privé, coll. Que sais-je ? P.U.F.

IPANDA (F.P), Traité Ohada et droit national, RCDA, n° 1 1999.

IPANDA (F.P), l'interdiction de préjudicier au principal a-t-elle encore un sens en matière de saisies mobilières ? in RCDA n°3 – Avr. –Juin 2000.

IPANDA (F.P), La société d'une seule personne dans l'espace Ohada, JURISCOPE doctrine 2000 ; RCDA 2000.

IPANDA (F.P), l'astreinte judiciaire : peine privée ou dommages-intérêts, obs. sous les arrêts C.A. du Littoral, n° 118/ Ref du 27 Sept. 1999 (1re esp.) et n° 13/Ref du 25 Oct. 1999. R.C.D.A. n° 3 avril-juin 2000.

IPANDA (F.P), le régime des nullités des actes de procédure, depuis l'entrée en vigueur de l'Acte uniforme n° 6 (Ohada), RCDA N° 6 (Janv.-Mars2001 ; Ohada.com 2001.

IPANDA (F.P), Les comptes dits de virement de salaires, RCDA n° 5 Oct-Déc. 2000.

IPANDA (F.P.), L'incidence de la dévaluation du franc CFA sur le financement des échanges internationaux : À propos de la pratique camerounaise du crédit documentaire, RCDA n° 3 (avril — juin 2000), p.115

JADAUD, l'impôt et les groupes de sociétés, Berger-LEVRAULT et sociale (M. DESPAX, groupes de sociétés et institutions représentatives du personnel, J.C.P.1972.

JEANDIDIER (W), L'exécution forcée des obligations de faire TRDCiv. 1976 p.700.

JEANTET (F. Ch.), Aspects du droit économique, in, Mél HAMEL, dix ans de conférence d'agrégation éd. DALLOZ, 1961.

JEZTAZ (PH), La sanction ou l'inconnue du droit, D. 1986 Chr. p.197.

JIVKO STALEV, Droit Uniforme et droit international privé, in Études offertes à René RODIERE, Dalloz 1981 p.311.

JOBARD-BACHELIER (M. N.), in Servitude et grandeur de la publicité foncière en droit français D. 1988 Chr p.247.

KAMTO (M), l'acceptation de l'État à l'arbitrage, colloque sur les perspectives de l'arbitrage en Afrique, 1999.

KAYSER (P), les limites morales et juridiques de la procréation artificielle D. 1987 Chr. p.189.

KAYSER (P), le secret de la vie privée et la jurisprudence civile, in Mél. SAVATIER 1981.

KOVAR (R), La distinction « gestion publique-gestion privée » et le régime des conventions en droit international Recueil d'Études à l'hommage de. Charles EISENMANN, éd. CUJAS, 1975.

KOVAR (R) la distinction gestion publique— gestion privée et le régime des conventions en droit international, in Recueil d'études en hommage à Ch. EISENMANN, éd. CUJAS, 1975).

LACHAUME, (J. F), Remarques sur l'efficacité de la jurisprudence relative à la situation des agents publics industriels et commerciaux, in Mél. SAVATIER. Puf. 1981. B. STIRN, L'agent public : réflexion sur la jurisprudence AJ, 1991, p.587.

LAGARDE (G), Propos d'un commercialiste sur la personnalité morale, Réalité ou réalisme ? Mél. JAUFFRET, Aix 1974.

LAPOYADE DES CHAMPS (Chr.), Les petits responsables, in D.S. 1988 Chr. p.299.

LARGUIER (J), Le point de départ de la prescription en matière d'abus de biens sociaux, in Mél. SECRETAN, Lausanne, 1964.

LARGUIER (J), La nature juridique de l'interdiction d'exercer la profession bancaire, in Études de droit commercial offertes à Henri CABRILLAC, LIBRAIRIES TECHNIQUES, 1968.

LARGUIER (J), La preuve d'un fait négatif, R.T.D.Civ. 1953. 1.

LARHER-LOYER (C.), Les parties à l'instance, Juriscl. Proc. Civ. Fasc. 105 n° 3.

LAUDE (A), la fongibilité, Rév. Trim. Dr. Com. 1995. p.307.

LAUTRU (J. Cl.), le Procureur de la République à la recherche des informations, Petites affiches, 6 Janv. 1993 p. 600.

LAVROFF (D.G.), le collaborateur bénévole de l'administration, AJDA1959. I.121.

LÉAUTÉ (J.), La reconnaissance de la notion de groupe en droit pénal des affaires, JCP 1973.

LEPARGNEUR, A propos de la communication de documents aux actionnaires, J. Soc. 1929.

LEVASSEUR (G), De quelques singularités des voies de recours en matière répressive, in Mél. Jean VINCENT, p.213.

LEVY (L), Oralité et contradiction en procédure écrite, JCP 1960.I. 3459 ;

LLORENS (F) et SOLER COUTEAUX (P), La soumission des personnes publiques au droit de la concurrence, D.S. 1989

LISANTI-KALIZINSKI, L'action directe des chaines de contrats ? Plus de 10 ans après l'arrêt BESSE, JCP. 2003. I . 102.

LOUIS LUCAS, Vérité juridique, vérité matérielle, Mél. HAMEL, Dalloz 1961.

MARTIN (L), le secret de la vie privée, RTD Civ. 1959.

MARTIN (R), le juge et la prétention, D. 1987 Chr. 35 ;

MARTIN (R), Retour sur la distinction du fait et du droit, D. 1987 Chr. 272.

MARTIN (R), le juge a-t-il l'obligation de qualifier ou requalifier ? D. 1994 Chr. P. 308.

MARTIN (R), Le juge devant la prétention, D. 1987 Chr. 35.

MARTIN (G. J.), la notion de fusion, RTDCom 1978 Chr.

MARTIN®, Instruction du procès civil, RTDciv. 1971.279.

MARTY (G) La relation de cause à effet comme condition de la responsabilité civile, RTDCiv.1939.685

MARX (Y), Observations sur le problème de l'expertise pénale, in Problèmes contemporains de procédure pénale, Recueil d'études en hommage à M Louis HUGUENEY, préface de Léon JULLIOT DE LA MORANDIERE, Sirey, 1964.

MAURY, Observations sur la jurisprudence en tant que source de droit dans le droit privé français au milieu du XXe siècle, in Études offertes à Georges RIPERT, I, p.28.

MAYER (P), la règle morale dans l'arbitrage international, in Études offertes à Pierre BELLET, LITEC, 1991.

MAYER (P), La règle morale dans l'arbitrage international Études BELLET, LITEC 1991.

MAZEAUD (H), Défense du droit privé, D. 1946 Chr. p.17.

MAZEAUD (H), La maxime *error communis facit jus, Rev. Trm. Dr. Civ.* 1924, 929.

GODE, le mensonge dans le procès civil, Mél. Weill P ; 259.

MBOUYOM (F.X.), L'enrichissement injuste, discours de rentrée judiciaire de la Cour Suprême du Cameroun, 1978 Cam. Trib. N° 1334 DU 28 mars 1978.

MELONE (S), Le traité Ohada et spécificités camerounaises : Antinomie ou complémentarité ? Communication délivrée à l'occasion du Séminaire GICAM/ FONDATION FRIEDRICH EBERT des 14,15 et 16 Mai 1996 à Douala Cameroun sur le thème : Une justice pour le développement du secteur privé au Cameroun : perspectives offertes par le Traité Ohada, inédit.1996.

MERCADAL (B), Code Idef annoté de l'Ohada, Acte uniforme portant organisation des procédures simplifiées de recouvrement et des voies d'exécution.

MERCADAL (B), Recherches sur l'intention en droit pénal, R.S.C.1967.

MIGUET, Réflexions sur le pouvoir des parties de lier le juge par les qualifications et points de droit, in Mél. HEBRAUD 1981.

MIMIN, l'intention et le mobile, in Mél. PATIN, 1965.

MIRBEAU-GAUVIN (J.R), Réflexions sur les mesures conservatoires, D.S. 1989 Chr. p.39.

MORIN (G.), la révolte du droit contre le code, SIREY, 1944.

MOTULSKY (H), le droit naturel dans la pratique jurisprudentielle : le respect des droits de la défense en procédure civile, in mél. ROUBIER T.2.

MOTULSKY, la cause de la demande, D. 1964 Chr. p.235.

MOULY (Ch.), Procédure civile d'exécution et droit bancaire RTDCiv n° spécial juillet 1993.

NEMEDEU (R), le juge camerounais du contentieux de l'exécution ou le clair-obscur entre la lettre et l'esprit de l'article49 L'AUPSRVE, in JURIDIS PÉRIODIQUE n° 83, Juil-Août-Septembre2010 p.91.

NERSON (R), De la protection de la personnalité en droit privé français, Trav. Ass. H ; CAPITANT, t ; 13.

NGUIHE KANTE (P), Où en est la responsabilité pénale des entreprises en droit camerounais ? JURIDIS— PÉRIODIQUE n° 87 Juil —août — septembre 2011.

NKOU MVONDO (P), Le tiers dans le droit ohada de l'exécution forcée ; Annales de la faculté des Sciences juridiques et politiques, Université de DSCHANG, T.13, 1999.

NOIREL (J), in le droit civil contemporain et les situations de fait, RTDciv. 1959 p. 456.

NORMAND (J.), remarques sur l'expertise judiciaire au lendemain du nouveau code de procédure civile, in Mélanges dédiés à Jean VINCENT, DALLOZ, 1981.

NORMAND, Le juge et le fondement du litige, in Mél. HEBRAUD, 1981, 595.

NTONO TSIMI (G), Le devenir de la responsabilité pénale des personnes morales en droit camerounais. Des dispositions spéciales vers un énoncé général ?, in JURIDIS –INFO, janvier-Février — Mars 2012.

OMAM (Fl.), le rôle de l'Huissier en matière d'exécution des décisions de justice depuis l'Acte uniforme relatif aux mesures de recouvrement forcé et aux voies d'exécution, in journées portes ouvertes de la Cour Suprême 2000 ; RCDA n° 4 Juillet-Septembre 2000.

OPPETIT (B), Justice étatique et justice arbitrale, in Études offertes à PIERRE BELLET, Litec, 1991.

PAILLUSSEAU, faut-il en France, un droit des groupes de sociétés ? JCP 1971.1. 2401 bis.

PAILLUSSEAU (J), Entreprise, société, actionnaires, salariés, quels rapports ? D. 1999 Chr. P. 157, op. cit.

PAISANT (G), Les nouveaux aspects de la lutte contre les clauses abusives, D. 1988.

PERROT (R), L'évolution du référé, in Mél. HEBRAUD 1981.

PERROT (R) et THERRY (Ph.), La subsidiarité de la saisie vente, D. 1996 Chr. p. 169 s.

PESCATORE (P), Droit communautaire et droit national selon la jurisprudence de la Cour de Justice des Communautés Européennes, D. 1969 Chr. P. 179.

PICARD, la gestion d'affaires dans la jurisprudence contemporaine, RTD civ. 1922 p. 25.

PIROVANO (A), Introduction critique au droit commercial contemporain, in RTDCiv. 1985 p.219.

PODIO épse TCHATCHOUA (M.D.) et FANDJIP (O), Les voies d'exécution en droit Ohada à l'épreuve des droits de l'homme : le cas du débiteur, in JURIDIS PÉRIODIQUE n° 83, Juil-Août-Septembre 2010 p. 102.

PRADEL (J), Les infractions de terrorisme, un nouvel exemple de l'éclatement du droit pénal, D.S. 1987 7e cahier Chr. p. 39.

PREVAULT (J), l'évolution des voies d'exécution depuis la codification napoléonienne, in Mélanges J. VINCENT Dalloz 1981.

RAYMOND MARTIN, in le juge devant la prétention, D.S. 1987 Chr. p. 35.

RAYNAUD (P), l'enfant peut-il être objet de droit ?, in D.S. 1988 Chr 109..

REINHARD (Y), in Sur un conflit de compétence : le contentieux des baux d'immeubles à usage commercial et industriel, Mél. J. VINCENT Dalloz, 1981.

RIDEAU (J), la juridiction administrative au regard du droit communautaire, Rép. DALLOZ, Contentieux administratif, 1984.

RIVERO (J), Le régime des entreprises naturalisées et l'évolution du droit administratif, in La distinction du droit privé et du droit public et l'entreprise publique, Archives de philosophie du droit, nouvelle série, librairie DALLOZ, 1952.

RIVES (G), Le sort des sociétés de fait depuis la réforme des sociétés commerciales, Rev. Trim. Dr. Com. TXXII année 1969 p. 407.

RIOU (M), L'acte de dévouement, in Rev. Trim. Dr. Civ. 1976. 221.

ROSENNE (R), in l'exécution et la mise en vigueur des décisions de la Cour Internationale de Justice, R.G.D.I.P. 1953.

ROSENNE (S)) cité par ABDELHAMID EL OUALI in Effets juridiques de la sentence internationale, préface Paul REUTER, L.G.D.J. 1984.

ROUSSE (J.P.), La contestation sérieuse, obstacle à la contestation du juge des référés ; la contestation sérieuse, condition de la compétence du juge des référés, Gaz. Pal.1974.2.D.837.

RUBELLIN DEVICHI (J), La gestation pour le compte d'autrui, D.S. 1985.

SAINT ALARY, le secret des affaires en droit français, in Travaux de l'Association H. CAPITANT, T. 25 1974.

SAINT-JOURS (Y), l'applicabilité du droit du travail dans le secteur public D. 1976 Chr. p. 183.

SAINT-JOURS (Y), La pénétration du droit du travail dans la fonction publique, in Études offertes à G.H. CARMELYNK, Dalloz 1978.

SAINTOURENS, La flexibilité du droit des sociétés, R.T.D.Com 1987, p. 483.

SAVATIER (R), Réalisme et idéalisme en droit civil d'aujourd'hui. Structures matérielles et structures juridiques, in Mélanges RIPERT, T.I, 1950.

SAVATIER (R), De la socialisation de la responsabilité et des risques individuels, D.H. 1931.

SAVATIER (R), Droit privé et droit public D. 1946 Chr. P. 25.

SAVATIER (J), Contribution à une étude juridique de la profession, in Dix ans de conférences d'agrégation, Études de droit commercial offertes à Joseph HAMEL, DALLOZ 1961.

SAVATIER (R), Une direction de recherche sur l'enseignement du droit privé : rendre conscientes, les métamorphoses que cache la continuité des textes D.1957 Chr. p.175.

SAVATIER (J), contribution à une étude juridique de la profession in Mél. HAMEL, 1961 p.3.

SAVATIER (R), le prétendu principe de l'effet relatif des contrats RTDCiv 1934 p.525.

SAYAG (A), De nouvelles structures pour l'entreprise, la loi n° 85-697 du 11 juillet 1985 J.C.P. 1985. I. 3217.

SAYAG (A), L'entreprise individuelle : faux débats et vraies questions, in Études offertes à RENÉ RODIERE, DALLOZ 1981. 289.

SERLOOTEN (P), l'entreprise unipersonnelle à responsabilité limitée D. 1985 Chr. P. 187.

SERLOOTEN (P.), l'affectio societatis, une notion à revisiter, Mélanges offerts à Y. GUYON, Dalloz 2000. p. 1007.

SOLUS (H), La réforme du droit des sociétés commerciales par les décrets-lois de 1935 et 1937, Librairie du Recueil SIREY, 1938.

SOLUS, Le rôle du juge dans l'administration de la preuve, Trav. ASS. HENRY CAPITANT, T.V, 1949.

STARCK (B), Les rayons et les ombres d'une esquisse de la loi sur les accidents de circulation, Rev. Trim. Dr. Civ. 1966.

TALLON (D), Considérations sur la notion d'ordre public dans les contrats en droit français et en droit anglais, in Mél. SAVATIER, 1981.

TCHEUWA (J. Cl.), Communauté Internationale, guerre et responsabilité internationale des États. Réflexions autour de la responsabilité internationale des États, in Rev. Cam d'Études Internationales, n° 001, 1er semestre 2007.

TEPPI KOLLOKO (F), La CCJA et l'article 32 de l'AUVE à la lumière des arrêts n° 12/2003, 13/2003 et 14 / 2003 du 19 juin 2003, Juridis périodique, n° 58, p. 112.

TIMSIT (G.), Eléments pour une analyse des systèmes d'administration publique : le cas de l'administration de développement, in Recueil d'Études en hommage à Charles. EINSENMANN, éd. CUJAS, 1975, p. 157

TJOUEN (A), Note sous arrêt CCJA, 3/7/2008, Hassan Sahly c/ Sté nouvelle Scierie d'Agnibilekro dite SVDA Sarl et Wahab Nouhad Rachid, Les grandes décisions de la CCJA, ouvrage collectif, 2010, p. 437

TONNY MOUSSA, La substitution de l'État au débiteur insolvable de la rémunération de l'expert, D.1987.

Travaux du colloque de l'Institut d'études judiciaires de Strasbourg, 26-27 avril 1963 cités par Jacques NORMAND, l'office du juge et la contestation, Th., p. 416 et s.

TROCHU (Michel), JEANTIN (Michel) et LANGÉ (Daniel), De quelques applications particulières du droit pénal des sociétés au phénomène économique des groupes de sociétés D. 1975, Chr. p. 7.

TUNC (A), l'effacement des organes légaux de la société anonyme, D. 1952, Chr. 73.

M. VASSEUR, « Essai sur la présence d'une personne à un acte juridique accompli par d'autres », *RTDCiv*. 1949, p. 173

VASSEUR (M), Les formes juridiques de la collaboration industrielle, in Dix ans de conférences d'agrégation, Études de droit commercial offertes à Joseph HAMEL, DALLOZ, 1961.

VELLAS (P), Expertise, amiable composition et non-droit dans le commerce international, Mél. HEBRAUD, 1981.

VIRASSAMY, « Les limites à l'information sur les affaires d'une entreprise », *R.D.C*, 1988. 179.

VOUIN (R), *Le juge et son expert*, D. 1955 Chr. 131.

WALINE, note R.D.P. 1958, 278.

WAMBO (J), Les récents développements de la jurisprudence communautaire ohada en matière d'injonction de payer, JURIDIS INFO n° 13, 2013.

WEIL (P), A propos de l'application par les tribunaux judiciaires, des règles de droit public ou : les surprises de la jurisprudence GIRY ; in Mél. Charles EINSENMANN, Cujas, 1975.

YOUSSOUFA NDIAYE, Les voies d'exécution, Titre V, in Encyclopédie juridique de l'Afrique, Les nouvelles éditions africaines, 1982.

YOUSSOUFA NDIAYE, la saisie-arrêt ou opposition, in Encyclopédie juridique de l'Afrique Les nouvelles éditions africaines, T.4 1982.

TABLE DES MATIÈRES

Structures éditoriales du groupe L'Harmattan

L'Harmattan Italie
Via degli Artisti, 15
10124 Torino
harmattan.italia@gmail.com

L'Harmattan Hongrie
Kossuth l. u. 14-16.
1053 Budapest
harmattan@harmattan.hu

L'Harmattan Sénégal
10 VDN en face Mermoz
BP 45034 Dakar-Fann
senharmattan@gmail.com

L'Harmattan Cameroun
TSINGA/FECAFOOT
BP 11486 Yaoundé
inkoukam@gmail.com

L'Harmattan Burkina Faso
Achille Somé – tengnule@hotmail.fr

L'Harmattan Guinée
Almamya, rue KA 028 OKB Agency
BP 3470 Conakry
harmattanguinee@yahoo.fr

L'Harmattan RDC
185, avenue Nyangwe
Commune de Lingwala – Kinshasa
matangilamusadila@yahoo.fr

L'Harmattan Congo
219, avenue Nelson Mandela
BP 2874 Brazzaville
harmattan.congo@yahoo.fr

L'Harmattan Mali
ACI 2000 - Immeuble Mgr Jean Marie Cisse
Bureau 10
BP 145 Bamako-Mali
mali@harmattan.fr

L'Harmattan Togo
Djidjole – Lomé
Maison Amela
face EPP BATOME
ddamela@aol.com

L'Harmattan Côte d'Ivoire
Résidence Karl – Cité des Arts
Abidjan-Cocody
03 BP 1588 Abidjan
espace_harmattan.ci@hotmail.fr

Nos librairies en France

Librairie internationale
16, rue des Écoles
75005 Paris
librairie.internationale@harmattan.fr
01 40 46 79 11
www.librairieharmattan.com

Librairie des savoirs
21, rue des Écoles
75005 Paris
librairie.sh@harmattan.fr
01 46 34 13 71
www.librairieharmattansh.com

Librairie Le Lucernaire
53, rue Notre-Dame-des-Champs
75006 Paris
librairie@lucernaire.fr
01 42 22 67 13

www.ingramcontent.com/pod-product-compliance
Lightning Source LLC
LaVergne TN
LVHW021152061026
849535LV00002B/438